新版

初めて学ぶ教育の制度・行政・経営論

牛渡 淳 編著

はじめに

　本書は、主として、教師をめざす学生を対象として執筆されたもので、特に、大学で教育の制度・行政・経営の基礎的素養を身につけようとする学生に向けて書かれものである。

　多くの若い読者にとっては、学校という場所は、もっともなじみ深い場所であろう。しかし、それが社会的・歴史的にどのような意図で作られ、どのような仕組みで動いているのか、その詳細を知る機会はあまり多くないと思われる。その意味で、本書は、教師志望者や教育学を専門として学ぼうとする者にとどまらず、多くの学生のみなさんや社会人にも読んでいただきたい。

　本書の前身である『要説教職専門』（皇晃之、若井彌一編）は、長い間好評を得て出版され続けてきたが、この度、編者・著者を全面的に入れ替え新たに出版することになった。新しい執筆者として、東北大学大学院出身の、これからの学会を担う中堅・若手研究者を中心に協力していただいた。そのため、他の入門書には見られない意欲的かつ斬新な論考がそろっており、また、若い読者の問題意識に近い視点や内容も見られる。さらに、教育の制度的知識を身近に感じてもらいたいと考え、いくつかの章の最後には「コラム」を設けた。

　本書執筆中の 2011 年 3 月 11 日、未曽有の災害である東日本大震災が起こった。この大変な状況下で十分な執筆時間がとれず、また、編集作業も困難をきわめたが、何とか出版にたどり着いた。このような状況下で、執筆にご協力を頂いた執筆者のみなさんと本書出版の労をとって頂いた㈱金港堂出版部の藤原直社長、菅原真一氏に御礼を申し上げたい。

2011 年 8 月　編著者　牛渡　淳

はじめに

　2011年9月に初版を出してから2年、本書は好評を持って迎えられ、この度、改訂版を出版することになった。この2年の間に、教育をめぐる状況は大きく変わった。民主党政権から自民党政権への政権交代である。この政治的変化は、これからの教育制度に大きな影響を与えることになるであろう。

　ところで、「教育」を制度や法律、行政や経営という視点から学ぶことは、教育を現代社会の中で具体的な問題として考えることを意味する。本書は、現在生じている様々な教育問題を、歴史的に、国際比較の中で、法律の中で、制度や行政との関係で深く理解し、これから大きく変わろうとしている教育制度の在り方や方向性を考えるために大いに役立つものと考えている。その意味で、教職をめざす若い学生の皆さんだけではなく、教育に関心を持つ多くの人々にも読んで頂きたい。

　今回の改訂版においては、初版において3章と4章に分かれていたわが国の学校制度の歴史と現状を一つの章（第3章）にまとめた。そして、新たに、第4章に幼児教育制度論を加え、他の章においても扱いが薄いこの分野について、まとめて一つの章として独立させた。さらに、すべての章の最後にコラムを加えた。また、各章で、この2年間に起こった新たな事項を加え、最新の内容に変更した。

　初版を執筆している最中に東日本大震災が起こったが、あれから3年。世の中は震災の記憶を次第に失くしつつあるが、被災地は、今もなお、その傷は癒えないままである。

　最後に、出版事情の厳しい中で改訂版出版の労を取っていただいた（株）金港堂出版部藤原直社長、菅原真一氏に御礼を申し上げたい。

仙台の寓居にて　2014年3月　編著者　牛渡　淳

はじめに

　2011年9月に初版を出してから5年半、最初の改訂版を出してから3年、本書は好評をもって迎えられ、この度、改訂増補版を出版することとなった。前回の改訂版から3年の間に、教育をめぐる状況はさらに大きく変わった。義務教育学校の成立や、今後10年にわたる新学習指導要領の改訂作業が進められ、それに伴い、教師教育のあり方も大きく変わろうとしている。他方、いじめによる自殺が相次ぎ、教育委員会と学校の対応が問われ、教育委員会制度も大きく変わった。グローバル化や情報技術革新の波は、学校教育のあり方にも大きな影響を与えている。こうした中で、教育の制度や行政、経営に関わる最新の正確な知識がますます必要とされており、今回の改訂増補版は、このような要望に応えようとするものである。将来教員をめざす学生のみなさんだけでなく、広く、教育問題に関心のある多くの人にも手に取って頂ければ幸いである。

　最後に、今回も、出版事情の厳しい中、改訂増補版の出版の労を取って頂いた（株）金港堂出版部藤原直社長、菅原真一氏に御礼を申し上げたい。

2017年3月　編著者　牛渡　淳

はじめに

　2011年9月に初版を出版してから9年、その後2回の改訂版を経て、この度、三度目の改訂版を出版することになった。前回の改訂（2017年）から3年の間に、教育をめぐる状況は大きく変わった。特に、学習指導要領の改訂とそれに対応する様々な教員養成政策（例えば、教職コアカリキュラムの策定、再課程認定、教員育成協議会と育成指標の作成等）の実施は、大学における教職課程とその担当者に大きな影響を与えた。今回の新版も、このような変化に対応する内容を含んでいる。その他、教員志望者の減少、教員の働き方改革や子供の貧困問題等、教育をめぐる新しい問題が次々と現れている。このような時に、各分野の研究の第一線で活躍している執筆者たちが著した本書は、教員を志望する学生の皆さんに、教育の制度・行政・経営について、正確かつ深い理解を可能にする知識と情報をお届けすることができると考えている。2011年9月の最初の出版は、東日本大震災の大混乱の中での出版であったが、9年後の現在、新版は、コロナウィルスの世界的な拡散により、社会も学校も大きな試練に直面している中での出版となった。学校に通えない状況で、いかにして子どもたちの教育を保障するのか、世界中で同じ問題に直面している。そして、この問題が解決した後の教育はどう変化することになるのだろうか。こうした直近の課題を考えるうえでも、また、これからの教育の在り方を考える意味でも、本書が少しでもお役に立てれば幸いである。

　最後に、今回も、出版事情の厳しい中、新版の出版の労を取っていただいた（株）金港堂出版部の藤原直社長及び菅原真一氏に御礼を申し上げたい。

2020年6月　編著者　牛渡　淳

目　次

第Ⅲ部　教育行財政と学校経営

第I部

学校制度論

第1章
欧米の学校制度の歴史

　本章では、欧米の公教育としての学校制度の歴史について述べる。

　公教育についての概念規定は、主として2通りのものがある。その一つは、「国または地方公共団体などの公共団体が設置する施設において、これら団体の行政機関が管理・維持し、それに要する経費が公費をもって負担される教育」とする形式的規定であり、もう一つは、「すべての各個人の未来の可能性が伸展するように、公開の原則に従って組織される教育」といった内容規定である。

　この形式的な意味での公教育としての学校制度は、絶対主義時代における国民国家の成立を前提として成立するが、それについては第2節以降で述べる。

　生徒等に対し教師等が意図的・目的的・継続的に教育を行い、生徒等が学習する施設である学校が、公教育の内容規定の意味をもって社会的に現れ始めたのは、ヨーロッパ中世からであった。本章では、まず近代以前に遡り、欧米の学校制度の歴史をひもといていこう。

第1節　近代国家成立以前の教育とその組織・対象

1. 古代ギリシャ

　一つの部族が他の部族を征服併合し、その内部が、治者・支配者の階級と被治者・被支配者の階級とに分かれるような、いわば「国家」というべきものが成立したとき、そこで行われた教育は身分的に分化したものであった。古代ギリシャの教育制度をその代表的な事例として挙げることができる。

　義務教育はギリシャにも存在した、と言われるとき、それは治者・支配者としてのギリシャ人の子弟に対する教育の強制を意味する。アテネ、スパルタの教育は、対内的には、支配に服しているものに対する権力を維持し、対外的には、対抗する他の都市国家の侵略を防ぐために支配階級の団結を強めることを意図して行われた。

　プラトン（Platon, BC.427 〜 347）も『国家（Politeia　BC.375 頃）』の中で、教育を課せられるべきなのは支配階級であり、軍人となるべき者には、音楽、文芸と体育の教育が、哲学者＝治者となるべき者には、算術、幾何学、天文学、和声学、わけても弁証学の教育が与えられると述べている。それは、奴隷制度をもつような階級的な社会において、その体制を積極的に維持しようとするところに生まれる教育のあり方を示したものだった。

2. ヨーロッパ中世

　公開の原則に従って組織される教育施設が社会的に現れ始めるのは、中世、とりわけ中世盛期の都市においてであった。

　12、3 世紀以来、ヨーロッパにおける学校制度史は、大衆的で開放的な学校を嫌い、それをつぶしたり、あるいは、それの私学化を企む側の者と、そのような企みに抗して、大衆的で開放的な学校を維持しようとする側の者との、対立と抗争の歴史としてこれを跡づけることができる。

(1) 中世都市における「組合（universitas）」

　イタリーのボロニアや、フランスのパリ、イングランドのオックスフォードなどに、既存の封建社会体制、さらには親の家から抜け出して新しい職業に就くために新しい学問をしようとした青少年と、彼らを教える教師とによって、「組合」が作られた。ヨーロッパにおける「大学」（university）の起源となるこの「組合」は、学生や教師達が自分たちの利益を守るために、当時都市に発達しつつあった商人や職人のギルドにならって作ったものだった。

　この「組合」は、後に教皇や国王から保護は受けたが、その支配を受けることのない、全く自由な教師と学生の群れであり、教師には完全な研究と教授の自由があり、学生には自由に教師を選んで学びたいことを学ぶ学習の自由があった。

写真：オックスフォード大学の授業風景「世界歴史大事典第 12 巻」㈱冬至書房より

　また、そこではローマ法（市民法）や、アベラールの唯名論のような、生まれつつある新しい社会にふさわしい、新しい学問が研究され教えられていた。そして、そこに集まった学生は、階級的に制限されることなく、あらゆる階級の人たちが入り混じっており、男女の区別もなく、また国境の別もなかった。そこは超階級的、共学的で、インターナショナルな、教え、学ぶ者の自由な場であったのである。

　大学の起源に見られるこれらの諸特質は、後に大学がそれらを次々と失い、あるいは剥奪されてゆき、またその回復への努力がされる場合に、大学の理念あるいは本質として回顧された。

(2) 公開の原則に従って組織された「組合」の衰退

　13 世紀の初め頃、教皇イノセント 3 世（Innocentius Ⅲ 1161 ～ 1216）は、正統キリスト教の教義を揺るがす恐れのある「組合」の教師への弾圧を開始した。また、この頃から、聖職者養成の目的で学生寮（コレージュ）を作り、そこで厳格な修道院的生活を学生達にさせた。こうして、すべての者に開かれた思考の広場としての「組合」は消滅し去り、あとには全く閉鎖的な、教会や国王の私学にすぎないコレージュ（カレッジ）だけが残ることになった。ヨーロッパ大学のカレッジ・システムは、しばしば礼賛の対象にされるけれども、それは公開の原則に従って組織された「組合」を私学化したものに他ならなかった。こうして中世末期には、教会権力の学校支配体制が成立した。

3. 16 世紀商業革命の時代

　15 世紀末からの新大陸と新航路の発見の後に到来する 16 世紀商業革命の時代は、このような私学化したコレージュに対抗して、再び自由で大衆的で、新しい思想と学問の場としての学校が発生した時代であった。イギリスでパブリック・スクールの名で一括されるいくつかの学校、ドイツでギムナジウムの名で呼ばれる学校、フランスで伝統的なコレージュの名を用いながら、古いコレージュの持っていた閉鎖性や修道院的性格を脱ぎ捨てて生まれた大衆的な学校は、すべてこうした学校であった。

　それらの設置・維持の主体は、篤志財団であったり、商人ギルドであったり、あるいは市政府であったりした。

　このようなイギリスのパブリック・スクール及びそれと同じ性格のヨーロッパの諸学校は、主として新興中産階級の子弟を対象としていたけれども、下層階級にも開放されていたから、それは階級的にも開放された学校であった。

　16世紀商業革命の時代は、新しい知識や学問を教える学校が、数多く発生しつつあったという点で、12、3世紀の「組合」の発生の時代と同じような時代であると言える。だが、16世紀の新たなパブリックな学校は、下層階級よりもむしろ新興中産階級を主な構成層としてもち、神・法・医等の専門職よりもむしろ一般的な教養を求める青少年たちを対象とした。従って、またはるかに多数の青少年を対象とした学校の発生であった点で、12、3世紀のそれとは歴史的な意義の違ったものであった。

　パブリックな学校は、私邸の中に非公開の学校を設けている貴族などの特権階級からは嫌われ者であったが、新興中産階級にとっては、古い体制からの解放のための思想と知識とを学ぶための必須の場所であった。パブリックな学校というものは、本来そのような学習の場であったのである。

　これらの学校は、市民階級が堂々たる有産上流の階級になるにつれ、それらの子弟には貴族的な学問をすることを望むようになる。この事情と結びついて、これらの学校はやがて大学に入るための予備学校というものになっていった。

　こんなわけで、16世紀頃の学校は、大学と、ラテン語中心の学校で、大学の予備校としての性格をもつギムナジウム、パブリック・スクール、コレージュの類が中心だった。こうしたギムナジウム、パブリック・スクールなどを一般に中等学校と呼んでいるが、それは決して今私たちが日本でいうところの中等学校、つまり小学校を終わってから入学する、小学校の上の学校という意味の中等学校ではない。それは、7、8歳で入学して17、8歳まで在学していて、それを卒業したら大学に入るのだから、年齢からいえば、今までの日本の小学校と中学校・高等学校を一緒にしたものである。それは、初等学校でも中等学校でもない、ただの大学予備校だったのである。

第 2 節　近代公教育思想の登場

　ヨーロッパには、16、7 世紀に入って、エリザベス女王（Queen Elizabeth Ⅰ 1533 ～ 1603）やルイ 14 世（Louis, XⅣ .1638 ～ 1715）といった、華麗な王宮や強大な軍隊を誇る国王に統治される絶対主義国家が出現する。これらの国々は、それまでローマ教皇の支配権のもとに服従していた封建的な領主たちを、自分の支配下に取り込もうとした。そこでたまたま起こってきた宗教改革運動を利用してローマの教権からの離脱をはかり、王権と教権の一体化を企てた。こうして一王国一宗派の時代が出現する。そして教育もまた、その線に沿って再編成されていく。

　本節では、この絶対主義国家における公教育の 3 原則（義務制、無償制、中立性）の内実と、その矛盾を克服するために登場した近代公教育思想において、それらがいかに意味転換し、その内容を確定していったかを明らかにする。

1. 宗教改革期における公教育構想

　国家の責任で、すべての者が教育を受けなければならない、そしてそれは無償でなければならないという観点は、まず宗教的な立場から提示された。中世カトリック教会の教権主義を批判した宗教改革が、一人一人の内心における神への帰依を宗教の本質と考えるようになると、神への架け橋である聖書を読むことは、すべての人に必要となる。宗教改革者達が、聖書の母国語訳の仕事と一般民衆の教育を重視したのは、当然のことであった。ルター（Luther,M.1483 ～ 1546）やカルヴァン（Calvin,J.1509 ～ 1564）が、貴族と中産階級以上の者の入る学校が整備されていく中で、すべての子どもたちを、しっかりした公立の学校に入れて教育しなければならないことを説いたのは、こうした文脈で理解できる。

　神政国家の担い手を育てるために、彼らの構想では、教育を、子どもの神に対する義務と考えた。親の意義は、神への奉仕へ向けて子どもを育てるところにおかれ、ここから神に対する親の子どもを教育する義務が導かれた。さらに、そのための条件として、神の名において国家に学校設置の義務を課し、就学を強制する権利を認めた。

　こうした構想の延長で、同じ 1642 年にルター派系のゴータ公国と、カルヴァン派系のアメリカの植民地であるマサチューセッツで義務教育令が布告されている。

2. 絶対主義国家による学校の私物化

(1) 大学

　絶対主義政権が、国家宗教によって国民の思想と信仰を統制しようとするようになってから、国家権力による教育干渉があらわに行われるようになった。その結果、学校は国家や国家的教会の私学となり、再びそのパブリック性は失われるに至った。事情はイギリスやドイツ、フランスでもほぼ同じであった。

　イギリスのオクスフォード、ケンブリッジの両大学には、ルターの出現以来、その影響を受けて宗教改革の思想が広がっていたが、ローマ教皇と絶縁し、イギリス国教会を組織したヘンリー 8 世（Henry Ⅷ 1491 ～ 1547）は、1535 年には、大学の学監、教授、学生に、国王の即位の際に忠誠を宣誓させたり、カトリック教会法の講義を禁じたりした。同様に、ドイツの諸大学やギムナジウムも、国王の私物に他ならなかった。

　大学は、自由な大学でもなければ、ローマ教皇の僕でもなく、今や絶対主義国家の僕となったのである。

(2) プロイセンにおける公教育の特色

　絶対主義国家における公教育としては、プロイセンのそれが代表的である。

　教育の義務化は、宗教改革期においても宗教的な角度から主張されてはいるが、歴史的に重視されなければならないのは、やはり、絶対主義国家の対内政策の一環に組み込まれた動きであろう。それは、親が子どもの育成に関し、神に対して責任をとるといった宗教的発想とは次元を異にする。

　絶対主義国家は、その体制維持のために国内の思想統一を要求する。また、富国強兵、殖産興業は国家存続の絶対的条件である。一般民衆に一定水準の知識を与え、その体制への忠誠を確保するために、教育は振興普及されなければならない。教育の義務化、とりわけ就学の義務化はその目的への最高の近道であった。1717 年には、フリードリッヒ・ウイルヘルム I 世（Friedrich,Wilhelm I 在位

1713 ～ 1740）は、「学校のあるところでは、父母は、その子を冬期には毎日、父母がその子を農業上必要とする夏期には、冬期に学んだことを忘れてしまわないために、少なくとも週１回または２回学校に通わせること」や、就学の時期は５歳から 12 歳までであることなどを命じた。

　この勅令における教育の無償化は、就学奨励手段の意味をもつ。学校に子どもを通わすことを親に命令する代わりに、国家はその児童の就学に際して授業料支払いを免除しようというのである。授業料支払いの免除は、「両親に支払い能力なき場合」と貧困者に限定されていたが、それは、社会・国家の支配層からの行為によって本来教育の場に近づき得ないものに下し与えられる救貧的・恩恵的行為であったことを示している。

　国が教育をする権利の主体であり、義務教育は国が国民に強制する教育で、教育に要する費用は、受益者である子ども、あるいはその保護者負担を原則とするが、国が教育を強制するのであるから、その代償として、これに要する費用の一部を無償とするという、絶対主義国家における無償思想がここに見て取れる。

(3) プロイセンにおける**義務教育制度の教育内容**

　絶対主義国家の公教育においては、教育内容は権力的に定められ統制された。教師は、権力の定める教育内容を、命ぜられた方法で、型どおりに教授することを強制され監督されたのである。教育の内容は、宗派的教義の教授を中核とするものであり、具体的には「教義問答及び主要な箴言、並びに読み、書き、計算の知識」であった。教師は、外見上は聖職として位置づけられながらも、その実質は国家の側に立って、その教育意志を国民に強制する末端の権力執行者にすぎなかった。そこには、教育の中立性などあり得るはずもなかったのである。

　それにもかかわらず、王権神授説に見られるような絶対君主の超越的性格のゆえに、それが押し進める教育は、国内の対立する勢力（商人、手工業者、土地貴族、農民など）の教育要求から超越的であるという意味で中立的とされ、このような教育を施すことが国民共通の福祉（＝公共の福祉）を増進するものと主張された。

　だが、実際には既に述べたことからも明らかなように、公教育は、絶対君主が、専制支配を維持するための方策に他ならなかった。絶対主義国家における公教育の中立性は、絶対君主による支配を正当化し強化するための理論に他ならず、現

実にはフィクションでしかあり得なかった。

　宗教を梃子としての絶対君主による国民統一のための義務教育制度は、ルイ14世治下のフランス（1698年）にも見られる。

　もっとも、すべての絶対主義国家が、プロイセンのような義務教育制度をもったのではない。例えば、イギリスにおいては、義務教育制度の構想はたてられていない。それは、そのような制度を国家が必要と考えていなかったことによる。民衆が教育を受けることは危険なことだという思想は、19世紀の終わり頃まで、広く為政者には信じられていたのである。

3. 市民革命後の自由権的人権思想に基づく公教育運動

　近代市民社会は、こうした教会や国家の絶対的・専制的支配を排し、国民の側における主権を主張したところから始まる。アメリカの「独立宣言」（1776年）は、生命・自由及び幸福追求の権利を、すべての人間の天賦不可譲の権利として宣言し、続いてフランスの「人及び市民の権利宣言」（1789年）が人間の自由・平等と人民主権の原則を確認した。

　国家権力の私学化した大学や学校を、再び、誰の私学でもない、従って特定のイデオロギーのみを教えることを目的としない、自由で解放的で大衆的な教育の場にしようという運動が、市民革命後の公教育運動であった。ここでは、代表的なものとして、フランス革命の指導者コンドルセ（Condorcet,M.de,1743 ～ 1794）の公教育思想を取り上げよう。それは自由権的人権思想に基づくものであった。

(1) 強制教育の否定論

　コンドルセやタレーラン（Talleyrand,C.M.de,1754 ～ 1838）などのフランス革命の指導者達は、国民の間に政治的平等を実現し、かつ、すべての人に生得の才能を十分に発達させるために、普遍的に教育の機会を準備することが、国家の義務であると主張した。

　しかし、人間の内面的な価値観形成としての教育は、本質的に個人の自由に属することであり、国家がこの自由に介入することは許されない。それゆえ、国家

が国民に対して、人間の内面的な形成を目指す教育を義務として課すこと（就学
強制）には反対した。

　コンドルセは、「幼少期にある自らの子弟を監督し、その無知を補い、無力を
助け、生得の理性を導き、幸福への準備をなさしめる権利は、疑いもなくこの両
親の自然権に含まれねばならない」と、子どもを保護し教育する権利を、第一義
的に両親の自然権として捉えた。もちろんこの自然権は、親が子どもを恣意的に
占有することを認めるものではない。コンドルセは、「両親の自然権」は同時に「自
然から課せられた義務であり、従って放棄することのできない権利」であると考
えていた。

（2）　無償思想の意味転換

　コンドルセは、1792年4月に立法議会に提出された「公教育の全般的組織に
ついての報告と法案」において、国民の権利としての教育といった思想につらぬ
かれた近代的教育計画を主張した。

　彼は、教育を人間的諸権利の平等を現実的なものとする手段であるとし、さら
に、教育を受ける権利はすべての人間にとって最も基礎的な権利であるとして、
従来の就学強制を意味する義務教育を否定する。そして、公費による学校設置と
4段階（初等学校、中等学校、学院、リセ）にわたる教育の無償化は、社会の義
務であり政府の義務であると主張した。

　ここに絶対主義国家における救貧的・恩恵的無償思想が払拭され、社会がすべ
ての国民に権利としての教育を平等に保障するものとする無償思想が生み出され
た。この新たな無償思想に基づく教育の無償制は、子どもを教育する親の権利を
保護する手段として認識されることになる。

（3）　中立性の意味転換

　近代公教育における中立性は、絶対主義国家における中立性を、克服すべき対立
物として成立した。

　コンドルセは、万人に共通な客観的知識とされる科学的真理の教授（知育）と、
政治的・道徳的ないし宗教的理念の教授とを区別し、「公教育は知育にのみ限ら
れるべきである」という基本命題を提起する。それは次のような理由による。科

学的真理は一つであるが、政治的・宗教的理念は数多くあり、国民はこれらに分属している。もし公教育において、政治的・宗教的理念が教え込まれるならば、多数の理念のうちのいずれか一つを絶対化することになり、自由・平等の原則がゆがめられることになるからである。

　また彼は、公教育を知育に限ることで、第一義的に両親の自然権とされた子どもを保護し教育する権利を保障できると考えた。

　明らかなように、コンドルセに代表される近代公教育の中立性は、個人の自由、個人の内面性への権力の不介入という立場からの、教育の権力からの独立のための理論であった。この教育の権力からの独立といった考えは、その後中産階級の、そしてやがて労働者階級の教育要求として継承されることになる。

第3節　社会権的人権思想に基づく現代公教育制度の成立

　自由権的人権思想は、救貧的・恩恵的公教育を否定し、それを人権思想的発想へと転換させるのに大きな役割を果たした。しかし、18 世紀的な自由権的思想に基づく社会原理は、産業革命後の社会発展と労働者階級の台頭のもとで矛盾を露呈し、人間社会の理想を実現するための原理とはなり得なくなった。

　そこで、19 世紀後半から 20 世紀にかけて、社会権的人権思想に基づく社会原理が現れてくることになる。その結果、近代公教育の 3 原則の内実も、再度この新しい社会原理によって転換することになった。

1. 社会政策としての義務教育制度の成立

(1) 親権濫用の実態

　産業革命の進行は、工場労働者の劣悪な生活状況を生んだ。親の人権一般（とりわけ生存権と労働基本権）が実質的に保障されていない社会的条件の下では、親権の濫用さえ生み出されたのである。19 世紀中葉のイギリスの実態を、ミル（Mill,J.S.1806 ～ 1873）は、『自由論』（On Liberty,1859）の中で「教育が無償で与えられているときですら、それを受け取るか否かは父親の選択に任されている

のである」と批判していた。

　親が子を教育する自由が権利として承認される場合、それは本来「する自由」であるはずなのに、「しない自由」として具体化されることが多かった。それが、19世紀の欧米諸国の共通の実態であった。

　こうした実態への対応として、少年労働者の保護、さらには治安維持や犯罪予防としての慈恵教育（宗教を中心とする道徳教育）や近代公教育原則の例外としての義務教育が求められることになる。

(2) 貧しい親の代わりに義務教育を整備

　「権利としての教育」が、国家・社会の強制介入を拒否する親の「教育の自由」を意味するものとして捉えられ、親権の優位が主張されると、義務教育は、この親の自然権を侵害しない範囲でのみ認められる。それゆえ、義務教育の対象は、実質的には、親義務を学習する機会や人権一般が保障されていない社会的弱者の子どもに限られることになる。イギリス及びアメリカにおいて義務教育が少年労働者の保護と不良青少年対策として制度化されてきたことは、その事情を物語る。

　富裕な親にとっては、その子の教育は国家・社会の助けを借りることなく家庭教師を通して、また私立学校で受けることができる。しかし、貧しい家庭では、親は自分の力では子どもの教育ができない。したがって、国家・社会は、その親に代わって子どもの教育を引き受けることになる。

　そのための義務教育の存在を示すものとして、例えばイギリスにおける1819年、1833年、1844年、1874年の工場法の中の、就学義務に関する具体的方策（就労最低年齢や少年労働者の労働時間、工場の責任で初等教育の実施等を規定）を挙げることができる。

　義務教育の場は初等教育に限られ、対象者を貧困者に限定した部分的無償制が取り入れられた。貧困児が上級学校へ進学することなど望むべくもなかった。教育内容が、読み書き算と、宗教＝道徳教育だったことからも、対労働者、対貧民の階級統制手段としての教育が意図されていたことは否定できない。この点に関する限り、現実の市民国家（資本主義国家）は、絶対主義国家の遺産を引き継いだことになる。近代公教育思想のもとで、実際に制度化されたのは、国家本意の、国民に最低限度必要な知識や道徳性などを修得させることを目指した義務的

な教育であった。

2. 社会権的人権思想に基づく義務制の再度の意味転換

(1) 労働者階級による、すべての者の教育への権利の主張

　現実の義務教育制度が、治安維持の手段として、また革命に対する防波堤として構想された以上、それに対して労働者とその思想家達が、強い不満を示したのは当然であった。彼らは、フランス革命期公教育論に見られる「権利としての教育」を論拠に、現実の義務教育制度の批判を行った。

　例えば、労働者の組織の中から、労働者とその子弟の教育の自覚と要求を生み出したイギリスのチャーティスト運動の指導者であるラヴェット（Lovett,W. 1800 〜 1877）は、「教育は恩恵でなく権利」であり、それは「人間の尊厳を高め、その生存と幸福を増進するための普遍的な道具」であると主張した。彼はさらに、1837 年の「チャーティスト教育政策綱領」の中で、「社会とは互いの福祉のための連合体であり」、社会・政府は、「われわれの子どもの教育というこんな重要な義務」を負うものであると述べている。

　1848 年の、「共産党宣言」は、労働者階級が政権を獲得した場合に着手すべき政策として 10 項目を示しているが、その中で、教育政策に関し、「すべての児童の、公共かつ無償の教育…」として、公営・無償・全員就学の教育を主張している。

　そしてフランスでは、パリ・コミューン（1871 年）が、「教育は、児童のための絶対的権利であり、その編成は家庭のもしくは家庭にかわる社会の崇高な義務である」ことを明らかにした。

　これらの主張を全体として要約すると、教育を受けることは権利であり、この権利を保障するのは、社会・公共の責任ということになる。自由権的人権思想のもとで、優越した地位におかれた親の教育権に強い制限が加えられ、親権は親のためよりは、子どものために存在することが求められた。子どもは親の私物ではなく、社会の財産であり、子どもの教育を保障することは、社会全体の義務とも考えられるようになったのである。社会権的人権思想は、自由権的人権思想によって否定もしくは消極視された義務教育を、新しい意味付与のもとに復活させようとしていた。

(2) 教育を受ける権利が実定法上に明文化

　19 世紀末以降における近代市民社会の構造の変化と、人権思想の徹底を背景として、子どもの教育を受ける権利が確認されるようになる。親子関係に関しても、次第に子どもの利益のために親権を制限する要求が高まって、親の義務の色彩が強くなり、親の教育する権利は子どもの権利保障のための義務へその重心を移し、子どもの権利主張が現実的可能性をもち始めた。

　19 世紀末頃から、教育を受ける権利は、実定法上にも明文規定を見るようになる。教育を受ける権利に関して、アメリカ合衆国では、例えば 1876 年にノース・カロライナ州の憲法は、「人民は教育を受ける権利を有し、この権利を守り、維持することは、この州の責務である」と規定した。また、ワイマール憲法（1919年）は、自由権としての親の教育権を保障する市民法的立場を基本としながらも、同時に生存権としての子どもの教育を受ける権利の保障を強調する社会法的立場を示している。

　こうして義務教育は、子どもの教育を受ける権利を、社会権的人権として認識し、それを保障することは、子に対する親の義務であり、さらに、親の義務履行を保障するのは、公共・社会の義務であるとする。この義務教育観の転換が、無償制及び中立性の意味転換をもたらすことになった。

3. 無償思想の再度の意味転換

　義務教育観の転換に伴い、無償制は、親の教育権を保護するための措置から、教育を受ける者それ自体を、直接的に保護するための措置へと転換することになった。無償の対象は、貧困家庭の子弟からすべての家庭の子弟へ、初等学校の児童から中等学校の生徒も含めてすべての者へ、義務教育諸学校の児童・生徒から普通教育として社会が期待する教育を受ける者にまで、拡大されることになったのである。

　ヨーロッパ諸国では、それまでに複線型学校体系が保持され、中等学校と小学校は、学校の階級的系統を意味するものであった。すなわち、前者は、上流階級の教育を目的とし、高等教育機関へ接続する下構式の学校系統であり、後者は一般大衆の教育を目的とし、高等教育機関へ接続しない、上構式の学校系統であっ

て、両者は相互に交錯せず、孤立的に併存するものであった。そして、義務教育制度は、中等教育を受けることのできない一般大衆のための初等教育という形で発展してきた。

　こうした事情もあって、義務教育の授業料無償は、それが貧困者の子弟に限られる場合はもちろんのこと、その全面無償が実現された段階（例えばイギリスでは、1918年の初等教育法第26条に規定）でも救貧的性格を持っていたことは否定できない。授業料無償が救貧的性格を払拭するには、無償思想の転換を必要とするが、ヨーロッパ諸国の場合、第一次世界大戦後における統一学校の実現、すなわち学校体系の単線化がそのための大きな要因となった。

　フランスの場合、まず、伝統的中等学校であるリセやコレージュの予科の存続を前提に、それと小学校とのカリキュラムの共通化を図った。さらに、1930年には、リセとコレージュの授業料の全面無償化によって、小学校系統から中等学校系統への選抜的転移を制度的に可能にする方式をとった。こうしてフランスでは統一学校制度を実現している。

　イギリスでは、中等教育の義務化を待たずに、小学校から中等学校への入学試験に合格した貧しい家庭の子弟の授業料を無償にする無月謝席（1922年には入学生徒数の34.2％）あるいは特別席制度を通して授業料無償を中等教育に拡大させた。

　だが、こうした措置は、増大しつつある中等教育への要求を等しく満足させるものではなく、また明らかに救貧的性格を持つものであった。

　こうした状況で、トーニー（Tawney,R.H.1880〜1962）は『すべての者へ中等教育を』（Secondary education for all,1922）を著し、労働党のために将来とるべき文教政策の基本原則を示した。「すべての者に中等教育を」運動は、政府の補助金を交付されている中等学校の授業料を、一挙に、または漸進的に全面無償化し、すべての者が平等に中等教育の機会を享受できるように要求した。

　この運動の成果は、1944年教育法に結実した。この教育法によって初めて、共通な初等学校の上に、グラマー、テクニカル、モダンという3種類の中等学校が分岐構築されるという、従来の階級的系統性を払拭した統一学校制度が実現した。15歳までの中等教育が義務化され、中等教育の授業料全面無償が規定された。1944年、教育法によって、すべての者に中等教育を受ける機会が解放され、均等化されたのである。

　中等教育の授業料の全面無償の段階に至り、無償制は救貧的性格を払拭し、子どもの教育を受ける権利を保障する制度的措置となったのである。

4. 中立性の意味転換

　中立性は、「親の教育の自由」を擁護するために、教育への外的勢力の介入を認めないという原理からさらに進み、今や子どもを現在取り巻いている様々な拘束から解放する「中立な教育」を保障する原理として捉えられるようになる。

　言い換えれば、中立性はすべての子どもがその能力・個性・必要に応ずる教育を提供され、これを自由に学び取ることによって、最後には、教師や親の手を離れて主体的に自己の幸福を探求し、それを実現しうるような能力を身につけることを保障する原理と解されるのである。

　19世紀末の初等義務教育制度における教育は、特定の価値観や最低限の基礎的知識・技能の教授にその内容は固定しており、その方法も画一的な注入教授による強制であった。中立性は、再度の意味転換がなされ、こうした状況から子どもを解放する原則となった。

　子どもの教育を受ける権利は、子どもを大人とは違ったものと認識し、前者の後者からの独立を権利として確認する子どもの権利の本質とつながっている。公教育制度は、常にこの本質に立ち返り、豊かな内実をもつものにしていかなければならない。最後に、ワロン（Wallon,H.1879 ～ 1962）の子どもの権利論を引用して、本章を終えよう。

　　　　「子どもの権利とは…子どもの本性を尊重させ、子どもの中にある固有の諸資質を尊重させ、子どもは大人でないこと、大人でないから子どもには大人と違った扱いが必要なこと、大人は子どもに自分の感じ方や考え方や規律を押しつける権利をもっていないことを承認させる権利のことであります。」（「一般教養と職業指導」1932）

（粟野　正紀）

《参考文献》

伊藤秀夫『義務教育の理論』1968 年

梅根　悟『教育史学の探究』（講談社）1966 年

梅根　悟『新装版　世界教育史』（新評論）1988 年

梅根　悟『西洋教育史』（誠文堂新光社）1963 年

梅根　悟『世界教育史大系 24　中等教育史Ⅰ』（講談社）1975 年

コンドルセ他『フランス革命期の公教育論』（岩波書店）2002 年

長尾十三二『西洋教育史　第 2 版』（東京大学出版会）1991 年

堀尾輝久『現代教育の思想と構造』（岩波書店）1971 年

堀米庸三『歴史を見る眼』（NHK ブックス）1964 年

ワロン・ピアジェ『ワロン・ピアジェ教育論』（明治図書）1963 年

コラム

歴史への関心

　私たちは、歴史という言葉を、過去に起こった出来事をいっさい含めて使う一方、過去について調べ上げた事柄の意味で用いている。そうした二重の意味をもつ歴史への関心というものは、人々が急激な変化の時代に、世界は将来どうなっていくのか、そしてこの変化していく世界に対して、どういう態度をとり、何をなすべきかという決断を迫られた場合、過去を振り返ることで、その回答を得ようとするときに生じてくるものではないだろうか。

　その場合、ある人は自分の決断を支えてくれるものを、過去に起こった出来事の中に発見しようと努めるかもしれない。例えば、これから行おうとする教育実践が、すでに 1 世紀も前に英国の著名な思想家によって提唱されていたというふうに。確かに、過去を振り返れば、どのような立場に対しても、何がしかその人の決断を支えてくれるような事例を提供してくれる可能性がある。だが、何がこれからなされるべきかということは、単に事柄の良し悪しだけで決定されるものではない。現在何が可能であり、可能でないかという判断の方が、私たちの将来に向かって決断を下す際には、善悪の判断以上に重要な要素であろう。

　というのも、将来への決断と言っても一人で事に当たるわけではなく、他人と

の競争や協働においてなされるため、自分にも他人にも共通の立場を確立するには、単なる事柄の善悪ではなく、その客観的可能性の明察がより重要性をもつからである。そして、そのことの判断は、現在を見ただけでは不可能であると言ってよい。

　現在は、常に過去の影を宿している。現在について判断を下すには、現在がその積み重ねの上にできている過去に向かって問いかけてみなければならない。そうして初めて私たちは、何が現在可能であり、また可能でないかを知ることができる。そうした場合、この過去への問いかけは、歴史上の個々の事件、あるいは個々の人物、その事績に対する問いかけというより、むしろ歴史の動きに対する問いかけになってくるのではないだろうか。つまり、歴史はこれまでこのような仕方で進んできた、そしてこの歴史は、これからはこういう進み方をするだろうという見当がつけば、これから何が可能であるかということの回答も、容易に与えられると考えてよいだろう。

　歴史への関心は、結局のところ、根本において私たちの現在における実践につながる問題なのである。

第 2 章
欧米の学校制度の現状

第 1 節　フランス

1. 概要

　1980 年代初頭まで中等教育学校を設立する権限が地方自治体にはなく、国立学校にしかなかったことに象徴される中央集権的な制度となっている。その背景には、「すべての段階での無償かつ非宗教的な公教育の組織化は国の責務である」との憲法前文があり、今日でも公立初等・中等教育学校と国立大学の全教員は国家公務員として国（国民教育省）に任免され、給与を支給されている。結果、近年では国家予算の 4 分の 1 が教育・研究関係費である。なお、2004 年には前期中等教育学校の通学区指定を国から県議会の権限にするなど、地方分権が進められてはいるが、多くの権限は地域圏の大学区総長、県の大学区視学官、市町村の国民教育視学官という国の出先機関への移管であり、地方分散化に止まっている。

　他方、義務教育は、親や家庭教師による教育での履行が法に明文化されて認められている。ただし、セクトと呼ばれる新興宗教の拡大と独自の教育への危機感から、1998 年以降、教育機関への就学を優先させた上で、家庭教育への大学区視学官の監督が強化されている。

2. 各教育段階

(1) 就学前教育

　3 ～ 5 歳を対象に、保育学校、もしくは小学校付設の幼児学級で行われる。1989 年以降、出身階層による不平等を補償する意図から、希望者には教材費も含めて無償で提供されていることもあり、就学率はほぼ 100% となっている。加えて、定員に余裕がある場合には 2 歳児も受け入れている（オムツが取れている等の条件あり）が、出生率が先進国の中では極めて高い状況にあるため、2 歳児

の入学は減少傾向にある。それでも2歳児の5分の1が就学しており、就学率の高さは世界のトップクラスである。教員も小学校教員と同等の養成課程となっており、他国と比較して養成水準が高い。

(2) 初等・中等教育と職業教育

　小学校は5年制だが、フランスでは上述の保育学校や幼児学級も初等教育機関に位置付けられている。カリキュラムにおいても、保育学校から小学校卒業までを一つの発達段階（2〜4歳が導入期、5〜7歳が基礎期、8〜10歳が深化期）とみなす学習期制を採っており、フランス語と公民・道徳教育を柱に一貫した教育が行われている。

　前期中等教育は4年制のコレージュで行われる。修了時にDNB（前期中等教育修了国家免状）の試験を受ける義務はあるが、取得は義務でなく、取得率は8割程度である。1959年以降、6歳から16歳までの10年間が義務教育となっているが、留年が多いため（今日では小学校在学中は1回までなど抑制が図られているが、それでも小学校だけで20%弱が経験）、コレージュ修了時や在学中に義務期間終了の生徒も少なくない。

　後期中等教育はリセと職業リセで行われるが、コレージュでの進路指導により無試験で振り分けられる。3年制のリセでは、2年進級時に一般バカロレア（文系・理数系・経済系がある）と技術バカロレアの取得を目指す課程に分かれる。バカロレアとは、中等教育修了と高等教育入学の両方を兼ねる資格である。他方、職業リセには、2年制のCAP（職業適任証）取得課程と3年制の職業バカロレア取得課程がある。因みに、職業リセが現行の教育課程になったのは2009年以降で、それまでは職業バカロレア取得課程は4年制であり、2年制の課程ではCAPに加えてBEP（職業教育修了証）も取得可能であった。当時は2年間でBEPを取得して離学し、就職する生徒が多かったことに対して、後述するようにバカロレア水準（後期中等教育最終学年進学率）向上を目指す政府の方針があり、BEPは廃止され、職業バカロレアは期間短縮による取得推奨が図られたのである。

　なお、近年の経済状況から若者の雇用を促進するため、見習い訓練制度など、職業教育も重視されている。同制度は、16〜25歳の青少年労働者に対して、1〜3年間、企業とCFA（見習い技能者養成センター）での教育を交互に行い、

職業資格を取得させるものである。

(3) 高等教育

　進学に必要なバカロレアの試験は6月初旬に全国一斉実施され、取得すれば原則希望する大学・学部に入学できるが、合格率は例年6割程度である。高等教育機関には、主に大学とグランゼコールがあるが、私立大学には学位授与権がなく、多くは国立（学士課程は3年制）である。グランゼコールとは、3～5年制の高度職業専門教育機関であり、工学分野のパリ国立高等鉱業学校、政治分野のフランス国立行政学院のように、専門分野のエリート養成校として知られている。入学には、バカロレアでの好成績に加えて、各校での選抜試験に合格する必要があり、リセ修了後に併設のグランゼコール準備級で2年間の試験準備を行い進学するのが一般的である。

3. 近年の教育改革

(1) 公教育における非宗教性の厳格化

　憲法前文に規定されている公教育の非宗教性（ライシテ）は、近年、社会的な議論の焦点となっていた。議論の契機となったのは、1989年にコレージュのイスラム教徒の女子生徒が、授業中のスカーフ着用許可を求めたことにある。結果としては、2004年に非宗教性原則適用法が制定され、公立初等・中等学校での宗教的帰属を目立つように表明する標章及び服装の着用が禁止され、違反者への退学処分も辞さない厳格な対応となった。ただし、同法には、ライシテの下での信教の自由や人権尊重（男女平等）の在り方に加えて、学習権保障の観点からも批判があり、法定化をもって一概に問題が解決したとはいえない。

(2) 義務教育修了時のスタンダード設定と習得支援

　1989年のジョスパン法では、80%がバカロレア取得水準に到達すること（当時は50%）等の数値目標が設定されたが、2004年のテロー報告では、毎年6万人（16歳人口の約8%）が無資格で離学（DNBを取得せず、職業リセも1年で退学）していることが明らかになった。そこで、2005年のフィヨン法では、全

国民の教育水準向上とエリート養成の拡大を図る観点から、無資格での離学防止と 50% 以上の高等教育での資格取得を数値目標に掲げるとともに、義務教育修了時点で生徒全員が獲得すべき「知識技能の共通基礎」を定めた。

　フランスでは、スタンダードの設定が最低水準への画一化に繋がるとの批判が展開されることが多く、教育内容の法定化は 1882 年のフェリー法以来のことであったが、フィヨン法を受けて制定された 2006 年 7 月の政令では、社会から阻外されないためとの観点から、①フランス語の習得、②一つの現代外国語の実用、③数学の基礎原理及び科学的技術的教養、④情報技術に関する日常的な技術の習得、⑤人文的教養、⑥社会的公民的技能、⑦自律性及び自発性、の 7 項目を挙げ、各項目の知識・能力・態度が簡潔に規定された。

　このスタンダードの達成に向けてフィヨン法では、学習困難児に対する PPRE（教育成功個別プログラム）も規定されている。PPRE は、家庭での保護者による学習支援も含め、校長が保護者と作成する合意文書に基づき実施される。また、成績不振校を対象としたネットワークによる支援も規定されている。フランスでは 1982 年から ZEP（優先教育地区）として重点支援校を指定し、1999 年からは REP（優先教育ネットワーク）として ZEP のネットワーク化を進めていたが、フィヨン法の下では、コレージュ 1 校と複数の保育学校・小学校を単位とするネットワーク化を進め、ベテラン教員の加配等を実施しており、2006 年時点では、コレージュ 249 校、小学校 1,715 校が指定されている。なお、学習困難児の把握に関しては、1989 年から第 3・6 学年でフランス語と数学の全国学力調査が実施されていたが、2008 年からは第 2・5 学年での実施に変更され、早期把握が図られている。2013 年にはフィヨン法に代わり「学校の再建のための基本計画法」が成立した。同法は方向性はフィヨン法を引継ぎつつ、水準向上を目指し、学習困難児への対策と社会格差の是正に取り組む姿勢を強く見せている。

(3) 通学区制度の見直し

　小学校とコレージュでは通学区制が採られているが、都市部富裕層の私立選択や通学区回避（親戚住所の登録など）で、貧困層が都市部に集中するゲットー化が問題となっている。これに対して、貧困層も成果を挙げている学校を選択できるように、2007 年から 2010 年の間に段階的にコレージュの通学区制が廃止され

たが、ゲットー化傾向にあった学校では成績上位層が他の学区に移り、学校環境が一層深刻化しているとの指摘もある。

第 2 節　ドイツ

1. 概要

　連邦国家のドイツでは、「州の文化高権」と称されるように、教育は 16 州の専管事項とみなされており、2006 年改正の憲法においても、連邦の権限は国際学力調査の実施や高等教育への施設整備援助（兵役義務の停止や、後述する中等教育期間の短縮に伴う進学者増加に対応するための 2020 年までの措置）などに限定されている。そのため、各州に教育省があり、就学義務年限（9 年か 10 年）や中等学校制度などが州により異なる。

　他方、宗教教育など、全州共通の特徴もある。ドイツでは、国教禁止（特定宗教・宗派の優遇禁止）の下での信教の自由を、公共領域での世俗主義ではなく、教会活動の促進で尊重している。非宗教学校を除く公立学校では、教員審査や他宗派の生徒の受講可否などの権限を教会が有する形で、カトリックとプロテスタントの宗派別宗教教育が必修科目となっている。今日では、トルコ系イスラム教移民の増加に伴い、イスラム教の授業を実施するかが問題となっているが、少なくとも生徒のスカーフに関しては、信仰や価値観の多様性に対しての寛容が求められるドイツの学校では、厳格禁止のフランスと異なり基本的に認められている。なお、保護者は、宗教教育の代替科目として倫理を受講させる等、一部授業の免除を求める権利があるが、宗教的理由による就学免除までは認められていない。

2. 各教育段階

（1）就学前教育

　幼稚園、保育所、都市部で増加傾向の KITA（幼保一体型の総合幼児教育施設）などで行われるが、文部省の管轄外であり、幼稚園も学校には位置付けられていない。各州の文部省管轄機関として、幾つかの州は、基礎学校に 5 歳児対象の

予備学年を設けている。基礎学校1年と合わせた2年間を入学期段階と捉え、遊びを通して基礎学校の授業への準備を行っている。また、多くの州は、学校幼稚園を設けている（ベルリン州では、予備学年が学校幼稚園の機能も担っている）。ドイツ語能力が未熟な義務就学年齢の子どもを対象とした1年間の就学猶予のための機関だが、義務就学年限には読み替えられない。

　なお、後述する早期教育重視の政策下にあっても、日本の里山保育にあたる教育を実施する森の幼稚園（起源はデンマーク）が各州で公認され、現在では約300園開園している。

(2) 初等・中等教育

　4年制初等教育機関の基礎学校を卒業後、中等教育段階で、①卒業後は後述するデュアル・システムが進路となる5年制の基幹学校（基礎学校と合わせて国民学校と称する）、②職業教育学校などに進学する6年制の実科学校、③大学に進学する8年制のギムナジウムの3分岐の制度となっている。この進路決定は、入学試験ではなく、基礎学校の成績等に基づく勧告による。ただし、最終決定権は親にあり、勧告以上の学校を希望する場合、入学試験を実施する州もあるが、多くは希望に即した学校に仮入学させている。

　近年では、分岐型による早期進路決定への批判に対して、観察や試験の期間としてのオリエンテーション段階や、単線化した総合制学校（多くは第10学年までで、ギムナジウム第11学年に接続）が導入されている。オリエンテーション段階は、上記3学校種の第5・6学年に設定されることが多いが、基礎学校を6年制とし、当該期間に充てているベルリン州や、同段階を固有の学校種としているメクレンブルク・フォアポンメルン州もある。加えて、少子化や基幹学校の不人気（進学率向上や移民の集中による荒廃）を背景に、基幹学校と実科学校の統合や一体的運営（基幹学校に第10学年を設け、実科学校卒業資格を取得できるようにする等）が進められており、2009年には13州で2分岐型の中等教育制度となっている。

(3) デュアル・システム

　資格社会のドイツでは、高等教育に進学しない者は、原則3年間、定時制職業

学校に週 1・2 日通学する義務があり、そこで理論を学ぶとともに、企業で週 3・4 日訓練を受け、当該職業に関する国家資格を取得する。この制度はデュアル・システムと呼ばれ、職業学校は州、企業訓練は連邦の管轄となるが、訓練中の給与は各企業が負担する。同システムでは中退者や移民も受け入れており、基幹学校の修了を参加要件とはしていないが、人気職種・企業の訓練ポストには限りがあり、基幹学校の修了や成績が問われるのが現実である。この点に対しては、職業教育を受けながら基幹学校の修了資格を取得できる職業準備年（1 年間の全日制）や、基幹学校の修了資格を有しているが希望する訓練ポストに就けなかった者が就学する職業基礎教育年（1 年間の全日制）がある。また、機械工や商業等の分野には職業専門学校（1〜3 年間の全日制）もあり、職業基礎教育年や職業専門学校の就学期間は、概ねデュアル・システムの期間に読み替えられる。なお、同システムには 300 以上の職種があり、若者の具体的な職業観や就業への意識形成に効果があるとされる反面、徒弟制に起源を有するゆえの手工業分野への訓練ポストの偏りが問題視されている。

(4) 高等教育

　進学に必要なアビトゥアは、ギムナジウムを経て取得するのが一般的だが、実科学校からも、専門上級学校（工業・農業・社会福祉・デザイン・海運領域の教育）や専門ギムナジウム（経済学・家政学・教育学などの職業関連に重点をおいた教育）を経て取得することが可能である。アビトゥアを取得すれば、希望の大学・学部に入学できるが、定員超過の場合、定員の 40% がアビトゥアの成績、60% が各大学独自の試験で入学となる。

　大学の標準在学期間は 5 年だが、修了資格が職業の国家資格となることから 6 年以上の在学が多い。ただし、ドイツを含む 29 か国参加のボローニャ宣言（1999 年）を受け、3 年間の学士課程が設けられてきている。また、同宣言では、学修課程の共通化に加えて、2020 年までに加盟内の高等教育修了生 20% の留学経験を目標としており、ドイツでは、高等教育進学年齢を参加国レベルに引き下げるために、初等・中等教育の改革も行われている。一つは、従来 9 年制であったギムナジウムを 8 年制とし、初等・中等教育を 12 年間とするものであり、もう一つは、従来 6 月末までに満 6 歳に達した子どもが基礎学校に入学（8 月）してい

たのを、同年 12 月末日に満 6 歳となる子どもの入学に変更するものである。

3. 近年の教育改革

　近年は KMK（常設各州文部大臣会議）を中心に、全州共通の取組が見られる。その最大の契機は「PISA ショック」と呼ばれる、OECD が 2000 年に実施した学習到達度調査での不振である。PISA は OECD が加盟国・地域の 15 歳を対象に、数学・科学・読解力の 3 分野で、知識を実生活の課題解決に活用できるか調査（2000 年以降 3 年周期で実施）するものだが、2000 年のドイツは、32 か国中、数学・科学が 20 位、読解力が 21 位だった。加えて、2002 年公表の PISA 補足調査では、州間の格差（バイエルン州が 1 位で、南部の州の方が高い）や、親の所得や社会的地位、特に移民による生徒間格差が指摘された。

　PISA ショックを受け、KMK では、2001 年に①就学前ドイツ語教育、②早期就学、③基礎学校教育の改善、④教育的配慮を要する子どもへの措置、⑤共通スタンダードと評価、⑥教職専門性、⑦終日教育、を優先課題に設定した。また、2008 年には、これら 7 項目の優先課題の継続を確認するとともに、前期中等教育の学力底上げなどを重点課題に追加している。これらの KMK の方針を受け、以下のような改革が行われている。このような教育機会の確保と水準の底上げに関する政策推進の結果、PISA2012 年調査では一定の成果をあげることができた。

(1) 移民対応

　先述の学校幼稚園への入学政策に加えて、終日学校の導入がある。ドイツでは、午後 1 時頃までの半日学校が一般的であったが、午後の教育支援を各家庭に期待できない生徒や保護者がドイツ語を話せない生徒に対応するため、午後 4 時頃までの終日学校（午後に関しては日本の学童保育に近い）を推進している。2003 年から 5 年間で 40 億ユーロの連邦補助金もあり、2009 年には 7,200 校が終日学校となっているが、家庭の給食費負担や教員の負担などの課題が指摘されている。

(2) 各学校段階修了のスタンダード設定と成果の検証

　KMK は 2003 年以降、第 4 学年（基礎学校修了）のドイツ語・算数、第 9 学年（基

幹学校修了）のドイツ語・数学・第一外国語（英語かフランス語）、第10学年（実科学校修了）及び第11・12学年（アビトゥア取得期）のドイツ語・数学・第一外国語・生物・化学・物理に関する修了基準を設定し、国際学力調査に加えて、第三者評価やVERA3調査（第3学年での州間学力比較）等を実施し、成果の検証を行っている。

(3) 就学前教育と基礎学校の接続教育、及び早期教育

　KMKは各州青少年大臣会議と共同で、2004年「就学前教育における早期教育のための各州共通大綱」を決定し、就学前教育と学校教育の一体化を強調する中で、就学前教育の1領域として、算数・理科・情報技術を規定している。また、2009年には、就学前教育と基礎学校でのドイツ語の発達支援や、教員の共同研修などを重視することも決定している。

第3節　イギリス（本節の内容は連合王国内のイングランドを対象としている）

1. 概要

　戦後のイギリスの学校教育は1944年教育法を基盤として、宗教教育以外の教科は学校の自由な裁量に任されていた。しかし、サッチャー保守党政権下で1988年、教育法が成立し、学校はナショナル・カリキュラムの導入、各年齢段階での到達目標の設置や視学結果の公表など、NPM（新公共管理）による教育改革が進められ、競争・選択と評価による市場原理導入による質保証政策が行われた。1997年発足した労働党（ニュー・レイバー）政権は「教育・教育・教育」をスローガンとして、行き過ぎた市場主義を是正し、「社会的包摂」を目指しつつ水準の底上げを図ることとなった。2010年の保守党・自由民主党連立政権発足からは学校の多様化と教員の質向上政策が進められている。また、労働党政権以降はNEET対策にも力が入れられている。

2. 各教育段階

(1) 就学前教育

1960 年代以降、保護者ら地域住民により設立され、多くはボランティア団体により運営されている 2 〜 4 歳児対象のプレスクールやプレイスクールが、就学前教育機関の不足を補ってきたように、自助努力に委ねる部分が大きかった。しかし、1998 年の全英保育戦略発表以降、労働党政権下には 3・4 歳児の幼児教育が無償化され、貧困家庭の教育・保健・家庭教育を支援するシュアスタート・プログラムが、約 3,000 の子どもセンターで実施されるなど、すべての子どもに対するより充実した教育機会の拡充が図られた。

なお、3・4 歳児の多くは、半日制の保育学校に就学するが、小学校併設の保育学級や、リセプションクラス（4 歳後半対象で全日制）に就学する地域もある。カリキュラムに関しては、後述するキーステージに先行する 0 歳から 5 歳までの乳幼児基礎段階（EYES）が制度化された。

(2) 初等・中等教育

イギリスの学校設置形態は多様である。大別すると、公費補助を受けている公費補助学校、受けていない独立学校（パブリック・スクールと呼ばれる富裕層向けの全寮制エリート中等教育学校）に分けられる。学校の約 9 割を占める公費維持学校の種類は、LEA（地方教育当局）が設置・運営・所有する公立学校、有志や教会による公営学校があり、初等学校の 4 割、中等学校の 2 割がキリスト教系の宗派学校である。また、後述するアカデミーやフリースクールも公営独立学校として公費維持学校に分類される。

初等教育は 5 歳から 6 年制の小学校で行われ、殆どの生徒は 5 年制の総合制中等学校に進学する。後述するように学校の多様化が進む中で、開放学区制も支持されていることから、定員超の志願者の学校も生じるが、公立・公営学校での選抜試験は禁止されており、公的保護家庭や学区内家庭の他、宗派学校の場合は信者家庭などの優先基準が設けられている。なお、5 〜 16 歳までの義務教育では、就学義務はなく、家庭教育が法的に認められている。

(3) 進学準備教育と継続教育

　総合制中等学校卒業後に進学する場合、進路は大きく二つに分かれる。一つは GCE・A レベル試験（大学入学資格試験）準備を行う中等教育学校併設の 2 年制のシックスフォーム（単独のシックスフォーム・カレッジもある）で、もう一つは、職業教育を中心とした多様な課程の継続教育（FE）カレッジである。なお、義務教育終了後の 10 代後半の在学率の低さ（16 〜 18 歳のニート率が 10% 前後）が問題視され、2008 年の教育技能法では、一定レベルの学力に達しない生徒を対象に、職場訓練なども就学の方法に含めながら、16 歳のフルタイムの義務教育終了後の 2 年間について、離学年齢引き上げ（RPA）を義務付けた（2013 年から実施）。

(4) 高等教育

　イギリスの高等教育機関は、伝統的大学とポリテクニクなどの非大学型高等教育機関の二元構造が特徴であったが 1990 年代に一元化され、アクセスの拡大が進んだ。大学は約 110 校でその内私立大学は 1 校のみである。一般的に教養課程はなく、入学するとすぐに専門教育に入る。一般的な 3 年制の学士課程の他に、1 〜 2 年のサーティフィケイトやディプロマという準学位課程があるが、2001 年以降、情報・金融・新産業分野の即戦力育成の観点から、柔軟な履修方法を採用した 2 年制の応用準学士課程も導入されている。なお、1980 年代後半からは進学率も上昇しているが、労働者階級の家庭の低進学率が問題視され続けている。1998 年にはそれまで無償だった授業料の徴収が始まった。

3. 近年の教育改革

(1) スタンダードの設定と評価・監督

　かつては各 LEA が公費維持学校のカリキュラムガイドラインを定めていたが、1988 年の教育改革法（サッチャー政権）でナショナルカリキュラムが定められるとともに、LMS（学校の自律的な管理運営）が導入され、カリキュラムに関する一定の裁量権が公費維持学校の学校理事会に認められた。ナショナルカリキュラムでは、学習段階を四つのキーステージ（1：5 〜 7 歳、2：7 〜 11 歳、3：11 〜 14 歳、4：14 〜 16 歳）に分け、1 〜 3 ステージでは、英語・数学・科学

が中核科目、4ステージでは、英語・数学・科学・情報技術・公民・体育・宗教教育が中核に準ずる科目とされ、各科目で9段階の到達レベルも示されている。他方、時数は各学校に委ねられている他、学校や地域の実情に応じた独自科目の開講も認められている。裁量権を得た学校理事会には親代表も参加するが、その参加枠を拡大した保守党政策をブレア政権も引き継ぎ、2003年には、9〜20名で構成される初等・中等学校の理事会で、親代表を全体の3分の1以上とするように規定が改訂されている。

　学校の裁量権を認める一方で、1992年以降、Ofsted（教育水準局）が全ての初等・中等教育機関を視学しており、不適格との視学結果が続く場合の廃校を辞さない方針は労働党政権にも引き継がれている。また、2007年からはOfstedが教育・子どもサービス・技能水準局となり、就学前教育機関も視学対象となっている。

　なお、ナショナルカリキュラムの到達度は、11歳の全国テスト（かつては7・14歳でも実施されていた）、及び16歳のGCSE（中等教育一般証書）試験で検証され、結果が公表（通称：リーグ・テーブル）されることでナショナルカリキュラムの拘束力を高めている。ただし、教育内容の偏りや生徒のストレス等を理由に全国テストに反対する教員組合の方針の下、多くの教員が2010年度のテストを実施しなかったことを受け、教員による評価を重視する改革も進められている。

(2) 多様化による向上と協働による改善の波及・継続

　LMSを導入した保守党は、LEA管理の既存の公立・公営学校が、保護者投票等の手続きを経た上でLEAから独立し、生徒数に応じた国からの補助金で学校理事会が運営する国庫補助学校となる制度（現在は廃止）や、国からの補助金に加えて支援企業からの資金で運営される、11〜18歳対象で科学技術教育重視のCTC（シティ・テクノロジー・カレッジ）を創設した。このような学校の多様化と企業や民間団体の参加は、無選抜の総合制中等学校を支持する労働党に政権が交代しても積極的に推奨された。労働党では、平等重視で画一化傾向にあった総合制中等学校の「現代化」として、多様化による学力向上を図る一方で、学校間や企業等との協働の枠組を改革の中核に据えることで、平等にも配慮したのである。

　まず、多様化に関しては、総合制中等学校の専門中等学校化の推進がある。保守党政権の1994年に開始された制度で、学校の重点教育分野に国が補助金を出

すのだが、2008 年には 2,975 校（全校の約 9 割）が認定を受けている。次に、企業や民間団体との協働制度としては、専門中等学校制度においても認定申請要件として支援企業等の資金獲得があるが、CTC に替わる EAZ（教育活性地区）やアカデミーもある。EAZ は 1998 年の教育水準・新学校法で導入された制度で、2・3 の中等学校と通学圏の小学校を合わせた 20 校程度で地区を形成し、親、企業、LEA も参加・連携して地区単位で年間計画を作成する取組である。教育水準の低い地域で約 50 地区が形成され、3 〜 5 年を期間として実施されたが、期間満了で廃止されている。保守党・自由民主党連立政権以降は、教育水準向上の方向性として「学校の自律性」を核とした学校種の多様化政策の一層の拡充が進められた。2002 年に導入されたアカデミーは、低成果校への重点支援策として、公営学校の独立学校化（公設民営の無償学校化）を図り、民間の資金や人材、ノウハウを活用する制度であり、2018 年 1 月には初等学校の 4 分の 1 以上にあたる 4,500 校以上、中等学校の 7 割以上にあたる 2,500 校弱がアカデミーとなった。また、既存の公営学校を‘変更する’アカデミーに加えて、親や民間団体がアカデミー同様の公設民営の無償学校を‘新設する’フリースクール制度（後述するアメリカのチャータースクールがモデルで、日本でのフリースクールとは全く異なる）も 2011 年から導入され、初年度は 24 校が開講し、その数は急増している。

　最後に、EAZ などでも見られる学校間協働に関しては、2002 年に導入された学校連合など、成績上位校と下位校の協働が進められたが、2006 年の教育・監査法でトラストスクール制度が設けられた。同制度は、運営補助金は他の学校と同額を LEA から給付されている公営学校を傘下に持つ公益法人のトラストを結成し、トラストが資産管理、教職員人事、入学基準設定などを担って傘下の学校が LEA から一定の独立性を有することで、トラストに改革の方針やノウハウを蓄積し、協働による改革を自己持続的なものとすることを目指している。2007 年の施行時は 13 トラスト 30 校で始まったが、1 年後には 113 校と拡大している。ただし、トラスト傘下の学校であっても、他の学校同様に能力選抜試験は禁止であり、ナショナルカリキュラム遵守義務があり、Ofsted の視学を受けるのだが、教員団体などは、LEA に代わって企業がトラストを通して学校を支配する制度と批判しており、教職員や保護者、地域住民がトラストの運営に平等に参画するコーポラティブ・トラスト・スクールという形態も 2008 年以降、導入されてきている。

第4節　アメリカ

1. 概要

　憲法修正第 10 条の規定に基づき、教育は州の専管事項とされており、義務教育年限も 9 〜 13 年と州により異なる。また、州当局から裁量権を委ねられた学区毎にカリキュラムや卒業要件等を定めていることが多かった。しかし、1983 年の連邦教育省長官の諮問委員会報告『危機に立つ国家』での学力低下の指摘を主な契機に、教育の質向上と機会保障が求められる中で、近年、卒業要件の設定（厳格化）や学力テストの導入などの改革が州主導で進められたことに加えて、後述するように連邦の関与も強まっている。特に「学力向上」を目指す連邦の教育政策を反映し、目的や基準を明確化した連邦補助金の影響は大きい。

2. 各教育段階

(1) 就学前教育

　90% 以上の 5 歳児（7 州で義務教育）は、公立小学校に併設で無償の幼稚園に就学している。読みと算数中心のカリキュラムで、南部の州では全日制が多い。3・4 歳児に関しては、連邦と各州で補償教育（貧困や親の英語力不足等、不利な状況の家庭の子どもへの無償の学習準備教育）の拡充が進められている。連邦の取組は、児童・青年・家庭局が管轄するヘッドスタート・プログラムで、健康管理や保護者の関与支援も含む内容である。1965 年にジョンソン政権の貧困撲滅政策の一つとして始まり、1994 年からは 0 〜 2 歳対象の早期プログラムも実施されている。州の取組は、プレ幼稚園やプレスクールなど、名称は様々だが、州の基金（2004 年時点で 43 州が設置）に基づき、公立学校や私立保育所、ヘッドスタートプログラムが運営している。

(2) 初等・中等教育

　全州が単線型ではあるが、小学校・中学校・高校が、6 − 3 − 3 制や 6 − 2 − 4 制の州もあれば、中等教育が一貫型の 8 − 4 制や 6 − 6 制の州もある。近年で

は、小学校とミドルスクール、高校の 5 − 3 − 4 制や 4 − 4 − 4 制の州も見られる。ミドルスクールは、学級担任制の小学校と教科担任制の高校の橋渡し的存在で、異なる教科の教員によるチーム・ティーチング等を導入し、科目横断的で総合的な学習を提供しており、中学校に替わる学校種として 1960 年代後半から急速に増加してきている。

　また、大学レベルの授業を中等学校の教師が在学中の生徒に実施するアドバンストプレースメント・プログラムが、1955 年から大学入試委員会により行われている。優秀な生徒だけではなく、大学進学希望者が幅広く履修しており、全米で年に 1 度行われる同プログラムの試験（現在は 37 科目）の結果に基づき、大学入学後の単位に読み替えられる。

(3) 高等教育

　アメリカの大学は世界大学ランキングで常に上位を占め、世界の高等教育をリードしてきた。ユニバーサル化された高等教育機関には世界各国から留学生が集まってくる。しかし、高額な授業料を払うため、フルタイムの 4 年制大学生の大半が貸与型奨学金などの財政援助を受けている。

　4 年制大学への進学では、高校の成績や小論文等に加えて、大学入試委員会が年に 7 回実施している SAT（大学進学共通試験：受験回数に制限はなく最高点を利用できる）の成績が合否判定材料となる。一般的に SAT といえば、言語能力と数学分野の論理思考力を測る SAT Ⅰ を指すが、20 科目の中から大学毎に科目が指定される SAT Ⅱ もある。また、別団体が実施している ACT（全米大学入試）もあり、どちらかの受験を課している大学が多い。

　特徴的な機関として、教養教育から職業教育まで多様な学習を提供する州立の 2 年制コミュニティ・カレッジがある。準学士号を取得し 4 年制大学に編入する者も 25 〜 30% いるが、成人や女性の他、マイノリティが多く、補償教育も担っている。なお、職業教育では、ほぼ全てのカレッジに、高校 2 年生以降と合わせた 4 年間の職業教育課程（テック・プレップ）もある。

3. 近年の教育改革

(1) 連邦の教育関与

　近年の連邦の積極的関与は、1989年の教育サミット（ブッシュ大統領主催で50州の知事が参加）で合意され、1994年に法制化された「2000年の目標」から見ることができる。同法では、高校卒業率90%以上や数理世界一など、8目標が掲げられた。しかし、改善が不十分だったため、2002年にNCLB法（No Child Left Behind Act：落ちこぼれをつくらないための法律）が制定された。同法は、州や学区に連邦補助金の裁量権を移譲する一方、州単位で読解と数学にスタンダードを設け、第3～8学年の生徒に毎年試験を実施して、AYP（年間向上目標）への達成度を測ることを補助金交付の条件としている。結果の公表義務がある公立学校には、アカウンタビリティ（説明・結果責任）が課され、複数年にわたりAYP未達成の学校には、生徒へのチャータースクール（後述）への転校資格の提供の他、教職員の入替や民間補習サービス導入などの改善策が規定されている。なお、NCLB法の下でのスタンダードに基づく改革に対しては、教育内容の偏りや授業のテスト対策化への危惧があることに加えて、アカウンタビリティの負担の重さから州当局がスタンダード自体を低く設定しているとの批判もある。しかし、そのような課題を抱えながらも、試験による競争と結果責任による淘汰で学力向上や学力格差の解消を目指す連邦政府の方針は、オバマ政権でも継続されており、2009年から設けられている州に対する競争的基金「頂点への競争」において、州間共通スタンダードの設定促進や教員評価の厳格化を補助金申請の審査基準とすることで強化が図られている。

　ただし、これらのスタンダードに基づく改革では、44%の学区が他の科目の時間を削減して読解と数学の時数を増やしたとの民間調査もあり、教育の偏りを危惧する声もある。

(2) 学校選択制度と学校の多様化

　アメリカも通学区指定が原則ではあるが、指定通学区以外への就学を認める制度や公立学校の多様化・特色化を促す制度が設けられている。

①開放学区制度（オープン・エンロールメント）

　　指定通学区以外の公立学校に就学可能な制度で、31 州で規定がある。ただし、実際に運用する学区では、バス等の通学費が財政負担となっており、近年、縮小の動きも見られる。

②バウチャー制度

　　授業料の全額や一部に相当するクーポン券を児童の家庭に配布し、制度に参加する私立学校も含む学校から、就学先を選択させる制度である。配布対象の学年や所得制限、定員を超える希望者への対応方法（無選抜が原則で、先着順か抽選）は、実施している州や都市により異なる。生徒獲得を競う学校の質向上や、低所得層の私立学校への就学権保障、保護者の参加促進など、様々なねらいと実際の効果があるが、七つの州・都市での実施に止まっている。この背景には、私立学校の半数以上が宗派系である中で、バウチャーを介した宗教への資金提供への抵抗感がある。なお、2002 年の連邦最高裁ゼルマン判決では、低所得層に宗派系私立学校選択も可能にするオハイオ州クリーブランドの制度は、国教禁止に抵触しないとされている。他方、州憲法において、公立学校整備に公費の優先使用を規定しているアリゾナ州では、障がい児や里親の元の児童にバウチャーを配布する制度が、州最高裁で 2009 年に州憲法違反とされ、制度が廃止された。

③マグネットスクール

　　ホワイトフライト（人種統合目的の強制バス通学に対抗する白人の郊外移住など）による都市部の黒人学校、郊外の白人学校という状況を是正するため、1970 年代後半から、連邦補助金を元に特色ある学校を都市部に設置し、白人の自主的な就学を促した制度である。今日では大都市を中心に 5,000 校以上設置されているが、エリート校化しているとされる。

④チャータースクール

　　従来の学校に不満を感じていた有志の教員や地域住民が、数値化した教育目標に関する契約を学区などと結び、アカウンタビリティを負うことで、州からの規制を緩和され、自律的な学校運営を行う（理想とする公立学校を創設する）制度である。1991 年にミネソタ州で初めて開校されて以降、株式会社など多様な運営者の参入や歴代政権の推進策もあり、今日では 5,000 校以上設置され

ているが、これまでに650校以上が閉校もしている。

(3) バイリンガル教育

　移民の高い退学率への対応として、1968年に移民の母語と英語を併用するバイリンガル教育法が制定され、1972年の連邦最高裁ラオ判決で、英語能力不足の生徒への学区の教育責任が明確になったこともあり、様々な取組が実施されてきた。今日では移民の英語習得目的の取組が主流となっているが、多言語・多文化共生のための取組もある。例えば、1980年代後半から増加した双方向イマージョンプログラムでは、英語が母語の生徒と英語以外（スペイン語が多い）の生徒が同数でクラスを構成し、全員が双方の言語で学んでいる。

（白幡　真紀　　下村　一彦）

《主要参考文献》

フランス教育学会編『フランス教育の伝統と革新』（大学教育出版）2009年

日本比較教育学会編『比較教育学研究 特集：義務教育制度の弾力化と質保証』第41号、（東信堂）2010年

ヘルマン・アベナリウス（結城忠監訳）『ドイツの学校と教育法制』（教育開発研究所）2004年

望田研吾編著『21世紀の教育改革と教育交流』（東信堂）2010年

黒柳修一『現代イギリスの教育論』（クレス出版）2011年

北野秋男他編著『アメリカ教育改革の最前線』（学術出版会）2012年

アメリカ教育学会編『現代アメリカ教育ハンドブック』（東信堂）2010年

文部科学省生涯学習政策局調査企画課編著『諸外国の教育改革の動向 6か国における21世紀の新たな潮流を読む』（ぎょうせい）2010年

文部科学省『諸外国の教育動向2011年度版』（明石書店）2012年

二宮晧編著『新版　世界の学校―教育制度から日常の学校風景まで―』（学事出版）2014年

坂野慎二、藤田晃之『海外の教育改革』（放送大学教育振興会）2015年

ヨーダー判決（1972年・アメリカ）

『刑事ジョン・ブック 目撃者』（1985年、パラマウント映画）をご覧になったことはあるだろうか。同映画では、プロテスタントの一派、アーミッシュを知ることができる。

　聖書中心主義で幼児洗礼を否定するアーミッシュは、ヨーロッパで迫害を受けアメリカに移住してきた歴史があり、信者だけの村で農業による自給自足の生活をしている。華美なものを嫌う独特の服装やドイツ語の方言でのやりとり、そして何より電化製品や車を原則用いない生活様式は、現代人の我々には奇妙にさえ映る。しかし、排他的ではあるが争いを極端に嫌い、相互扶助の精神を大切にする姿に感銘を覚えずにはいられない。

　この信心深く独特の文化を有するアーミッシュに注目が集まったのが、第10学年までの就学義務を規定するウィスコンシン州法に反し、第9学年以降の就学を拒否したアーミッシュが、就学免除を勝ち取った1972年の連邦最高裁ヨーダー判決である。アーミッシュは、上述の生活をする上で、英語の基本的な読み・書きや算数の必要性は認める（できるだけ次頁の写真のようなアーミッシュの学校を村内に設けるが）。しかし、第9学年から洗礼（約80％が自主的に受ける）までの期間は、家庭や農場での体験学習の重要な期間とし、就学を教義で禁じているのである。同判決では、アーミッシュに就学免除という特権を与えることが、国教条項に抵触しない理由をその信仰の誠実さと歴史に求めた上で、家庭農場での教育が自立を促し、就学に関する社会の利益を満たすとの見解から、家庭教育による就学免除が認められている。

　ただし、判決で全てが解決したとは言い切れない。ヨーダー判決の争点には、多文化社会の抱えるジレンマが映し出されている。すなわち、親は子どもの幸せを思い行動しているし、就学を強制すれば子どもが現代文明に感化されて洗礼を受けないことで相互扶助の生活様式を維持できなくなり、結果、宗教文化も消滅しかねない一方で、第8学年で外部と交流を断つアーミッシュの子どもには、アーミッシュとして村に残るしか実質的な選択肢がない。ここで改めて、①義務教育の目的とは何か、②多文化社会において公教育の中立性はどう確保されるべきなのか、という問いに向き合う必要があるのである。

ところで、ヨーダー判決において第9学年以上のアーミッシュに限定的に認められた家庭教育は、その後、HSLDA（家庭教育法的擁護協会）をはじめとする支援団体のロビー活動や法廷闘争もあり、科目や時数、試験受験義務や親の学歴など、州間で規制が異なるものの、全ての州で認められている。150万人以上（因みに、イギリスは10万人未満）が学ぶ今日では、公立学校の科目履修の開放（親が提供できない科目や集団活動など）や、家庭をチャータースクールのサテライト化するなど、公的な支援も広がりを見せている。

車を使わない生活や独特な服装

第1〜8学年の複式学級の学校

写真提供：菅原千代志写真事務所

第3章
日本における学校制度の歴史

第1節　近代学校導入前史

　文字や文字によって蓄積される知識が統治や個人の生活に必要とされはじめた
ときから、一定期間特定の場所で体系的な知識が伝達される場としての学校が存
在していたといえる。本節では、一部の貴族や支配階層の子弟を対象とした官吏
養成機関や後継者養成機関と、小規模ながらも庶民を対象とする教育機関という
二つの類型に着目して、日本における近代学校導入前史を振り返る。

　古代（奈良時代から平安時代まで）の日本においては、貴族階級を対象とした
官吏養成機関が学校の機能を担った。たとえば日本における教育機関の起源とし
て、大宝元年（701年）に完成した大宝律令にもとづいて大学寮と国学が設置さ
れた。律令制では区画整理や徴税は文書（紙や木簡）を通じて行われていたため、
律令官僚（官人）には漢字の読み書きや計算のほか、儒教を中心とした法典の整
備編纂に一定の教養が必要とされた。都にある大学寮は原則として五位以上の貴
族の子弟が対象とされ、国学は郡司の子弟が対象とされていた。また、大学寮の
教官（博士）は漢字が駆使できる渡来人によって担われていた。

　しかし、官僚への登用は世襲制（蔭位の制）が採用されていたため、官僚養成
機関としての大学寮の機能は限定的であった。一部の有力貴族は大学寮の近くに
私的寄宿施設として大学別曹を設け、一族の子弟を就学させることで門閥の維持・
拡大を図った。そして、大学別曹は後に大学寮附属機関として公認された。

　一方で、古代より民衆を対象とした教育機関もわずかながら存在していた。空
海は天長5年（828年）ごろに庶民の子弟を対象とした私立教育機関として、綜
芸種智院を開いた。

　中世（平安末期から江戸幕府の成立まで）以降、政治権力の中心が公家から武
家へと移った。武士社会は、主君（将軍）による恩と家臣（守護）による奉公か
らなる主従関係を基本原理としている。この主従関係を維持するために、武士に
は武力とともに統治者としての知的能力が求められた。とりわけ後者に関しては、

幕府における要職だけでなく農業経営をはじめとして領地の確保や年貢負担業務を担う地方武士も、文書の読み書きや徴税のための計算能力、さらには統治者としての教養や徳が求められていた[1]。

　各地で台頭しはじめた新興勢力である武士階層の教育需要に応えていたのが寺院である。鎌倉時代に登場した新仏教は、末法思想と動乱の時代を背景として、民衆への布教が積極的に展開されていた。そして、旧仏教における寺院のように研究機関や後継者養成機関としてのみならず、民衆を対象とする教育機関として寺院の機能が変質していった。また、有力武士のなかには遊歴する僧侶や学者を招き、儒学や貴族文化を学んだ者もいる。

　中世以降は、支配階級としての武士だけでなく庶民の教育需要も高まりをみせた。惣村の形成による農村自治の強まりや宋銭・明銭の普及に伴う貨幣経済の農村への浸透などから、農民にも計算能力や一定の教養が求められていた。当時の庶民の教育需要の高さは、『庭訓往来』に代表される手習いの文例集（「往来物」）の普及からもうかがうことができる。

　中世を代表する教育機関として、永享 11 年（1439 年）に上杉憲実が僧快元を招き再興した足利学校がある[2]。足利学校では仏教経典（内典）ではなく儒学、とりわけ朱子学を中心とした漢籍（外典）が教授されていた。また、戦国時代になると足利学校では易学教育が重点的に行われ、各地の戦国大名に取り入れられた。足利学校の入学者の多くは僧侶であったが、足利学校の蔵書はひろく一般に公開されていた。

　戦乱を経て徳川幕府による長期の幕藩体制が維持された近世日本は、「兵農分離」や「士農工商」に示される身分制度のもとで武士は城下町に集住し、農村（農民）とは空間的にも分離されていた。そのため、徴税や布達に際し武士と農民（とりわけ庄屋・名主層）の双方にとって、文書による伝達が不可欠とされた。また、貨幣経済の発展は識字能力や計算能力を前提とするため、近世はあらゆる身分が文字の習得を必要とする社会となった。

　近世日本は諸外国との戦争や大きな内乱を経験することがほとんどなかったため、経済や文化の発展とともに教育機関も多様な展開をみせた。

　江戸時代の学校制度の特徴として、幕府直轄の学問所や諸藩における教育・研究機関に加え、庶民の子どもを対象とする教育機関の興隆が指摘できる。

　幕府直轄の学問所としては、昌平坂学問所（昌平黌）のほか、和学講談所、洋学研究機関である開成所等がある。寛政期以降、昌平坂学問所では朱子学を中心に教授され、試験制度の整備により武士が学問的教養を深めることが重視されはじめた。また、書生寮が設けられ、諸藩の優秀な学生が江戸に集められた。さらに、後述する出版文化の普及に伴い、昌平坂学問所では「官版」と呼ばれる幕府による漢籍の注釈書が出された。

　諸藩は藩校を設置し、藩の統治に必要な人材育成が行われた[3]。また、一部の藩は藩校以外にも郷学（郷校）とよばれる教育機関を設置し、庶民の子弟を対象とした教育を行った[4]。

　近世における民衆を対象とした教育機関として、私塾と手習塾(寺子屋)がある。私塾では主に成人を対象とした専門的な教育が行われていた。伊藤仁斎の堀川学校や、緒方洪庵の適塾、吉田松陰の松下村塾などが有名である。私塾の一部は幕府による政治的弾圧をうけたが、幕末から明治初期にかけて私塾出身者が指導的な役割を果たしていた。

　また、庶民の子弟を対象とした教育機関として、手習塾が数多く存在していた。

図1　手習塾の様子（「文学万代の宝」
　　　（始の巻：左、末の巻：右。画：一寸子花里）
　　　（出所）東京都立図書館 TOKYO アーカイブ。

　図1は弘化年間（1844 ～ 1848 年頃）の手習塾の様子を描いたものである。男女別に分かれているだけでなく、学んでいる子どもの年齢も幅広い。そして、皆が師匠の方を向いて座って同じ内容を学んでいるわけでもない。遊んでいるようにすら見える子どもも描かれている。今日よく見られる教室の風景とはかけ離れているかもしれないが、当時の手習塾では個々の必要性に応じた内容をそれぞれの進度で学ぶのが一般的であった。手習塾では主に「往来物」が用いられ、習字を中心に生活の必要に則した内容が個別に指導された。私塾や手習塾における教育の普及は、近代学校教育の導入以前における日本人の識字能力を下支えした大きな要因とされている。

　このような教育機関の多様な展開に加えて、近代学校教育の急速な導入を可能

にした重要な要素として、近世における文字の均質化と出版文化の発展があげられる。

　江戸幕府は公文書の書流として青蓮院流を採用した（これを「御家流」とよぶ）。幕府の書流として採用された青蓮院流は、その後地域を問わず幕府と通信を行う諸藩に普及した。さらに、青蓮院流は「往来物」にまで採用され民衆にまで普及していた。

　近世では話し言葉が諸藩で異なり、話し言葉での意思伝達が容易ではなかったとされている（お国訛り）。しかしながら、地域や身分を問わず書き言葉が均質化されていたことで、文字による情報伝達は全国各地で円滑に行われていた。このことが、制度としての近代国家の形成ならびに全国的な近代学校の急速な導入が実現した背景にあると考えられている。

　書き言葉の均質化とならんで、近世における出版文化の発展も近代学校導入の基礎をなしていた。近世以前にも一部の知識階層を対象にした印刷物は存在した[5]。17世紀以降に大量印刷が可能となったことで本屋が登場し、商売としての出版業が成立・拡大しはじめた。

　大量印刷と商業出版の拡大は、読書人口の増大、文字を介した文化の大衆化等、人々の教養や学習機会にさまざまな影響を与えた。とりわけ近代学校教育との関連では、商業出版の発展に伴い、大量に印刷された出版物の流通ルートが確立されていたことが重要である。文字の均質化と大量出版が相まって、教科書の普及と教科書に記される知識を教授する場としての近代学校の導入を支える物理的条件が近世に確立していた。

　このように、近代学校制度の普及を可能にした背景には、身分制度を背景とした多様な教育機会の存在に加え、近世における文字を介した知識の伝達に関する文化的・物理的な基礎が欠かせなかった。

第2節　近代学校制度の導入と模索

　近代学校制度の特徴は、教育を受ける対象が特定の階層だけでなく全ての階層の子どもへと拡大した点にある。そして、欧米諸国で歴史的に形成されてきた近代学校制度を外圧のもとで早急に日本に定着させるまでには、少なからぬ試行錯

誤が重ねられた。明治初期には政府の学校制度導入の試みに対する民衆の反発や政府内における教育理念の対立があった。

　明治 5 年（1872 年）に「学制」（以下、「　」を省略）が発布され、日本で初めて近代的な学校制度が成立した。これに先だって示された「学制序文」では、「学問は身を立つるの財本」という功利主義的な前提から教育の必要性が示されていた[6]。

　学制では行政区とは異なる「学区」を教育行政の基本単位とした。日本全国を八つの大学区に、1 大学区を 32 の中学区に、そして 1 中学区を 210 の小学区に分割し、各小学区に小学校の設立が求められた。すなわち、学制では全国に 53,760 校の小学校設置が計画されていた。しかしながら、従来の生活様式の転換を求める政府の学校教育普及策に対し、民衆は小学校を打ち壊すなどして抵抗した。従来の寺子屋や私塾を小学校に転用していた地域も少なくなかったことを考慮しても、小学校の普及は学制の構想どおりに展開したとはいえず、就学率も低迷していた。

　学制に示された学校制度について詳しくみていこう。小学校における教育は、国民一般が学ばなければならない教育の初級とされた。小学校には尋常小学のほか、女児小学、村落小学、貧人小学、小学私塾、幼稚小学が示されていた。

　尋常小学は上等小学と下等小学の二つに分けられた。さらに当初は学級制ではなく等級制がとられ、進級や卒業は試験の成績により決められていた。また、教育内容は欧米の教科書の翻訳書が使用され、民衆の生活とはかけ離れた内容が教えられていた。これらの条件が相まって、下等小学校にいつまでも滞留する者や下等小学校の教育課程を修了することなく退学する者が後を絶たなかった。その後、明治 24 年（1891 年）に「学級編成等ニ関スル規則」が出され、同じ能力の子どもからなる等級制から同じ年齢の子どもによって構成される学級制へと移行した。

　中学校は小学校に連なる普通教育を授ける学校に加え、実業科目を教授する学校が構想されていた。中学校は下等と上等の二つに分けられ、下等中学は 14 歳から 16 歳までの生徒が、上等中学は 17 歳から 19 歳までの生徒が通うこととされていた。

　教員養成は小学校の普及と並んで重視され、明治 5 年（1872 年）の学制発布前に東京に官立の師範学校が設置された。

図2は師範学校で編集された下等小
学校における教授法に関する解説書の
一部である。洋装の教師が西洋建築の
教室で授業をしている様子は、今日の
学校で見られる授業風景に通じるもの
がある。図1からおよそ30年間で子
どもの学び方は大きく変容した。

　しかしながら、学制は非現実的で画
一的な学校教育の普及を地方に求めて
いただけでなく、文部省は学校教育の

図2　小学校における授業風景
（『小学入門教授図解』1877 年（明治 10 年））
（出所）国立教育政策研究所教育図書館貴重資料
デジタルコレクションより一部転載

普及に必要な財政的裏付けを得ることができなかったために、学制発布後まもな
く学制改革が求められていた。学制の次に教育制度の基本を示したのが明治12
年（1879 年）に公布された教育令（第一次教育令）である。教育令は欧米の教
育制度を視察した文部大輔田中不二麻呂らが、アメリカの教育制度を参照し起草
したものである。

　教育令では学制と比べて就学規定および教則が緩和された。また、教育令では
学齢児童の就学を父母及び後見人の「責任」とし、学齢期を8年間としながらも
毎年4か月以上の教育を4年以上受けさせればよいとした（第16条）[7]。さらに、
地方の学校事務を担う学務委員は町村人民の選挙によって選出され、教則も文部
省の認可を得ることだけが規定されていた。このように自由主義的な教育制度を
導入した教育令は、学制による画一的な学校普及政策によってもたらされた弊害
を地方の実態に合わせることで克服しようとしたものであった。しかしながら、
学制によって要請されていた学校の普及を滞らせたとして、教育令は「自由教育
令」とも称されその弊害が目立つようになる。

　ところで学制以降、明治政府は教育を立身出世の手段とする功利主義的・開明
主義的な教育を支持してきたが、教育令の公布前には政府内部で教育理念に関す
る論争が起きていた。急激な近代化が社会の混乱を招いていると判断した明治天
皇の侍講元田永孚は、「教学聖旨」を起草して伝統的な儒教教育の復活と強化を
求めた。これに対し伊藤博文を中心とする政府は「教育議」を記して「教学聖旨」
に反論し、開明路線を主張した。その後元田永孚は「教育議附議」を上奏し伊藤

らに再反論した。教育令公布時は伊藤らの開明主義路線が優勢であったが、教育
令の失敗を機に政府による教育への干渉が強化され、儒教的な徳育が重視される。
　教育令は明治 13 年（1880 年）に文部卿河野敏謙により改正された（第二次教
育令）。この教育令は、修身の筆頭科目化[8]とともに政府による干渉強化に特徴
がみられる。具体的には、小学校への就学督促が強化され、学務委員は公選制か
ら町村民が選挙した候補者のなかから官選の府知事県令が選任することとされ
た。この改正の背景には、第一次教育令による就学率の低迷への対応や当時の自
由民権運動の高まりに対して政府が抑圧的な政策を実施していたことがあげられ
る。また、第二次教育令をもとに「小学校教則」「小学校教員心得」等の諸規則
が制定され、教育に関する国の基準の明確化と徹底が図られた。
　その後、西南戦争への対応を契機とする不況や財政危機への対応から、明治
18 年（1885 年）に教育令が再改正された（第三次教育令）。再改正された教育令
では、義務教育の最低水準の確保と教育費削減が目指された。義務教育の最低水
準を確保するために、小学校の他に簡易な教育を無償で行う「小学教場」の設置
が新たに認められた。また、教育費を削減するために学務委員制度を廃止し、学
事は戸長が担うものとされ教育行政と一般行政の一体化が図られた。
　このように、学制の発布から教育令の公布と改正過程では、学校制度をはじめ
として政府の教育への関与の在り方が目まぐるしく変化した時代であった。

第 3 節　天皇制教育体制の確立と崩壊

　本節では明治 20 年代から太平洋戦争敗戦までの学校制度を概観する。この期
間の学校制度の特徴として、大日本帝国憲法および教育勅語の発布による天皇制
教育制度の確立と、資本主義経済の発展を契機とする学校の複線化があげられる。
　初代文部大臣森有礼は明治 19 年（1886 年）に教育令を廃止し、学校種ごとの
法令を公布した。帝国大学令公布についで、小学校令、中学校令、師範学校令が
公布された。
　小学校令では小学校を尋常小学校と高等小学校に分け、尋常小学校 3 〜 4 年間
の義務教育が定められた。父母後見人は学齢児童に普通教育を受けさせる義務が
あることがはじめて条文に明記され、小学校の経費は父母後見人による授業料を

あてることが原則とされた。

　中学校令では尋常中学校と高等中学校の2種類が構想されていた。尋常中学校は各府県で1校に限定され、明治18年（1885年）には106校であった中学校が翌年には56校と半減した。高等中学校は文部大臣の管理下に属する官立に限られ、本科2年予科3年のほか、法律や医学をはじめとする分科を設置することができた。その経費は国あるいは国と府県による負担とされた。高等中学校は全国に5校設置され帝国大学に無試験で入学することが認められていたことから、帝国大学入学の準備教育機関として機能していた。

　帝国大学令により、大学が帝国大学に改編された。帝国大学は「国家ノ須要ニ応スル学術技芸ヲ教授シ及其蘊奥ヲ致究スル」ことを目的とする教育・研究期間である。帝国大学への改編により、それまで司法省の管轄となっていた東京法学校や工部省が管轄していた工部大学校をはじめ、学部制から法・医・工・文・理・農からなる分科大学へ移行した。

　教員養成に関しては師範学校令が公布された。師範学校は尋常師範学校と高等師範学校の2種類からなり、各府県立の尋常師範学校では小学校教員の養成が行われ、官立の高等師範学校では師範学校長や中等教育学校の教員が養成された。

　尋常師範学校の入学資格は17歳以上、修業年限は4年とされ、「順良」・「信愛」・「威重」といった規範が重視されていた。師範学校は全寮制で原則として授業料は無料とされ、学資が支給された。ただし、卒業後は尋常・高等師範学校卒業生は10年の、高等師範学校女子卒業生は5年の服務義務が課せられていた。その後、明治30年（1897年）に師範学校令が廃止され新たに師範教育令が公布された。師範教育令の公布により、尋常師範学校は師範学校へと改称された。このように教員養成制度が整備されたが、尋常師範学校を卒業した小学校教員だけでは教員需要を満たすことはできず、教員試験検定等による小学校教員や無資格の代用教員が小学校教育を担っていた。

　明治22年（1889年）に大日本帝国憲法が発布され、日本は立憲国家体制をとる。ただし、大日本帝国憲法では教育に関する明確な条文は設けられず、教育は天皇大権事項に含まれ勅令により規定されることとなった（教育法規の勅令主義）。そして、明治23年（1890年）には戦前の学校教育制度に大きな影響力をもつ「教育ニ関スル勅語」（教育勅語）が出された。教育勅語は他の法令や学校行事を含

む教育内容と関連づけられることによって影響を与えた。その後、大日本帝国憲法および教育勅語の発布を契機とする天皇制国家教育制度と、資本主義の発展に見合う労働力の供給を目的とする学校制度が整備されていく。

　明治 21 年（1888 年）の市制町村制の導入をふまえ、明治 23 年（1890 年）には先の小学校令を廃止して新たに小学校令が制定された。同令では小学校の教育目的が初めて明記されたほか、市町村の小学校設置義務が明確化された点に特徴がみられる。また、小学校のほかにも徒弟学校および実業補習学校が小学校として認められた。さらに、市町村が財政上の事情等により尋常小学校を設置しえず、かつ、地域内に一定水準の私立学校がある場合には、私立学校を公立学校に代用する制度（代用私立学校）が新たに設けられた [9]。

　小学校における教育は、教育勅語発布の翌年にあたる明治 24 年（1891 年）に出された諸規定によって様変わりをしていく。「小学校設備準則」によって学校に「御真影」および教育勅語の謄本が設置された。また、「小学校祝日大祭日儀式規程」にもとづき祝日や大祭日には学校に集まり、「御真影」への拝礼や教育勅語の奉読等が行われるようになった。さらに、各教科目の目的や留意点を規定した「小学校教則大綱」において、歴史を教える際に歴代天皇の盛業や国民の武勇等を教授することが求められた。

　これらの小学校制度を基礎として、中等教育以降の学校制度が整備される。

　明治 19 年（1886 年）の中学校令では、小学校卒業後に「高等ノ普通教育」を授ける正系の中学校を中心としながらも、中等教育制度が多様化しはじめた。明治 24 年（1891 年）の中学校令の改正により一府県一校の制限が廃止され、中学校の量的拡大が促された。また、同年の改正では女子を対象とする中等教育機関として高等女学校が尋常中学校の一種として制度化された。その後、明治 28 年（1895 年）に「高等女学校規程」が公布され、高等女学校に関する制度が整備された。

　さらに、明治 20 年代後半には日本における産業革命の前兆がみられ、当時の文相井上毅は明治 27 年（1894 年）に実業教育費国庫補助法を成立させて実業教育の振興をはかった。また、同年の「尋常中学校ノ学科及其程度」の改正と「尋常中学校実科規程」の公布により、卒業後に就職を希望する者を対象とした実科の設置と、実科課程のみを置く実科中学校の設置が認められた。また、同年公布

の高等学校令により従来の高等中学校が高等学校に改められ、専門学科を中心とした帝国大学予科として位置づけられた。

　明治26年（1893年）には帝国大学令が大幅に改正され、帝国大学分科大学に研究・教育上の基礎単位として講座を設置する講座制が導入された。また、分科大学の自治管理機構であった教授会が制度化され、大学自治が法制化された。

　これらの明治20年代に行われた一連の改革によって、小学校・中学校・高等学校・帝国大学という学校制度が確立された。同時に、資本主義の発展に対応すべく実業教育が振興・制度化されたことで、戦前日本の学校体系の特徴をなす複線型学校制度の基礎が整備された。

　その後、日本にとって初めての近代戦争となった日清戦争を機に、労働力あるいは兵力としての資質を高めるために学校教育の重要性が認識され、明治30年代には太平洋戦争終戦まで存続する初等教育および中等教育制度が確立される。

　明治33年（1900年）には小学校令が全部改正された。これに伴い義務教育年限が4年に統一され、無償制が原則とされた。無償制による小学校の設置運営は市町村の財政をさらに圧迫することから、同年には市町村立小学校教育費国庫補助法が公布され、義務教育費に対する国庫補助制度が整備された。小学校令第35条では義務教育未修了の学齢児童を雇用する者は、児童の就学を妨げてはならないとする規定が新設された[10]。義務教育無償制の導入以降、小学校への就学率は向上し続けた。そして、就学率向上に伴い明治40年（1907年）に小学校令が改正され、義務教育年限が6年に延長された。

　中等教育学校制度に関しては明治32年（1899年）に中学校令の改正とともに高等女学校令および実業学校令が公布され、中等教育諸学校数は飛躍的に増大した。中学校令の改正により、従来の尋常中学校は中学校と改称された。実業学校令は、先述の実業教育費国庫補助法により急増した中等教育程度の実業学校に対する初の統一規程である。

　このような中等教育諸学校の量的拡大に応えるために、中等教育諸学校における教員養成機関の拡充が図られた。中等教育諸学校の教員養成機関として高等師範学校および女子高等師範学校に加え、明治35年（1902年）には広島高等師範学校が、明治41年（1908年）には奈良女子高等師範学校が新設された。

　高等教育制度は、大正6年（1917年）に内閣直属の諮問機関として臨時教育

会議が設置され、大正 7 年（1918 年）に臨時教育会議による答申にもとづく大学令の公布と高等学校令の全部改正が行われた。

　大学令は帝国大学を含む大学一般に対する総合的規程である。大学令公布以前は帝国大学以外の設置が認められていなかったが、公立・私立の大学が認められるようになり、それまで存在していた官立・私立の高等専門教育機関は大学へと昇格した。あわせて、高等学校令の全部改正により「男子ノ高等普通教育ヲ完成スル」ことが目的とされ、従来の大学準備教育機関としての性格が改められた。高等学校も官立のほかに公立・私立が認められ、尋常科 4 年高等科 3 年の 7 年制が原則とされた。ただし、高等科のみを設置することが認められ、実際は高等科のみが設置されたところが多かった。なお、大正 10 年（1921 年）より帝国大学および高等学校の学年始期が改められ、幼稚園から大学までの学年の始期が 4 月に統一されたことで学校間の接続関係が円滑になった。

　大正期には実業学校制度が体系化された。大正 9 年（1920 年）には実業学校令が改正され、実業学校の量的拡大と教員待遇の向上が図られた。また、同年に実業補習学校規程が改正され補習教育から職業教育や公民教育に重きが置かれ、教育課程が制度化された。さらに、実業補習学校の専任教員を養成するために実業補習学校教員養成所令が公布された。

　第一次世界大戦を機に、政治経済をはじめあらゆる面で日本は世界的な動向の影響を受けるようになっていた。教育においては、海外の教育理論や教育実践の影響をうけ、自由主義・個性尊重・児童中心主義などの視点から多様な教育実践が公立学校と私立学校を問わず実践されていた [11]。これらの教育実践は大正自由教育と称される。

　昭和 6 年（1931 年）の満州事変、昭和 12 年（1937 年）の日中戦争そして昭和 16 年（1941 年）の太平洋戦争と、昭和初期から昭和 20 年（1945 年）の終戦に至るまでに日本は諸外国と戦火を交えてきた。戦況の激化により、学校教育もまた戦時色を強めた。戦時下における教育制度の構築には、昭和 12 年（1937 年）から昭和 17 年（1942 年）まで設置された教育審議会が影響を与えた。教育審議会は初等教育から高等教育に関する学校教育制度のほか、社会教育・教育行財政などのあらゆる分野について答申を出した。

　昭和 16 年（1941 年）には、教育審議会答申をもとに小学校令が改正され国民

学校令が公布された。小学校が「皇国ノ道ニ則リテ初等普通教育ヲ施シ国民ノ基礎的錬成ヲ為ス」ことを目的とする国民学校に改められた。国民学校令の公布により就学義務制度も改正され、貧困を理由とする就学の猶予・免除が廃止され就学義務の徹底が図られた。このほか、義務教育年限が 8 年に延長され、従来の課程主義ではなく年数（年齢）主義の義務教育制度が導入された[12]。国民学校令ではじめて学齢と義務教育年限が一致したが、終戦まで義務教育年限の延長は実現しなかった。

　昭和 18 年（1943 年）には中等教育諸学校に対する統一的規程として中等学校令が制定され、中学校令・高等女学校令・実業学校令が廃止された。中等学校令の公布により「皇国ノ道ニ則リテ高等普通教育又ハ実業教育ヲ施シ国民ノ錬成ヲ為ス」中等教育学校として中学校・高等女学校・実業学校が同格の学校と位置づけられ、修業年限が 4 年に統一された。

　実業教育に関しては、昭和 10 年（1935 年）公布の青年学校令により、実業補習学校と青年訓練所が統合された。また、昭和 14 年（1939 年）以降、すべての男子は 19 歳まで青年学校への就学が義務化された。これは、徴兵前の青年に対する国体観念の強化、軍事産業への配分等を目指した義務化である。

　高等教育も戦争の影響を免れえず、高等学校と大学予科は修業年限が 2 年に短縮されたほか、兵力不足を補うために大学・専門学校等の学生に対する徴兵猶予の特典が取り消された。これに伴い、壮丁（20 歳）に達している学生は昭和 18 年（1943 年）から一斉召集された（学徒出陣）。

　昭和 20 年（1945 年）4 月には国民学校高等科以上の学校では授業が一切中止され、児童生徒の動員が徹底された。

第 4 節　戦後改革とその展開

　昭和 20 年（1945 年）8 月 15 日、日本はポツダム宣言を受諾し第二次世界大戦が終結した。その後、アメリカを中心とする連合国軍総司令部（GHQ）および民間情報教育局（CIE）が中心となり、占領下日本の教育改革が進められた。占領下の教育改革では、戦前の天皇制国家体制のもと大日本帝国憲法・教育勅語体制で行われていた学校教育制度を払拭し、国民主権のもと民主主義国家として

ふさわしい学校教育の実現が目指された。戦後教育改革の具体的方針はアメリカ
教育使節団による報告書に示され、戦前日本の教育に関する問題点を指摘しこれ
に代わる改革案が提言されている（第一次報告書　昭和 21 年（1946 年）、第二
次報告書　昭和 25 年（1950 年））。同報告書では教育機会の均等、教育における
自由主義と民主主義が強調され、戦後日本の目指すべき学校制度の原則として 6・
3・3 制と男女共学の単線型学校体系が採用された [13]。

　昭和 21 年（1946 年）11 月 3 日に日本国憲法が公布され、半年後の昭和 22 年（1947
年）5 月 3 日に施行された。また、文部大臣田中耕太郎による発議と教育刷新委
員会による審議を経て、同年に教育基本法が公布された。教育基本法には日本国
憲法の理念をふまえて教育を実施することを明記した前文が設けられ、各種教育
法令の原則として位置づけられた。戦後日本の学校制度は、これらの日本国憲法・
教育基本法体制のもとで構築された。

　日本国憲法第 26 条第 1 項では「すべて国民は、法律の定めるところにより、
その能力に応じて、ひとしく教育を受ける権利を有する」とされ、国民の教育を
受ける権利が明記されている。また第 2 項では保護者に対して子に普通教育を受
けさせる義務を課し、義務教育は無償とすることが定められている。このように、
国民の国家への義務や天皇の「慈恵」としての戦前の教育制度から、国民の権利
を基礎とする教育制度に転換したことの意義は大きい。国民の権利を保障するた
めに、政府は教育機会均等を実現すべく全国に学校教育を普及させる義務を負う
こととなった。

　戦後日本の学校制度の具体的なあり方は、学校教育法で定められた。学校教育
法では、従来学校種ごとに勅令によって定められていた幼稚園から大学までの教
育機関が単一の法律によって規定されることとなった。

　昭和 22 年（1947 年）に制定された学校教育法第 1 条では、「学校とは、小学校、
中学校、高等学校、大学、盲学校、聾学校、養護学校、幼稚園」とされた。学校
教育法第 1 条に規定されるこれらの学校を一条校という。一条校は「公の資質」
をもつことから国または地方公共団体、法律に定める法人のみが設置できる。

　また、市町村に公立の小学校および中学校の設置義務が課され、都道府県には
高等学校および盲学校、聾学校、養護学校の設置義務が課された。そして、原則
として設置者が学校を管理し経費を負担する（設置者管理主義、設置者負担主義）。

　ただし、日本国憲法に示された義務教育の無償制と機会均等を実現するため、設置者負担主義の例外として昭和 23 年（1948 年）公布の市町村立学校職員給与負担法および昭和 27 年（1952 年）公布の義務教育費国庫負担法による県費負担教職員制度により、国および都道府県が市町村立学校の教員給与を負担している。

　戦後改革期の具体的な学校制度についてみていこう。学校教育法では義務教育年限は 9 年とされ、小学校 6 年間と中学校 3 年間が義務教育とされた。

　高等学校制度の基本方針として、学区制・男女共学・総合制の三原則が強調された。学区制の原則より、通学の便宜をはかり高等学校教育を普及するために、教育委員会は高等学校の通学区域を設定することとされた。高等学校の教育内容に関して普通科・職業科のいずれか一つをおく単独性に加え、同一高等学校内に普通科と職業科を併置するのが総合制である。しかしながら、文部省は必ずしもこの三原則の厳密な実施を求めなかったため、実施の程度は地方軍政府の意向によって異なった[14]。

　新制大学の設置は大学基準協会の定めた大学基準にもとづき、文部省内に設置された大学設置委員会が審査し、その可否を文部大臣に答申する制度が採用された。私立大学や公立大学は昭和 23 年（1948 年）に設置されはじめた。他方、国立大学は昭和 24 年（1949 年）の国立学校設置法にもとづいて設置され、高等教育の機会均等や政府の財政事情より、一府県一大学が原則とされた。同年には短期大学制度が設けられ、昭和 25 年（1950 年）より短期大学が設置された。

　教員養成に関しては、大学における教員養成と教員養成の開放性を二大原則とした制度改革がなされた。戦前の中等教育機関における職業教育の一部であった教員養成を大学で行うべく、戦前の師範学校、高等師範学校、女子高等師範学校等は新制大学の教育学部に統合された[15]。

　また、教員養成の開放性の原則により、一定水準の教職課程をもつ国公私立のいずれの大学（学部）においても教員を養成できる制度がとられた。これは、教育刷新委員会のなかで、師範学校で閉鎖的な教育を受けていた「師範型」と言われる教師が養成されていたという批判に基づく。

　その後、昭和 27 年（1952 年）のサンフランシスコ平和条約の発効に伴う占領終結および独立、第一次ベビーブームに伴う学齢人口の急増、戦後復興による経済成長を経て、日本の学校制度は戦後改革期とは異なる展開をみせた。戦後学校

　制度の展開の特徴として、1970 年代までの量的拡大と 1980 年代以降の質的多様化があげられる。
　はじめに、小学校から大学までの在学者数の推移から学校教育の量的拡大の様子を確認する（表 1）。戦後の学校制度は二度にわたるベビーブームに伴う教育需要への対応が求められた。そして、1970 年代までに学校教育を受ける児童生徒の増加と義務教育年限を超えた就学の長期化がすすんだ。

表 1　在学者数の推移

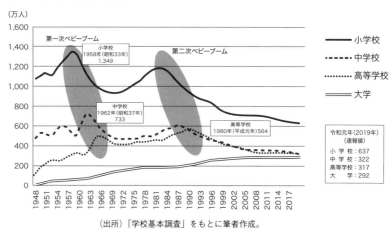

（出所）「学校基本調査」をもとに筆者作成。

　他方、在学者数の増加とともに長期欠席児童生徒数の推移からも、学校教育の量的拡充の様子がうかがえる。経済的な事情や保護者の教育に対する無理解などから、戦後しばらくは学校教育を十分に受けられず長期欠席の状態にある児童生徒が少なくなかった。ところが、政府による就学奨励や高度経済成長に伴う国民生活水準の向上などから、小中学校における長期欠席者数は 1970 年代初めまでの約 10 年間で約 10 万人減少した（表 2）。

表2　長期欠席児童生徒数および高等学校進学率の推移

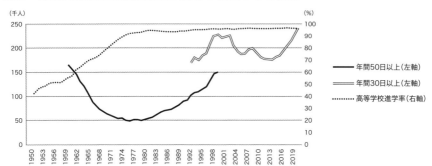

（出所）「学校基本調査」および「児童生徒の問題行動・不登校等生徒指導上の諸課題に関する調査」をもとに筆者作成。

　また、新制高等学校制度の導入以降、高等学校への進学率は上昇し続け、昭和49年（1974年）には90%を超えた。1970年以降、義務教育修了以降も学校で教育を受けることが社会的にひろく経験されはじめたといえる。

　学校教育の量的拡大には一定数の教員が必要となる。学級規模と密接に結び付く教員数に関する制度は、昭和33年（1958年）に公立義務教育諸学校の学級編制及び教職員定数の標準に関する法律によって定められた。また、翌年には教職員定数改善計画が策定され、教員の確保および学級規模の縮小などが図られてきた。表3はこれまでの教職員定数改善計画の変遷をまとめたものである[16]。

表3　教職員定数改善計画の変遷

区分	第1次	第2次	第3次	第4次	第5次	第6次	第7次
期間	昭和34〜38年度	昭和39〜43年度	昭和44〜48年度	昭和49〜53年度	昭和55〜平成3年度	平成5〜12年度	平成13〜17年度
学級編制の標準	50	45	45	45	40	40	40
内容	学級編制及び教職員定数の標準の明確化	45人学級の実施及び養護学校教職員の定数化	4学年以上の複式学級の解消等	3学年以上の複式学級の解消及び教頭・学校栄養職員の定数化等	40人学級の実施	指導方法改善のための定数配置等	少人数による授業、教頭・養護教諭の複数配置の拡充等
改善増	34,000	61,683	28,532	24,378	79,380	30,400	26,900
自然増減	▲18,000	▲77,960	▲11,801	38,610	▲57,932	▲78,600	▲26,900

（出所）文部科学省ホームページより筆者作成。

　高度経済成長を迎えた 1960 年代には、経済成長に伴う産業界の要請から中等
教育機関を中心に学校種や学科が多様化しはじめた。当時は「ハイタレント・マ
ンパワー政策」の一環として、経済成長に貢献しうる人材の養成と配分が教育政
策（計画）として展開された。学校制度への影響としては昭和 36 年（1961 年）
から悉皆による全国一斉学力調査が開始され、工業系および農業系の学校・学科
が新設された。また、昭和 36 年（1961 年）の学校教育法改正により、中堅技術
者の需要に対応するために新たな学校種として 5 年制の高等専門学校が設けられ
た。さらに、当時は主として勤労青少年を対象としていた定時制・通信制課程の
拡充や、文部大臣の指定する技能教育施設における教習科目の一部を履修した場
合に高等学校の教科の一部履修としてみなし単位を与えることができる技能連携
制度が導入された。これは昭和 33 年（1958 年）に公布された職業訓練法を機に、
事業所に設置されていた企業内の技術者養成所が事業内職業訓練所として認定さ
れるのを避け、各種学校として独自の職業訓練を行う企業が増えたことと関連す
る。企業内の技術者養成所のなかには工業高等学校の水準以上の教育内容をもつ
ところもあり、学校教育と企業内における職業教育の重複を避け、密接な連携を
もたせるための制度である。

　また、昭和 41 年（1966 年）には中央教育審議会により後期中等教育に関して
「期待される人間像」が発表された。「期待される人間像」では国民として「正し
い愛国心をもつこと」や「象徴に敬愛の念をもつこと」などが強調され、日本人
の国民性として勤勉や努力の再認識と発展が求められた。

　しかしながら、日本は高度経済成長をとげた反面、公害問題の顕在化や都市へ
の人口流入による都市問題の悪化などから、経済開発に見直しがせまられた。昭
和 48 年（1973 年）の第一次オイルショックを機に高度経済成長時代は終焉を迎
えた。

　1970 年代には、戦後最も広範にわたる学校改革論が文部大臣の諮問機関であ
る中央教育審議会より答申された。昭和 46 年（1971 年）に出された中央教育審
議会「今後における学校教育の総合的な拡充整備のための基本的施策について」、
通称「四六（よんろく）答申」である。「四六答申」は明治、第二次世界大戦後
の改革に次ぐ「第 3 の教育改革」論として 4 年にわたる調査・審議を経て出され、
就学前教育から高等教育までの学校教育全般のあり方について答申がなされた。

　しかし、初等教育改革については答申が具体的な政策として反映されたとはいえず、高等教育の整備拡充と教員の確保および質の向上について具体化された。その最たるものとして、新構想大学（兵庫教育大学・上越教育大学・鳴門教育大学）の設置があげられる。これらの大学は現職教員の研修機会の確保や学校教育に関する実践的な教育研究を目的とする。

　昭和 50 年（1975 年）に成立・施行された私立学校振興助成法により、私立学校に対する経常費の補助が実現した。さらに、昭和 51 年（1976 年）には学校教育法改正により専門学校が高等教育機関として明確に位置づけられた。これらは高等教育機関の振興と制度化の点で画期をなすものである。高等教育の整備拡充は、急増する高等教育需要への対応が急務であったことを背景とした。

　高度経済成長の終焉と軌を一にして、学校教育が抱える問題が顕在化してきた。戦後改革の機会均等政策、就学奨励によって減少しつつあった長期欠席児童生徒数が昭和 50 年（1975 年）を境に増加に転じた。また、1970 年代後半から 1980 年にかけて校内暴力等が社会問題化した。さらに、学校における管理主義教育や学校教育に関する政府の介入の正当性が法廷で問われはじめ、戦後教育制度の根幹に関する主要な争点について司法上の一定の決着をみたのもこの時期である[17]。

　1980 年代には、第二次ベビーブーム世代を経て、日本が少子化へと移行しはじめる。この時期を境に、学校は均質的な量的整備の段階から多様な教育ニーズに対応すべく質的整備の段階へと移行した。

　この時期の学校制度に関する方針は、中曽根首相の諮問機関として設置された臨時教育審議会（臨教審）答申に端的に示されている。四次にわたる答申により、教育の個性化、生涯学習体系への基盤整備（文部省内に生涯学習を担当する局の設置等）、初等中等教育改革（六年制中等学校の設置、単位制高等学校の創設等）、高等教育の多様化（大学設置基準の大綱化等）、国際化への対応等について提言された。その後、内閣総理大臣が主宰する教育改革推進閣僚会議が設置され、上記答申をもとに学校制度の自由化がすすめられた。

　臨教審答申にもとづく学校制度改革は、高等学校制度に顕著にみられる。平成 5 年（1993 年）には全日制単位制高等学校が設置可能となり、翌年には総合学科が導入された。総合学科とは高等学校設置基準第 5 条第 3 号において「普通教育及び専門教育を選択履修を旨として総合的に施す学科」をさす。総合学科では

単位制のもとで普通科および職業科から各教科・科目を選択することができる。

　高等学校の多様化は居住地による高等学校の選択肢の制約や偏りを招くおそれがある。そこで、これらの課題に対応するために高等学校の通学区域が拡大あるいは廃止されたほか、教育委員会が高等学校間の学力格差を解消するために入学すべき高等学校を指定する総合選抜制度の廃止がはじめられた。

　また、1990 年代における代表的な学校制度改革の一つとして公立中等教育学校の新設があげられる。平成 10 年（1998 年）の学校教育法等の改正により、中等教育学校が新たに加わった。中等教育学校は中学校教育と高等学校教育を接続し、6 年間の教育を体系的に行う学校である。中等教育学校は中高一貫教育の一種であり、他の実施形態として同一の学校設置者が設置する中学校および高等学校における併設型中高一貫教育、学校設置者が異なる中学校および高等学校による連携型中高一貫教育がある。中高一貫教育の実施については入学者選抜の弾力化や教育課程の一部特例措置が認められており、6 年間で計画的かつ特色のある教育課程の実施が期待されている。

　これらの中等教育学校改革に関する現状として、単位制高等学校は 1,007 校、総合学科は 375 校設置され、中高一貫教育は 595 校で実施されている（平成 28 年 4 月 1 日時点）[18]。

第 5 節　学校制度をめぐる近年の動向

　平成 12 年（2000 年）以降の教育改革は地方分権改革と規制改革を背景として、戦後改革が前提としてきた原則に一定の修正が迫られた。平成 12 年（2000 年）の地方分権一括法の施行に伴い、教育分野では教育長の任命承認制および市町村立学校に関する都道府県の基準設定権等が廃止され、自治体レベルで独自施策を展開する道が拓かれた。その契機の一つが平成 15 年（2003 年）に施行された構造改革特別区域法である。

　構造改革特別区域法にもとづき国に申請した事業計画が認定された場合、自治体は法令による規制の特例措置を活用した事業が可能となる。教育に関する特区事業の一例として、新たな学校設置主体が登場した。学校教育法第 2 条により、学校設置者は国、地方公共団体および学校法人に限定されている。ただし、特区

において地域の特性を生かした教育を実施する必要がある際には株式会社が、そして、不登校児童生徒や発達障害のある児童生徒を対象とした教育を実施する際には特定非営利活動法人（NPO法人）が新たな学校設置者として位置付けられた。

　特区における事業は一定期間が経過したのちに評価が行われ、特段問題が無ければ全国展開される。ところが、株式会社やNPO法人により設置する学校は学校としての安定性や継続性、水準の確保に課題があると考えられ、いまだ全国展開には至っていない。また、これらの学校は私立学校法と私立学校振興助成法の対象外であることから、その普及はいまだ限定的である。他方、特区における事業のうち、不登校児童生徒を対象とする学校設置に係る教育課程の弾力化（不登校特例校）や校地・校舎を自己所有しない小学校等の設置等が全国展開されており、教育特区の成果が今日の学校教育制度に一定の影響を与えている。

　戦後60年の節目となる平成18年（2006年）に、戦後教育制度の理念が示されていた教育基本法が改正された（詳細は本書第6章を参照）。教育基本法の改正を受けて平成19年（2007年）には関連法規（学校教育法、地方教育行政の組織及び運営に関する法律、教育職員免許法及び教育公務員特例法）が改正された。とりわけ学校教育法の改正に伴い、「校長を助け、命を受けて校務をつかさどる」副校長をはじめ、「校長（副校長を置く小学校にあつては、校長及び副校長）及び教頭を助け、命を受けて校務の一部を整理し、並びに児童の教育をつかさどる」主幹教諭、さらに「児童の教育をつかさどり、並びに教諭その他の職員に対して、教育指導の改善及び充実のために必要な指導及び助言を行う」指導教諭を置くことが可能となった（学校教育法第37条）。

　これらの新しい職に加えて、複雑化・多様化する教育課題に対応するために学校運営体制の充実が図られてきた。平成17年（2005年）度には「栄養の指導及び管理をつかさどる」栄養教諭が、平成20年（2008年）度にはスクールソーシャルワーカー（SSW）が新たに導入となった。近年では「チームとしての学校」を構築する観点から、教員以外の専門スタッフの参画が求められている。この流れを受けて平成29年（2017年）には学校教育法に規定される学校事務職員の職務が「事務に従事する」から「事務をつかさどる」へと変更され、事務職員がより主体的・積極的に校務運営に参画することが期待されている。

　学校運営体制の充実と並んで地域の実態に応じた特色ある学校づくりには、保

護者や地域住民の参加が欠かせない。保護者や地域住民の学校参加に関わる制度
改革として、学校評議員制度およびコミュニティ・スクール（学校運営協議会制度）
の導入があげられる。学校評議員制度は平成 12 年（2000 年）の学校教育法施行
規則の改正により導入され、学校評議員は校長の求めに応じて学校運営に関して
意見を述べることができる。その後、保護者や地域住民の学校運営に対する権限
を強化したものが平成 16 年（2004 年）に地方教育行政法の改正により導入され
たコミュニティ・スクールである。コミュニティ・スクールとは、地方教育行政
の組織及び運営に関する法律（地方教育行政法）第 47 条の 6 にもとづき教育委
員会の指定により学校運営協議会が設置された学校を指す。学校運営協議会の委
員は非常勤の特別職の地方公務員としての身分を有し、学校と協議を行う。学校
運営協議会は校長が作成する学校運営の基本方針を承認するほか、学校運営につ
いて教育委員会または校長に意見を述べることができるだけでなく、教職員の任
用に関して教育委員会に定める事項について任命権者に意見を述べることもでき
る。平成 29 年（2017 年）に地方教育行政法が改正されコミュニティ・スクール
の設置が教育委員会の努力義務となったことから、その指定校数が急増した。平
成 30 年（2018 年）4 月 1 日時点で 5,432 校が指定を受けている（前年度は 3,600
校）[19]。

　保護者や地域住民による学校運営への参画や各学校の裁量拡大によって教育実
践の独自性が高まることで、各学校は教育実践に対して自ら評価を行う必要が生
じる。平成 19 年（2007 年）に学校教育法が改正され、小学校等は学校運営の状
況について自己評価し、その結果に基づいて学校運営の改善を図るための必要な
措置を講ずることで教育水準の向上に努めなければならないことが規定された
（第 42 条）。また、学校における自己評価に加えて保護者や学校関係者が評価（関
係者評価）を行い、これらの結果を公表するものとされている（学校教育法施行
規則第 66、67 条）。

　近年の学校制度に関して、新たな学校種の創設や学校類型の多様化に言及する。
　平成 19 年（2007 年）の学校教育法等の改正により、従来の盲学校・聾学校・
養護学校を統合して特別支援学校制度が創設された。これまで日本では障害があ
る児童生徒を特別な場所（盲学校・聾学校・養護学校・特殊学級）で教育する「特
殊教育」が行われてきた。しかしながら、盲・聾・養護学校に在籍する児童生徒

の障害の重度・重複化が進んできたことに加え、平成14年（2002年）に文部科学省が実施した調査では学習障害（LD）、注意欠陥多動性障害（ADHD）および高機能自閉症等により何らかの教育的ニーズを抱える児童生徒が約6％の割合で通常学級に在籍する可能性が指摘された。そこで、従来「特殊教育」の対象であった児童生徒を障害によって区別するのではなく、一人一人のニーズに応じて教育的支援を行うべく導入されたのが特別支援教育制度である。特別支援学校には障害の種別を問わない児童生徒の支援に加えて、地域の小中学校に在籍する児童生徒に対する指導や助言を行う「センター的機能」が期待されている。

　初等中等教育に関しては平成28年（2016年）の学校教育法の改正に伴い、義務教育諸学校における新たな学校種として義務教育学校が設置可能となった。義務教育学校は一人の校長の下で一つの教職員集団が9年間一貫した教育を行うことを目的とした学校である。9年間の一貫教育の軸となる新教科の創設や、学校段階間での指導内容の入替え等の教育課程の特例が認められる。なお、設置者が同一の小学校および中学校による小中一貫教育にあたっては、それぞれの学校に校長が配置されつつ義務教育学校に準じて独自科目の設定や指導内容の入れ替えが可能となっている（学校教育法施行規則第79条の9）。義務教育学校の導入には教育課程に特色を出すだけでなく、特色ある学校をつくることで学校統廃合を回避するねらいもあるとされる。

　また、中等教育における教育課程の多様化に関連して、国際バカロレア（IB）の導入が注目される。IBは昭和43年（1968年）に国際バカロレア機構が設置した国際的な教育プログラムである。その目的は「多様な文化の理解と尊重の精神を通じて、より良い、より平和な世界を築くことに貢献する、探究心、知識、思いやりに富んだ若者の育成」にあり、語学力に加えて課題発見・解決能力、論理的思考力、コミュニケーション能力等、グローバル化に対応した能力の育成が目指されている。IBには年齢や目的に応じた様々なプログラムがある。とりわけ16歳から19歳を対象としたディプロマ・プログラム（DP）は、その課程を履修し最終試験において所定の成績を収めることで、国際的に認められる大学入学資格となる国際バカロレア資格が取得できる[20]。日本では国際バカロレア機構の協力のもと、文部科学省は平成25年（2013年）度よりDPの一部を日本語で実施する「日本語デュアルランゲージ・ディプロマ・プログラム」（日本語DP）

を開発し、平成 27 年（2015 年）度より日本語 DP 課程を導入している。日本における国際バカロレア認定校は 75 校であり、そのうち 38 校が一条校として学習指導要領と国際バカロレア機構が定める教育課程の双方を満たしている（令和元年（2019 年）7 月 24 日時点）[21]。

　高等教育に関しては、平成 15 年（2003 年）度に専門職大学院が創設された。専門職大学院は科学技術の進展や社会・経済のグローバル化に伴う社会的・国際的に活躍できる高度専門職業人の養成が期待されている。これまでは法科大学院をはじめ会計、公共政策、公衆衛生等の様々な分野の専門職大学院が開設されてきた。教育分野においても平成 20 年（2008 年）度に教員養成の改善や充実を図るべく教職大学院が創設され、平成 31 年（2019 年）4 月にはほぼ全都道府県に設置されるに至った。

　また、平成 31 年（2019 年）4 月には質の高い実践的な職業教育を行い、専門職業人を養成するための新たな類型の大学として専門職大学が新設された。専門職大学では産業界や地域社会と連携し、長期の企業内実習を通じて理論と実践をバランスよく学修することが目指されている。導入初年度には専門職大学 2 校と専門職短期大学 1 校が開学した。

　これらの新しい学校種や学校類型が導入される一方で、戦後混乱期に様々な理由から学校に通えなかった義務教育未修了者に教育機会を提供してきた中学校夜間学級（夜間中学）の設置が、近年改めて促進されている。平成 22 年（2010 年）に実施された国勢調査において、義務教育未修了者が少なくとも 128,000 人いることが明らかとなった。また、在籍校への出席や十分な学習の実態が無いままに卒業して学齢を超過した不登校児童生徒への支援に関して、平成 27 年（2015 年）に既卒者の夜間中学校での学び直しが認められ、平成 28 年（2016 年）9 月には不登校となっている学齢生徒を夜間中学で受け入れることが認められてきた。

　このような動向を受けて平成 28 年（2016 年）に義務教育の段階における普通教育に相当する教育の機会の確保等に関する法律（教育機会確保法）が成立した。同法は教育基本法および児童の権利条約等の趣旨にのっとり、不登校児童生徒に対する教育機会の確保をはじめ、夜間等において授業を行う学校における就学機会の提供その他の義務教育の段階における普通教育に相当する教育の機会の確保等を、総合的な推進を目的としたものである。平成 31 年（2019 年）4 月時点で

夜間中学は9都府県27市区に33校設置されている。政府は全ての都道府県に少なくとも1校の夜間中学設置を目指しており、各地で検討が進められている。

まとめ

　本章では近代学校教育の導入前史から近年に至るまでの日本の学校制度の変遷を非常に駆け足でたどってきた。

　近代学校制度が導入されておよそ150年となる。この間、初等教育から高等教育にわたって様々な制度改革が行われてきた。それはつまり、現在の学校制度が唯一最善の制度であるとは限らず、常に他のありうる選択肢に開かれていることを示唆する。反対に、他の制度との補完性や社会的・歴史的な慣習によって一定の合理性や正統性があるからこそ、現在の学校制度が採用されているといえる。

　一方で、時代や様々な条件が異なれば、同じ制度であっても導入当初とは異なる機能を果たすことがある。近年改めて夜間中学の設置が求められるようになったのはその一例である。学校教育制度に関する課題を探究する際は、当該制度が導入された当初の意図や当時の社会的背景といった歴史性とともに、その質的変化の両方に目を向けることが求められる。

（本山　敬祐）

《参考文献》

片桐芳雄・木村元編著『教育から見る日本の社会と歴史』(八千代出版)2008年

教育史学会『教育史研究の最前線』（日本図書センター）2007年

佐藤秀夫『ノートや鉛筆が学校を変えた』（平凡社）1988年

辻本雅史『思想と教育のメディア史』（ぺりかん社）2011年

日本近代教育史事典編集委員会編『日本近代教育史事典』（平凡社）1971年

文部省『学制百二十年史』（ぎょうせい）1992年

米田俊彦編著『近代日本教育関係法令体系』（港の人）2009年

1　武士の教養の高さを示すものとして金沢文庫があげられる。金沢文庫は建治元年（1275 年）ごろに北条実時が武家の私設図書館として設置し、文献の収集および公開が行われていた。

2　足利学校は設立から応仁の乱以後の戦乱を経て明治 5 年（1872 年）の廃校に至るまで学校として機能していた。また、足利学校は天文 18 年（1549 年）にはイエズス会の宣教師フランシスコ・ザビエルにより「坂東の大学」と称されるほどの興隆ぶりであった。

3　水戸藩の弘道館、会津藩の日新館、熊本藩の時習館等が有名である。

4　岡山藩の閑谷学校や水戸藩の延方郷校が有名である。

5　中世には五山版として京都の禅宗寺院における製版印刷があり、寺院内での教材として用いられていた。また、キリスト教宣教師が導入した活字印刷もあった（キリシタン版）。

6　「自今以後一般の人民華士族卒農工商及婦女子必す邑に不学の戸なく家に不学の人なからしめん事を期す」と述べられており、四民平等を原則とする教育の普及が目指されていた。

7　学校教育以外にも、父母及び後見人が児童を学校に通学させなくても教育を受けさせることができる場合も、就学とみなされていた（第 17 条）。また、学校を設置する財政的余裕がない自治体では、教員による巡回教育の実施が認められていた（第 18 条）。

8　明治 12 年（1879 年）公布の教育令では、小学校における学科は「読書習字算術地理歴史修身等ノ初歩」とされていた。しかし、翌年の改正では、「修身読書習字算術地理歴史等ノ初歩」として、修身がより重視されていることが指摘できる。

9　その後の公立小学校の普及に伴い、明治 40 年（1907 年）公布の小学校令において代用私立学校制度は廃止された。

10　従来は明治 19 年（1886 年）公布の小学校令によって日本の義務教育制度が確立されたと理解されてきた。しかし、保護者の就学義務、義務違反に対する罰則、就学義務の猶予免除、自治体の学校設置義務、そして、雇用者に対する就労児童の就学を保障する義務が規定された明治 33 年（1900 年）公布の小学校令により日本の義務教育制度が整備されたとする見方もある。

11　大正自由教育と称される一連の教育実践は、大正 10 年（1921 年）に刊行された『八大教育主張』に端的に示されている。また、大正自由教育の理念を実践する私立小学校の新設が相次いだ。たとえば、沢柳政太郎の成城小（大正 6 年（1917 年）設立）をはじめ、野口援太郎および教育の世紀社による池袋児童の村小学校（大正 13 年（1924 年）設立）が代表的である。

12　小学校令第 32 条では、学齢に達した翌月以降における最初の学年のはじまりを就学の始期とし、「尋常小学校ノ教科ヲ修了シタルトキ」が就学の終期とされ、学齢児童の保護者は就学の終期まで児童を就学させる義務を負っていた。他方、国民学校令第 8 条では、「児童ノ満六歳ニ達シタル日ノ翌日以後ニ於ケル最初ノ学年ノ始ヨリ満十四歳ニ達シタル日ノ属スル学年ノ終迄之（＝学齢児童：注筆者）ヲ国民学校ニ就学サセル義務ヲ負フ」と規定されている。

13　これに類似した学校制度構想は戦前の日本の教育学者の説にもみられる点を指摘しておきたい。日本における実証的教育学研究の第一人者である阿部重孝（1890-1939）は、1930 年代に機会均等の実現を重視する立場から男女平等の学校制度や国庫負担制度の整備による市町村間の格差是正を提唱した。

14　そのため、東日本（とりわけ栃木県、群馬県、埼玉県）には公立の別学高校が現在も残っている。なお、私立学校は三原則の対象外であった。

15　これらは主に新制大学内でみられたが、東北大学は旧帝国大学と旧師範学校の統合が試みられた唯一の例である。東北大学教育学部は、昭和 24 年（1949 年）の設立当初は教育学科、学

校教育学科、特殊教育学科および 2 年制の教員養成課程から構成されていた。その後、昭和 39 年（1964 年）に教育学部のうち教員養成課程が分離され、翌年にそれを母体として宮城教育大学が設置された。

16　表 3 のとおり、第 7 次教職員定数改善計画以降、国による教職員定数改善計画は策定されていない。しかしながら、平成 23 年（2011 年）に公立義務教育諸学校の学級編制及び教職員定数の標準に関する法律が改正され、公立小学校第 1 学年の児童については学級編制の標準が 40 人から 35 人に引き下げられた。また、平成 24 年（2012 年）度には加配定数の増加により 35 人学級で学んだ小学 1 年生がその後も 35 人学級で学習するための教員配置が行われた。その後、「『次世代の学校』指導体制実現構想」をうけて多様なニーズに応じた教育機会を保障すべく、平成 29 年（2017 年）3 月に同法が改正された。同年の改正によりこれまで加配定数に含まれていた①通級指導、②外国人児童・日本語指導、③初任者研修指導、④少人数指導に係る教職員定数について、基礎定数化されることになった。

17　教科書検定制度をめぐっては検定制度が旧教育基本法第 10 条の不当な支配に含まれるのか否か、そして憲法第 21 条で禁止される検閲行為に該当するのか否かが争われた家永三郎が国を相手に起訴した一連の裁判が代表的事例である。また、昭和 51 年（1976 年）5 月 21 日に最高裁判決が出された旭川学力テスト事件では、学力テストの違憲性だけでなく子どもの教育を受ける権利を誰がいかに保障するのかが問われた。判決では国家の教育権および国民の教育権のいずれも全面的に採用することはできないとされ、政府の合理的範囲内での教育への関与が認められた。

18　中高一貫教育を実施する学校の内訳は、中等教育学校 52 校、併設型 461 校、連携型 82 校である（国公私立合計）。「高等学校教育の改革に関する推進状況について」（平成 28 年度版）。

19　文部科学省ホームページ「コミュニティ・スクールの導入・推進状況（平成 30 年 4 月 1 日）」。

20　DP の他に 3 歳から 12 歳までを対象に「精神と身体の両方を発達させることを重視したプログラムで、どのような言語でも提供可能」な PYP（Primary Years Programme）をはじめ、11 歳から 16 歳を対象として「これまでの学習と社会のつながりを学ばせるプログラムでどのような言語でも提供可能」な MYP（Middle Years Programme）、DP と同じ 16 歳から 19 歳を対象として「生涯のキャリア形成に役立つスキルの習得を重視したキャリア教育・職業教育に関連したプログラムで一部科目を英語、フランス語またはスペイン語で実施」する IBCP（Career-related Programme）がある（文部科学省 IB 教育推進コンソーシアムホームページを参照）。

21　注 20 に同じ。

＿＿＿＿＿＿＿＿＿＿＿＿＿＿＿＿＿＿＿＿＿＿＿＿＿＿＿＿＿＿＿＿＿

（コラム）

パックツアーと学級制

　旅行の際に目的地に至るまでの交通手段や宿泊先、さらにはいつ、どこで何をするといった細かいスケジュールを自分で決めるのが好きな人もいれば、これらが予め組み込まれたパックツアーの利用を好む人もいるだろう。ところで、パックツアーと学級制にはどのような共通点や相違点があるだろうか。

　柳治男による『〈学級〉の歴史学　自明視された空間を疑う』(講談社、2005年)は、このようなパックツアーと学級の比較からはじまる。本章の図1および図2で示した近代学校導入前後の風景は、厳密には学校というよりは学級に相当する空間を描いたものである。近代学校教育における学級の起源と学級制に内包される特質を理解する際に、同書は重要な手がかりを与えてくれる。

　さて、柳は冒頭の問いかけに対して、①指導する者と指導される者から構成される集団である、②期間が限定されて成立する集団である、③参加者の選択の自由度が少ない集団であるといった点を共通点として述べている。一方で相違点としては、①自発的に集まった集団と強制的に集められた集団という違い、②参加者の年齢が問われない集団と年齢が統一された集団という違い、③非競争的状況にある集団と競争的集団にあるという違い、④集団形成が短期間で終了する集団と長期間にわたる集団という違い、⑤大人が主として利用する集団と青少年が主として利用する集団という相違点を指摘している。これらの共通点や相違点に加えて、柳はパックツアーと学級が事前制御（フィードフォワード制御）という点で本質的に共通しているという。事前制御とは事前に外乱要因を統制し、単純作業を繰り返すことで目的を達成できる仕組を指す。史実の詳細については柳（2005）を参照してもらうこととして、パックツアーと学級制による一斉授業は、ともに19世紀の産業革命に伴って生じた貧民を救済し勤勉で健全な市民を育成するために導入されたものである。

　このような背景から、一斉授業のモデルとなったモニトリアル・システムは、より多くの子どもをいかに安く効率的に教えるかという課題に対する一つの解決策であった。そのモニトリアル・システムの流れをくみ事前統制によって成立する近代学校制度は、分業に基づく合理的な指導体制のもとで教育課程や時間割によって提供されるサービスが予め決められているだけでなく、授業の妨げになる人や物は排除され、学習者は無力化や規律化の対象となり自己を抑制することが期待される。そして、このような空間において学習に向かわせる動機づけとして競争的手法を用いるために、学習集団が細分化・均質化される。

　柳は教育実践を条件づける構造としての近代学校制度の歴史性と限界に対する自覚がないままに、教育内容や様々な教育課題について規範的な言説が飛び交い教育実践に影響を与えている状況に警鐘を鳴らす。たとえば子どもの人権が制約

されている学級において人権教育をしなければならないように、教師は構造と規範の板挟みの中で絶えざる自己欺瞞を強制されていると指摘する。そして、いじめや不登校といった学校で生じる問題は、学級において事前制御と自己抑制に長年さらされていることから生じる病理として理解する必要があると論じている。

　一方で、事前統制された学習空間における画一的な学びを超えうる事例が見受けられる。その一つがイエナプランである。イエナプランの特徴は多岐にわたるが、3学年の生徒からなるファミリー・グループと呼ばれる異年齢の集団が学級編成の基本となる。上記の近代学校教育における学級の特徴と比較すれば、同一年齢の均質的な集団における競争ではなく、年齢が異なる集団であるからこそ生まれてくる対話や共生が重視される。日本では平成31年（2019年）4月にイエナプランを実践する私立学校が開校した（大日向小学校、長野県佐久穂町）。また、広島県福山市では、公立学校におけるイエナプラン教育校の設置が予定されている。

　このような新しい教育の効果や日本の学級制に与える影響については今後の検証が求められる。しかし、近代学校教育制度の課題やその歴史的な背景を理解するのと同じように、それらを理解した上でこれからの社会に求められる学習空間を描き実践していくことも重要な課題といえるだろう。

《参考文献》————————————————————————————

柳治男『〈学級〉の歴史学　自明視された空間を疑う』（講談社）2005年

リヒテルズ直子『今こそ日本の学校に！　イエナプラン実践ガイドブック』（教育開発研究所）2019年

第 4 章
幼児教育制度の歴史

第 1 節　戦前日本の幼児教育制度

1. 幼児教育の黎明

　日本の幼児教育は、明治 9 年（1876 年）に設立された東京女子師範学校附属幼稚園（現在のお茶の水女子大学附属幼稚園）に始まる。日本で初めて近代的な学校制度を定めたのは、明治 5 年（1872 年）の学制であるが、このなかにも幼稚園に関わる文言がみられる。すなわち「小学校ハ教育ノ初級ニシテ人民一般必ス学ハスンハアルヘカラサルモノトス」とし、小学校を「尋常小学女児小学村落小学貧人小学小学私塾幼稚小学」に分けるとある（第 21 章）。そして「幼稚小学ハ男女ノ子弟六歳迄ノモノ小学ニ入ル前ノ端緒ヲ教ルナリ」とある（第 22 章）。これからすると、幼稚園の呼称ではなく、「幼稚小学」とされ、幼稚園は小学校の一つと考えられていたといえる。この点については学制で述べている「幼稚小学」が幼稚園を意味するものなのか、フランスの小学校に附属した「幼年部」を指すのかは判然としないとされている。また、国は小学校の設立等義務教育に力を入れていたため、実際には幼稚小学が設立されることはなかった。

　学制が出されてから東京女子師範学校附属幼稚園が建てられる間にも、京都では幼稚遊嬉場が明治 8 年（1875 年）に開設されるなど幼児教育を行う施設は存在していたが、これらは短期間の内に閉鎖された。

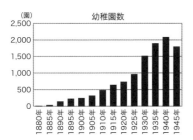
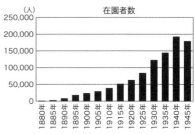

（出所）文部省『学制百年史』資料編により作成。

　東京女子師範学校附属幼稚園規則では「幼稚園開設ノ主旨ハ学齢未満ノ小児ヲシテ天賦ノ知覚ヲ開達シ固有ノ心思ヲ啓発シ身体ノ健全ヲ滋補シ交際ノ情誼ヲ暁知シ善良ノ言行ヲ慣熟セシムル」(第1条)ことにあると述べられている。また「園中ニ在テハ保母小児保育ノ責ニ任ス故ニ附添人ヲ要セス」(第7条)とあり、幼児の保育は「保母」が責任をもってあたるため、附添人は不要であると述べられている。このような文言は、当時幼稚園に幼児を通わせていたのは、社会上層の人々であったことを推測させる。保育時間は「小児保育ノ時間ハ毎日四時トス」(第10条)と定められていた。

　東京女子師範学校附属幼稚園の規則では、幼児教育の目的を述べた後で「而シテ其ノ編制ノ大体ハ之ヲ日耳曼人布列別(フレーベル)氏ノ法制ニ取リ其保育科目ヲ分チテ三科ト為ス即チ第一物品科、第二美麗科、第三知識科是ナリ」とあるように、同園の幼児教育ではフレーベル主義に基づくことが述べられていた。幼稚園における「保育科目」のうち、「物品科」とは「日用ノ器物即チ椅子机或ハ禽獣花果等ニ付キ其性或ハ形状等ヲ示ス」ものであり、また「美麗科」とは「美麗トシ好愛スル物即チ彩色等ヲ示ス」ものであり、「知識科」とは「観玩ニ由テ知識ヲ開ク即チ立方体ハ幾個ノ端線平面幾個ノ角ヨリ成リ其形ハ如何ナルカ等ヲ示ス」ものであった。

　明治10年(1877年)の『文部省日誌』には「文部省十一月十四日(明治9年(1876年)-執筆者註)ヲ以テ幼稚園ノ開設ヲ布達ス爰ニ於テ独乙人クララ、チーテルマン女(松野クララ-執筆者註)本校四等訓導豊田芙雄女等ヲ以テ保母ニ充テ十一月十六日ヲシテ開業ノ式ヲ行フ」と東京女子師範学校附属幼稚園の開園についての報告がある。

　さて、幼稚園に関する法令面での整備を考えてみよう。学校教育に関する法令は、先にも述べたように明治5年(1872年)の学制にはじまり、明治12年(1879年)の教育令、明治13年(1880年)の改正教育令、明治17年(1884年)の再改正教育令と出されていくが、これらはすべての学校種について総括的に規定したものであり、そうしたなかに幼稚園に関する規定も設けられていた。明治19年(1886年)になると初代文部大臣である森有礼によって小学校令、中学校令、師範学校令、帝国大学令が勅命の形でだされ、学校種別毎に法整備が行われ、戦前の一つの学校体系の形が整う。しかしながら、こうしたなかで幼稚園に関する単独の法

令が整備されることは長らくなかった。すなわち、このときも幼稚園に関する規定は小学校令のなかに設けられていたのである。なお、未だ学齢に達しない幼児の就学について、明治 29 年（1896 年）に「学齢未満ノ児童就学禁止方」が文部省訓令として発せられており、学齢に達しない幼児等を小学校に就学させる事例があったことを推測させる。

　幼稚園のみを対象とする明確な法令整備が行われるのは、明治 32 年（1899 年）の「幼稚園保育及設備規程」である。これにより、幼稚園の目的、幼稚園に関する保育の内容や保育時間が定められた。「幼稚園保育及設備規程」では、幼稚園は「満三年ヨリ小学校ニ就学スルマテノ幼児ヲ保育スル所」とある（第 1 条）。また、保育時間は 1 日 5 時間以内とされ、保母 1 人あたりの幼児数は 40 名以内、1 幼稚園の幼児数は 100 名以内とされていた（第 2 ～ 4 条）。しかし、これとても、他の学校種に比べれば、例えば小学校令のように勅令としてだされたものではなかった。

　また幼稚園での保育は「幼児ヲ保育スルニハ其心身ヲシテ健全ナル発育ヲ遂ケ善良ナル習慣ヲ得シメ以テ家庭教育ヲ補ハンコトヲ要ス」（第 5 条）とある。あくまで、幼稚園での保育は、家庭教育を補うことを目的としている点が特徴である。幼稚園に対するこのような認識は「読み、書き、算の三科目を学ぶことは人が他人より教育を受け得るが為に欠くべからざる所であって総ての教育の基礎を為すものである、此の如く幼児に対して習慣的に此素地を与ふることは本来家庭の任務であって、父母其他保護者の為すべき所である。而して家庭に代り組織的に此部分の教育即ち保育を為す機関を幼稚園と称する」と述べられていることからもわかる。また、保育内容には遊嬉、唱歌、談話、手技の四つがあげられている。「手技」は「幼稚園恩物ヲ用ヒテ手及眼ヲ練習シ心意発育ノ資トス」（第 6 条）とあり、「恩物」という語にもみられるようにフレーベル主義の影響がみられる。

2. 幼稚園教員の養成

　ここで、戦前の幼稚園教員の養成についてみておこう。戦前の幼稚園教員の養成は、明治 11 年（1878 年）の東京女子師範学校に設置された保母練習科に始まる。そして、最初の卒業生が明治 13 年（1880 年）に出ており、これらの卒業生は全国の各地に散らばっていった。東京女子師範学校附属幼稚園が、日本におけ

る幼稚園のモデルの役割を果たしていたことも指摘できる。このような幼稚園の普及のあり方は地方においても同様であった。『文部省日誌』にある大阪府の明治11年（1878年）の報告では「東京女子師範学校附属幼稚園ニ在学セシムル所ノ保母巳ニ園科ヲ卒業シ帰府ニ及」んだため、「新ニ府内中ノ島常安町ニ於テ管内ノ模範トナスヘキ一所ノ園ヲ設ケ其開園巳ニ近キニアリ此模範園ヲ基トシ多クノ分園ヲ設ケントス」とある。そして「此分園ハ或ハ各種学校ニ附属シ或ハ家庭ニ於テスヘシ或ハ傍ヘ多クノ保母タルヘキ婦夫ヲ招キコレニ園科ヲ授ケ自己ノ幼児ヲ開誘スルト共ニ隣児ヲ保育スル等ノ事ニ従ハシメントス」と述べられている。このように、大阪府では模範となる幼稚園を設立し、これをベースにして多くの幼稚園を設けようとしていったのである。

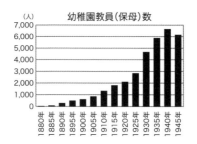

（出所）文部省『学制百年史』資料編 1972 年により作成。

　その後、明治20年代に入ってくると、徐々に幼稚園の数も増え始め、幼稚園教員も不足するようになってきた。こうした状況を背景として、明治20年代から大正にかけて、少しずつではあるが、頌栄保母伝習所などの私立を中心に養成機関が誕生している。また、幼稚園教員の資格は明治23年（1890年）の小学校令において明確に規定されるまではなかった。本令により、幼稚園の「保母」は女子で小学校の教員になる資格をもつ者か府県知事による免許状を有している者とされた。さらに明治44年（1911年）には、小学校令施行規則が改正され、「保母」の免許状は府県における検定に合格することで授与される形となった。

3. 幼稚園令の制定

　ふたたび幼稚園に関する法令をみていこう。幼稚園のみに関する勅令が初め
てだされるのが、大正 15 年（1926 年）の「幼稚園令」である。本令はわずか 14
条にすぎないが、その内容をさらに詳しく述べた「幼稚園令施行規則」があわせ
て設けられた。幼稚園令および幼稚園令施行規則の制定により、ようやく戦前の
幼児教育が制度的には整備されたとみることができるであろう。森有礼による小
学校令等の諸学校令から数えて、約 40 年後のことであった。幼稚園令を制定し
た理由は大正 15 年（1926 年）の文部省訓令第 9 号「幼稚園令及幼稚園令施行規
則制定ノ要旨竝施行上ノ注意事項」で、つぎのように述べられている。「従来幼
稚園ニ関スル事項ハ小学校令施行規則中ニ規定セラレタリ然レトモ時勢ノ進運ニ
伴ヒ幼稚園ノ事業ハ漸ク順当ニ発達シ来タルヲ以テ其ノ制度ニ就キテ考慮ヲ要ス
ルノミナラス当今我カ国ニ於ケル社会ノ情勢ニ鑑ミテ一層其ノ施設ヲ改善スルノ
必要アルヲ認ムコレ幼稚園令ノ公布ヲ見ルニ至リタル所以ナリ」。また、幼稚園
が必要とされる理由についてはつぎのようにある。「児童ノ心身ヲ健全ニ発達セ
シメ善良ナル性情ヲ涵養セムトスルニハ幼時ヨリ之ニ着手スルヲ以テ優レリトス
コレ家庭教育ヲ稗補スヘキ幼稚園施設ノ必要アル所ナリ」。さらに、今後の幼稚
園の発展の方向性については「父母ノ労働ニ従事シ子女ニ対シテ家庭教育ヲ行フ
コト困難ナル者ノ多数居住セル地域ニ在リテハ幼稚園ノ必要殊ニ痛切ナルモノア
リ今後幼稚園ハ此ノ如キ方面ニ普及発達セムコトヲ期セサルヘカラス随ツテ其ノ
保育ノ時間ノ如キハ早朝ヨリ夕刻ニ及フモ亦可ナリト認ム」とある。
　本令では「幼稚園ハ幼児ヲ保育シテ其ノ心身ヲ健全ニ発達セシメ善良ナル性情
ヲ涵養シ家庭教育ヲ補フヲ以テ目的トス」(第 1 条)と幼稚園の目的が定められた。
　幼稚園の職員組織についても「幼稚園ニハ園長及相当員数ノ保母ヲ置クヘシ」
とされ、園長の職務は「園務ヲ掌理シ所属職員ヲ監督ス」、また保母の職務は「幼
児ノ保育ヲ掌ル」と規定された（第 7 ～ 9 条）。また幼稚園令第 9 条で、「保母」
は「保母免許状」を有する者とされ、第 11 条では「保母免許状ハ地方長官ニ於
テ保母検定ニ合格シタル者ニ之ヲ授与シ全国ニ通シテ有効トス」とされた。幼稚
園令施行規則でこの検定は無試験検定と試験検定の 2 種とされ、「小学校本科正
教員ノ免許状ヲ有スル者」などは無試験検定の該当者とされた（第 9、10 条）。

　この後、日本は日中戦争、アジア・太平洋戦争へと突入していき、戦時下に入っていく。戦時下において、小学校、中学校、大学等は、その教育も戦時色が濃くなり、小学校は昭和 16 年（1941 年）国民学校令により国民学校に改編されるなど大きく影響を受けたが、これらに比すると、幼稚園での保育はそれほど影響を受けることはなかったといわれている。戦時下での幼稚園を含めた保育施設の特徴としては、幼稚園と託児所の違いがほとんどなくなり、勤労家庭の幼児を優先的に受け入れ、また保育時間が延長されたことがあげられる。そして、昭和 20 年（1945 年）8 月、日本はポツダム宣言を受諾し、アジア・太平洋戦争は終結する。昭和 21 年（1946 年）日本国憲法が、大日本帝国憲法を改正する形で制定され、日本は民主国家として再出発する。教育も日本国憲法を受け、民主国家にふさわしい形で整備されていく。こうしたなかで、昭和 22 年（1947 年）に、教育基本法が学校教育法とともに制定された。そして、連合国軍総司令部による間接統治が始まり、戦前の天皇制国家体制下における教育制度は、新たに戦後の民主国家のもとで改革が行われる。

第 2 節　戦後日本の幼児教育制度

1. 戦後教育改革と幼稚園

　戦後日本の教育改革は、アメリカを中心とした連合国軍総司令部の CIE（民間情報教育局）や教育刷新委員会を中心に進められた。教育刷新委員会は戦後日本の教育の方向性を決めた重要な組織であり、本委員会の建議にもとづき、昭和 22 年（1947 年）に教育基本法と学校教育法が制定された。本委員会には、幼稚園関係者として、倉橋惣三が委員に加わっていた。幼稚園は学校教育法第 1 条に「この法律で、学校とは、小学校、中学校、高等学校、大学、養護学校、盲学校、聾学校および幼稚園とする」とあったように、いわゆる「一条校」として学校体系の中に組み込まれる。これにより、現在の幼稚園を含む戦後日本の学校体系の基礎が固められることになる。なお、『学校基本調査』によれば、令和元年（2019 年）8 月現在、日本には 10,069 園の幼稚園があり、在園者数は 1,145,574 人であり、その特徴は私立が多いこと（6,538 園）である。

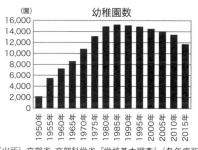

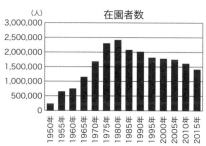

（出所）文部省・文部科学省『学校基本調査』（各年度版）「政府統計の総合窓口（e-Start）」ホームページにより作成。

　しかしながら、少子化の影響もあって、現在幼稚園の数並びに在園者数は年々減少傾向にある。あわせて参考までに近年の幼稚園、保育所、幼保連携型認定こども園の園数と園児数の推移をあげておく。

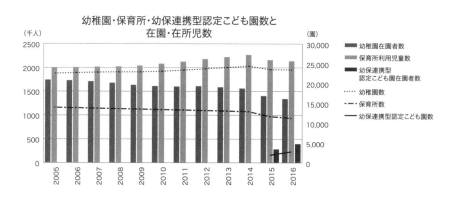

（出所）内閣府『平成 29 年度版子供・若者白書』内閣府ホームページ：閲覧日　2019 年 11 月 27 日により作成。

　昭和 22 年（1947 年）に定められた学校教育法では、幼稚園は、幼児を保育し、適当な環境を与えて、その心身の発達を助長することが目的とされていた。また、この目的を達成するために「健康、安全で幸福な生活のために必要な日常の習慣を養い、身体諸機能の調和的発達を図ること」、「園内において、集団生活を経験させ、喜んでこれに参加する態度と協同、自主及び自立の精神の芽生えを養うこと」、「身辺の社会生活及び事象に対する正しい理解と態度の芽生えを養うこと」、「言語の使い方を正しく導き、童話、絵本等に対する興味を養うこと」、「音楽、遊戯、絵画其の他の方法により、創作的表現に対する興味を養うこと」の五つが目標として掲げられていた。

　幼稚園の設置者は、学校教育法第 2 条にあるように、国、地方公共団体、法律で定める法人（学校法人—私立学校法第 3 条）とされた。先にも述べたように日本の幼稚園は私立が多いため、私立学校に関する教育行政についても触れておかなければならない。私立学校は、学校教育法第 2 条により、原則として学校法人がこれを設置することになっているが、幼稚園だけは例外的に学校教育法附則第 6 条により、個人による設置も認められている。これは幼稚園が歴史的に個人によって設置されている場合が多かったことによる。また、私立幼稚園は「私立学校の特性にかんがみ、その自主性を重んじ、公共性を高めることによって、私立学校の健全な発達を図る」（私立学校法第 1 条）目的から、昭和 24 年（1949 年）に私立学校法が設けられ、本法もあわせて適用されている。私立学校（大学、高等専門学校を除く）の行政に関わる所管機関は、教育委員会ではなく、都道府県知事となっている（私立学校法第 4 条）。学校法人が設置する私立幼稚園には、その財務的安定を図るために、私立学校振興助成法にもとづき、私学助成が行われていることも注意したい。

2. 幼稚園教育要領の変遷

　戦後の教育課程行政と関連して、保育内容の変遷について「幼稚園教育要領」を中心にみていく（表 1）。戦後の日本の幼児教育について、はじめて幼稚園・保育所・家庭における幼児教育の手引きとして、その内容に関する指針・方向性が示されたのは昭和 23 年（1948 年）の「保育要領」である。これは文部省から

発表されたが、「保育」の語にもあるように、幼稚園の教育だけでなく、保育所あるいは家庭における保育をも対象としていた。幼稚園における教育内容に関しては「保育内容」として、「楽しい幼児の経験」とあり、①「見学」、②「リズム」、③「休息」、④「自由遊び」、⑤「音楽」、⑥「お話」、⑦「絵画」、⑧「製作」、⑨「自然観察」、⑩「ごっこ遊び・劇遊び・人形芝居」、⑪「健康保育」、⑫「年中行事」の 12 項目があげられている。

　そして、昭和 23 年（1948 年）の「保育要領」を改訂する形で、昭和 31 年（1956 年）に幼稚園のみを対象とする「幼稚園教育要領」が出され、幼稚園の保育内容の基準が示された。改訂の要点としては、①幼稚園の保育内容を、小学校教育との一貫性を持たせるようにしたこと、②幼稚園教育の目標を具体化し、指導計画の作成の上に役立つようにしたこと、③幼稚園教育における指導上の留意点を明らかに示したことがある。保育内容は望ましい経験を 6 領域に分類整理して、①「健康」、②「社会」、③「自然」、④「言語」、⑤「音楽リズム」、⑥「絵画製作」となっている。あわせて、このとき幼稚園での教育は小学校以上の学校教育とは性格が異なるものであると指摘されていることにも注意しておきたい。

　昭和 31 年（1956 年）に改訂された幼稚園教育要領は、昭和 39 年（1964 年）に再び改訂された。改訂の理由は、①幼稚園教育を小学校教育への準備段階であるとの誤解を解き、幼稚園教育の独自性を一層明確にするため、また②昭和 36 年（1961 年）に小学校・中学校・高等学校の学習指導要領の改訂にあわせて、幼稚園教育要領も改訂し、学校教育としての一貫性を持たせる必要があったためであった。

　保育内容を指す「領域」については、昭和 31 年（1956 年）の幼稚園教育要領と同じく「6 領域」が踏襲されたが、今回の改訂では「領域」と「ねらい」について明確な記述が設けられた（表 2）。また本改訂から幼稚園教育要領は文部省告示となり、学校教育法及び学校教育法施行規則に位置づけられたため、幼稚園では幼稚園教育要領に基づいた教育をしなければならないこととなった。

　幼稚園教育要領は昭和 39 年（1964 年）改訂から約 30 年を経過し、この間、日本における社会状況も大きく変化し、子どもを取り巻く社会環境も変わった。こうした状況に合わせるため、幼稚園教育要領を改訂する必要が生じ、平成元年（1989 年）に幼稚園教育要領の改訂が行われた。

表1　「教育要領」「保育指針」の変遷と「教育・保育要領」の成立

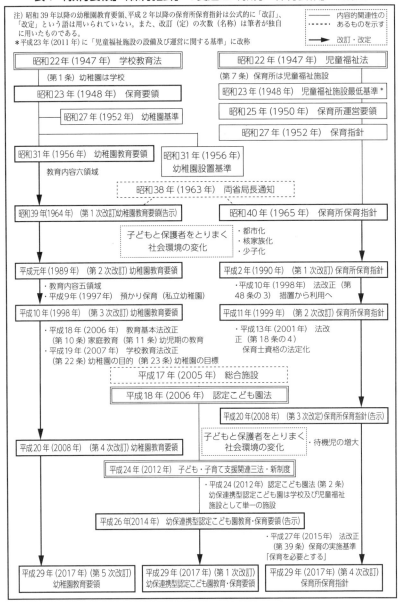

民秋言編『幼稚園教育要領・保育所保育指針・幼保連携型認定こども園教育・保育要領の成立と変遷』萌文書林、2017年より。

表2　教育・保育内容の「領域」変遷

幼稚園教育要領		保育所保育指針		幼保連携型認定こども園 教育・保育要領	
昭和31年 (1956年) 制定	(教育内容の領域の区分) 健康、社会、自然、言語、 音楽リズム、絵画製作	————		————	
昭和39年 (1964年) 改訂	(教育内容の領域の区分) 健康、社会、自然、言語、 音楽リズム、絵画製作	昭和40年 (1965年) 制定	(望ましいおもな活動) 1歳3か月未満：生活・遊び 1歳3か月から2歳まで：生活・遊び 2歳：健康・社会・遊び 3歳：健康・社会・言語・遊び 4・5・6歳：健康・社会・自然・言語・音楽・造形	————	
平成元年 (1989年) 改訂	(教育内容の領域の区分) 健康、人間関係、環境、 言葉、表現	平成2年 (1990年) 改訂	(内容) 年齢区分 3歳児から6歳児まで 基礎的事項・健康・人間関係・環境・言葉・表現 ※年齢区分6か月未満児から2歳児までは上記(内容)を「一括して示してある」	————	
平成10年 (1998年) 改訂	(教育内容の領域の区分) 健康、人間関係、環境、 言葉、表現	平成11年 (1999年) 改訂	(内容) 発達過程区分 3歳児から6歳児まで 基礎的事項・健康・人間関係・環境・言葉・表現 ※年齢区分6か月未満児から2歳児までは上記(内容)を「一括して示してある」	————	
平成20年 (2008年) 改訂	(教育内容の領域の区分) 健康、人間関係、環境、 言葉、表現	平成20年 (2008年) 改定	(保育の内容) 養護 (基礎的事項)： 　生命の保持・情緒の安定 教育： 　健康・人間関係・環境・言葉・表現	平成26年 (2014年) 制定	(内容) 健康・人間関係・環境・言葉・表現
平成29年 (2017年) 改訂	(教育内容の領域の区分) 健康、人間関係、環境、 言葉、表現	平成29年 (2017年) 改定	(保育の内容) 乳児保育 基本的事項・内容 1歳以上3歳未満児 基本的事項・内容 健康、人間関係、環境、言葉、表現 3歳以上児 基本的事項・内容 健康、人間関係、環境、言葉、表現	平成29年 (2017年) 改定	(内容) 乳児期の園児の保育の内容 基本的事項・内容 満1歳以上満3歳未満の園児の保育の内容 基本的事項・内容 健康、人間関係、環境、言葉、表現 満3歳以上の園児の教育及び保育の内容 基本的事項・内容 健康、人間関係、環境、言葉、表現

民秋言編『幼稚園教育要領・保育所保育指針・幼保連携型認定こども園教育・保育要領の成立と変遷』萌文書林、2017年より。

　本改訂の特徴としては、①「6領域」から「5領域」への変更が行われたこと、②「幼稚園教育の基本」として「遊びを通しての指導」という視点が強調されたことである。また、これまで「内容」のみであったのが、「ねらい及び内容」とされ、各領域は「ねらい」「内容」「留意事項」の三つから構成されることとなった。

　さらに平成10年（1998年）の幼稚園教育要領の改訂では、学校教育全体で「生きる力」の育成が目指される中で、幼稚園での教育・保育が、子どもの「生きる力の基礎」を育む重要な時期にあたることが明記された。また、幼稚園は地域における子育て支援センターとしての役割を担うべきとされ、教育課程に係る教育時間の終了後等に行う教育活動として「預かり保育」の実施などについての記述が加えられた。この点については、指導上の留意点の中で、特に留意すべき事項として、幼稚園が地域の人々に施設や機能を開放し、幼児教育の相談に応じるなどの役割を果たすべきことが述べられている。

　本改訂は、各学校段階における、①「改正教育基本法等を踏まえた改訂」、②「『生きる力』という理念の共有」、③「基礎的・基本的な知識・技能の習得」、④「思考力・判断力・表現力等の育成」、⑤「確かな学力を確立するために必要な授業時数の確保」、⑥「学習意欲の向上や学習習慣の確立」、⑦「豊かな心や健やかな体の育成のための指導の充実」が基本方針とされ、幼稚園に関する改訂の要点として、以下の2点があげられている。

①幼稚園教育については、近年の子どもたちの育ちの変化や社会の変化に対応し、発達や学びの連続性及び幼稚園での生活と家庭などでの生活の連続性を確保し、計画的に環境を構成することを通じて、幼児の健やかな成長を促す。
②子育ての支援と教育課程に係る教育時間の終了後等に行う教育活動については、その活動の内容や意義を明確化する。また、教育課程に係る教育時間の終了後等に行う教育活動については、幼稚園における教育活動として適切な活動となるようにする。

第 3 節　現在の幼児教育制度

1. 幼稚園に関する法規

　教育基本法は昭和 22 年（1947 年）の制定以来、改正されることはなかったが、平成 18 年（2006 年）に全面的な改正が行われ、そこで「幼児期の教育」に関する条文が新たに設けられた（第 11 条）。これによれば「幼児期の教育は、生涯にわたる人格形成の基礎を培う重要なものであることにかんがみ、国及び地方公共団体は、幼児の健やかな成長に資する良好な環境の整備その他適当な方法によって、その振興に努めなければならない」とされている。また、学校教育法も平成 23 年（2011 年）に大幅な法改正が行われ、第 1 条は「この法律で、学校とは、幼稚園、小学校、中学校、義務教育学校、高等学校、中等教育学校、特別支援学校、大学及び高等専門学校とする」とされ、幼稚園の目的は「義務教育及びその後の教育の基礎を培うものとして、幼児を保育し、幼児の健やかな成長のために適当な環境を与えて、その心身の発達を助長することを目的とする」（第 22 条）と、幼稚園が義務教育やその後の教育の基礎を培うことをその目的とすることが強調され明確にされた。そして、この目的を達成するため、幼稚園の目標として以下のような五つの項目が定められている。

　第二十三条　幼稚園における教育は、前条に規定する目的を実現するため、次に掲げる目標を達成するよう行われるものとする。
　　一　健康、安全で幸福な生活のために必要な基本的な習慣を養い、身体諸機能の調和的発達を図ること。
　　二　集団生活を通じて、喜んでこれに参加する態度を養うとともに家族や身近な人への信頼感を深め、自主、自律及び協同の精神並びに規範意識の芽生えを養うこと。
　　三　身近な社会生活、生命及び自然に対する興味を養い、それらに対する正しい理解と態度及び思考力の芽生えを養うこと。
　　四　日常の会話や、絵本、童話等に親しむことを通じて、言葉の使い方を正しく導くとともに、相手の話を理解しようとする態度を養うこと。

　　五　音楽、身体による表現、造形等に親しむことを通じて、豊かな感性と表
　　　　現力の芽生えを養うこと。

　幼稚園の保育内容は学校教育法第 25 条にもとづき、「幼稚園の教育課程その他
の保育内容に関する事項は、第二十二条及び第二十三条の規定に従い、文部科学
大臣が定める」とあり、さらに学校教育法施行規則第 38 条では「幼稚園の教育
課程その他の保育内容については、この章に定めるもののほか、教育課程その他
の保育内容の基準として文部科学大臣が別に公示する幼稚園教育要領によるもの
とする」とある。

　なお幼稚園では学級制が採用されているが、その学級については、昭和 31 年
(1956 年) に「幼稚園設置基準」が制定され、他の小学校や中学校と同じように「学
級」を単位として編制する考え方に統一された。つまり、一定の教師が一定の学
級を担当し責任をもつ「学級担任制」が確立したのである。学級を構成する人数は、
教育内容、教育方法のほか幼児の年齢や教育経験の違い、学級を担任する教師の
経験や能力、施設、設備の状況で本来異なってくるものであるはずだが、幼稚園
設置基準では幼児の年齢を問わず、同一の扱いとなっている。平成 7 年 (1995 年)
に幼稚園設置基準が改正され、幼稚園における 1 学級の編制人数は 35 人以下と
なった (幼稚園設置基準第 3 条)。その際、文部省 (現文部科学省) は「一学級
の幼児数について、幼児一人一人の発達の特性に応じた行き届いた教育を推進す
るため、改正前の四〇人以下の原則を三五人以下の原則に引き下げた」との説明
をしている。また、学級編制の方法は「学年の初めの日の前日において同じ年齢
にある幼児で編制することを原則とする」ことになっている (幼稚園設置基準第
4 条)。なお、これと関わって、幼稚園の学年は、学校教育法施行規則第 39 条及
び第 59 条により 4 月 1 日から翌年の 3 月 31 日までとされ、保育時間は幼稚園教
育要領により、4 時間とされている。

　また、幼稚園は文部科学大臣の定めることころにより、その教育活動やその他
学校運営についての評価を実施し、その評価にもとづき、幼稚園の学校運営の
改善を講じ、教育水準の向上を図ることに努めなければならない (学校教育法第
28 条及び第 42 条)。なお、学校評価の結果は公表しなければならないとされて
いる (学校教育法施行規則第 39 条及び第 66 条)。あわせて、幼稚園の保護者や

地域住民等に対して、こうした人々と連携・協力を推進していくため、幼稚園の教育活動や学校運営に関する情報を積極的に提供することも求められる（学校教育法第 28 条及び第 43 条）。

　幼稚園を含めた学校では、学校教育法第 12 条に「学校においては、別に法律で定めるところにより、幼児、児童、生徒及び学生並びに職員の健康の保持増進を図るため、健康診断を行い、その他その保健に必要な措置を講じなければならない」とあるように健康診断を行わなければならない。「別に法律で定める」との法律は学校保健安全法を指しており、学校保健安全法第 12 条及び第 15 条により、幼児に対しては学校が、職員に対しては学校の設置者が毎学年定期に健康診断を行わなければならない。これと関わって、幼児の安全と健康についてみていく。発達の途上にある幼児を預かる幼稚園では、幼児の健康と安全について十分な配慮が求められる。そこで、幼稚園の保健衛生や安全管理について、主に学校保健安全法において定めているが、その第 1 条には「学校における児童生徒等及び職員の健康の保持増進を図るため、学校における保健管理に関し必要な事項を定めるとともに、学校における教育活動が安全な環境において実施され、児童生徒等の安全の確保が図られるよう、学校における安全管理に関し必要な事項を定め、もつて学校教育の円滑な実施とその成果の確保に資すること」とある。その他にも、幼稚園教育要領に保健教育や安全教育に関する記載があるため、幼稚園ではこれらについても十分な配慮が必要となる。

　学校保健とは、保健教育と保健管理を含んでいるが、保健教育は、幼児に対して行われ、とくに幼稚園では幼稚園教育要領に基づく健康領域での幼児への援助等が重要となってくる。また、保健管理では、幼児等の健康の増進を図る中で、幼稚園教育の円滑な実施をねらっており、身体の発達、疾病、健康診断、学校環境衛生の検査や整備が行われる。

　学校安全では、幼児が身体的、精神的にもまだ未発達の状況にあることをふまえ、幼稚園が幼児にとって安全な場所として確保されることが必要である。そのため、幼児の安全教育や施設・設備の安全管理が求められる。

　あわせて、学校保健安全法第 5 条に「学校においては、児童生徒等及び職員の心身の健康の保持増進を図るため、児童生徒等及び職員の健康診断、環境衛生検査、児童生徒等に対する指導その他保健に関する事項について計画を策定し」なけれ

ばならないと学校保健計画に関する定めがある。また、第27条では「学校においては、児童生徒等の安全の確保を図るため、当該学校の施設及び設備の安全点検、児童生徒等に対する通学を含めた学校生活その他の日常生活における安全に関する指導、職員の研修その他学校における安全に関する事項について計画を策定」(学校安全計画)することとなっている。

2. 幼児に関する法規

　幼児に関わる法律上の規定をみていく。幼稚園に入園することができるのは、学校教育法第26条により「満三歳から、小学校就学の始期に達するまでの幼児」とされている。幼稚園以外の他の学校種では、例えば、小学校の場合、修業年限が6年間(学校教育法第32条)の形で定められているが、幼稚園の場合、幼児の発達の状況に応じるという観点から修業年限がない(2年保育、3年保育等)。なお、現在、構造改革特別区域においては、例外的に3歳未満児の幼稚園入園事業が施行されている場合もある。

　また、懲戒に関する規定が、学校教育法第11条にあるが、これは「校長及び教員は、教育上必要があると認めるときは、文部科学大臣の定めるところにより、児童、生徒及び学生に懲戒を加えることができる。ただし、体罰を加えることはできない。」とある。そして、児童、生徒には教育的な観点から、懲戒として法律上「退学」、「停学」、「訓告」の3種類の懲戒を校長の権限として定めている(学校教育法施行規則第26条第2項)。しかしながら、懲戒に関する規定から幼児は除かれている。これは幼児に対しては「懲戒」とう概念そのものが成立しないとされているためである。幼児に対しては体罰が許されないことはいうまでもない。

3. 幼稚園の教職員に関する法規

　幼稚園に置かなくてはならない職員は園長、教頭、教諭である(学校教育法第27条第1項)。また、これらの職員の他に「副園長、主幹教諭、指導教諭、養護教諭、栄養教諭、事務職員、養護助教諭その他必要な職員」を置くことができる(学

校教育法第27条第2項）。幼稚園に置かなくてはならない職員の職務内容として、園長が「園務をつかさどり、所属職員を監督する」、教頭は「園長（副園長を置く幼稚園にあつては、園長及び副園長）を助け、園務を整理し、及び必要に応じ幼児の保育をつかさどる」、そして、教諭が「幼児の保育をつかさどる」とされている（学校教育法第27条第4、6、9項）。

　幼稚園教諭等の資格は、教育職員免許法第3条第1項に「教育職員は、この法律により授与する各相当の免許状を有する者でなければならない」と免許状主義を採用しており、幼稚園教諭1種免許状あるいは幼稚園教諭2種免許状等を有していなければならない。なお、これら普通免許状の有効期間は教育職員免許法第9条第1項により、10年間とされており、10年を経過した場合、教員免許状更新講習を受講しなければ、免許状の効力は失効する（教育職員免許法第9条の2）。幼稚園教員数は表に示したとおりであるが、9割以上が女性である点が特徴である。

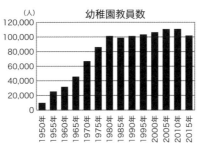

（出所）文部省・文部科学省『学校基本調査』（各年度版）「政府統計の総合窓口（e-Start）」ホームページにより作成。

第4節　最近の幼児教育政策の動向

1. 子ども・子育て支援新制度と幼稚園

　幼稚園と保育所を一元化・一体化しようとする試みは長年行われてきたが、昭和38年（1963年）の厚生省と文部省による「幼稚園と保育所の関係について」により、両者の相違が明確に示された。具体的には、幼稚園は学校教育法に定める学校であり、その所管は文部省（現文部科学省）にあること、保育所は児童福

祉法に定める児童福祉施設であり、その所管は厚生省（現厚生労働省）にあることが明確にされた。しかし、後述するように、近年の少子化の影響や待機児童問題を背景に、改めて、幼稚園と保育所を一元化・一体化しようとする動きがみられる。

　平成 18 年（2006 年）の就学前の子どもに関する教育、保育等の総合的な提供の推進に関する法律（いわゆる認定こども園法）の成立により、新たに認定こども園が誕生した。認定こども園には、幼保連携型、幼稚園型、保育所型、地方裁量型の 4 つがある。幼保連携型は、すでに認可を受けている幼稚園と保育所が連携して、子育て支援機能を、幼稚園型はすでにある幼稚園に保育所的機能と子育て支援機能を、保育所型はすでにある保育所に幼稚園的機能と子育て支援機能を追加し、認定こども園となる。地方裁量型は、地方の裁量で、認定こども園としての機能を果たす。認定こども園は、都道府県の条例によりその認可基準が定められ、都道府県知事が認定する。また、幼稚園は学校、保育所は児童福祉施設といった幼児教育・保育機関としての位置づけをそれぞれ失うことはない。例えば、幼稚園型認定こども園は、幼稚園であり、かつ認定こども園としての位置づけとなる。

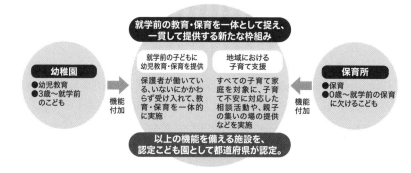

【認定こども園概要図】
（出所）内閣府「認定こども園概要」内閣府ホームページ
（http://www8.cao.go.jp/shoushi/kodomoen/gaiyou.html：閲覧日 2019 年 11 月 27 日）により作成。

　現在進められている子ども・子育て支援新制度の動きをみていく。現在、平成 24 年（2012 年）8 月に成立した子ども・子育て関連 3 法（就学前の子どもに関する教育、保育等の総合的な提供の推進に関する法律の一部を改正する法律、子

ども・子育て支援法、子ども・子育て支援法および認定こども園法の施行に伴う
関係法律の整備等に関する法律）にもとづき、幼保一元化も含めた幼児教育・保
育ならびに子育て支援のための施策が進められている。なお、当初計画されてい
た総合こども園は、「新たな幼保連携型」認定こども園に修正された。ただし本
制度で構想されている「新たな幼保連携型」認定こども園は、現在ある幼稚園、
保育所を強制的にこれに移行させるものではない。また、「新たな幼保連携型」
認定こども園に関する行政は、国においては内閣府が担うことになっている。具
体的には、内閣府に子ども・子育て本部が置かれ、その具体的な施策については
子ども・子育て会議で決定される仕組みが採られている。また、「新たな幼保連
携型」認定こども園については、その教育・保育内容については「幼保連携型認
定こども園教育・保育要領」を新たに定め、職員は「保育教諭」の名称で、幼稚
園教諭免許状と保育士資格の双方を有していることが条件とされている。「新た
な幼保連携型」認定こども園は、学校でもあり、児童福祉施設でもあるという位
置づけ上の特徴がある。

　子ども・子育て関連3法は、保護者が子育てについての第一義的責任（教育基
本法第10条）を有するという認識のもとで、待機児童等の現代日本が抱える教育・
保育問題を解決し、幼児期の学校教育・保育、地域の子育て支援を総合的に推進
することをめざしている。

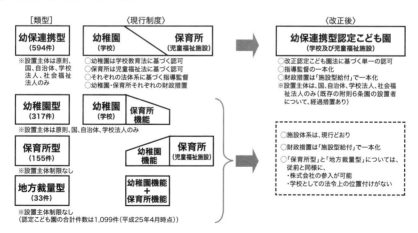

【子ども・子育て支援新制度における「幼保連携型認定こども園」の概要】
（出所）文部科学省「認定子ども園法の改正について」文部科学省ホームページ
（https://www.mext.go.jp/component/a_menu/education/detail/_icsFiles/afieldfile/2014/07/22/1350046_03.pdf
：閲覧日2019年11月27日）により作成。

	〈現行制度〉 現行の幼保連携型 認定こども園	〈新制度〉 新たな幼保連携型 認定こども園
根拠法	【幼稚園部分】学校教育法 【保育所部分】児童福祉法 【認定こども園】認定こども園法	認定こども園法
設置 主体等	【幼稚園】国、地方公共団体及び学校法人 　　　　（当分の間、学校法人以外の者が幼稚園を 　　　　設置できる。(学校教育法附則第6条)) 【保育所】設置主体制限なし ※幼稚園・保育所からの移行は任意。	国、地方公共団体、学校法人及び社会福祉法人 (既存の附則第6条園の設置者について、経過 措置あり) ※幼稚園・保育園からの移行は任意。
認可等 権者	【幼稚園部分】都道府県知事 【保育所部分】都道府県知事、指定都市市長、中核市市長 【認定こども園】認定権者：都道府県知事(又は教育委員会)	都道府県知事(教育委員会が一定の関与) ※大都市(政令指定都市・中核市)に権限を 移譲
指導 監督	【幼稚園部分】閉鎖命令 【保育所部分】立入検査、改善勧告、改善命令 　　　　　　　　事業停止命令、認可の取消し 【認定こども園】認定の取消し	立入検査、改善勧告、改善命令、業務停止命令、 閉鎖命令、認可の取消し
基準	【幼稚園部分】幼稚園設置基準 【保育所部分】児童福祉施設最低基準	幼保連携型認定こども園の設備及び運営に 関する基準
財施 措置	【幼稚園部分】私学助成(都道府県) 　　　　　　　　幼稚園就園奨励費補助(市町村) 【保育所部分】保育所運営費負担金(市町村)	施設型給付(市町村)が基本
利用者 負担	【幼稚園部分】施設が自由に設定 【保育所部分】市町村の関与の下、施設が設定(応能負担)	市町村が認定(応能負担) ※一定の要件の下、施設による上乗せ徴収が可能

【現行制度・新制度における幼保連携型認定こども園の比較】
内閣府「現行制度・新制度における幼保連携型認定こども園の比較」
内閣府ホームページ（http://www8.cao.go.jp/shoushi/shinseido/meeting/kodomo_kosodate/b_l/pdf
：閲覧日2019年11月27日）。

子ども・子育て支援新制度の概要

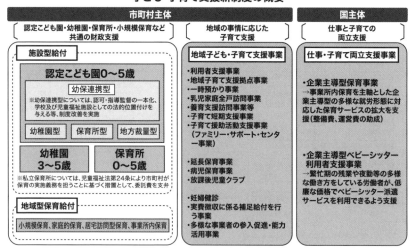

内閣府子ども・子育て本部「子ども・子育て支援新制度について」
内閣府ホームページ（https://www8.cao.go.jp/shoushi/shinseido/outline/pdf/setsumei.pdf
：閲覧日2019年11月27日）により作成。

　本制度の主なポイントは三つある。一つは「認定こども園、幼稚園、保育所を通じた共通の給付」、二つ目は「認定こども園制度の改善」、三つ目が「地域の実情に応じた子ども・子育て支援」である。とくに「認定こども園制度の改善」では、「新たな幼保連携型」認定こども園の設置を積極的に推進していこうとしている。これについて、認可・指導監督の一本化、学校及び児童福祉施設としての法的な位置づけ、設置主体は国、自治体、学校法人、社会福祉法人（株式会社が設置主体となることは不可。）とし、財政措置を「施設型給付」に一本化することが目指されている。これと関わって、子ども・子育て支援新制度における幼稚園・保育所・認定こども園等を利用する場合、その子どもは認定を受けなければならない。これには1号～3号まであり、1号認定とは、満3歳以上小学校就学前までの子どもで学校教育のみを受ける者、2号認定とは、満3歳以上小学校就学前までの子どもで保育を必要とする者、3号認定とは、満3歳未満で保育を必要とする者をいう。本認定は給付にも深く関わっている。

　幼児期の学校教育・保育、地域の子ども・子育て支援に共通の仕組みをみていく。今回の施策では市町村（基礎自治体）が実施主体となる。つまり、市町村が、地域のニーズを踏まえ、幼児期の学校教育・保育や子育て支援などに関わる計画を策定し、給付・事業を実施する。このような事業を実施するには多額の費用が重要となるが、社会保障と税の一体改革による消費税の引き上げにより、国及び地方の恒久的な財源確保を前提に考えられている。

　また、政府による本事業の推進体制も、内閣府に子ども・子育て本部を設置し、これまで制度的にバラバラに行われてきた行政を一本化している。あわせて、国には有識者や地方公共団体、事業主代表・労働者代表、子育て当事者などが子育て支援の政策プロセスに参画できるよう、子ども・子育て会議を設置することとなっている。また、市町村にも同様の合議制機関を置くこととされている。

2. 平成29年（2017年）幼稚園教育要領の改訂

　平成29年（2017年）3月に幼稚園教育要領が改訂され、文部科学省告示として出された。今回の改訂は、前回平成20年（2008年）の改訂から約10年を経たものである。

　幼稚園教育要領改訂にあたり、具体的な審議を行った中央教育審議会の答申の内容をみていく。中央教育審議会では、幼稚園教育要領の改訂にあたり、その具体的な方向性として 4 点が示された。①「知識・技能の基礎」、「思考力・判断力・表現力等の基礎」、「学びに向かう力、人間性等」の三つを幼児教育で育みたい資質・能力として、これまでの幼稚園教育要領の 5 領域を踏まえ、遊びを通しての総合的な指導により一体的に育むこと、② 5 歳児修了時までに育ってほしい具体的な姿を明確にして、幼児教育の学びの成果が小学校と共有されるよう工夫・改善を行うこと、③非認知的能力（自己制御や自尊心など）の育成など、現代的な課題を踏まえた教育内容の見直しを図り、預かり保育や子育ての支援を充実すること、④幼稚園教育要領の改訂内容を踏まえ、保育所保育方針や幼保連携型認定こども園教育・保育要領との整合性を図り、保育所や幼保連携型認定こども園でも小学校との円滑な接続を一層推進することである。

　具体的な改訂内容をみていく。その前に今回の改訂の大きな枠組みとして、幼稚園・小学校・中学校・高等学校を連続したものとし、これらを学校教育という共通した観点から見直している。これらの観点とは（1）学習指導要領等の枠組みの見直し、（2）教育課程を軸に学校教育の改善・充実の好循環を生じる「カリキュラム・マネジメント」の実現、（3）主体的・対話的で深い学びの実現である。

　本改訂でこれまではなかった「前文」が設けられ、幼児教育の意義とそれにおける幼稚園教育要領の位置づけが述べられている。教育基本法第 1 条（教育の目的）、第 2 条（教育の目標）を引きつつ、第 11 条の「幼児期の教育」を取り上げ、幼児教育が「生涯にわたる人格形成の基礎を培う重要なものである」ことを指摘する。そして、幼児が自分自身のよい点や可能性を知り、またさまざまな人々とともに力をあわせて活動して社会の変化を乗り越え、現在の世代のニーズと次の世代のニーズをともに満足させるような開発を可能とする社会を生み出すための基礎を育てる必要があると述べている。

　そして、このような教育を実現する教育課程について「よりよい学校教育を通してよりよい社会を創るという理念を学校と社会とが共有し」、「どのような資質・能力を育むようにするのかを教育課程において明確にしながら、社会との連携及び協働によりその実現を図っていく」という「社会に開かれた教育課程の実現」

の重要性を述べている。

　前記（1）～（3）を中心に改訂のポイントをみていく。（1）学習指導要領等の枠組みの見直しとして、幼稚園で育む資質・能力を明確にし、あわせて小学校以降の教育と連続性、整合性をもつものとすることが述べられている。幼稚園で育む具体的な資質・能力は以下の3点が述べられている。

① 豊かな体験を通じて、感じたり、気付いたり、分かったり、できるようになったりする「知識及び技能の基礎」

② 気付いたことや、できるようになったことなどを使い、考えたり、試したり、工夫したり、表現したりする「思考力、判断力、表現力等の基礎」

③ 心情、意欲、態度が育つ中で、よりよい生活を営もうとする「学びに向かう力、人間性等」

　これらの小学校以降の教育で育む「生きる力」の基礎として、「知識及び技能の基礎」「思考力、判断力、表現力等の基礎」「学びに向かう力、人間性等」を幼稚園で育てていくことになる。つまり、これらの資質・能力をこれまでどおり、幼稚園教育の基本としての「環境を通して行う教育」によって育てるのである。また、総則では幼稚園と小学校の接続をスムーズにするため、「第2章に示すねらい及び内容に基づく活動全体を通して資質・能力が育まれている幼児の幼稚園修了時の具体的な姿」が、健康な心と体、自立心、協同性、道徳性・規範意識の芽生え、社会生活との関わりなど10の姿として明記されている。なお教育内容に関わって、そのねらいと内容は幼稚園教育要領の第2章「ねらい及び内容」に記されている。

○この資質・能力は現行幼稚園教育要領の5領域の枠組みにおいて育むことができるため、5領域は引き続き維持。
○これらは個別に取り出して身に付けさせるものではなく、遊びを通しての総合的な指導を行う中で、一体的に育んでいくことが重要。

（出所）文部科学省「新幼稚園教育要領のポイント」文部科学省ホームページ
（https://www.mext.go.jp/b_menu/shingi/chousa/shisetu/044/001/shiryo/__icsFiles/afieldfi-
le/2017/08/28/1394385_003.pdf：閲覧日2019年11月27日）より作成。

　（2）の教育課程を軸に学校教育の改善・充実の好循環を生じる「カリキュラム・マネジメント」をみていく。

　幼稚園では、幼稚園教育で育てたい資質・能力を踏まえながら、教育の目標を明確にし、これを実現していくための教育課程を編成しなければならない。そして、この教育課程を絶えず改善していくという基本的な姿勢が幼稚園には求められる。つまり、教育課程が教育目標を効果的に実現する機能を果たすために、その実施状況を点検し、改善を図ることが重要である。こうしたことを通して「各幼稚園の教育課程に基づき、全教職員の協力体制の下、組織的かつ計画的に教育活動の質の向上を図る」ことをカリキュラム・マネジメントといっている。このカリキュラム・マネジメントは学校評価と結びつけて実施する点にも留意しなければならない。

　（3）の主体的・対話的で深い学びの実現について考えてみたい。幼児教育における重要な学びとしての遊びは、環境との関わりの中で行われている。こうした中で、幼児が「自分で考え、判断し、納得し、行動することを通して生きる力の基礎」を身につけるには、幼児の活動が精選されなければならない。つまり、幼児の体験の質を考えることが大切である。幼稚園教育では、幼児の体験の積み重ねが求められるが、そこで教師には、幼児の主体的・対話的で深い学びが実現するよう絶えず指導の改善が求められる。なお、幼児の活動の展開過程で、幼児

の体験が幼児の主体的・対話的で深い学びが実現するような関連性をもつものにするため、教師には①一人一人の幼児の体験を理解しようと努めること、②幼児の体験を教師が共有するように努め、共感すること、③ある体験からどのような興味や関心が幼児の心に生じてきたかを理解すること、④ある体験から幼児が何を学んだのかを理解することを念頭に置き、指導していかなくてはならない。

3．幼稚園と小学校の連携・接続

　幼稚園と小学校との連携・接続についてみていく。幼稚園と小学校の接続については、子どもたちが無理なくスムーズにその生活を移行できるように考えなければならない。現在、幼稚園と小学校の幼小連携が必要とされる背景には最も大きな問題として「小1プロブレム」がある。小1プロブレムとは、小学校入学時に子どもたちが小学校生活に適応できないために授業などが成立しない状態をいう。具体的には、授業中に立ち歩く児童がいる、学級全体での活動で各自勝手に行動する、良い姿勢を保てず、机に伏せたり、いすを揺らしたりする児童が多い、教員の指示が全体に行き届かないなどの問題が生じているようである。

　このような小学校の状況をふまえて、幼稚園と小学校の連携の重要性が指摘されているのが現在である。まずは、これに関する問題に対する国による教育政策の動向を確認していく。

　平成17年（2005年）1月に中央教育審議会は「子どもを取り巻く環境の変化を踏まえた今後の幼児教育の在り方について」の答申を出している。本答申では「幼児の発達や学びの連続性を踏まえた幼児教育の充実の観点から幼児教育と小学校教育との連携を強化・改善」すべきことが述べられている。具体的には幼稚園における幼児どうしの「協同的な学び」の推奨であり、これは「幼児どうしが、教師の援助の下で、共通の目的・挑戦的な課題など、一つの目標を作り出し、協力工夫して解決していく活動」である。また「遊びの中での興味や関心に沿った活動から、興味や関心を生かした学びへ、さらに教科等を中心とした学習へのつながりを踏まえ、幼児期から児童期への教育の流れを意識して」幼稚園での教育内容や方法を工夫することの必要性を述べている。

　また平成20年（2008年）の幼稚園教育要領改訂にあたり、中央教育審議会の

答申では「発達段階に応じた教育課程上の工夫の観点から学校段階間の円滑な接続に留意しなければならない」とし、幼児教育と小学校の連携・接続をつぎのように述べている。

　幼児教育と小学校教育の接続については、幼児教育では、規範意識の確立などに向けた集団とのかかわりに関する内容や小学校低学年の各教科等の学習や生活の基礎となるような体験の充実が必要である

　平成 20 年（2008 年）の幼稚園教育要領では、幼稚園と小学校の連携・接続が二つの点から述べられている。1 点目は「指導計画の作成に当たっての留意事項」の「一般的な留意事項」で「幼稚園においては、幼稚園教育が、小学校以降の生活や学習の基盤の育成につながる」ものであるとの指摘である。2 点目は「特に留意する事項」の「幼稚園教育と小学校教育との円滑な接続のため、幼児と児童の交流の機会を設けたり、小学校の教師との意見交換や合同の研究の機会を設けたりするなど、連携を図るようにすること」とある。なお、小学校学習指導要領にも同様の記述がみられる。

　平成 22 年（2010 年）3 月に文部科学省は「幼児期の教育と小学校教育の円滑な接続の在り方に関する調査研究協力者会議」を設け、幼稚園と小学校等の接続に焦点を当てて、検討を行った。

　本会議で示された幼稚園と小学校の接続の方向性の特徴をキーワードを用いて説明すれば、「遊び」という用語があまり用いられず、これに代わって「学び」という用語が多く用いられている点にある。また、本会議の報告は、①幼児期と児童期の教育の連続性、②①の目標における「学びの基礎力」の育成の重視、③学びの芽生えとしての幼児期をベースに述べられている点が特徴となっている。

　平成 31 年（2019 年）に改訂された幼稚園教育要領でも幼稚園教育と小学校教育の接続に関する記述がみられる。小学校以降の生活や学習基盤の育成に関しては、幼稚園教育において、環境を通して、幼児が好奇心や探究心をもち、問題を見出し解決する力を育み、また豊かな感性を伸ばしていくことが生きる力の基礎となることが指摘される。こうした教育が幼稚園教育の基本であり、小学校以降の教育の土台となっていく。あわせて、幼稚園では、小学校就学までに相同的な

思考や主体的な態度などの基礎を培うことの重要性も述べられている。

　小学校教育との接続については、今回改訂された幼稚園教育要領で示された「幼児期の終わりまでに育ってほしい姿」を幼稚園と小学校で共有し、子どもの発達と学びの連続性を確保することが求められている。また、幼稚園の教師と小学校の教師との意見交換、合同の研究会などを実施し、「幼児期の終わりまでに育ってほしい姿」に関する意見交換や話し合いを行うべきことが述べられている。

４．幼児教育の無償化

　幼児教育の無償化については、幼児教育義務化とあわせて、これまでも議論が行われてきた。具体的には、年長児（５歳児）を無償とし、これを義務教育にしようとする動きである。しかし、こうした動きは未だ実現されておらず、その前に幼児教育の無償化の動きが具体化し、実現されようとしている。

　日本ではこれまでも幼稚園や保育所の保育料を無償化すべきであるとの議論は行われてきた。とくに今世紀に入るあたりから、ヨーロッパ諸国で幼児教育の無償化政策がとられはじめ、そのなかで日本の場合、保護者が負担する保育料がきわめて高いことがわかってきたからである。

　平成 24 年（2012 年）９月には先述のように、子ども・子育て関連３法が成立し、幼児教育・保育制度改革が徐々に進められつつある。そして、平成 25 年（2013 年）６月に政府等による幼児教育無償化に関する連絡会議において、幼児教育の無償化についての方針が示された。文部科学省は、当初、幼児教育無償化の案として、①生活保護世帯を無償にし、第２子は半額、（所得制限あり）、第３子以降は無償（所得制限あり）と②生活保護世帯を無償にし、第２子を半額（所得制限あり）、第３子以降を無償（所得制限なし）の二つの案を示した。その実施のための必要経費は①の場合が 74 億円、②の場合が 110 億円と試算された。

　政府は、すべての５歳児から幼児教育の無償化を実施していく方針を示したが、これには地方負担分も含めて年間 2,600 億円の財源が必要となり、その財源確保が困難なため、一定の条件のもとで無償化を実施するとされた。

　財源確保が困難なのは、今回は幼児教育の無償化だけでなく、子ども・子育て支援新制度を動かしていかねばならず、こちらの財源確保も課題となっているた

めである。新制度では、待機児童の解消、現行の幼稚園、保育所、新たな幼保連携型認定こども園の質の向上に7,000億円を充てることになっており、3～5歳児の幼児教育の無償化を進めるとなると、これに加えて7,900億円が必要となる。

そこで、最終的には、平成25年（2013年）度は、小学校3年生以下の第1子がいる世帯の幼稚園での保育料について、第2子は半額、第3子は無償とすることで意見の一致をみた。

令和元年（2019年）10月より幼稚園、保育所、認定こども園等における幼児教育の無償化がスタートした。平成26年（2014年）度から幼児教育・保育の段階的無償化として保護者の負担軽減措置が実施されていたが、幼児教育の無償化に向けた動きが活発になるのは平成30年（2018年）に入ってからである。

平成29年（2017年）12月に「新しい経済政策パッケージ」が閣議決定され、さらに平成30年（2018年）6月には「経済財政運営と改革の基本方針2018」が閣議決定された。これらを受けて、協議が進められ、平成30年（2018年）12月に「幼児教育・高等教育無償化の制度の具体化に向けた方針」が関係閣僚で合意された。そして、令和元年（2019年）5月に子ども・子育て支援法の一部を改正する法律が成立し、子ども・子育て支援新制度の対象とはならない幼稚園やいわゆる認可外保育施設等の利用者への給付制度が創設され、これにより原則3～5歳の子どもの幼児教育の無償化が実現することとなった。

無償化に際して必要となる財源と経費負担の割合については、地方自治体の負担軽減に配慮しつつ、国と地方で適切な役割分担を基本として、令和元年（2019年）10月からの消費税増収分を活用して、地方財源を確保した上で、国が2分の1、都道府県が4分の1、市町村が4分の1の負担割合とされた。なお、初年度令和元年（2019年）度の経費については、全額国が負担することとなっている。

幼児教育の無償化の概要を具体的にみていく。幼稚園については、子ども・子育て支援新制度の対象となっている幼稚園に通う子どもはすべて保育料が無料となる。しかしながら、制度の対象になっていない幼稚園の場合、保育料が月額25,700円までは無償となるが、これを超える場合には自己負担となる。また、幼稚園の預かり保育に関しては、保育の必要性の認定を受けている場合、利用日数に応じて月額で最大11,300円までが無償となる。

保育所、認定こども園は保育料は無料となっている。あわせて、地域型保育の

対象である小規模保育、家庭的保育、居宅訪問型保育、事業所内保育、そして企業先導型保育も無償化の対象である。

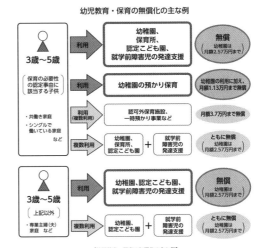

幼児教育・保育の無償化の主な例

認可外保育施設（一時預かり事業、病児保育事業、ファミリー・サポート・センター事業を含む）の場合、保育の必要性の認定を受けていれば、月額 37,000 円までが無償化される。

なお 0 ～ 2 歳児については、住民税非課税世帯の場合、保育所・認定こども園の保育料は無料となるが、認可外保育施設の場合は、保育の必要性の認定があれば、月額 42,000 円までが無償化される。

【幼児教育・保育の無償化の主な例】

※住民税非課税世帯については、0歳から2歳までについても上記と同様の考え方により無償化の対象となる（認可外保育施設の場合、月額4.2万円まで無償）。

(注1) 幼稚園の預かり保育や認可外保育施設を利用している場合、無償化の対象となるためには、お住いの市町村から「保育の必要性の認定」を受けることが必要。

(注2) 認可外保育施設については、都道府県等に届出を行い、国が定める基準を満たすことが必要。ただし、基準を満たしていない場合でも無償化の対象とする5年間の猶予期間を設ける。

(注3) 例に記載はないが、地域型保育も対象。また、企業主導型保育事業（標準的な利用料）も対象。

（出所）内閣府『幼児教育・保育の無償化の主な例』
内閣府ホームページ閲覧日：2019 年 11 月 28 日より作成。

（大迫　章史）

《参考文献》

文部省『学制百年史』1972 年

文部省『学制百年史　資料編』1972 年

文部省『幼稚園教育百年史』（ひかりのくに）1979 年

泉千勢・一見真理子・汐見稔幸編『世界の幼児教育・保育改革と学力』（明石書店）2008 年

酒井朗、横井紘子『保幼小連携の原理と実践』（ミネルヴァ書房）2011 年

近藤幹生『保育とは何か』（岩波書店）2014 年

伊藤良高『幼児教育行政学』（晃洋書房）2015 年

文部科学省『幼稚園教育要領』2017 年

文部科学省『幼稚園教育要領解説』2018 年

内閣府「幼児教育・保育の無償化の主な例」内閣府ホームページ（http://www8.cao.go.jp/shoushi/shinseido/musyouka/pdf/musyouka2.pdf: 閲覧日 2019 年 11 月 28 日）

文部科学省「幼稚園教育要領のポイント」文部科学省ホームページ（http://www.mext.go.jp/b_menu/shingi/chousa/shisetu/044/001/shiryo/_icsFiles/afieldfile/2017/08/28/1394385_003pdf：閲覧日 2019 年 11 月 27 日）

内閣府『平成 29 年版　子供・若者白書』内閣府ホームページ（http://www8.cao.go.jp/youth/whitepaper/h29honpen/pdf/sanko_10_01.pdf：閲覧日 2019 年 11 月 27 日

文部省・文部科学省『学校基本調査』（各年度版）（「政府統計の総合窓口（e-Stat）」ホームページ）

内閣府「認定こども園概要」内閣府ホームページ（http://www8.cao.go.jp/shoushi/kodomoen/gaiyou.html：閲覧日 2019 年 11 月 27 日）

内閣府「現行制度・新制度における幼保連携型認定こども園の比較」内閣府ホームページ（http://www8.cao.go.jp/shoushi/shinseido/meeting/kodomo_kosodate/b_l/pdf：閲覧日 2019 年 11 月 27 日）

文部科学省「認定子ども園法の改正について」文部科学省ホームページ（https://www.mext.go.jp/component/a_menu/education/detail/_icsFiles/afieldfile/2014/07/22/1350046_03.pdf：閲覧日 2019 年 11 月 27 日）

内閣府子ども・子育て本部「子ども・子育て支援新制度について」内閣府ホームページ（https://www8.cao.go.jp/shoushi/shinseido/outline/pdf/setsumei.pdf：閲覧日 2019 年 11 月 27 日）

民秋言編『幼稚園教育要領・保育所保育方針・幼保連携型認定こども園教育・保育要領の成立と変遷』（萌文書林）2017 年

┌ コラム ─────────────────────────────────

幼児教育の経済効果？ー幼児教育の経済学ー

「幼児教育の経済効果？」というコラムのタイトルをみて、教育の経済効果と

いう話題になじみのない感じをもつ方もいらっしゃるかもしれません。たしかに
これまで教育と経済効果を結びつけようとすることは、教育学研究でもあまり行
われてきませんでした。しかし、近年、教育や学力を経済学の観点から経済効果
などをみていこうとする研究が多くでるようになってきています。

　また、幼児教育についても、小学校や中学校といった義務教育に比べてみると、
教育学研究で注目されることが少なかったといえます。しかし、これについて
も OECD（経済協力開発機構）が "Starting Strong：Early childhood education
and care"（人生の始まりこそ力強く）と銘打った保育白書を 2001 年から発行（現
在 "Starting Strong V"）していますし、日本の教育・保育政策でも幼稚園や保
育所と小学校の連携をより強化していこうとする動きがみられており、こうした
なかで幼児教育への注目も高まりをみせるようになってきました。

　このような状況で、平成 12 年（2000 年）にノーベル経済学賞を受賞したシ
カゴ大学の J.J. ヘックマン（James Joseph Heckman）が平成 25 年（2013 年）
に『幼児教育の経済学』（東洋経済新報社 2015 年）（原題 "Giving Kids a Fair
Chance: A Strategy that Works"）を出版し、幼児教育の経済効果について論じ
たことは日本でも話題を呼びました。これはアメリカで昭和 37 年（1962 年）
以降継続的に実施されてきた Perry Preschool Study（ペリー就学前プロジェク
ト）や昭和 46 年（1971 年）から取り組まれてきたアベセダリアンプロジェク
ト（Abecedarian Project）での研究成果をもとに幼児教育の効果と重要性を経
済学的な観点から明らかにしたものです。

　ペリー就学前プロジェクトは、これまで 50 年以上継続的に調査されてきたの
ですが、幼少期に十分な教育を受けた場合と受けなかった場合を比べてみると、
40 歳時点での経済的な効果として、月給であったり、持ち家率などの指標にお
いて大きな差がでることが明らかになっているのです。

　現在、日本では親の貧困とこれに伴う子どもの貧困が社会的な問題となってお
り、その解決が目指されています。貧困層と非貧困層の間の認知的能力と非認知
的能力の差は、家庭環境などが大きく影響しており、すでに幼少期から生じるこ
とがわかっています。これをふまえれば、幼少期の教育が一人一人の人間にとっ
てきわめて重要になってくることがわかります。

　幼少期の教育と言っても、教育の内容としてはさまざまなものがあるわけです

が、どのような教育でもよいのでしょうか。これについて、ヘックマンは知識を中心とするような認知的能力よりもむしろ非認知的能力のほうに重点を置くべきだと言っています。この非認知的能力とは、例えば、根気強さ、注意深さ、意欲、協調性などの社会情動的な力のことを指しています。そして、こうした非認知的能力は、じつは学力などの認知的能力に影響を与えます。

　こうした話を聞いて、みなさん、日本の幼児教育や保育の内容を考えてみたときにどういったことに気がつくでしょうか。このような非認知的能力の育成は、これまでの日本の幼児教育、保育でも重視されてきたことがわかるでしょう。幼稚園での保育内容の 5 領域で身につけるべきとされていることを思い出してみてください。そこでは、例えば、保育内容（人間関係）などでは、協調性を育てることなどを重視しています。

　幼少期の教育に資金を投入することは、経済的にみても有効であり、また親・子どもの貧困問題を解決するために子どもたちに公平にチャンスを提供する点からも注目されているのです。

《参考文献》
ジェームズ・J・ヘックマン（大竹文雄解説、古草秀子訳）
『幼児教育の経済学』（東洋経済新報社）2015 年

第Ⅱ部

主要教育関係法規

第5章
日本国憲法

第1節　日本国憲法の成立

　明治22年（1889年）に公布された大日本帝国憲法（明治憲法）は、天皇が主権を有し、軍の統帥権をはじめ天皇が強大な権限を有しており、帝国議会は、天皇の立法を協賛する機関として、行政権について、国務大臣が天皇を補弼し、司法権は天皇の名において行使されるものであった。人々は、「臣民」として位置づけられ、その人権は、「法律の範囲内において」（法律の留保）保障されるものとされ、法律によってその制限が可能であった。

　我が国は、第二次世界大戦の終結に際して連合国による「ポツダム宣言」を受諾し、昭和21年（1946年）には、国民主権、基本的人権の尊重、平和主義を基本原則とする「日本国憲法」が成立した。

　日本国憲法では、前文及び第1条で、国民を主権者として位置づけ、天皇は「象徴」とされた。基本的人権については、「国民は、すべての基本的人権の享有を妨げられない。この憲法が国民に保障する基本的人権は、侵すことのできない永久の権利として、現在及び将来の国民に与へられる。」（第11条）として、生まれながらに有する自然権として位置づけられている。平和主義については、前文で、国際社会において積極的な役割を果たすことによって我が国の安全と平和を達成するという考えを示し、さらに第9条で戦争の放棄、戦力の不保持、交戦権の否認について規定している。我が国の教育も、日本国憲法の下で、新しい歩みをスタートさせ、現在に至っている。

第2節　日本国憲法における法の体系

1. 成文法と不文法

　法令には、文章で書かれている成文法と、文書化されていないが法令としての

機能を有している不文法に区分される。前者は、憲法をはじめ、教育基本法、学校教育法、地方自治法等の法令が、後者には、慣習法（社会で通用している慣習的な行為で一定の法的効力を有しているとの法的確信を備えたもの）、判例（裁判所が下す判決等が先例となったもの）、行政実例（行政機関の間で行われる法令解釈や運用に関する指示や回答等）、条理（物事の道理等で一定の法的確信が認められるもの）があげられる。

　我が国は、成文法主義をとっており、成文法が法令の中核となっている。しかし、その一方で、不文法も重要な役割を果たしており、特に、最高裁判所の判例は、法解釈を最終的に確定させるものとして、その後の裁判所や行政機関の判断に大きな影響を与えている。

2. 憲法を頂点とする成文法の法体系

　我が国の法体系は、憲法を頂点として、憲法と密接な関係を有する教育の根本法である教育基本法、そして、国会によって制定される法律へとつらなっている。さらには、これらの下で、内閣によって制定される政令、内閣府及び各省の長である内閣総理大臣・各省大臣が制定する内閣府令・省令が定められる。さらには、所管行政機関が発出する告示・訓令・通達にも法的な効力が認められる場合がある。

　憲法の規定は、人権保障や国家組織の基本的な理念や原則を定めており、その内容は抽象的な規定が多い。そのため、教育基本法や学校教育法のような法律で具体化され、さらに、必要な事柄や詳細については政令や省令等によって補足されたり、具体化されるのである。

　例えば、義務教育については、憲法第26条第2項、教育基本法第5条で規定されているが、それを具体化されるために、学校教育法第16条（年数主義）・第17条（年齢主義）が規定され、さらに学校教育法施行令第22条、学校教育法施行規則第27条・第28条によって修了認定における課程主義として具体化されている。

3. 憲法と教育基本法の特別な関係―教育基本法の憲法附属性・補完性―

　日本国憲法は、昭和 22 年（1947 年）に公布されて以来、70 年以上にわたって改正されることはなく、現在に至っている。教育基本法も、昭和 22 年（1947 年）に制定されて以来、平成 18 年（2006 年）12 月に改正されるまで、約 60 年間改正されなかった。このことは、平成 18 年（2006 年）の教育基本法改正までは、教育基本法が、憲法と密接な関係にある法律と見なされてきたことを示している。

　教育基本法は、旧教育基本法（昭和 22 年法律第 25 号）の制定の経緯から見て、日本国憲法の精神や理念を、教育において具体化させる趣旨で制定されたものであり、旧教育基本法の内容は、憲法と関係する事項に限定して規定されている。この教育基本法の憲法附属性・補完性は最高裁（昭和 51 年 5 月 21 日大法廷判決）でも確認されている。

第 3 節　教育に関わる主な憲法の規定

1. 包括的基本権と生命・自由・幸福追求権（第 13 条）

> 第 13 条　すべて国民は、個人として尊重される。生命、自由及び幸福追求に対する国民の権利については、公共の福祉に反しない限り、立法その他の国政の上で、最大の尊重を必要とする。

　第 13 条の前段は、憲法の人権規範の中核として個人の尊重の原理を明らかにしており、後段では、個人尊重の原理に基づく幸福追求権を定めている。幸福追求権は、個別の人権を包括する基本権であり、この幸福追求権によって基礎付けられる個々の権利は、裁判上の救済を受けられる具体的権利であるとされている。

　最高裁（昭和 51 年 5 月 21 日大法廷判決）は、自由かつ独立した人格として成長することを妨げるような国家的介入、例えば、誤った知識や一方的観念を子どもに植えつけるような内容の教育を施すことを強制するようなことは、憲法第 26 条、第 13 条の規定からも許されないと判じている。

2. 平等権：法の下の平等（第14条）

> 第14条　すべて国民は、法の下に平等であつて、人種、信条、性別、社会的
> 　　　身分又は門地により、政治的、経済的又は社会的関係において、差別され
> 　　　ない。

　平等は、自由と並んで、人権保障の基礎としての重要な価値である。「法の下
の平等」とは、法が、人種、信条、性別等にかかわらず平等に適用されることを
意味するだけでなく、法の内容が平等であることも意味している。

　教育においても、性別、能力、年齢、財産等によって差別的な取扱いをするこ
とは許されず、同一の事情と条件の下では、均等に取り扱うことが求められてい
る。しかし、このことは、全く取扱いに差異が認められないということを意味す
るものではなく、事実的・実質的な違いを前提として、合理的な範囲で、その取
扱いに違いがあることは許される。

3. 精神の自由

(1) 思想・良心の自由（第19条）

> 第19条　思想及び良心の自由は、これを侵してはならない。

　思想・良心の自由は、精神的自由の基本をなすものである。国民がどのような
国家観、世界観、人生観をもっていてもそれが内心にとどまる限り絶対的に自由
であり、国家は内心の在り方を強制したり、禁止することはできないとされてい
る。

　教育については、愛国心の教育に関わって、式典において教員に対し「君が代」
のピアノ伴奏を命じる職務命令が許されるかどうかが問題となったが、最高裁は、
公務員である教員については、地位の特殊性や職務の公共性等を根拠にして、当
該職務命令は教員の内心の自由を否定するものではないとした（最高裁平成19
年2月27日第三小法廷判決）。

(2) 信教の自由（第20条）

> 第20条　信教の自由は、何人に対してもこれを保障する。いかなる宗教団体
> も、国から特権を受け、又は政治上の権力を行使してはならない。
> 2　何人も、宗教上の行為、祝典、儀式又は行事に参加することを強制さ
> れない。
> 3　国及びその機関は、宗教教育その他いかなる宗教的活動もしてはなら
> ない。

　信教の自由とは、一人一人が、自らの宗教を信仰すること、または信仰しない
こと、信仰する宗教を選択することは、個人が自由に決定することができること
を意味している。信教の自由には、「信仰の自由」「宗教的行為の自由」「宗教的
結社の自由」が含まれている。

　そして、このことを制度的に保障するために、本条は、宗教団体が国から特権
を受けること等を禁止し、国家が宗教的に中立であることを求めている（政教
分離の原則）。しかし、憲法は、国や地方公共団体に対し宗教との関わりを一切
禁止しているものではなく、禁止されているのは当該行為の目的が宗教的意義を
持ち、その効果が宗教に対する援助や排斥などに当たるものである（最高裁昭和
52年7月13日大法廷判決）。

(3) 表現の自由（第21条）

> 第21条　集会、結社及び言論、出版その他一切の表現の自由は、これを保障
> する。

　表現の自由が保障されるべき理由としては、二つのことが考えられている。一
つは、言論活動によって個人の自己実現が果たされるということ（自己実現の価
値）、もう一つは、言論の自由が民主政治の裏付けとなっているということ（自
己統治の価値）である。

　それゆえに、表現の自由などの制限については、経済的な自由と比較して、よ
り厳しい基準が求められている。教育に関しては、教科書検定について、表現の
自由に対する公共の福祉による制限という観点から争われた事例がある（いわゆ
る教科書裁判）。

(4)「学問の自由」（第23条）

> 第23条　学問の自由は、これを保障する。

　学問の自由の内容は、「学問研究の自由」、「研究発表の自由」、「教授の自由」からなっている。そして、その裏付けとして、学問研究に関わる者の職務上の独立を保障し、身分を保障することが求められ、憲法上、それは、特に「大学の自治」として認められている。

　初等中等教育学校の教員に「教授の自由」が認めれるのかということが重大な争点となってきた。最高裁は、基本的に、一定の範囲において教授の自由が認められるとしているが、教育の機会均等と全国的な教育水準を確保する要請などから、完全な教授の自由を認めることはできないとしている（最高裁昭和51年5月21日大法廷判決）。

4. 社会権：教育を受ける権利（第26条）

> 第26条　すべて国民は、法律の定めるところにより、その能力に応じて、ひとしく教育を受ける権利を有する。
> 　2　すべて国民は、法律の定めるところにより、その保護する子女に普通教育を受けさせる義務を負ふ。義務教育は、これを無償とする。

　憲法第26条第1項は、教育を受ける権利を、同条第2項では義務教育と義務教育の無償について定めている。

(1) 国民の学習権

　教育を受ける権利は、教育を受け取るだけではなく、その背後には、国民の学習権があると考えられている（最高裁昭和51年5月21日大法廷判決）。最高裁は、国民各自が、一個の人間として、また一市民として、成長、発達し、自己の人格を完成、実現するために必要な学習をする固有の権利を有すること、特に、子どもにとっては、自己の学習要求を施すことを大人一般に対して要求する権利を有

しているとしている。

(2)「その能力に応じて」と教育の機会均等

　本条は、教育の機会均等を定めているが、その一方で、「その能力に応じて」とも規定している。このことは、それぞれの有する能力を前提とした能力主義的教育を推進すべきことを規定したものではない。「能力」とはそれぞれの場面で教育を受けるに必要とされる能力を意味しており、個性や個人差、適性等に応じた教育を施すことを求めており、その限りで異なる取扱いをすることは排除されていないことを意味している。

(3) 義務教育の無償

　第 2 項では、すべての国民に対し、その保護する子どもに、義務教育を受けさせることを求めており、また、その義務教育の内容は普通教育であること、義務教育は無償であることを定めている。義務教育の無償とは、憲法上は、授業料の不徴収を意味していると解されている（最高裁昭和 39 年 2 月 26 日大法廷判決）。

（佐々木　幸寿）

《参考文献》

佐々木幸寿、柳瀬昇『憲法と教育　第二版』（学文社）2009 年

結城忠『教育の自治・分権と学校法制』（東信堂）2009 年

芦部信喜（高橋和之補訂）『憲法　第六版』（岩波書店）2015 年

米沢広一『憲法と教育 15 講』（北樹出版）2007 年

コラム

憲法改正の動き

　日本国憲法は、昭和 21 年（1946 年）11 月 3 日の公布以来、現在に至るまで改正されたことがない。我が国の憲法は、改正のためには、「各議院の総議員の三分の二以上の賛成で、国会が、これを発議し、国民に提案してその承認を経

なければならない。この承認には、特別の国民投票又は国会の定める選挙の際行はれる投票において、その過半数の賛成を必要とする。」（第96条）と、改正のためには厳しい条件を設けており、「硬性憲法」（改正の手続が、一般の法律に比べて難しい憲法）と言われる。

さらに、憲法学における通説によれば、憲法の改正は、どのようにでも改正できるのかということについては、国民主権の原則、基本的人権の保障、平和主義などの憲法の根本原則については、改正は許されないものと解されている。

平成19年（2007年）5月には、日本国憲法の改正手続に関する法律が制定され、これによって、憲法改正についての国民の承認（国民投票）に関する手続が整備された。この法律では、国民投票の投票権が「年齢満十八年以上の者」に付与されている。高校生の年齢に相当する者にも投票権が付与されることから、従来の形式的に実施されてきた政治教育では不十分であるとして、その実質化を図ることの必要性が提起されている。

自由民主党は、憲法改革推進本部での議論を集約し、平成24年（2012年）に「日本国憲法改正草案」を発表した。草案は、現行憲法のすべての条項を見直し、全体で11章、110か条で構成されている。前文では、主権在民、平和主義、基本的人権の尊重の三つの基本原理を継承しつつ、日本の伝統・文化、家族・社会等について記述している。主な改正点としては、国旗・国家の規定、自衛権の明記、国防軍の保持、家族の尊重、環境保全の責務、財政の健全性の確保、緊急事態の宣言、憲法改正提案要件の緩和などとなっており、時代の要請、新たな課題に対応した草案であるとしている。

その後、憲法改革推進本部は、平成29年（2017年）には、「憲法改正に関する論点取りまとめ」を公表している。その中で、国民に問うにふさわしいテーマとして、①安全保障に関わる「自衛隊」、②統治機構のあり方に関わる「緊急事態」、③一票の格差と地域の民意反映が問われる「合区解消・地方公共団体」、④国家百年の計たる「教育充実」の4項目をあげている。

第6章
教育基本法

第1節　教育基本法の基本的な性格

1. 教育基本法と憲法の関係—教育の憲法—

　教育基本法は、他の一般法と異なり、大きな特徴を有している。第一には、教育の理念について広く国民に示す「教育宣言的な意味」と、憲法の教育に関する条項を補完し、他の教育関係法令の解釈、運用のための基準や指針を提示するという「教育憲法的な意味」である。教育基本法は、日本国憲法の制定時に、憲法の教育に関する条項を補う法律として制定され、現在の教育基本法においても、憲法との密接な関係は維持されており、「教育の憲法」として、教育に関する根本的な理念や原則について規定している。

2. 教育基本法と個別法の関係

(1) 指針・基準の機能—理念法として—

　教育基本法は、法的には、あくまで「法律」として制定されており、法的な効力において、学校教育法等の個別法に優越するものではない。しかし、教育基本法は憲法とともに、教育に関する基本的な理念や原則を提示しており、これらは、個別法の解釈や運用のための指針や基準としての役割を果たしている。

(2) 資源配分の機能—政策法として—

　平成18年（2006年）に改正された現行教育基本法では、旧教育基本法の「理念法」としての性格に、「政策法」としての性格を新たに加えている。科学技術基本法、海洋基本法などの教育基本法以外の基本法では、従来から様々な行政施策を体系的に展開する上での根拠として、予算等の財源を獲得する上での裏づけとして、基本法が活用されてきた。教育基本法では、他の基本法にならい、国や

地方公共団体に対し教育振興基本計画の策定を求めている。

第2節　教育基本法の内容

1. 前文

> 　我々日本国民は、たゆまぬ努力によって築いてきた民主的で文化的な国家を更に発展させるとともに、世界の平和と人類の福祉の向上に貢献することを願うものである。
> 　我々は、この理想を実現するため、個人の尊厳を重んじ、真理と正義を希求し、公共の精神を尊び、豊かな人間性と創造性を備えた人間の育成を期するとともに、伝統を継承し、新しい文化の創造を目指す教育を推進する。
> 　ここに、我々は、日本国憲法の精神にのっとり、我が国の未来を切り拓く教育の基本を確立し、その振興を図るため、この法律を制定する。

(1)　前文の役割

　憲法や基本法のような重要な法令には、制定の趣旨等を述べるために前文が置かれることがある。前文は、他の条項と異なり、国や国民に対して直接的に法的義務を課するというような法定効果を有するものではないが、一般的に、法令中の各条項を解釈する際の基準や指針として機能するものと考えられている。

(2)　前文の構成と内容

　教育基本法の前文は、三つの部分で構成されている。第1文では、日本国民の理想を、第2文では、そのための教育のあるべき姿を、第3文は、根本理念を定めた教育基本法制定の趣旨を述べている。

　第1文では、日本国民が願う理想として、2点掲げている。一つは、憲法の理想とする民主的で文化的な国家の建設であり、もう一つは、世界の平和と人類の福祉に貢献することである。第2文では、この理想を実現するために、三つの教育を推進するとしている。つまり、個人の尊厳を重んじる教育を推進すること、「真理と正義」「公共の精神」「豊かな人間性と創造性」を備えた人間を育成すること、

我が国の伝統の良さを継承し新しい文化の創造をめざす教育を行うことである。第3文では、「日本国憲法の精神にのっとり」として、日本国憲法の基本原則である国民主権、基本的人権の尊重、平和主義を基盤として、我が国の未来を拓く教育の基本と振興を意図して教育基本法が制定されていることを宣明している。

2. 教育の目的（第1条）

> 第1条　教育は、人格の完成を目指し、平和で民主的な国家及び社会の形成者として必要な資質を備えた心身ともに健康な国民の育成を期して行われなければならない。

(1) 教育の目的としての「人格の完成」「国民の育成」

教育基本法第1条では、教育の目的を、「人格の完成」と「国民の育成」という普遍的なものにまとめている。前者が教育の個人の発達の側面からの教育への要請を、後者は社会の側からの教育への要請を意味している。

「人格の完成」について、政府は、個人の価値と尊厳との認識に基づき、人間の備えるあらゆる能力をできる限り、しかも調和的に発展せしめることであるとしている。

「国民の育成」については、「平和で民主的な」という表現で、民主主義、平和主義という憲法の求める価値を実現するための資質が重視されていることを示しており、「心身ともに健康な」とは、知、徳、体の調和ある発達を意味している。

(2) 「人格の完成」の意味

「人格の完成」は、教育の個人の発達の側面からの教育への要請を意味していると考えられているが、「人格の完成」には、それにとどまらない多様な意味が与えられている。具体的には、①人間としてのあるべき理想の追求、②個人と国家の関係の止揚、③教育における倫理的側面の重視などの意味が込められている。

3. 教育の目標（第2条）

第2条　教育は、その目的を実現するため、学問の自由を尊重しつつ、次に
　掲げる目標を達成するよう行われるものとする。
　一　幅広い知識と教養を身に付け、真理を求める態度を養い、豊かな情操
　　と道徳心を培うとともに、健やかな身体を養うこと。
　二　個人の価値を尊重して、その能力を伸ばし、創造性を培い、自主及び
　　自律の精神を養うとともに、職業及び生活との関連を重視し、勤労を重
　　んずる態度を養うこと。
　三　正義と責任、男女の平等、自他の敬愛と協力を重んずるとともに、公
　　共の精神に基づき、主体的に社会の形成に参画し、その発展に寄与する
　　態度を養うこと。
　四　生命を尊び、自然を大切にし、環境の保全に寄与する態度を養うこと。
　五　伝統と文化を尊重し、それらをはぐくんできた我が国と郷土を愛する
　　とともに、他国を尊重し、国際社会の平和と発展に寄与する態度を養う
　　こと。

(1) 第2条の1号～5号の枠組み

①第1号：教育全体を通じて基礎をなすもの

　端的には、「幅広い知識と教養」「真理を求める態度」とは知を、「豊かな情操
と道徳心」とは徳を、「健やかな身体」とは体を意味しており、現行学習指導要
領の「生きる力」を構成する「確かな学力」「豊かな人間性」「健康・体力」に相
当している。

②第2号：主として個々人自身に係るもの

　「個人の価値を尊重して」とは、一人一人をかけがえのないものとして認識す
ることで、「能力をのばして」とは、それぞれがもっている能力をできる限り、
そして調和的に伸ばすこと、「創造性を培い」とは、新しいものを作りだそうと
する意欲や志向をいい、「自主」とは外部との関係において自分の力で行動する
ことを、「自律」とは自己の内面において自ら設定した規範に従って行動するこ
とを意味している。「職業及び生活の関連を重視し」とは、教育が空論に走らず

実際生活を基礎にして行われ、その成果が実際生活に活かされることを重視することを、「勤労を重んずる態度を養う」とは的確な勤労観、職業観を育て、主体的に進路を選択する能力や態度を育むことを意味している。

③第3号：主として社会との関わりに係るもの

　「正義」とは正しい道筋、正しい秩序を、「責任」とは社会に対して自分が果たすべき道義的な義務を意味している。「男女の平等」を重んずるとは男らしさ、女らしさというものを認めながらも、社会的、経済的な取り扱い等において平等でなければならないという理念を掲げ、それを理解する力を養うこと、「自他の敬愛と協力」を重んずるとは人間が相互に尊敬、愛護し、信頼と協力を重視すること、「公共性の精神に基づき、主体的に社会の形成に参画し、その発展に寄与する」とは、国や社会の問題を自分自身の問題として考え、社会全体のために積極的に行動する態度を育むことを意味している。

④第4号：主として自然と環境との関わりに係るもの

　「生命を尊び、自然を大切にし、環境の保全に寄与する」とは、生命や自然、環境を大切にし、自然との共生を図るために必要な態度を養うという趣旨である。この場合に、人間だけでなく、さまざまな生命あるものを守り、慈しみ、自然と親しみ、それと豊かな関わりをもつことを意味している。

⑤第5号：主として日本人としての資質及び国際社会との関わりに係るもの

　「伝統」とは、我が国の長い歴史を通じて、培われてきた風習、制度、思想、学問などを、「文化」とは人間が形成してきた物心両面の成果を指し、衣食住をはじめ、芸術、道徳、宗教、政治などの生活形成の様式と内容を含むものである。「我が国と郷土を愛する」における「我が国」には、統治機構（国家機関や政府）を含まないとされ、歴史的に形成されてきた国民、国土、そして伝統と文化からなる文化的な共同体としての「我が国」を意味している。「他国を尊重し」とは、他国の成り立ち、あるいはそれぞれの国が有する伝統と文化などを尊重するという意味である。「国際社会の平和と発展に寄与する」とは、国際化が急速に進展している現代において、グローバルな社会の一員としての責務を果たし、世界が

平和に発展していくことを願い、そのために自らも貢献していく態度を教育の中で育むことを意味している。

(2) 第2条の解釈上の留意点

①「態度を養う」ということと「内心の自由」

　教育の目標として、第2号〜第5号では、すべて「態度を養うこと」という述語で統一されている。「心」ではなく、「態度」という文言を採用したのは、情操や道徳心の育成を進めながら、「思想及び良心の自由」（憲法第19条）、つまり、内心の自由を侵害しないように配慮することが必要であることを示している。

②いわゆる「愛国心」の解釈

　第5号では、「我が国と郷土を愛する」と規定しているが、これがいわゆる愛国心を強制するものではないかということが重要な争点となっている。このことについて、政府は、「我が国」には、統治機構（国家機関や政府）が含まれないと言明しており、また、学校における教育活動においても、内心については評価しないと説明している。

4. 生涯学習の理念（第3条）

> 第3条　国民一人一人が、自己の人格を磨き、豊かな人生を送ることができるよう、その生涯にわたって、あらゆる機会に、あらゆる場所において学習することができ、その成果を適切に生かすことのできる社会の実現が図られなければならない。

(1) 教育に関する第一の理念としての「生涯学習の理念」

　「生涯学習の理念」が、教育の目的（第1条）、教育の目標（第2条）の次に、第3条で規定されている。このことは、「生涯学習」が、教育に関する第一の基本的理念として位置づけられていることを意味している。生涯学習とは、学ぶ側の視点に着目した考え方であり、一人一人が生涯にわたって、知識、技能等を獲得するために、それぞれの興味、関心や社会の要請等に応じて行われる、多様な

学習活動を意味しており、学校教育、家庭教育、社会教育による学習や自己学習を内包する概念である。

図1　生涯学習の理念と学校教育、家庭教育、社会教育の関係

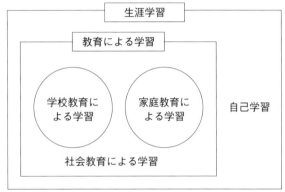

（出典）教育基本法研究会『逐条解説改正教育基本法』（第一法規）2007年、66頁

(2) 生涯学習社会

　第3条は、厳密には、「生涯学習」ではなく、「生涯学習社会」について規定した条文である。「国民の一人一人が」はその主体を意味し、「自己の人格を磨き、豊かな人生を送ることができるよう」はその目的を、「その生涯にわたって、あらゆる機会に、あらゆる場所において学習することができ、その成果を適切に生かすことのできる」とはその内容を規定したものである。国、地方公共団体、学校、家庭、地域、企業、個人など広く国民全体で共有すべき理念として、その実現に努めるべきことを宣言している。

5. 教育の機会均等（第4条）

第4条　すべて国民は、ひとしく、その能力に応じた教育を受ける機会を与えられなければならず、人種、信条、性別、社会的身分、経済的地位又は門地によって、教育上差別されない。
　2　国及び地方公共団体は、障害のある者が、その障害の状態に応じ、十分な教育を受けられるよう、教育上必要な支援を講じなければならない。
　3　国及び地方公共団体は、能力があるにもかかわらず、経済的理由によって修学が困難な者に対して、奨学の措置を講じなければならない。

(1)「教育の機会均等」の原則

　第4条第1項前段は、憲法第26条の教育を受ける権利を、第1項後段は憲法第14条の法の下の平等を、教育の領域において実現するという趣旨で規定されたものである。

　ここで、「ひとしく、その能力に応じた」とは、すべての者に同一の教育機会を与えるという趣旨ではなく、また、能力主義的教育を重視するという趣旨でもない。教育が、それぞれの個性や独自性に着目して行われるべき旨を規定したものであり、それぞれの個人が持っている能力をできる限り、また、調和的に伸ばしていこうという趣旨で規定されたものである。

(2) より広い障害の概念としての「障害のある者」

　本条第2項の規定する「障害のある者」とは、特別支援学校、特別支援学級の対象となっている者だけでなく、学習障害や注意欠陥多動性障害、自閉症などを含め広く障害により教育上特別な支援を要すると認められる者を指している。

　つまり、国や地方公共団体は、特別支援学校、特別支援学級に在籍、通級する子どもを対象とするだけでなく、通常の学級においても、広く特別支援教育を行う責任があることを宣明したものである。

(3)「能力があるにもかかわらず」と「奨学の措置」

　本条第3項では、「能力があるにもかかわらず、経済的理由によって修学が困

難な者に対して」奨学の措置を講ずるように求めている。ここでいう「能力があるにもかかわらず」とは、特に能力優秀な者に対する奨学支援に限定したものではなく、当該教育を受ける能力のある者を意味しており、義務教育においてはすべての子どもがそれを受ける能力があると解釈されている。

6. 義務教育（第5条）

> 第5条　国民は、その保護する子に、別に法律で定めるところにより、普通教育を受けさせる義務を負う。
>
> 　2　義務教育として行われる普通教育は、各個人の有する能力を伸ばしつつ社会において自立的に生きる基礎を培い、また、国家及び社会の形成者として必要とされる基本的な資質を養うことを目的として行われるものとする。
>
> 　3　国及び地方公共団体は、義務教育の機会を保障し、その水準を確保するため、適切な役割分担及び相互の協力の下、その実施に責任を負う。
>
> 　4　国又は地方公共団体の設置する学校における義務教育については、授業料を徴収しない。

(1) 就学義務としての義務教育

　本条は、憲法第26条第2項に規定した義務教育と、義務教育の無償の規定を受けて規定されている。義務教育については、「別に法律で定めるところにより」と規定し、学校教育法第16条（年数）、第17条（年齢）で具体的に内容を規定しており、我が国の義務教育の制度は、一定の内容を子どもに施す義務としての「教育義務」ではなく、一定の年齢にある者を学校に就学させることを求める「就学義務」となっている。

(2) 義務教育の目的

　本条第2項では、「各個人の有する能力を伸ばしつつ社会において自立的に生きる基礎を培」うこと、「国家及び社会の形成者として必要とされる基本的な資質を養うこと」の二つを義務教育の目的として規定している。前者は、個人の側

からの義務教育への要請、後者は社会の側からの義務教育への要請を規定したものである。

　これを受けて、学校教育法では、義務教育の目標（同法第21条）、小・中学校など校種ごとの目的と目標が定められ、それが、学習指導要領によってさらに具体化されるという構造になっている。

(3) 義務教育の「無償」の法的な意味

　憲法第26条第2項では、義務教育について「無償」と規定していることについて、教育基本法第5条第4項は、これが「授業料を徴収しない」という意味であることを明らかにしている。しかし、我が国では、現在、教科書についても無償で配付されている。これは、憲法上の権利としてではなく、政策的判断により法律（義務教育諸学校の教科用図書の無償措置に関する法律）を根拠として、教科書の無償給付・給与がなされているものである。

7. 学校教育（第6条）

第6条　法律に定める学校は、公の性質を有するものであって、国、地方公共団体及び法律に定める法人のみが、これを設置することができる。
　2　前項の学校においては、教育の目標が達成されるよう、教育を受ける者の心身の発達に応じて、体系的な教育が組織的に行われなければならない。この場合において、教育を受ける者が、学校生活を営む上で必要な規律を重んずるとともに、自ら進んで学習に取り組む意欲を高めることを重視して行われなければならない。

(1) 学校教育の「公の性質」と学校設置者

　教育基本法の定める「学校」とは、学校教育法第一条に定める学校を意味し、「幼稚園、小学校、中学校、義務教育学校、高等学校、中等教育学校、特別支援学校、大学及び高等専門学校」（塾などは含まない）を指している。これらの学校は、「公の性質」を有するとされ、国民全体のために教育が行われること、そして、その

教育には一定の教育内容と水準が確保されることが求められる。そのため、学校を設置できるのは、国や地方公共団体、学校法人などに限定されているのである。

(2) 学校教育と「教育の目標」

　学校教育は、家庭教育や社会教育とは異なる特性がある。その一つが、教育基本法第2条の掲げる「教育の目標」の達成をその中心的な役割としているということであり、もう一つが、「教育を受ける者の心身の発達に応じて、体系的な教育が組織的に行われなければならない」ということである。教育の目的や目標を達成するために教育内容を児童生徒の心身の発達に応じて体系的に組織した教育課程に従って行われるという学校教育の基本的な性格が表現されている。具体的には、初等中等教育においては、教育課程の基準として国の設定した学習指導要領に従って教育が行われるべきこと等を意味している。

(3) 「規律」と「意欲」の重視

　教育基本法は、「教育を受ける者」についても、「規律」と「意欲」が重視されるべきことを定めている。法的には、「規律」と「意欲」を重視することは教師に対する義務として規定されているが、このことは当然にその帰結として、教育を受ける子どもの側にも、「規律」と「意欲」をもって学習に取り組むことが期待されていると言える。

8. 大学（第7条）

> 第7条　大学は、学術の中心として、高い教養と専門的能力を培うとともに、深く真理を探究して新たな知見を創造し、これらの成果を広く社会に提供することにより、社会の発展に寄与するものとする。
> 　2　大学については、自主性、自律性その他の大学における教育及び研究の特性が尊重されなければばならない。

(1)「知の世紀」における大学の三つの役割

　現代は、「知」の創造と活用の時代であり、それが我が国や人類の発展にとっ

て非常に重要な意味をもつ「知の世紀」であるとされている。このような時代において、大学には、「高い教養と専門的能力を培う」こと（教育）、「深く真理を探究して新たな知見を創造」すること（研究）、「これらの成果を広く社会に提供することにより、社会の発展に寄与する」こと（社会貢献）という三つの役割を果たすことが求められるのである。

(2) 大学の自主性、自律性

　大学には、憲法や最高裁の判例によって、伝統的に「学問の自由」や「大学の自治」が認められてきた。その意味は、大学における教育、研究に対しては、高度な自由が保障されなければならず、そのためには、外部からの侵害や強制が行われてはならないことを意味している。しかし、教育基本法における大学の自主性や自律性とは、これらの伝統的な「学問の自由」や「大学の自治」の理念のみならず、さらに、国立大学が国立大学法人化されたことなどをふまえて、大学における管理運営等においては、大学の自己規律が求められていることも意味している。

9. 私立学校（第8条）

> 第8条　私立学校の有する公の性質及び学校教育において果たす重要な役割にかんがみ、国及び地方公共団体は、その自主性を尊重しつつ、助成その他の適当な方法によって私立学校教育の振興に努めなければならない。

(1) 現代における私立学校の役割

　私立学校の「公の性質」とは、国公立学校も、私立学校も、学校教育という国民にとって重要な事業を担っているという「公」の視点からは、その性質に違いがないことを意味している。

　また、本条は、私立学校の「学校教育において果たす重要な役割」について規定している。私立学校は、その在籍している幼児・生徒・学生の割合について、高等学校で約3割、大学で7割、幼稚園で8割を占めており、我が国の学校教育においては、私立学校は質、量ともに、重要な地位を占めている。

(2) 私立学校の「公の性質」と私学助成

　教育基本法では、学校教育について「公の性質」(第6条)を有すると定めながら、私立学校についても、重ねて「公の性質」と規定している。

　この背景には、憲法第89条によって公の支配に属しない教育事業への公金の支出が禁じられているという事情がある。私立学校は、従来から、私学助成等によって、国や地方公共団体から公金による助成を受けている。教育基本法において、あらためて、「公の性質」を規定することによって、私学助成が憲法に違反しないことを宣明する意図があるものと考えられる。

(3) 私立学校の「自主性」と国の関与

　私立学校は、本来、個人や団体、組織の掲げる理想や教育理念を実現するために、創設されたものであり、その建学の精神は、その存在を根底において支えるものである。それゆえに、国や地方公共団体といえども、建学の精神に基づく私立学校の教育活動や教育事業に対して、安易に介入することは許されない。

　しかし、その一方で、私立学校は「公の性質」を有しており、また、公的な助成を受ける代償として、「公の支配」に属することが求められる。国の定めた教育課程の基準である学習指導要領に従って、私立学校の教育課程が編成されることも、そのことを背景としている。

10. 教員 (第9条)

> 第9条　法律に定める学校の教員は、自己の崇高な使命を深く自覚し、絶えず研究と修養に励み、その職責の遂行に努めなければならない。
> 　2　前項の教員については、その使命と職責の重要性にかんがみ、その身分は尊重され、待遇の適正が期せられるとともに、養成と研修の充実が図られなければならない。

(1) 教員の「崇高な使命」

　ここで、「教員」とは、国公立学校の教員だけでなく、私立学校も含む、すべての学校の教員を意味している。教員には、研究と修養に励み、職責の遂行に努

めることを求めており、その根拠を「崇高な使命」に置いている。

そして、「崇高な使命」は、教育の本質から説明されている。つまり、教育とは、教員と子どもの人格の触れあいを通して、子どもの能力を引き出したり、人格の発達を図るという営みであるということである。このことは、教員には専門的知識・技能が求められるだけでなく、豊かな人間性や深い教育的情愛などの全人的な資質能力が求められることを意味している。

(2) 教員の「身分の尊重」と「待遇の適正」

第1項では、教員に対し、研修と修養に励み、その職責の遂行に努めるべきことを求めており、第2項では、そのような使命と職責を果たす教員に対して、それに見合う身分の尊重と待遇の適正、そして、それを可能とする養成と研修の機会が与えられるべきことを定めている。「身分の尊重」「待遇の適正」には、制度的に、経済的に尊重されるだけでなく、広く人々が教員に対し、それにふさわしい敬意をもって処することも求めている。ややもすれば、教師と子どもの関係は、サービスの提供者と消費者というアナロジーで説明されることが少なくないが、教育基本法は、その使命と職責をふまえ、それにとどまらない教員の身分の尊重を求めているのである。

11. 家庭教育 (第10条)

第10条　父母その他の保護者は、子の教育について第一義的責任を有するものであって、生活のために必要な習慣を身に付けさせるとともに、自立心を育成し、心身の調和のとれた発達を図るよう努めるものとする。
2　国及び地方公共団体は、家庭教育の自主性を尊重しつつ、保護者に対する学習の機会及び情報の提供その他の家庭教育を支援するために必要な施策を講ずるよう努めなければならない。

(1) 保護者の「第一義的責任」

教育基本法は、教育においては、父母等の保護者が、その子どもの教育に対して、「第一義的責任」を有することを宣言している。

　子どもの教育については、改めて、父母等の保護者が重要な責任を担うべきことを宣明しているのである。「第一義的」とは、保護者による教育が、教育において、原初的、基本的な性格を有することを表現したものである。「生活のために必要な習慣を身に付けさせる」「自立心を育成」することなどを、保護者の具体的な役割として掲げている。

(2) 家庭教育の自主性と国・地方公共団体の役割

　第2項は、国や地方公共団体が、保護者等を支援すべきことを規定している。例えば、子育てに関する講座を開設したり、家庭教育手帳を配るなど保護者に対する情報提供や相談事業等が考えられる。その一方で、教育基本法は、「家庭教育の自主性」に配慮することを求めている。家庭は、あくまで私的領域であり、個々の家庭においてどのような教育方針の下に、どのような教育を行うのかということは、各家庭が決めて行うことが基本となっている。このことは、国や地方公共団体が行う支援とは、家庭教育の自主性をふまえた形で行われる必要があることを意味している。

12. 幼児期の教育（第11条）

> 第11条　幼児期の教育は、生涯にわたる人格形成の基礎を培う重要なものであることにかんがみ、国及び地方公共団体は、幼児の健やかな成長に資する良好な環境の整備その他適当な方法によって、その振興に努めなければならない。

(1) 幼児期の教育

　第11条は、幼児期が人間の生涯にわたる人格形成の基礎が培われる重要な時期であること、幼児期の教育が子どもの心身の健やかな成長を促す上できわめて重要な役割を果たしているということをふまえて、設けられている。

　幼児期の教育とは、一般的に、小学校就学前の教育を指し、家庭、幼稚園、保育所、地域教育など、広く社会において、この時期に施される教育のすべてを意味している。

　国、地方公共団体には、良好な環境の整備等によってその振興を図ることが求

められている。具体的には、幼児園教育要領や保育所保育指針の策定等によって
教育内容の改善を図るとともに、幼稚園等への経済的支援、家庭教育のための講
座の開設などが想定されている。

(2) 幼保一元化と認定こども園

　従来、幼児期の教育は、幼稚園と保育所の二本立てによって進められている。
幼稚園は、文部科学省所管の教育施設、保育所は厚生労働省所管の児童福祉施設
として位置づけられ、それぞれ「教育」と「保育」の機能を果たすものとして、
別個に運営されてきた。

　しかし、「教育」と「保育」は明確に区別されるものではなく、また、保育所
に通所する子どもにも適切な教育を期待する保護者の声がある一方で、幼稚園に
通わせる子どもをもつ保護者からは仕事が終わるまで子どもを預かってもらえる
ようなサービスを期待する声も強い。こうした子どもや保護者のニーズに応える
ために、幼児園と保育所の機能を備えた「認定こども園」の制度が、平成18年（2006
年）10月にスタートした。

13. 社会教育（第12条）

第12条　個人の要望や社会の要請にこたえ、社会において行われる教育は、
　　国及び地方公共団体によって奨励されなければならない。
　2　国及び地方公共団体は、図書館、博物館、公民館その他の社会教育施
　　設の設置、学校の施設の利用、学習の機会及び情報の提供その他の適当な
　　方法によって社会教育の振興に努めなければならない。

(1) 社会教育と生涯学習

　「生涯学習」と「社会教育」はしばしば混同される言葉である。生涯学習とは、
学ぶ側の視点に着目した考え方で、一人一人が生涯にわたって知識や技術等を獲
得するために、それぞれの興味、関心、必要性に応じて、学校や家庭、地域にお
いて、多様な学習機会から選択して行う学習のことで、社会教育による学習を含
む広い概念である。

　これに対して、社会教育は、「個人の要望や社会の要請にこたえ、社会において行われる教育」と規定されている。学校教育と異なり、主体も、対象も多様で、その実態や領域もその時々の状況によって変動するものであるために、厳密に定義することは難しい。「個人の要望 ･･･ にこたえ」とは、社会教育が個々人の自主的、自発的な学習ニーズに応じて行われる教育であることを意味している。「社会の要請にこたえ」とは、ややもすると個人的な興味、関心などに偏りがちで、社会的なニーズへの対応が不十分であることから、社会的課題に取り組むことの必要性に言及したものである。例えば、裁判員制度の導入に伴い、広くその制度の趣旨や内容を啓発する講座を開設することなどが考えられる。

(2) 国と地方公共団体の社会教育に対する役割

　教育基本法は、国と地方公共団体に対し社会教育の振興を義務づけており、その例として「図書館、博物館、公民館その他の社会教育施設の設置」、「学校の施設の利用」、「学習の機会及び情報の提供」の三つをあげている。「社会教育施設の設置」については、図書館、博物館、公民館の他に、体育施設、文化施設、青年の家などの施設が設置されている。「学校の施設の利用」については、学校教育法第137条、社会教育法第44条で社会教育のための学校施設の利用を規定しており、地域住民のスポーツ活動のために開放することが可能となっている。第三には、「学習の機会及び情報の提供」とは、情報通信技術の発展を受けて、インターネット等を用いた多様な学習機会が提供されるようになったこと等をふまえ、教育基本法に盛り込まれたもので、具体的には、遠隔地学習、ホームページによる情報提供などを意味している。

14. 学校、家庭及び地域住民等の相互の連携協力（第13条）

> 第13条　学校、家庭及び地域住民その他の関係者は、教育におけるそれぞれの役割と責任を自覚するとともに、相互の連携及び協力に努めるものとする。

(1) 社会総がかりで教育再生を

　平成 19 年（2007 年）に、教育再生会議は、「社会総がかりで教育再生を」を提言している。子どもの教育を、親任せ、学校任せにせず、地域住民、企業、行政など、教育に関わるすべての者が、教育に関わることの必要性を提言しているのである。教育基本法では、「学校」、「家庭」、「地域住民その他の関係者」の相互の連携協力について規定している。ここで、「地域住民その他の関係者」とは、地域の人々を意味しているだけでなく、行政機関、児童相談所、警察、企業、NPO など、その地域のすべての関係者を意味している。

(2)「それぞれの役割と責任を自覚し」と「相互の連携及び協力」

　三者連携とは、学校、家庭、地域住民の相互連携をいうが、ややもするとそれぞれの責任を曖昧なものにしてしまいがちである。教育基本法では、「それぞれの役割と責任を自覚し」と規定し、学校、家庭、地域住民等がまず第一義的な役割と責任を果たすことを求めている。また、連携・協力を進める上で、重要なことが情報の共有である。学校教育法第 43 条では、「小学校は、当該小学校に関する保護者及び地域住民その他の関係者の理解を深めるとともに、これらの者との連携及び協力の推進に資するため、当該小学校の教育活動その他の学校運営の状況に関する情報を積極的に提供するものとする」（中学校、高等学校等に準用）と定め、学校に関する情報を積極的に提供すべきことを規定している。

15. 政治教育（第 14 条）

> 第14条　良識ある公民として必要な政治的教養は、教育上尊重されなければならない。
> 　2　法律に定める学校は、特定の政党を支持し、又はこれに反対するための政治教育その他政治的活動をしてはならない。

(1) 政治的教養の尊重と政治的中立性の確保

　教育基本法第 14 条は、第 1 項で「良識ある公民として必要な政治的教養」の教育が尊重されるべきことを求めている。「良識ある公民として必要な政治的教

養」とは、政治的な観点から、公の立場に参画するために必要な知識、健全な批判力などを意味している。

　その一方で、第2項では、法律に定める学校において、党派的な政治教育を禁止し、政治的な中立性を確保しようとするものである。典型的には、教師が特定の政党の主張を教え込む目的で、偏向した授業を展開することなどを意味している。

(2) 政治教育の萎縮とシチズンシップ教育

　このように、第1項で政治的教養を教育上重視すべきことを規定しながらも、第2項では、党派教育を禁止している。この第1項と第2項の関係の曖昧さが、我が国の政治教育の現状を生んでいるとの指摘がある。つまり、我が国では、いわゆる55年体制下における左右の政治対立を背景にして、第2項の党派的な教育を禁止をする条項が特に注目され、実際の授業実践においては、政治的な事象を取り扱うことを避ける傾向を生み、政治的な事象を扱う場合も、形式的知識に限定され、政治教育が萎縮した形で展開される結果を生んだと指摘されている。

　近年は、主権者としての資質の在り方についてシチズンシップ教育の観点からも、政治教育の重要性が、改めてとらえ直されている。素材として政治的事象を取扱いながらもディベートや模擬投票などの手法を採用して、政治教育を実質化する工夫が試みられている。

(3) 18歳選挙権と主権者教育

　平成27年（2015年）6月の公職選挙法改正によって選挙年齢が18歳に引き下げられた。これによって、学校は18歳に達した生徒が適正に主権者としての権利を行使できるように生徒を育成する責任を課せられることとなった。

　平成18年（2006年）に改正された教育基本法は、前文において「公共の精神」を実現すべき資質として掲げ、また、第2条では「公共の精神に基づき、主体的に社会の形成に参画し、その発展に寄与する態度を養うこと」を教育目標として規定した。「公共の精神」とは、国や社会の問題を自分自身の問題として捉え、公共の事柄に積極的に参加し、行動するという精神を言うものであり、教育基本法は、主権者教育の実質化を求めているといえる。教育基本法第14条が規定す

る政治的中立性とは「非政治性」を求めるものではないことを確認した上で、主権者教育を充実させていくことが求められている。

なお、文部科学省は各教育委員会等に対して「高等学校等における政治的教養の教育と高等学校等の生徒による政治的活動等について（通知）」（平成27年10月29日）を発出し、指導主事等の担当者向けに「高等学校における政治的教養の教育と高等学校等の生徒による政治的活動等について」（初等中等教育局長）Q&Aを配布している。

16. 宗教教育（第15条）

第15条　宗教に関する寛容の態度、宗教に関する一般的な教養及び宗教の社会生活における地位は、教育上尊重されなければならない。
2　国及び地方公共団体が設置する学校は、特定の宗教のための宗教教育その他宗教的活動をしてはならない。

(1) 教育基本法における宗教教育の区分

宗教は、人間の在り方や生き方に大きな影響を与えるものであり、教育においても重要な意味を持っている。第15条は、宗教教育について、「宗教に関する寛容の態度」「宗教に関する一般的な教養」「宗教の社会生活における地位」を重視すべきことについて規定している。「宗教に関する寛容の態度」とは、異なる宗教、宗派が相互に寛容の態度で接すること、「宗教に関する一般的な教養」とは、主要な宗教の歴史や特色、分布などの客観的な知識を持つこと、「宗教の社会生活における地位」とは、宗教が社会生活において果たしてきた社会的機能や価値、意義等を意味している。教育基本法は、宗教教育について、この三つの側面を重視すべきことを規定しているのである。

(2) 国公立学校における宗教教育

本条第2項は、国公立学校における「特定の宗教のための宗教教育その他宗教的活動」を禁止しているが、これは、宗教的なものがすべて禁止されることを意味しているわけではない。禁止されているのは、宗教的な意義を有する行為で、

130

その効果が宗教に対する援助や排斥等にあたるものである。ひなまつりや節分など習俗と見なされるものは禁止されておらず、歴史や文化を学ぶために神社を訪問すること等も禁止されていない。

(3) 宗教教育の形骸化と宗教的情操の教育

　学校教育において、宗教教育が形骸化しているのではないかという指摘がなされている。つまり、第2項を受けて、殊更に宗教的なものを扱うことに慎重になる傾向が生まれ、宗教教育が形骸化してしまったのではないかと考えられているのである。

　中央教育審議会は、宗教教育について、次の四つに区分している。

> ---- 中央教育審議会の宗教教育の4区分 ----
>
> ①宗教に関する寛容の態度
> ②宗教に関する知識、宗教のもつ意義の理解
> ③宗教的情操の涵養
> ④特定の宗教（宗派）のための宗教教育

　教育基本法第15条第1項が規定しているのは①、②に相当する部分であり、その一方で第2項が禁止しているのは④に相当するものである。宗教教育が実質化できるかどうかは、③の宗教的情操の教育が学校教育でどのように扱われるのかにかかっていると言える。政府によれば、教育基本法上、宗教的情操の教育は、禁止されていないことを確認する必要がある。つまり、特定の宗派のための教育とならないように配慮して実施される場合には、宗教的情操の教育を、学校における教育活動に取り入れることは許されているのである。

17. 教育行政（第16条）

> 第16条　教育は、不当な支配に服することなく、この法律及び他の法律の定めるところにより行われるべきものであり、教育行政は、国と地方公共団体との適切な役割分担及び相互の協力の下、公正かつ適正に行われなければならない。
> 2　国は、全国的な教育の機会均等と教育水準の維持向上を図るため、教育に関する施策を総合的に策定し、実施しなければならない。
> 3　地方公共団体は、その地域における教育の振興を図るため、その実情に応じた教育に関する施策を策定し、実施しなければならない。
> 4　国及び地方公共団体は、教育が円滑かつ継続的に実施されるよう、必要な財政上の措置を講じなければならない。

(1)「不当な支配」の排除、教育における法律主義

　第16条の「不当な支配」とは教育の不偏不党性を害するものを意味している。特定の宗派、党派勢力が、教育行政に不当な影響力を行使する場合が該当することは言うまでもないが、法律により権限を付与された行政機関であっても、「不当な支配」の主体となり得る。また、「この法律及び他の法律の定めるところにより行われるべきものであり」は、教育の法律主義を規定したもので、教育や教育行政は、国民の代表者で構成される国会により制定された法律に基づいて運営されるという原則を規定したものである。

(2) 国と地方公共団体の役割

　本条第2項、第3項では、教育及び教育行政における国と地方公共団体の役割について規定している。第2項では、国に対して、「全国的な教育の機会均等と教育水準の維持向上を図る」ことをその任務として規定し、第3項においては、地方公共団体に対して、「その地域における教育の振興を図る」ことをその任務として規定している。

　教育行政は、このような国と地方公共団体の役割の区分を前提としながらも、第1項に規定するように、「国と地方公共団体との適切な役割分担及び相互の協

力の下」に行われなければならないとされている。例えば、全国民に共通の基盤
を確保することが求められる義務教育においては、「全国的な教育の機会均等と
教育水準の維持向上を図る」上で、国は、重要な役割を果たすことが求められて
いるといえる。例えば、教育課程についての全国的な基準を学習指導要領として
設定すること、学校等の教育施設や教職員の人件費について国が負担する制度は、
こうした考え方に基づいているものである。

(3) 財政措置の責任

　本条第 4 項は、国や地方公共団体に対し、教育が円滑かつ継続的に実施され
るよう、必要な財政上の措置を講ずることを義務づけている。我が国の公財政
教育支出は、一般政府総支出比においても、国内総生産（GDP）比においても、
OECD 加盟国中において、低位に位置している。
　本条第 4 項は、国や地方公共団体に対して、財政措置の責務を規定しているが、
教育振興基本計画においても、財政措置の目標を数値として掲げることが見送ら
れたことから、基本的には、特定の教育施策への支出を義務づける個別法の制定
や、毎年度の予算編成を通じて、教育に関する財政措置がなされることとなって
いる。

18. 教育振興基本計画（第 17 条）

> 第17条　政府は、教育の振興に関する施策の総合的かつ計画的な推進を図る
> ため、教育の振興に関する施策についての基本的な方針及び講ずべき施策
> その他必要な事項について、基本的な計画を定め、これを国会に報告する
> とともに、公表しなければならない。
> 2　地方公共団体は、前項の計画を参酌し、その地域の実情に応じ、当該
> 地方公共団体における教育の振興のための施策に関する基本的な計画を定
> めるよう努めなければならない。

(1) 教育基本法の政策法としての位置づけと教育振興基本計画

　教育振興基本計画とは、中長期的な教育に関する総合的計画のことである。教

育振興基本計画を策定する意義は、二つある。一つは、教育の目指すべき姿を国民に広く示すこと、第二には、教育の目的や理念を具体的施策として総合化・体系化することにある。

　特に、後者の役割は、教育基本法に政策法としての役割を新たに与えるものである。つまり、教育基本法は、教育に関する基本的な理念や考え方、方針等を掲げており、これらを具体的な教育施策へと具体化させるために、国や地方公共団体に対し、教育振興基本計画の策定を義務づけることによって、具体的な教育計画の策定に結びつけていこうとするものである。

(2) 国と地方公共団体の教育振興基本計画の策定義務

　教育基本法は、政府（国）に対しては、教育振興基本計画の策定、国会への報告、公表を義務づけているが、地方公共団体に対しては、策定を努力義務とするにとどめている。地方公共団体によっては、教育振興基本計画として、抽象的な教育計画を策定している事例が見られる一方で、達成すべき具体的な数値を掲げて教育改革に取り組んでいる事例も見られる。

19. 法令の制定（第18条）

> 第18条　この法律に規定する諸条項を実施するため、必要な法令が制定されなければならない。

　本条は、教育基本法が、「教育の根本法」としての性格を有することを示している。教育基本法の示した理念や方針が、個別法の制定によって具体的に実現されるという関係が明確に示されている。

（佐々木　幸寿）

《参考文献》

佐々木幸寿『改正教育基本法―制定過程と政府解釈の論点―』（日本文教出版）
2009 年

教育基本法研究会『逐条解説改正教育基本法』（第一法規）2007 年

市川昭午編著『教育基本法』（日本図書センター）2006 年

コラム

第三次教育振興基本計画（2018 年 6 月閣議決定）

　平成 20 年（2008 年）7 月に、教育基本法第 17 条に基づき、第一次教育振興基本計画が閣議決定された。その計画は、①教育の現状と課題、② 10 年間の目指すべき教育の姿、③ 5 年間の施策という内容で構成され、さらに、「特に重点的に取り組むべき事項」として施策の重点化を図るという構造であった。また、その実効性を確保するために、いくつかの数値目標が示されている。

　その後、平成 25 年（2013 年）6 月に、第一次教育振興基本計画の総括、東日本大震災等により我が国を取り巻く状況の変化を踏まえて、第二次教育振興基本計画が策定された。第二次教育振興基本計画は、「自立・協働・創造に向けた一人一人の主体的な学び」を主要テーマとして、「四つの基本的方向性」「八つの成果目標」「30 の基本計画」を掲げて、施策を展開してきた。

　そして、平成 30 年（2018 年）6 月に「第三次教育振興基本計画」が閣議決定され、2018 年～ 2022 年度の計画期間を設定し、「夢と志を持ち、可能性に挑戦するために必要となる力を育成する」等の基本的な方針を掲げ、教育政策を展開している。第 3 次教育振興基本計画では、第 1 部「我が国における今後の教育政策の方向性」、第 2 部「今後 5 年間の教育政策の目標と施策群」を示し、基本的な方針→教育政策の目標→測定指標・参考指標→施策群として具体化を図っている。

【五つの基本的な方針、5 年間の教育政策の目標】

1．夢と志を持ち、可能性に挑戦するために必要となる力を育成する

＜主として初等中等教育段階＞

　目標①：確かな学力の育成

　　目標②：豊かな心の育成

　　目標③：健やかな体の育成

＜主として高等教育段階＞

　　目標④：問題発見・解決能力の修得

＜生涯の各段階＞

　　目標⑤：社会的・職業的自立に向けた能力・態度の育成

　　目標⑥：家庭・地域の教育力の向上、学校との連携・協働の推進

２．社会の持続的な発展を牽引するための多様な力を育成する

　　目標⑦：グローバルに活躍する人材の育成

　　目標⑧：大学院教育の改革等を通じたイノベーションを牽引する人材の育成

　　目標⑨：スポーツ・文化等多様な分野の人材の育成

３．生涯学び、活躍できる環境を整える

　　目標⑩：人生 100 年時代を見据えた生涯学習の推進

　　目標⑪：人々の暮らしの向上と社会の持続的発展のための学びの推進

　　目標⑫：職業に必要な知識やスキルを生涯を通じて身に付けるための社会人の
　　　　　　学び直しの推進

　　目標⑬：障害者の生涯学習の推進

４．誰もが社会の担い手となるための学びのセーフティネットを構築する

　　目標⑭：家庭の経済状況や地理的条件への対応

　　目標⑮：多様なニーズに対応した教育機会の提供

５．教育政策推進のための基盤を整備する

　　目標⑯：新しい時代の教育に向けた持続可能な学校指導体制の整備等

　　目標⑰：ICT 利活用のための基盤の整備

　　目標⑱：安全・安心で質の高い教育研究環境の整備

　　目標⑲：児童生徒等の安全の確保

　　目標⑳：教育研究の基盤強化に向けた高等教育のシステム改革

　　目標㉑：日本型教育の海外展開と我が国の教育の国際化

第 7 章
学校教育法及び施行規則

はじめに

　学校教育法は、昭和 22 年（1947 年）3 月 31 日、旧教育基本法とともに公布され、翌 4 月 1 日より施行された。その内容は、日本国憲法と教育基本法によって示された、教育を受ける権利の保障を中核とする新しい教育の理念を学校教育の領域において具現化したものであった。この学校教育法の下で、戦後日本の学校教育はこれまで歩んできたのである。

　しかし、その学校教育法も制定からこれまでの歳月の中で、幾度も改正が重ねられてきた。また、学校教育法が具現化すべき教育の理念は日本国憲法と教育基本法に規定されているが、日本国憲法が今日まで維持される一方で、教育基本法は平成 18 年（2006 年）に全部改正された。その影響は、もちろん学校教育法にも及ぶものであり、平成 19 年（2007 年）には、大幅な改正が行われた。本章では、まず学校教育法の基本理念を確認した上で、内容について概観していくが、次節以降で示すのは、時間の中で変化してゆく学校教育法の、今日における一断面としての姿である。

第 1 節　学校教育法の基本理念

1. 法律主義

　学校教育法は、当然のことながら法律であるが、そのこと自体に重要な意味がある。ここには戦後の学校教育制度の根本をなす、法律主義の理念が反映されているからである。

　学校教育法制定以前においても、日本では、戦争による荒廃はあったものの、当時としては比較的充実した学校教育制度が整備されていた。しかし、明治憲法

下では、教育に関することは天皇の大権事項とされており、勅令主義の原則の下で、学校教育に関する事項の多くは議会での審議を経ることなく、勅令によって定められていた。その狙いは、教育が政争の具に供されるのを予防することにあったとされている。けれども、それは言い換えると、国民自らが学校教育制度の在り方を巡って論じ合うことを回避するということである。国民はもっぱらお上の定めたとおりに子どもたちを学校に通わせ、子どもたちに教育を受けさせることを求められたのである。

　学校教育法の制定にあたって、従来のような勅令によるのではなく、新しい学校教育の在り方を、議会での審議を経て法律によって定めたことは、学校教育を国民自身のものとして国民自ら営んでいくという、民主主義国家における学校教育の基本理念を象徴するものであったのである。

　しかし、法律主義のもとであっても、すべてを法律によって事細かく規定しているわけではない。学校教育法による委任を受けた事項については、政令である学校教育法施行令が規定している。また、学校教育法の施行にあたっての委細については、文部科学省令である学校教育法施行規則で規定されている。

　細かな事項まですべて、国会での審議を要する法律によって規定していくことは、現実的ではなく、教育現場の実態に応じた対応の余地を残しておくことには意義がある。しかし、その余地の大部分を、行政立法による政令や省令の規定が埋めてしまうとすれば、法律主義の理念からみても、現場の裁量という面からみても、問題があるといえよう。

　例えば、小学校、中学校等の教育課程の編成基準を規定している各学校の学習指導要領は、学校教育法及び学校教育法施行規則の規定を受けて、文部科学省告示として公示されているが、学校の教育内容がどのように決定されるべきかについては常に議論の的となってきた。学習指導要領の内容については、かつてと比べて大綱的な規定となり、各学校の創意工夫の余地は増えてきたとみることもできる一方で、法律主義の観点からは、教育内容という学校教育の根幹に関わる事項を、どこまで教育行政や教育現場の手にゆだねるべきかについては議論の余地がある。

　法律主義の下で、法律による規定と現場の裁量、その間に介在する教育行政それぞれのバランスをどうとってゆくのかが、重要な課題である。

2. 包括性・体系性

　学校教育法の特徴として、学校教育全般にわたって、包括的かつ体系的に一つの法律としてまとめられている点もあげることができる。

　学校教育法制定以前においては、学校教育については、小学校令、中等学校令、高等学校令、大学令、師範教育令等の勅令によって学校種ごとに個別に規定されていた。学校教育法が、それらを一つの法律へとまとめ上げたことの意義は、単に法令上の整理の問題にとどまるものではない。従来の学校体系は、相互の接続・統合関係も十分でないまま個別に整備されてきた各学校制度からなっており、非常に複雑なものとなっていた（図 1）。もっとも、日本における近代的学校制度整備の出発点である明治 5 年（1872 年）の学制においては、学校教育全体を体系的に規定していた。しかしその後、その時々の学校教育を巡る課題に対処していく中で、結果としてきわめて複雑な学校体系が出来上がったのであった。

　それに対し、学校教育法が一つの法律の中で学校体系全体を包括的に規定したことは、学校教育に対する統一的な全体構想に基づいた学校体系の整備を進めるための枠組みが作られたことを意味するものである。学校教育法の下でも、小学校をはじめ、中学校、高等学校、大学など様々な学

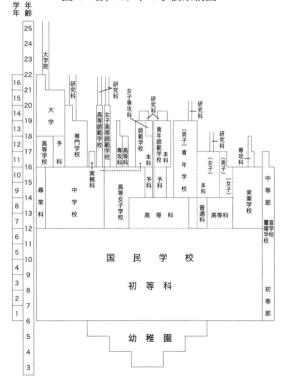

図 1　昭和 19 年の学校系統図

出典：文部省『学制百年史（資料編）』帝国地方行政学会、1972 年、374 頁

種が存在しているが、それら各学校種の学校体系上の位置づけは、学校教育法が
描く全体構想の中で与えられるものであり、そこには学校種の枠を超えて、次に
述べるような原則が貫かれている。

3. 単線型学校体系

　学校教育法制定以前の学校体系が非常に複雑であったのに対し、学校教育法に
よって単純化されることとなった。学校体系は、小学校、中学校、高等学校、大学
を中核とした、いわゆる6・3・3・4制の単線型学校体系へと整理された（図2）。
　単線型学校体系は、子どもの発達段階に応じた教育機関を積み上げていくこと
を原則として形成されている。このことは、各学校の目的についての規定にはっ
きりと表れている。学校教育法制定当初の条文を見てみると、小学校は「心身の
発達に応じて、初等普通教
育を施すこと」（第17条）、
中学校は「小学校における
教育の基礎の上に、心身の
発達に応じて、中等普通教
育を施すこと」（第35条）、
高等学校は「中学校におけ
る教育の基礎の上に、心身
の発達に応じて、高等普通
教育及び専門教育を施すこ
と」（第41条）をそれぞれ
目的とすることが示されて
いた。ここには、中学校は
小学校での教育を前提と
し、高等学校は中学校で
の教育を前提としているこ
と、さらにはそうした小学
校から中学校、中学校から

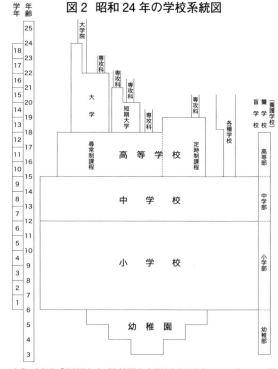

図2　昭和24年の学校系統図

出典：文部省『学制百年史（資料編）』帝国地方行政学会、1972年、375頁

高等学校という教育の積み上げが「心身の発達」に応じるものであることが端的
に表されている。

　学校教育法の下でいったんは単純化をみた学校体系ではあったが、その後、高
等専門学校の創設(昭和 36 年(1961 年))、短期大学制度の恒久化(昭和 39 年(1964
年))、専修学校の創設（昭和 50 年（1975 年））、中等教育学校の創設（平成 10
年（1998 年))、義務教育学校の創設（平成 27 年（2015 年)) などにより、しだ
いに複雑化してきている（図 3）。類型論的には、現在の学校体系を単線型と言
い切ることは難しいかもしれない。

　しかし、こうした学校体系の変容によって、心身の発達に応じた教育機関の積
み上げという学校体系の基本原則が否定されたわけではない。教育基本法の改正

図 3　現行の学校系統図

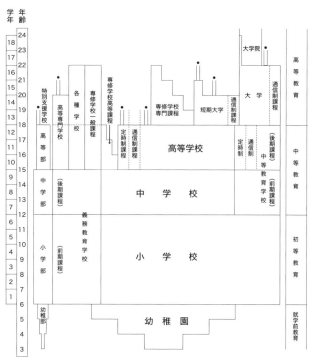

出典：中教審初等中等教育分科会小中一貫教育特別部会（第 6 回）配布資料
「小中一貫教育の制度設計の基本的方向性（論点メモ）」(2014 年 10
月 14 日)、14 頁に掲載の図をもとに、筆者一部改変

を受けて行われた平成 19 年（2007 年）の学校教育法改正後も、この理念は受け継がれている。例えば、従来、各学校種についての条文の並び順において最後に置かれていた幼稚園に関する条文が、小学校の前に移されたのは、この理念に基づいて整理がなされた結果である。改正後のそれぞれの条文においても、以下に示すとおり、心身の発達に応じるという基本原則が引き続き明示されている。小学校は「心身の発達に応じて、義務教育として行われる普通教育のうち基礎的なものを施すことを目的とする」（学校教育法第 29 条）。中学校は「小学校における教育の基礎の上に、心身の発達に応じて、義務教育として行われる普通教育を施すことを目的とする」（同法第 45 条）。高等学校は「中学校における教育の基礎の上に、心身の発達及び進路に応じて、高度な普通教育及び専門教育を施すことを目的とする」（同法第 50 条）。

第 2 節　学校の種類

1. 一条校

　人々が教え、学ぶといった教育活動を行う場として広く学校を捉えるならば、学校と呼びうる場は無数に存在している上に、その在り方もさまざまである。その中で、学校教育法は第 1 条において、幼稚園、小学校、中学校、義務教育学校、高等学校、中等教育学校、特別支援学校、大学及び高等専門学校を、本法における学校として規定している。一般に、法律上の文脈で「学校」という場合には、学校教育法第 1 条に規定されているこれら 9 種類の学校のことを指すことが多く、「一条校」と一括して呼ばれることもある。

　幼稚園は学校体系の中で最初段階の学校であり、満 3 歳から小学校就学の始期に達するまでの幼児を対象としている（学校教育法第 26 条）。その目的は、「義務教育及びその後の教育の基礎を培うものとして、幼児を保育し、幼児の健やかな成長のために適当な環境を与えて、その心身の発達を助長すること」である（同法第 22 条）。

　幼稚園が学校教育法によって形成されている学校体系において最初段階の学校

であるのに対し、それに続く小学校は義務教育の最初段階に位置している学校である。修業年限は 6 年（学校教育法第 32 条）であり、その目的は、「心身の発達に応じて、義務教育として行われる普通教育のうち基礎的なものを施すこと」である（同法第 29 条）。

　中学校は、「小学校における教育の基礎の上に、心身の発達に応じて、義務教育として行われる普通教育を施すことを目的」としており（学校教育法第 45 条）、修業年限は 3 年である（同法第 47 条）。

　義務教育学校は、平成 27 年（2015 年）に新たに加えられた学校であり、「心身の発達に応じて、義務教育として行われる普通教育を基礎的なものから一貫して施すことを目的」としている（学校教育法第 49 条の 2）。修業年限は 9 年であり（同法第 49 条の 4）、前期課程 6 年と後期課程 3 年に区分されている（同法第 49 条の 5）。小中一貫教育の一形態として制度化された経緯から、前期課程、後期課程はそれぞれ小学校と中学校に準ずるものとなっている。

　高等学校は、「中学校における教育の基礎の上に、心身の発達及び進路に応じて、高度な普通教育及び専門教育を施すことを目的」としている（学校教育法第 50 条）。入学資格は、「中学校若しくはこれに準ずる学校若しくは義務教育学校を卒業した者若しくは中等教育学校の前期課程を修了した者又は文部科学大臣の定めるところにより、これと同等以上の学力があると認められた者」である（同法第 57 条）。高等学校には全日制のほか、定時制（同法第 53 条）や通信制（同法第 54 条）の課程を置くこともでき、修業年限は全日制の課程が 3 年であるのに対し、定時制及び通信制の課程は 3 年以上である（同法第 56 条）。また、高等学校には専攻科や別科を置くことができる（同法第 58 条第 1 項）。専攻科は、高等学校を卒業した者などに対して、「精深な程度において、特別の事項を教授し、その研究を指導することを目的」とするものであり、修業年限は 1 年以上である（同法第 58 条第 2 項）。また、別科は、中学校を卒業した者などに対して、「簡易な程度において、特別の技能教育を施すことを目的」とするものであり、修業年限は 1 年以上である（同法第 58 条第 3 項）。

　中等教育学校は、平成 10 年（1998 年）に新たに加えられた学校であり、「小学校における教育の基礎の上に、心身の発達及び進路に応じて、義務教育として行われる普通教育並びに高度な普通教育及び専門教育を一貫して施すことを目

的」としている（学校教育法第63条）。修業年限は6年であるが（同法第65条）、前期課程3年と後期課程3年に分けられる（同法第66条）。従来からみられた中高一貫教育を一つの学校種として制度化したものであり、前期課程、後期課程はそれぞれ中学校と高等学校に準ずる部分が多い。例えば後期課程には、高等学校同様、定時制や通信制の課程を置くことができ、その場合、修業年限は6年以上となる（同法第70条）。

　特別支援学校は、従来の盲学校、聾学校、養護学校が平成18年（2006年）の学校教育法改正によって、一元化されたものであり、「視覚障害者、聴覚障害者、知的障害者、肢体不自由者又は病弱者（身体虚弱者を含む。以下同じ。）に対して、幼稚園、小学校、中学校又は高等学校に準ずる教育を施すとともに、障害による学習上又は生活上の困難を克服し自立を図るために必要な知識技能を授けることを目的」としている（学校教育法第72条）。そのため、幼稚園、小学校、中学校、高等学校のそれぞれと対応して、特別支援学校には幼稚部、小学部、中学部、高等部が置かれる（同法第76条）。また、特別支援学校は、自校の幼児、児童、生徒の教育を行うほか、「幼稚園、小学校、中学校、義務教育学校、高等学校又は中等教育学校の要請に応じて」、教育上特別の支援を必要とする「幼児、児童又は生徒の教育に関し必要な助言又は援助を行うよう努める」こととされている（同法第74条）。

　大学は、「学術の中心として、広く知識を授けるとともに、深く専門の学芸を教授研究し、知的、道徳的及び応用的能力を展開させることを目的」としている（学校教育法第83条第1項）。さらには、こうした教育研究活動の成果を「広く社会に提供することにより、社会の発展に寄与する」ことも期待されている（同法第83条第2項）。大学のうち「深く専門の学芸を教授研究し、専門性が求められる職業を担うための、実践的かつ応用的な能力を展開させることを目的とするものは、専門職大学」とされる（同法第83条の2第1項）。大学は、通信による教育を行うことができ（同法第84条）、夜間に授業を行う学部や、通信による教育を行う学部を置くこともできる（同法第86条）。大学の修業年限は4年であるが、特別の専門事項を教授研究する学部や夜間に授業を行う学部は、4年以上とすることもできる（同法第87条第1項）。また、医学、歯学、（臨床での実践に関わる）薬学、獣医学については、修業年限は6年である（同法第87条第2項）。そのほか、

短期大学は、大学の目的（同法第 83 条第 1 項）に代えて、「深く専門の学芸を教授研究し、職業又は実際生活に必要な能力を育成することを主な目的」としており（同法第 108 条第 1 項）、修業年限は 2 年又は 3 年である（同法第 108 条第 2 項）。大学には、大学を卒業した者などを対象として、修業年限 1 年以上の専攻科を置くこともできる（同法第 91 条）。

　さらに、大学には大学院を置くことができる（学校教育法第 97 条）。大学院は、大学を卒業した者などを入学させ（同法第 102 条）、「学術の理論及び応用を教授研究し、その深奥をきわめ、又は高度の専門性が求められる職業を担うための深い学識及び卓越した能力を培い、文化の進展に寄与することを目的」としている（同法第 99 条第 1 項）。また、法科大学院や教職大学院のような専門職大学院は「学術の理論及び応用を教授研究し、高度の専門性が求められる職業を担うための深い学識及び卓越した能力を培うことを目的」としている（同法第 99 条第 2 項）。

　高等専門学校は、昭和 36 年（1961 年）に新たに設けられた学校であり、「深く専門の学芸を教授し、職業に必要な能力を育成することを目的」としている（学校教育法第 115 条第 1 項）。また、大学同様、その教育の成果を「広く社会に提供することにより、社会の発展に寄与する」ことが期待されている（同法第 115 条第 2 項）。入学資格は高等学校と同じであるが（同法第 118 条）、修業年限は 5 年（商船に関する学科については、5 年 6 か月）であり、高等学校よりも 2 年から 2 年半長い（同法第 117 条）。高等専門学校には、高等専門学校を卒業した者などを対象として、「精深な程度において、特別の事項を教授し、その研究を指導することを目的」とする専攻科を置くことができ、その修業年限は 1 年以上とされている（同法第 119 条）。

2. 専修学校・各種学校・その他の教育施設

　一条校のほかに、学校教育法には、専修学校と各種学校についての規定がある。
　専修学校についての規定は、昭和 50 年（1975 年）の学校教育法改正によって加えられた。専修学校は、1 年以上の修業年限、文部科学大臣の定める時数以上の授業時数、常時 40 人以上の受講生という条件を満たす一条校以外の教育施設で、「職業若しくは実際生活に必要な能力を育成し、又は教養の向上を図るこ

とを目的」とするものである（学校教育法第124条）。その課程には、中学校卒業者などを対象とする高等課程、高等学校卒業者などを対象とする専門課程、および一般課程があり（同法第125条）、高等課程を置く専修学校は高等専修学校、専門課程を置く専修学校は専門学校と称することができる（同法第126条）。

　各種学校は、一条校以外のもので学校教育に類する教育を行うものから、当該教育を行うにつき他の法律に特別の規定のあるものと専修学校とを除いた教育施設である（学校教育法第134条）。

　ここで、「当該教育を行うにつき他の法律に特別の規定があるもの」とは、例えば、防衛省設置法によって規定されている防衛大学校や防衛医科大学校、職業能力開発促進法によって規定されている職業能力開発総合大学校など、学校教育法以外の法律によって規定されている教育施設のことである。

第3節　学校の設置・管理

1. 学校の設置

　学校教育法は、国、地方公共団体及び私立学校法第3条に規定する学校法人のみが学校を設置することができると規定しており（第2条第1項）、それぞれの設置する学校は、国立学校、公立学校、私立学校と呼ばれる（同条第2項）。ここでいう国には国立大学法人や独立行政法人国立高等専門学校機構が、また地方公共団体には公立大学法人が含まれている（学校教育法第2条第1項）。国立大学や公立大学が法人化されて国や地方公共団体による直接の設置ではなくなったあとも、国立大学や公立大学とみなされているのはこの規定によるものである。

　私立学校の設置を私立学校法による学校法人に限定しているのは、学校教育のもつ公共性に鑑みてのことであり、教育基本法第6条第1項の「法律に定める学校は、公の性質を有するものであって、国、地方公共団体及び法律に定める法人のみが、これを設置することができる」との規定と対応したものである。学校法人は、民法による財団法人と比較して、役員の人数が多く、同族支配も禁止するなど、公共性が強められている。また、収益事業を営むことが認められるなど、

財政基盤の強化による学校経営の継続性の確保にも配慮がなされている。

　ただし、幼稚園については、当分の間、学校法人でないものも私立の幼稚園を設置しうることが規定されている（学校教育法附則第6条）。この規定は学校教育法制定当初からみられたものであり、地方公共団体が義務教育関係の学校の整備を優先せざるをえない中で、就学前教育を私立幼稚園に依存してきた実態を反映したものである。この規定の目的は、私立幼稚園の設置を容易にし、量的整備を優先することであったが、学校教育法制定から70年以上たった現在でも、個人や宗教法人によって設置されている幼稚園は少なくない。

　この他、構造改革特別区域法によることで、株式会社や特定非営利活動法人（NPO法人）による学校の設置も、例外的に認められることがある。株式会社による学校の設置が認められるのは、「地方公共団体が、その設定する構造改革特別区域において、地域の特性を生かした教育の実施の必要性、地域産業を担う人材の育成の必要性その他の特別の事情に対応するための教育又は研究を株式会社の設置する学校」が行うことが「適切かつ効果的であると認めて内閣総理大臣の認定を申請し、その認定を受けたとき」である（構造改革特別区域法第12条）。また、特定非営利活動法人による学校の設置が認められるのは、「地方公共団体が、その設定する構造改革特別区域において、学校生活への適応が困難であるため相当の期間学校（…略…大学及び高等専門学校を除く…略…）を欠席していると認められる児童、生徒若しくは幼児又は発達の障害により学習上若しくは行動上著しい困難を伴うため教育上特別の指導が必要であると認められる児童、生徒若しくは幼児（…略…）を対象として、当該構造改革特別区域に所在する学校の設置者による教育によっては満たされない特別の需要に応ずるための教育を特定非営利活動法人（…略…）の設置する学校が行うことにより、当該構造改革特別区域における学校教育の目的の達成に資するものと認めて内閣総理大臣の認定を申請し、その認定を受けたとき」である（同法第13条）。

　学校の設置者は、学校教育の公共性から以上のように限定されているが、ここに適合する設置者であっても、学校の設置を全く自由に行えるわけではない。学校を設置しようとする場合、各学校の目的を達成するために、学校の種類に応じて、設備、編制その他に関し一定の基準を満たすことが求められる。この設置基準は文部科学大臣が定めることになっており（学校教育法第3条）、省令として、

幼稚園設置基準、小学校設置基準、中学校設置基準、高等学校設置基準、大学設置基準などが定められている。これらの設置基準は、学校を設置するのに必要な最低の基準であるが、設置後も基準より低下することがないよう、また、水準のいっそうの向上を図ることが求められるものである。

2. 教職員

　学校において実際に教育を行っていくためには、そのための教職員が適切に配置される必要がある。

　学校教育法第7条は、「学校には、校長及び相当数の教員を置かなければならない」と規定している。幼稚園には、園長、教頭、教諭が必置とされており（同法27条第1項）、高等学校には園長を校長にかえた上でここに事務職員が加わる（同法第60条第1項）。小学校、中学校、義務教育学校、中等教育学校にはさらに加えて養護教諭も必置である（同法第37条第1項、第49条、第49条の8、第69条第1項）。特別支援学校には、幼稚部から高等部まで、それぞれ幼稚園から高等学校までの規定が対応して準用されている（同法第82条）。各学校には、これら必置とされる教職員のほか、副校長（副園長）、主幹教諭、指導教諭、栄養教諭、助教諭や講師、実習助手などのさまざまな教職員が配置されてそれぞれの職務を担っている。

　配置する教員数の基準については、各学校の設置基準に規定がある。小学校及び中学校については、「主幹教諭、指導教諭、及び教諭の数は一学級当たり一人以上」である（小学校設置基準第6条第1項、中学校設置基準第6条第1項）。

　また、幼稚園については、各学級ごとに少なくとも専任の主幹教諭、指導教諭又は教諭を1人置く必要がある（幼稚園設置基準第5条第1項）。高等学校については、主幹教諭、指導教諭及び教諭の数は、「当該高等学校の収容定員を四十で除して得た数以上で、かつ、教育上支障がない」ものであることが必要である（高等学校設置基準第8条第1項）。特別支援学校については、設置基準が作られていないが、学校教育法施行規則第122条に、教員の配置基準が定められている。それによれば、「幼稚部においては、同時に保育される幼児数八人につき教諭等を一人置くことを基準」（同条第1項）とし、「小学部においては、校長のほか、

一学級当たり教諭等を一人以上」（同条第2項）置かなければならず、「中学部においては、一学級当たり教諭等を二人置くことを基準」（同条第3項）としている。また、「視覚障害者である生徒及び聴覚障害者である生徒に対する教育を行う特別支援学校の高等部においては、自立教科（理療、理学療法、理容その他の職業についての知識技能の修得に関する教科をいう。）を担任するため、必要な数の教員をおかなければならない」（同条第4項）ことも規定されている。

　また、教員数は教職員給与費の問題と直結するため、公立学校においては、公立義務教育諸学校の学級編制及び教職員定数の標準に関する法律、及び公立高等学校の適正配置及び教職員定数の標準等に関する法律によって、より詳細に規定されている。

3. 学校の管理

　学校が設置されたあとは、その学校において教育活動を実際に運営し、質の向上に努め、維持してゆくことが必要である。学校教育法は、学校はその学校の設置者が管理し（設置者管理主義）、基本的には当該学校の経費についても負担する（設置者負担主義）と規定している（学校教育法第5条）。

　設置者管理主義の原則により、国立学校、公立学校、私立学校はそれぞれ、学校を設置した国、地方公共団体、学校法人（幼稚園及び構造改革特別区域法に関係する例外については本節1．を参照）が管理することとなる。管理の内容は、物的管理、人的管理、運営管理に大別することができる。物的管理には学校の施設設備の維持、営繕などが、人的管理には教職員の任免、服務の監督などが、また運営管理には学校の組織編制、教育課程、学習指導、教科書・教材の取り扱い、児童生徒の就学などが含まれる。

　設置者負担主義の原則により、教職員の人件費や施設に関わる設備費などの学校の経費は、基本的にその学校の設置者が負担することとなる。しかし、設置者による財政基盤の格差が小さくない中で、この原則を徹底することは、教育の機会均等を損なうなどの弊害が大きい。そこで、経費負担についての原則は「法令に特別の定のある場合」は除かれることになっている（学校教育法第5条）。実際、義務教育費国庫負担法による公立義務教育諸学校の経費の一部の国による負

担や、私立学校振興助成法による私立学校の経費への国による補助など、さまざまな例が見られる。

第4節　義務教育

　義務教育については、日本国憲法第26条第2項において、「すべて国民は、法律の定めるところにより、その保護する子女に普通教育を受けさせる義務を負ふ」と規定され、さらに教育基本法第5条第1項においても、「国民は、その保護する子に、別に法律で定めるところにより、普通教育を受けさせる義務を負う」と規定されている。これらを受けて、学校教育法は具体的に義務教育について定めている。

　学校教育法は、義務教育の年限を9年と規定し（第16条）、その期間は子が満6歳から満15歳である時期（学齢期）にあたる（同法第17条）。この間、保護者は子をまず、小学校、義務教育学校の前期課程又は特別支援学校の小学部に就学させ、それらの課程を修了した後は、中学校、義務教育学校の後期課程、中等教育学校の前期課程又は特別支援学校の中学部に就学させる義務を負うこととなっている（同法第17条）。

　このように、憲法、教育基本法によって規定されている義務教育は、学校教育法において、9年間の就学義務として具体化されており、日本においては、子を就学させることなく、家庭教育などその他の方法によって代替することは認められていない。「病弱、発育不完全その他やむを得ない事由のため、就学困難と認められる者の保護者に対して」、子を就学させる義務を猶予又は免除することはありうる（学校教育法第18条）が、あくまでやむを得ない事由がある場合のみの例外である。そこで、すべての保護者が子を就学させられるよう、さまざまな規定がなされている。

　例えば、市町村に、その区域内にある学齢児童、学齢生徒を就学させるために必要な小学校、中学校の設置を義務づけ（学校教育法第38条、第49条）、都道府県には、その区域内にある学齢児童及び学齢生徒のうち、視覚障害者、聴覚障害者、知的障害者、肢体不自由者又は病弱者のために必要な特別支援学校を設置すること義務づけている（同法第80条）。また、授業料については、教育基本法

第5条第4項で、「国又は地方公共団体の設置する学校における義務教育については、授業料を徴収しない」と規定されているのを受けて、学校教育法でも、「国立又は公立の小学校及び中学校、義務教育学校、中等教育学校の前期課程又は特別支援学校の小学部及び中学部における義務教育については」徴収しないこととし（第6条）、経済的理由によって就学困難な場合には、必要な援助を与えることを市町村に義務づけている（同法第19条）。さらに、学齢期の児童、生徒を使用するものに、児童、生徒が義務教育を受けることを妨げることを禁じ（同法第20条）、違反者は10万円以下の罰金に処することを規定するなどしている（同法第145条）。

　学校教育法によって義務教育は就学義務として具体化されているため、就学に関する事務はとりわけ重要なものとなる。学校教育法施行令第1条により、市町村教育委員会は、当該市町村内の学齢児童、学齢生徒について、学齢簿を編製することとされており、それに基づいて、翌年度に義務教育諸学校への就学を控えた子の保護者に対して、学年開始の2月前までに入学の期日が通知される（同施行令第5条第1項）。また、通知に際しては、当該市町村の設置する学校が2校以上ある場合、就学すべき学校を指定しなければならないこととされている（同施行令第5条第2項）。また、特別支援学校への就学については、学校教育法施行令第22条の3に対象となる障害の程度が規定されており、それに基づいて、市町村教育委員会から都道府県教育委員会に対し、該当する学齢児童について通知が行われる（同施行令第11条第1項）。それを受けて、保護者への入学期日や就学させるべき学校の指定についての通知は、都道府県教育委員会からなされる（同施行令第14条）。

　子の就学先として指定された学校は、相当と認められる理由がある場合には、保護者の申し立てにより変更することができる（学校教育法施行令第8条、第16条）。規制緩和の流れの中で、近年は、保護者の申し立てによる指定した学校の変更に対して、弾力的な対応がなされる傾向にある。また、学校教育法施行規則第32条では、市町村の教育委員会が就学すべき学校を指定する際に、あらかじめ保護者の意見を聴取することができるとしており、東京都品川区などのように、学校選択制を導入している自治体もある。

おわりに

　本章では、学校教育法の基本理念を確認した上で、内容について概観してきた。学校教育法は学校教育全体を対象としており、その内容は非常に多岐にわたっている。さらに学校教育法施行令、学校教育法施行規則など、それに付随する政令や省令が詳細に規定している。それらを限られた紙幅で網羅することは到底不可能であり、本章では文字どおり概観するのみにとどまらざるをえなかった。また、第1節でも述べたとおり、その概観も、時間の中で変化してゆく学校教育法の、今日における一断面としての姿を垣間見たものに過ぎない。学校教育法を巡っては、テキスト1章分ではとても収まらない、興味深い探究の対象がまだまだ広がっているのである。

（井本　佳宏）

《参考文献》

上原貞夫編『教育法規要解』（福村出版）1992年

小野元之『私立学校法講座平成21年改訂版』（学校経理研究会）2009年

杉原誠四郎監修『2012年度版必携学校小六法』（協同出版）2011年

高見茂、開沼太郎編『教育法規スタートアップ—教育行政・政策入門』（昭和堂）2008年

内藤誉三郎『学校教育法解説』（日本現代教育基本文献叢書教育基本法制コメンタール2）（日本図書センター）1998年（初版はひかり出版社より1947年）

村元宏行「学校教育法の変遷と学校制度」『日本教育法学会年報』第40号、2011年

コラム

小学校―中学校―高等学校―大学という並びの不思議

　小学校、中学校、高等学校、大学。この並びには、少し違和感を覚えてしまう。違和感の原因は、高等学校である。小学校、中学校と続けば、次に大学がくるのが普通の感覚であろう。大、中、小の途中に、高等という言葉が割り込んできた

のでは、どうもしっくりこないように思われる。なぜこのような不思議な並びになっているのであろうか、少し歴史を紐解いて見てみよう。

　そもそも、明治 5 年（1872 年）の「学制」第 20 章では、「学校ハ三等ニ区別ス大学中学小学ナリ」とされており、近代的学校制度の創設当初は「小学—中学—大学」という 3 段階のシンプルな学校制度が構想されていた。しかし、構想はどうであれ、近代国家としての整備を急がなければならない状況にあって、人材育成は緊急の課題であり、学校制度を小学、中学、そして大学へと積み上げながら時間をかけて整備していくことは、実際はできなかった。明治 10 年（1877 年）に創設された東京大学は、中学の整備が量の面でも質の面でも不十分な中にあって、大学入学者の数と学力を確保するために、東京大学予備門を設置し、大学予備教育を行った。これにより中学と大学の間の大きな溝を埋めるべく、両者の間に大学予備門が挟まる形が生まれることとなった。

　この大学予備門は、明治 19 年（1886 年）の「中学校令」により、高等中学校へと衣替えすることとなる。「中学校令」第 1 条は「中学校ハ実業ニ就カント欲シ又ハ高等ノ学校ニ入ラント欲スルモノニ須要ナル教育ヲ為ス所トス」と規定し、第 2 条において「分チテ高等尋常ノ二等トス高等中学校ハ文部大臣ノ管理ニ属ス」とした。これにより従来の「小学校—中学校—大学予備門—大学」という並びは、「小学校—中学校（尋常中学校—高等中学校）—大学」という並びとなった。一応、大、中、小の 3 段階に再び戻った形であるが、中学校は尋常中学校と高等中学校に分かれており、これ以後、実質的に 4 段階の学校制度が定着することとなる。高等中学校はさらに、明治 27 年（1894 年）の「高等学校令」によって高等学校となった。こうした経緯を経て、「小学校—中学校—高等学校—大学」という現在みられる学校名称の並びが登場することとなったのである。

　現在の学校制度は、戦後の改革を経て、戦前の制度から大きく姿を変えている。戦前の中学校や高等学校と、今日の中学校、高等学校とは、沿革的にも対応しておらず、むしろ戦前の中学校は今日の高等学校に、戦前の高等学校は現在の大学に連なっている。しかし、「小学校—中学校—高等学校—大学」という少し違和感のある学校名称の並びの中には、明治以来の学校制度の整備の歴史が今でも刻み込まれているのである。

第8章

教育職員免許法と教育公務員特例法

第1節　教員免許の仕組み

1. 教育職員免許法の概要

　学校教員の養成は、いわゆる戦後教員養成の二大原則である「大学における養成」と「開放制」を前提としている。この二大原則のもとで、教員養成は国立の教員養成大学・学部を中心としながらも、私立大学を含め、文部科学省（以下、文科省）に認可された教職課程をおく全ての一般大学・学部にもその方途が開かれている。戦前の免許制度においては、教員養成を目的とする師範学校・高等師範学校の卒業生を対象に教員免許状を授与することを原則とする「閉鎖制」がとられていたのに対して、戦後はすべての大学に教員養成の門戸が開かれたのである。また、師範学校・高等師範学校は戦前の学校体系上「専門学校」と位置づけられていたが、戦後は、教師の資質を向上させ、教職の専門職性を高めるために、「学問の府」である大学における教員養成が原則とされたのである（土屋、1995年、29頁）。

　昭和24年（1949年）に制定された教育職員免許法（以下、免許法）は、このような二大原則を前提としながら、「教育職員の免許に関する基準を定め、教育職員の資質の保持と向上をはかること」を目的としている。教員免許状の付与にあたっては、資格付与における選抜を経ることなく、原則として教職に必要な単位を修得した者すべてに（免許申請を行えば）免許状が付与されるという方式がとられている。戦後教育改革期においては、医者と同様に「国家試験」を採用することや、「試補制度」を通じて免許状を付与する形式などが検討されたが、免許法第5条により、主に大学において指定された単位を修得した者、あるいは、都道府県の教育委員会が主催する教育職員検定試験に合格した者に教員免許状が授与されるという仕組みが確立されたのである。

　また、免許法第3条が「教育職員は、この法律により授与する各相当の免許状を有する者でなければならない」と定めるように、学校種や職種に応じた免許状

の所持を義務づける「免許状主義」がとられている。このため、相当の免許状を有せずに教育職員となった者と、これを任命、雇用した者の双方には30万円以下の罰金に処するという罰則規定が設けられている（免許法第22条）。戦前の教員免許制度においても同様の免許状主義が採用されていたものの、たとえば明治33年（1900年）の改正小学校令においては、「特別ノ事情アルトキハ免許状ヲ有セサル者ヲ以テ小学校准教員ニ代用スルコトヲ得」（免許法第42条）とされ、無資格教員の任用制度が創設されていたため、免許状主義は形骸化されたものとなっていた。戦後の免許法のもとでは、免許状主義が罰則を伴う形で厳格化され、教職の専門資格としての位置づけがより高度化されたといえる。

2. 教育職員免許状の種類とその効力

　教育職員免許状（以下、教員免許状）と一口にいっても、その免許状にはさまざまな種類、段階がある。まず、教員免許状は、普通免許状、特別免許状、臨時免許状の三種に大別される（免許法第4条第1項）。このうち大学（短期大学を含む）、及び一部の専門学校の取得単位をもとに発行される免許状は、「普通免許状」である。

　いずれの免許状も都道府県教育委員会が授与権者としてこれを発行するものとされている（免許法第5条第7項）。大学はあくまで免許状の取得に必要な単位を認定する機関であり発行主体ではない。多くの場合、大学は学内の学生の免許申請手続きを一括して行うため、発行される免許状は大学が所属する都道府県の教育委員会によって授与されたものとなる。

　普通免許状はさらに幼稚園、小学校、義務教育学校、中学校、高等学校、特別支援学校の各学校種ごとの教諭と、養護教諭、栄養教諭の免許状に区分されている（免許法第4条第2項）。このように、学校教育法第1条に定められた「法律に定める学校」（幼稚園、小学校、中学校、義務教育学校、高等学校、中等教育学校、特別支援学校、大学及び高等専門学校）のうち、大学、高等専門学校以外の教員は、それぞれの学校種と教科に応じた免許状を有することを義務づけられている。このうち、特別支援学校の教員に関しては、特別支援学校の免許状とともに、特別支援学校の各部（幼稚部、小学部、中学部、高等部）に対

応する幼稚園、小学校、中学校、高等学校の免許状を取得していることが前提
とされている（免許法第 3 条第 3 項）。また、中等教育学校の教員に関しては、
中学校と高等学校の双方の免許状を有すること、さらに、平成 28 年（2016 年）
4 月より新設された義務教育学校の教員についても小学校と中学校の双方の免
許状を有することが原則として義務付けられている（免許法第 3 条第 4、5 項）。

　普通免許状はさらに、基礎資格に応じて一種、二種、専修の各段階に分けら
れている。一種免許状の場合は「学士の学位」が、二種免許状は「短大学士の
学位」が、専修免許状は「修士の学位」がそれぞれ基礎資格とされており、各
機関における取得単位に応じて段階が設定されている（免許法別表第一）。これ
らの免許状の段階に伴って、高等学校と中等教育学校の校長にあっては専修免
許状を有することが、また、それ以外の学校の校長、副校長、教頭などの管理
職においては、専修免許状、または一種免許状の所持が基礎的な任用資格とさ
れている（学校教育法施行規則第 20 条第 1 項）[1]。二種免許状の取得者は、正
規の教職員となることが可能であるが、採用後に一種免許状を取得する努力義
務が課せられている（免許法第 9 条の 5）。

　免許状の効力は、普通免許状、特別免許状、臨時免許状の種別ごとに異なる。
普通免許状は、発行された都道府県に関わらず全国すべての都道府県で有効で
ある。また、後に詳しくみるように、平成 19 年（2007 年）の免許法改正により「更
新制」が導入されるまで、普通免許状は一度取得すれば更新の必要がない終身
免許とされていた。現在は、免許状が授与されてから 10 年を経過する日の属す
る年度の末日までという、「10 年間」の有効期限が設定されている（免許法第
9 条第 1 項）。

　特別免許状は、優れた知識経験や技能を有する社会人を学校現場に教員とし
て採用し、学校教育の多様化と活性化をはかるものとして昭和 63 年（1988 年）
の免許法改正により導入された制度であり、普通免許状と同様の学校種ごとの
教諭の免許状として発行される。学校教育の効果的な実施に特に必要があると
認める場合に、当該教員を任命、雇用しようとする者（教育委員会、もしくは
学校法人）が推薦を行い、都道府県の教育委員会が教育職員検定を実施する。特
別免許状はこの教育職員検定を合格した者に授与される（免許法第 5 条第 3 項、
4 項）。具体的な事例としては、英語科の英会話講師、英語指導助手、公民科の

訴訟法務担当者、体育の陸上チームコーチなどが特別免許状の授与を受けて、教職員として採用されている。

　普通免許状と異なり、特別免許状は、その免許状を発行した授与権者のおかれる都道府県においてのみ効力を有する。制度創設当初、特別免許状の有効期限は 3 年以上 10 年以内とされていたが、平成 14 年（2002 年）の免許法改正以降は有効期限の定めのない免許状とされた。しかしながら、平成 19 年（2007 年）の法改正により、普通免許状と同様に「10 年間」の有効期限が定められている（免許法第 9 条第 2 項）。特別免許状の発行による社会人の活用が文科省の内外の政策会議において指摘されており、文科省は平成 26 年（2014 年） 6 月 19 日に都道府県教育委員会に向けて「特別免許状の授与に掛かる指針」が発行され、同免許状の授与を促している。これをうけて、平成 25 年度（2013 年度）の授与件数は全国で 59 件であったものが、平成 26 年度（2014 年度）は 96 件となっており、制度創設以来の累計は 700 件となっている。

　一方、臨時免許状は各学校種ごとの助教諭、および養護助教諭の免許状として発行される（免許法第 4 条第 4 項）。特別免許状と同様に、臨時免許状は発行した授与権者の属する都道府県においてのみ効力を有するものとされ、授与されたときから 3 年間のみ有効とされている（免許法第 9 条第 3 項）。臨時免許状は普通免許状を有する者を採用できない場合に限り都道府県教育委員会の教育職員検定に合格した者に授与する暫定的な免許状とされている（免許法第 5 条第 6 項）。

第 2 節　教員免許更新制をめぐる問題

1. 終身免許から有効期間付き免許へ

　平成 19 年（2007 年） 6 月に改正され成立し、平成 21 年（2009 年） 4 月 1 日よりその主要部分が施行された新免許法は、様々な問題を含みながら、教員免許の更新制度を導入した。新免許法においては、終身有効とされてきた普通免許状、特別免許状の双方に 10 年間の有効期間が設けられることとなった。新免許法第 9 条第 1 項は、「普通免許状は、その授与の日の翌日から起算して十年を経過す

る日の属する年度の末日まで、すべての都道府県・・・において効力を有する」
と定めることにより、戦後初めて普通免許状に有効期限を設けたのである。先に
みたように、普通免許状には基礎資格に応じて専修、一種、二種の各段階が設け
られているが、今回の改正では、10年間の有効期間が、これらの段階の区別に
関係なく一律に設けられることとなった。また、特別免許状に関しても、普通免
許状と同様に10年間の有効期間が設けられたのである（免許法第9条第2項）。

　普通免許状、特別免許状の有効期間は、「その満了の際、免許状を有する者の
申請により更新することができる」（免許法第9条の2第1項）とされている。
そして、免許管理者である都道府県教育委員会は、免許更新講習を修了した者、
あるいは知識技能その他の事項を勘案して更新講習を受ける必要がないと認めた
者について、免許状の有効期間の更新を行う（免許法第9条の2第3項）。この
うち、更新講習を受講する必要がない者については、教育職員免許法施行規則（以
下、免許規則）において詳細が定められている。具体的には、校長、副校長、教
頭、主幹教諭、指導教諭などの学校管理職、さらに、指導主事、社会教育主事な
どの教育委員会関係職員のほか、優秀教員の表彰を受けた者等が更新講習の受講
免除者として指定されている（免許規則第61条の4）。

　このため、一般教員の大部分は、免許の有効期間が満了する直前の2年2か月
の期間内（免許規則第61条の3）に更新講習を修了し、有効期間の更新を行う
必要がある[(2)]。免許状更新講習は、「大学その他の文部科学省令で定める者」が
主催者とされており（免許法第9条の3）、現職者の免許更新を養成機関である
大学が主として担うという、他の専門職に類例をみない仕組みをとっている。

　免許法において、更新講習は「30時間以上」（免許法第9条の3第3項）と定
められるが、その内訳は文部科学省令である免許状更新講習規則第4条により、
以下の三つの領域に区分されている。第一に、すべての受講者が共通して受講す
る「必修領域」（6時間以上）である。その内容事項としては、（イ）国の教育政
策や世界の教育の動向、（ロ）教員としての子ども観、教育観等についての省察、
（ハ）子どもの発達に関する脳科学、心理学等における最新の知見（特別支援教
育に関するものを含む）、（ニ）子どもの生活の変化を踏まえた課題、が設定され
ている。第二の領域が、受講者が所有する免許状の種類、勤務する学校の種類又
は教育職員としての経験に応じて選択受講する「選択必修領域」（6時間以上）

である。内容事項は広範に及び、（イ）学校を巡る近年の状況の変化、（ロ）学習指導要領の改訂の動向等、（ハ）法令改正及び国の審議会の状況等、（ニ）様々な問題に対する組織的対応の必要性、（ホ）学校における危機管理上の課題、（ヘ）教科横断的な視点からの教育活動の改善を支える教育課程の編成、実施、評価及び改善の一連の取組、（ト）学習指導要領等に基づき育成すべき資質及び能力を育むための習得、活用及び探究の学習過程を見通した指導法の工夫及び改善、（チ）教育相談（いじめ及び不登校への対応を含む)、（リ）進路指導及びキャリア教育、（ヌ）学校、家庭及び地域の連携及び協働、（ル）道徳教育、（ヲ）英語教育、（ワ）国際理解及び異文化理解教育、（カ）教育の情報化（情報通信技術を利用した指導及び情報教育)、（ヨ）その他文部科学大臣が必要と認める内容、が定められている。最後に第三領域とされているのが、受講者が任意に設定して受講する「選択領域」（18時間以上）であり、その内容事項は、幼児、児童又は生徒に対する教科指導及び生徒指導上の課題とされている。

　免許状所持者は、自己の責任において更新講習の課程を修了し、講習開設者から修了認定を受けることで、都道府県教育委員会に免許の更新を申請することができる。

2. 旧免許状所持者への「実質的な更新制」の適用

　新免許法に伴う更新制の導入において問題となるのは、改正前の「旧免許状」所持者の取扱いである。上にみてきた免許更新制に関する条文の内容は、平成21年（2009年）4月1日に施行される新免許法のもとでの免許状取得者を対象とするものであり、それ以前の旧免許法のもとでの免許状取得者「以下、旧免許状所持者」）については、同法の本文ではいっさい言及されていない。旧免許状所持者の取り扱いは、法改正の経過措置について示した「附則」においてその内容が規定されているにすぎない。

　附則第2条第1項によると、旧免許状所持者に関しては、「第九条第一項および第二項の規定にかかわらず、その者の有する普通免許状及び特別免許状・・・には、有効期間の定めがないものとする」と規定されるように、旧免許法と同様に、これらが終身免許として継続されることが示されている。 ところが、旧免許状

所持者に関しても、新免許法の有効期間と同様の概念として、更新講習の受講を
義務づける「修了確認期限」が設定され、旧免許状を所持する現職教員は、この
修了確認期限の直前の 2 年 2 か月の間に（免許規則附則第 6 条第 2 項）、更新講
習を修了し、免許管理者による確認を受けることが義務づけられている（免許法
附則第 2 条第 2 項）。

　旧免許状所持者の修了確認期限については、免許規則第 5 条により「平成 23
年 3 月 31 日において、満 35 歳、満 45 歳、満 55 歳」の者について、その期限が
「平成 23 年 3 月 31 日」と規定され、以下、「平成 32 年 3 月 31 日」に至るまで各
年度末に「満 35 歳、満 45 歳、満 55 歳」の年齢に達した者がそれぞれ指定される。

　そして、重要なことには、当該教員が修了確認期限までに更新講習の修了確認
を受けなかった場合、「その者の有する普通免許状及び特別免許状は、その効力
を失う」（免許法附則第 2 条第 5 項）とされ、旧法のもとでの免許状は有効期間
の定めがないにもかかわらず、その効力が失われるものとされる。さらに、この
規定により免許状が失効した場合、当該教員は免許状を免許管理者に返納しなけ
ればならず（免許法附則第 2 条第 6 項）、免許状の返納を行わない違反者に対し
ては、10 万円以下の罰金が科せられるという罰則規定までが設けられている（免
許法附則第 4 条）。

　ちなみに、教職に就かないままに旧免許状を所持する「ペーパー・ティーチャー」
に関しては、旧免許法における終身免許としての性質がそのまま継続され、更新
講習を修了せずに修了確認期限を経過した場合も、教職に就く前に更新講習を受
講し、免許管理者より修了確認を得れば足りるものとされている（免許法附則第
2 条第 7 項）。これらの旧免許状所持者に対する取り扱いをみるならば、それは
ペーパー・ティーチャーに比して、現職教員に過大な負担を負わせる制度構造で
あることがみられるのである。

3. 免許状の「失効」による「失職」をめぐる問題

　免許更新制をめぐりさらに重要な問題は、当該免許の「失効」が現職教員の「失
職」にむすびつくとされている点にある。免許法は、教員の「資格」に関する法
律であるにもかかわらず、その免許の取り扱いが教員の「身分」に関連して設定

されている点に更新制の問題がみられる。免許状の失効による教員の失職に関する明文規定はいずれの法令にも存在していない。ところが、文科省が発行する『教員免許更新制 Q&A』（平成 20 年 9 月）によれば、免許状更新講習の修了認定が受けられない場合、当該教員は、「教員免許状が失効し、教員の職を失う」と明記されている。

　しかしながら、更新講習の修了認定が受けられない場合に、現職教員が免許状の失効により、即失職となりうるかは、公務員法上、大いに問題があるといえるだろう。公立学校教員を含め、地方公務員の失職に関しては、地方公務員法第 28 条第 4 項により、同法第 16 条に規定された公務員の欠格事項の一つに該当した場合にのみ、その職を失うことが明記されている。このことは、後にみるように、法定事由に該当する場合以外にその地位に不利益な変動を与えることはできないとする公務員の身分保障原則を示すものであり、公立学校教員に関しても当然この原則が適用される。このため、更新講習の修了確認が受けられなかった場合に、免許状の失効に伴い、当該教員が即失職となりうるかについては重要な法的争点を含んでいるといえる（市川、2009 年：高橋哲、2014 年）。

　また、たとえ当該教員の所持する免許状が失効されたとしても、それは資格の停止を意味するに過ぎず、更新講習を修了すれば再び効力を得るという性質のものであることから、失効の期間中、特別免許状や臨時免許状を発行することで教員の地位保全がはかられるべきであろう。いずれにしても、免許状の失効により教員が即失職となりうるかは多大なる法的争点を含むものといえる。このように、新免許法のもとで導入される教員免許更新制は、制度上、運用上の多くの問題を孕むものである。中でも、現職教員を中心とする旧免許状所持者の取り扱いにみるならば、実質的な更新制の適用と、免許状の失効による失職をめぐって重大な法的欠陥を有するものといわざるをえない。

第3節　教育公務員の身分と任用

1. 教育公務員特例法の趣旨

　戦後教育改革期に重要な役割を果たした教育刷新委員会の建議にもとづき、政府は当初、国・公・私立学校すべての教員を含めた「教員身分法」の立法化を検討していた。ところが、占領軍側の機関である民間情報局（CIE）や民政局（GS）公務員課がこれに否定的な態度を示し、また、昭和22年（1947年）に制定された国家公務員法に教員が包摂されることとなったため、同法の特例法として教育公務員身分法の制定がはかられた（高橋寛人、2006年、2019年）。

　これらの経緯を経て昭和24年(1949年)に制定されたのが教育公務員特例法(以下、教特法）であり、国家公務員法、地方公務員法の特例として教育公務員の任免、人事評価、給与、分限、懲戒、服務及び研修等について定めることを趣旨としている（教特法第1条）。なお、平成15年（2003年）に制定された国立大学法人法により、国立大学附属学校の教職員が国家公務員身分を外れ、各国立大学法人の雇用者とされたことから、教特法は公立学校の教職員のみを対象とする特例となっている。地方公務員法第57条に「職員のうち、公立学校 … の教職員 …、その他その職責と責任の特殊性に基づいてこの法律に対する特例を必要とするものについては、別に法律で定める」と規定されるように、教育公務員特例法と地方公務員法の関係は、いわゆる特別法と一般法の関係にある。教育公務員は教育を通じて国民全体に奉仕するという職務と責任の特殊性を有することから、一般公務員とは異なる特例が設けられているのである（教特法第1条）。

　教特法のいう「教育公務員」とは、学校教育法第1条に定められた「法律に定める学校」で働く教職員のうち、公立学校の学長、校長（園長）、教員及び部局長（大学の副学長、学部長など）、並びに教育委員会の教育長及び専門的教育職員（指導主事、社会教育主事）を指している（教特法第2条第1項）。また、ここにいう「教員」とは、同じく学校教育法第1条に定める学校の教授、准教授、助教、副校長（副園長）、教頭、主幹教諭、指導教諭、教諭、助教諭、養護教諭、養護助教諭、栄養教諭、主幹保育教諭、指導保育教諭、保育教諭、助保育教諭及び講師を指す（教特法第2条第2項）。

　教特法の詳細をみる上で確認されなければならないのが、教育公務員もまた地方公務員であり、地方公務員法上の義務を負うと同時に、同法による身分保障も受けるという点である。地方公務員法上の義務は「職務上の義務」と「身分上の義務」に大別される。「職務上の義務」とは、職務遂行における義務および職務遂行に際して守らなければならない義務を意味しており、具体的には「職務専念義務」（地公法第35条）、「法令・命令遵守義務」（同第32条）がこれにあたる。「身分上の義務」とは、必ずしも職務遂行のみに伴うものではなく、公務員としての地位・身分に伴って生ずる義務である。これには、「信用失墜行為の禁止」（同第33条）、「守秘義務」（同第34条）、「政治的行為の制限」（同第36条）、「争議行為の禁止」（同第37条）、「営利企業等への従事等制限」（同第38条）などが該当する（阿部ほか、1986年、142頁）。以下にみるように、これらの義務の中には、公立学校教員を対象に教特法にもとづく特例が設けられているものがある。

　身分保障とは公務員の地位の保障を意味するものであり、地方公務員法は、「職員の分限及び懲戒については、公正でなければならない」（地公法、第27条第1項）という公正原則を採用して行政の裁量権を限定している。また、分限処分・懲戒処分などのいわゆる不利益処分は、法律または条例に定められた事由でなければ、その意に反して行うことができないとされており、行政の恣意的な人事から地方公務員の身分を守るための仕組みが採用されている（地公法第27条第2項、3項）。教育公務員である公立学校教員にも当然これらの身分保障規定が適用されるため、教特法や教免法など、教員のみに適用される法令が、これら地方公務員法上の身分保障規定に抵触しないかが常に問われる必要がある。

　以下では主に、上に示された教育公務員のうち、初等中等学校の教員を対象とする教特法の条文について概説する。

2. 採用

　一般公務員に対する教育公務員の重要な特例とされているのが、採用に関する方式である。地方公務員法第17条の2は、職員の採用を「競争試験」によって行うことを原則としているのに対して、教特法第11条は、「公立学校の校長の採用並びに教員の採用及び昇任は、選考による」と規定している。「選考」の具体

的な内容は教特法、地公法には明示されていないが、国家公務員に適用される人事院規則によれば、「選考される者が、官職に係る能力及び適性を有するかどうかを、経歴、知識又は資格を有すること等を要件とする任命権者が定める基準に適合しているかどうかに基づいて判定するもの」（人事院規則 18-2 第 21 条）と定義づけられている。教育公務員の場合は免許法にもとづく教員免許状の所持が前提となっていることとも関わって、一般公務員の競争試験とは異なる「選考」という手法が用いられているのである。

　公立学校の校長および教員の採用にあたっては、教育委員会の教育長が行うものとされている。公立学校教員の採用にあたり、任命権者である教育委員会と選考権者である教育長を区別することにより、採用過程において専門的な選考を重視するとともに、公正な選任を行うことが目指されている。ところで、市町村立小学校・中学校の教職員は、市町村立学校職員給与負担法第 1 条および第 2 条の規定により「県費負担教職員」と呼称され、都道府県がその給与を負担するものとされている。これに伴い、市町村立小学校・中学校の教員は、都道府県の教育委員会が任命権を有し（地方教育行政法第 37 条）、また政令指定都市の設置する学校にあっては、当該政令指定都市の教育委員会が任命権を有するものとされている（地方教育行政法第 58 条第 1 項）。このため、公立学校教員の選考は、都道府県教育委員会の教育長、政令指定都市教育委員会の教育長が行うこととなる。

　都道府県ならびに政令指定都市において実際に行われている教員採用試験にみるならば、「第 1 次試験」、「第 2 次試験」の二段階方式が多くとられている。学校段階に応じた差異があるものの、多くの場合、第 1 次試験では、一般教養、教職科目、専門分野に係る筆記試験や面接試験が実施されており、第 2 次試験では、論文試験、実技試験、面接試験、模擬授業、指導案作成などが実施されている。教員採用試験の競争率は、概して高い状況にあったが、近年、学校における労働環境の悪化等により、競争率は軒並み低下している。

　ピークであった平成 12 年度（2000 年度）にみるならば、小学校では採用倍率が 12.6 倍、中学校では 17.9 倍に達した。平成 27 年度（2015 年度）では、小学校で 3.2 倍、中学校で 6.8 倍となっており、競争倍率は著しく低下傾向にある。なかでも各県の小学校の競争倍率の低下は深刻化しており、新潟県では 1.7 倍、福岡県で 1.9 倍、長崎県で 2.0 倍など、実質的な選考が困難となりつつある。こ

れらは、上にみてきた教員免許更新制や、後述する指導力改善研修など、教員に厳しい制裁を課す政策が行われてきた所産であり、教師という職業の魅力が低下していることを示しているといえよう（文部科学省 HP「平成 30 年度公立学校教員採用選考試験の実施状況について」〔http://www.mext.go.jp/a_menu/shotou/senkou/1416039.htm；2019 年 11 月 30 日閲覧〕）。

3. 条件附採用期間

　地方公務員として採用される職員は、臨時的任用または非常勤職員の任用の場合を除き、すべて 6 か月間の条件附採用とされ、その間、職務を良好な成績で遂行したときに正式採用となる。また、この条件附採用期間中は、上記の地方公務員法上の身分保障が適用外となることから、当該職員は身分が不安定な中で所定の期間を経なければならない。

　教育公務員の場合は、この条件附採用期間が「1 年間」とされている。これは、昭和 63 年（1988 年）の教特法改正により、後にみる 1 年間の初任者研修が導入されることに伴って創設された定めである。このような教育公務員のみを対象とする条件附採用期間の拡大は、当初から公務員法上の公平原則との抵触、新任教員の身分の不安定化、教師への管理強化のおそれなどが問題視されてきた（永井、1992 年、274 頁〔土屋基規執筆部分〕）。

　1 年間の条件附採用期間は、正式採用に至るまでの教師の能力実証確認を制度目的としている。しかしながら、表 1 にみられるように、この条件附採用期間の後に任命権者の側から実際に不採用決定を行う事例は、その後、依願退職をした者を含めても、平成 22 年度（2010 年度）から最新統計の平成 29 年度（2017 年度）まで最大でも 20 名前後にとどまっている。一方、新任教員の側から依願退職するケースは、平成 14 年度（2002 年度）は 94 名であったものが、平成 29 年度（2017 年度）には 358 名へとピークに達し実に約 3.8 倍にも増加している。中でも深刻なのは病気を理由とする依願退職者数の増加である。平成 14 年度（2002 年度）に 15 名であった病気による依願退職者は、ピークの平成 24 年度（2012 年度）には 122 名へと急増し、そのまま高止まりしている。

表 1　条件附採用期間から正式採用にならなかった教員の推移

	2010年度	2011年度	2012年度	2013年度	2014年度	2015年度	2016年度	2017年度
不採用	2	4	1	3	1	0	3	3
依願退職	288	299	348	340	310	302	339	358
（うち不採用決定者）	20	16	20	13	11	13	9	15
（うち病気による者）	101	118	122	92	93	92	110	119
死亡	3	4	2	2	4	2	5	6
分限免職	0	1	0	0	0	1	0	1
懲戒免職	3	6	4	6	6	11	3	9
合　　計	296	315	355	351	321	316	350	377

※文部科学省 HP「公立学校教職員の人事行政の状況調査について」より著者作成
(http://www.mext.go.jp/component/a_menu/education/detail/__icsFiles/afieldfile/2018/12/25/1411825_13.pdf；2019 年 11 月 30 日閲覧)

　先にみた教員採用倍率の低下と同様に、晴れて教職についた新任教員が、着任1 年後の正式採用を受けることなく、病気等を理由として自ら退職を希望している実態は、教師という職業の過酷さを物語っている。この実態にみるならば、新任教員の条件附採用期間を拡大し身分を不安定化する以上に、その勤務条件の改善や手厚い支援が求められているといえる。

4. その他の特例

営利企業等の従事制限に関する特例

　地方公務員は、任命権者の許可を受けなければ、営利を目的とする企業等の事業・事務に従事してはならないとされている。また、任命権者の許可に関して、人事委員会はこの基準を定めることができるとされている（地公法第 38 条第 1項、2 項）。これに対し、公立学校教員は、教育公務員特例法にもとづき、教育に関する他の職、他の事業若しくは事務に従事することが本務の遂行に支障がないと任命権者が認める場合には、給与を受け、又は受けないで、その職を兼ね、又はその事業若しくは事務に従事することができるとされている（教特法第 17条）。このような特例が設定された理由は、①教員が特殊な勤務態様をもち、授業時間以外においては時間的余裕があること、②教育に関する他の職に関与することは研修としての側面があること、③国公立大学の教授等については、専門領域に適当な人物をみつけることが困難であったため兼職を認める必要があったことなどがあげられている（有倉・天城、1958 年）。

政治的行為の制限

　公立学校教員の政治的行為の制限については、一般の地方公務員が適用される地方公務員法第 36 条ではなく、当分の間、「国家公務員の例による」とされている（教特法第 18 条）。国家公務員法では政治的行為の制限に関して、「職員は、政党又は政治的目的のために、寄附金その他の利益を求め、若しくは受領し、又は何らの方法を以てするを問わず、これらの行為に関与し、あるいは選挙権の行使を除く外、人事院規則で定める政治的行為をしてはならない」（国家公務員法第 102 条第 1 項）と定められており、具体的な行為の制限は「人事院規則 14-7」によるものとされている。人事院規則は、些細なものも含め、政治的行為の定義として 17 にもわたる項目を設定している。すなわち、公立学校教員には、地方公務員に比して、政治的行為に対する制限がより強化されているといえる。教育基本法が「良識ある公民として必要な政治的教養は、教育上尊重されなければならない」（教育基本法第 14 条第 1 項）と政治教育の尊重を示している中、公立学校教員の政治的行為の制限を強化することは、そのような教育活動を萎縮させることにつながるものであり問題であることが指摘されている（永井、1992 年 28 頁〔森英樹執筆部分〕）。

第 4 節　教育公務員の研修

1. 研修の趣旨

　一般の地方公務員の研修に関して、地方公務員法は、「職員には、その勤務能率の発揮及び増進のために研修をうける機会が与えられなければならない」（第 39 条）と定めている。ここでは、職務本体とは別に、その能率を増進することが研修の目的とされている。これに対して、教特法はまずその第 21 条第 1 項において、「教育公務員は、その職責を遂行するために、絶えず研究と修養に努めなければならない」と規定するように、研修は職務そのものとして位置づけられるとともに、単なる義務ではなく、自主的な研修活動が求められている。また、「教育公務員の任命権者は、教育公務員（省略）の研修について、それに要する施設、

研修を奨励するための方途その他研修に関する計画を樹立し、その実施に努めなければならない」（教特法第21条第2項）と定められるように、教育委員会には教育公務員の研修に関する条件整備を行う義務が課せられている。

　このような教員研修の自主性の観点から、教特法第22条第2項においては、「教員は、授業に支障のない限り、本属長の承認を受けて、勤務場所を離れて研修を行うことができる」と、学校外における研修を認めている。教特法が制定された当初は、この規定をもとに、学校を離れた自宅での研修や、教員団体をはじめとする民間教育団体の主催する教育研究集会への参加も研修として奨励されてきた。しかしながら、文部省（現在の文部科学省）は、1964年にこのような自主的な研修に対する見解を変更し、教育公務員の研修を、①勤務時間外に自主的に行う「自主研修」、②職務専念義務を免除されて行う「職専免研修」、③職務として行う「職務研修」（行政研修）に三区分した上で、自主的に行われる校外研修を原則として認めない方針を示した（昭和39年12月18日文部省初中局長回答）。これに対しては、教育法学者を中心に、研修活動の自主性、自律性を尊重する観点から、第22条第2項の示す「校長の承認」は、文字どおり本務への支障の有無を学校として確認をするだけのものであり、裁量の余地のない行為（羈束行為）であるとの解釈が示され、いわゆる「自主研修権」をめぐる法解釈論争が展開された。

　このような経緯のもと、現在では教育委員会等が主催する「行政研修」が学校教員の主たる研修活動とされる傾向にあるが、子どものニーズが多様化し、また、これに対応しうる教員資質の向上が求められる中、行政研修にとどまらない学校教員の自主的な研修の促進と、それを可能とするための勤務条件の改善が必要とされている。

2. 教員研修の各種

　ここでは、教育委員会の主催する「行政研修」の各種について解説を行う。なお、これらの教員研修については、平成28年（2016年）11月に成立した「教育公務員特例法等の一部を改正する法律」（以下、「改正教特法」とし、修正される前の条文については「旧教特法」とする）により、大幅な修正が加えられているため、併せて解説する。

初任者研修

　教特法上に定められた公立学校教員の研修は以下のとおりである。第一に、昭和63年（1988年）の教特法改正により導入された「初任者研修」である。法律に明記された「法定研修」として、全国の公立学校教員に共通して実施される。公立学校の新任教員の任命権者は、当該教員に対して「採用の日から一年間の教諭の職務の遂行に必要な事項に関する実践的な研修」を実施しなければならない（教特法第23条第1項）。また、任命権者は当該新任教員の所属する学校の教員のうちから「指導教員」を命じるものとされており、この指導教員が初任者に対して職務の遂行に必要な指導及び助言を行うものとされている（教特法第23条第2項、3項）。初任者研修は多くの場合、週10時間以上、年間300時間以上の指導教員による「校内研修」と、教員研修センターや企業福祉施設での体験活動、宿泊研修などで行われる年間25日以上の「校外研修」によって行われている（文部科学省教職員課「教員研修に関する調査結果」『教育委員会月報』第61巻7号、2009年）。

旧十年経験者研修

　初任者研修同様に法定研修とされてきたのが、平成14年（2002年）に導入された「十年経験者研修」である。任命権者である教育委員会は、在職期間が十年に達した教員に対して、「個々の能力、適性等に応じて、教諭等としての資質の向上を図るために必要な事項に関する研修を実施しなければならない」とされた（旧教特法第24条第1項）。また、任命権者は「十年経験者研修を実施するに当たり、十年経験者研修を受ける者の能力、適性等について評価を行い、その結果に基づき、当該者ごとに十年経験者研修に関する計画書を作成しなければならない」と旧教特法に定められていた（旧教特法第24条第2項）。

　十年経験者研修は、教員研修センター等の校外施設において年間20日程度行われる「長期休業期間中の研修」と、主として学校内において同じく年間20日程度行われる「課業期間中の研修」によって構成されてきた。教員研修センター等の校外研修では、主に指導主事やベテラン教師が講師を担当して、教科指導や生徒指導などに関する研修が行われてきた。学校内の研修では、校長、教頭などが指導・助言者として研究授業や教材研究等を行う（文部科学省教職員課「教員研修に関する調査結果」前掲書）。十年経験者研修は、教員免許更新制の新設を

うけて、これを如何に位置づけるのかが検討されてきたが、平成28年（2016年）の改正教特法により、以下の「中堅教諭等資質向上研修」へと改称されることとなった。

中堅教諭等資質向上研修の導入

　教員研修に関して、改正教特法による大きな変更点であるのが、十年経験者研修を改めた「中堅教諭等資質向上研修」の導入である。改正教特法においては、この研修の対象が「教育活動その他の学校運営の円滑かつ効果的な実施において中核的な役割を果たすことが期待される中堅教諭等」と定められている（第24条第1項）。この新しい研修の直接的な提言を行った中央教育審議会答申（「これからの学校教育を担う教員の資質能力の向上について」平成27年1月27日）においては、その趣旨について、「10年経験者研修を10年が経過した時点で受講すべき研修から，学校内でミドルリーダーとなるべき人材を育成すべき研修に転換」する必要性が述べられていた。ここには、これまでの十年経験者研修が、いわゆるクラス担任等を担う一般教員（classroom teachers）の資質向上の機会とされていたのに対して、いわば「中間管理職」の研修として位置づけ直され、教員研修の性質を大きく変えようとする点に特徴をみることができる。

　従来、教員組織は一般的な行政組織とは異なり、いわゆる「鍋ぶた型」の横並びの組織がとられてきた。いわば、子どもたちに接する教員という職に、上下はないことが前提とされ、各教員は主体的かつ自律的な専門職であるという教職観が反映されてきたのである。教員の研修もまた、これら教員間の上下に関係なく、一教育者としての資質を向上することが求められてきた。それゆえ、十年経験者研修もまた、10年が経験した時点での資質の研鑽という位置づけが与えられてきたのである。一方、この度導入された中堅教諭等資質向上研修は、教員間の上下関係を前提に、その中間管理職を養成するための研修として位置づけ直されている。2008年の学校教育法改正によって導入された「主幹教諭」や「指導教諭」などの新たな管理職層は、学校現場に一般行政組織と同様の上意下達の構造を取り入れようとするものであるが、中堅教諭等資質向上研修は、これを強化する試みであるといえるだろう。

　学校の中核を担う中堅層の資質を向上することが重要な課題であることは確か

であるが、それは管理職となる教員に限られたことではなく、あくまで一人の教育者の資質向上として求められている。中堅教諭等資質向上研修の導入は、単なる十年経験者研修の名称変更にとどまらず、教員研修の性格、ひいては、教職観そのものを大きく変更しうる点に注視する必要があるだろう。

指導改善研修

　平成19年（2007年）の教特法改正により「指導が不適切な教員」を対象とする「指導改善研修」（教特法第25条の2）が導入された。公立学校教員の任命権者である教育委員会は、児童、生徒または幼児に対する指導が「不適切」であると認定した教員に対して「その能力、適性等に応じて、当該指導の改善を図るために必要な事項に関する研修」を行うものとされたのである（教特法第25条第1項）。指導改善研修の期間は1年間を超えてはならないとされているが、特に必要と認める場合は、引き続き2年間を超えない範囲で研修を延長することができる（教特法第25条第2項）。そして、指導改善研修の結果、「任命権者は、指導改善研修の終了時において、指導改善研修を受けた者の児童等に対する指導の改善の程度に関する認定を行わなければならない」と定めている（教特法第25条第4項）。

　問題はこのような指導改善研修の後に行われる認定が、当該教員の処遇に反映させられるという点である。任命権者である教育委員会は、指導改善研修後の措置として、「指導の改善が不十分でなお児童等に対する指導を適切に行うことができないと認める教諭等に対して、免職その他の必要な措置を講ずる」とされている（教特法第25条の2）。このように、指導力改善研修の導入により、指導が「不適切」な教員に対して、分限免職処分を可能とする仕組みが形成されたのである。

　ところで、「指導が不適切な教員」とは、どのような場合が該当するのか。この定義は、任命権者である教育委員会が設定するとされているが、文部科学省は「指導が不適切な教員に対する人事管理システムのガイドライン」（2008年2月8日）を作成し、定義の参考例をあげている。これによると①「教科に関する専門的知識、技術等が不足しているため、学習指導を適切に行うことができない場合」、②「指導方法が不適切であるため、学習指導を適切に行うことができない場合」、③「児童等の心を理解する能力や意欲に欠け、学級経営や生徒指導を適切に行うことができない場合」など、極めて抽象的な定義が参考例とされてい

る（http://www.mext.go.jp/a_menu/shotou/jinji/08022711.htm；2019 年 11 月
30 日閲覧）。多くの都道府県では、参考例と同様の文言が採用されており、広範
な教員が「指導力不足」の対象として認定されうる仕組みがつくられている

　先にもみたように、教育公務員である公立学校教員は、地方公務員法上の身分
保障を受けることから、分限免職という厳しい不利益処分に関しては、法律上の
事由でなければならないという厳格な限定がなされている（地公法第 27 条）。し
かしながら、指導力改善研修にもとづく免職処分は、指導力不足という実に抽象
的な教育上の問題を処分の要件とし、また、その処分事由を各都道府県の基準に
委ねている点で、分限制度の濫用ともいえる状態をひき起こしている。あらゆる
理由により教員を「不適切」あるいは「指導力不足」と認定し、分限免職の対象
とすることは、如何なる教員であっても教室から排除されうるという無限定な仕
組みを形成しているといえる。ゆえに、公務員法上定められた教員の身分保障と
いう観点からみた場合、大いに問題を孕むものといわねばならない。

3．文部科学大臣の「指針」と任命権者の「指標」の策定

　平成 28 年（2016 年）教特法改正は、教員の研修に関して以下のような変更を
行った。まず教員研修の体系的整備にあたり、任命権者である教育委員会が「校
長及び教員としての資質の向上に関する指標」（以下、指標）を策定することが
義務づけられたのである（改正教特法第 22 条の 3 第 1 項）。各任命権者は、この
指標の策定にあたり、あらかじめ文部科学大臣が定めた「指針」を参酌すること
が義務づけられている。文部科学大臣が定める「指針」には、①公立小学校等の
校長及び教員の資質に関する基本的な事項、②各任命権者が策定する「指標」の
内容に関する事項、さらに、③校長、教員の資質の向上を図るに際し配慮すべき
事項が法文上明記されている（同第 22 条の 2 第 2 項）。任命権者である教育委員
会は、この文科省が策定する「指針」を参酌してその地域の「指標」をつくるこ
とになる（同第 22 条の 3 第 1 項）。このため、文部科学大臣の「指針」に対する
参酌義務により、各任命権が策定する「指標」には、文部科学省の意向が強く反
映されることが予想される。

　また、任命権者はこの指標をもとに「教員研修計画」を策定するものとされて

おり（同第22条の4第1項）、この計画や指標などの策定にあたっては、これら
を協議するための「協議会」を組織することが義務づけられている（同第22条
の5第1項）。この協議会は、①指標を策定する任命権者、②教員の研修等に協
力する大学等、および、③その他任命権者が必要と認める者によって構成される。
そこでは、任命権者である教育委員会と、教員養成の主体である大学が協議会を
通じて「教員の資質向上に必要な事項」について協議することが求められており、
ひとたび「協議が整った事項」については、協議会の構成員は、その協議の結果
を「尊重しなければならない」とされている（第22条の5第3項）。この尊重義
務により、従来、教育委員会から独立した存在であった大学は、みずからの教員
研修プログラムや教員養成の内容に関して、教育委員会からの影響を大きくうけ
ることが予想される。先にみたように、協議会の議題である各地域における「指
標」の策定は、文部科学大臣の定める「指針」を参酌して行われることから、各
大学に対する文部科学大臣の影響力もまた拡大することが考えられる。

　従来、教員養成は大学が、教員研修は各地域の教育委員会がその内容に関する
主体性を有することを前提にしてきたが、文部科学省が策定する「指針」は、そ
の双方に対して「国家基準」としての役割を果たす可能性がある。教員養成への
事実上の支配を及ぼす点において、戦後教育改革の原則、中でも「学問の自由」
を前提とする「大学における教員養成」の原則を揺るがす施策であるといえるだ
ろう。

註
(1) なお、所定の免許状を有せずとも、「教育に関する職に十年以上あったこと」
　　を満たせば、これらの職につくことができるとされている（学校教育法施行
　　規則第20条2号）。
(2) 文科省の説明によれば、更新の申請手続期間として2か月を要するため、更
　　新を必要とする教員は1月末日までに更新講習の修了認定を得る必要があ
　　る。このため、実質的な受講修了期間は2年間となっている。

（高橋　哲）

《参考文献》

阿部泰隆ほか『地方公務員法入門』（有斐閣双書）1986 年

有倉遼吉・天城勲『コンメンタール教育関係法Ⅱ』（日本評論新社）1958 年

市川須美子「教員免許更新制導入をめぐる法的問題」『法学セミナー』第 651 号、（日本評論）2009 年

兼子仁『地方公務員法』（北樹出版）2006 年

高橋哲「教員免許更新制と教員養成制度改革」日本教育法学会編『教育法の現代的争点』（法律文化社）2014 年

高橋哲「教職員の『多忙化』をめぐる法的問題」『法学セミナー』第 773 号、2019 年

高橋寛人「教育の論理に基づく教員身分保障制度構築の必要性―教育公務員特例法の制定経緯の検討から―」日本教育学会編『教育学研究』第 73 巻 1 号、2006 年

高橋寛人『教育公務員特例法制定過程の研究』（春風社）2019 年

土屋基規『日本の教師―養成・免許・研修―』（新日本出版社）1995 年

永井憲一編『基本法コンメンタール教育関係法』（日本評論社）1992 年

橋本勇『新版逐条地方公務員法〈第 2 次改訂版〉』（学陽書房）2009 年

コラム

公立学校教員の「多忙化」問題

　地方公務員にも大部分が適用される労基法は、その第 32 条において週あたりの労働時間を 40 時間以内とし、労働者を 1 日あたり 8 時間を超えて労働させてはならないと定めている。これを超える場合には、通常、労基法第 36 条にもとづき、①労働者の過半数で組織する労働組合、あるいは、過半数代表との協定（三六協定）を締結し、②行政官庁に届け出ることが求められる（労基法第 36 条）。時間外・休日労働があった場合には、労基法第 37 条にもとづき超勤手当の支払いが義務づけられる。

　ところが、公立学校教員においては、この勤務時間管理に特例が適用され、労基法上の超勤手当は支給しないという取り扱いがなされている。この特殊ルールの法的根拠とされてきたのが「公立の義務教育諸学校等の教育職員の給与に関す

る特別措置法」（以下、給特法）である。給特法は第3条において教員への「給料月額4%」の教職調整額の支給を定めた上で、「教育職員については、時間外勤務手当及び休日勤務手当は、支給しない」（同第3条2項）と定める。その上で、「教育職員……を正規の勤務時間……を超えて勤務させる場合は、政令で定める基準に従い条例で定める場合に限る」（同第6条）として、命じうる時間外勤務を限定する。この政令によって定められた時間外勤務は、①生徒の実習、②学校行事、③職員会議、④非常災害等やむを得ない場合に必要な業務の4項目とされている。これら「限定4項目」であっても時間外勤務を命じる場合には、労基法上の根拠が必要となるが、給特法は、第5条により地方公務員法（以下、地公法）を読み替えて、本来学校教員を対象としていない労基法第33条第3項の「公務のために臨時の必要がある場合」という時間外労働の特例を適用している（高橋哲、2019年）。

　給特法は、労基法第33条第3項にもとづいて「限定4項目」の時間外勤務を認め、それ以外の時間外勤務命令を禁止するという体裁をとっている。しかしながら、実際には、教員の時間外勤務の多くは、この「限定4項目外」の業務によって占められている。文部科学省はこれまで、このような「限定4項目外」の時間外勤務の存在を否定し、これらをいずれも教員の「自発的行為」として処理してきたのである。

　この「限定4項目外」業務の扱いにより、実態として存在する時間外勤務が、無定量な「タダ働き」と化してきた。平成30年（2018年）9月27日に公表された文部科学省「教員勤務実態調査（平成28年度）」（確定値）によると、2016年度調査で1週あたりの学校内での平均勤務時間は、中学校教諭で63時間20分、小学校教諭で57時間29分となっていることが示された。厚生労働省は時間外労働80時間を「過労死ライン」としているが、中学校教諭については約6割が、小学校教諭も約3割が過労死ラインを超えていることが明らかとなっている。このような状況は、給特法の特殊ルールにより、労基法上の最低基準でさえ、教員には保障されていないことを示している。

　このような状況のもと、令和元年（2019年）12月4日に給特法が改正された。この改正法の趣旨は、労基法第32条の4に定められた一年単位変形労働時間制を、自治体の条例や教育委員会規則によって教員に導入できるようにしようとす

るものである。一年単位変形労働時間制とは、1 か月を超える 1 年以内の期間内において、対象期間を、平均して 1 週間あたりの労働時間が 40 時間を超えないことを条件に、特定週で 52 時間まで、特定日で 10 時間までの労働を許容する仕組みである（労基法第 32 条の 4）。この仕組みが教員の多忙化を解消することになるのか、多くの疑問が呈されており、むしろ、1 日 8 時間や週 40 時間を超える労働を許容し、「タダ働き」となる時間外労働を拡大するのではないかとの指摘がなされている。この改正給特法の影響を含め、学校における「働き方改革」の動向を注視する必要がある。

教育行財政と学校経営

第9章

教育行政の歴史と現状

第1節　教育行政とは何か

1. 教育行政の概念

　教育行政とは、国家によって制定された公教育制度における、国家または地方自治体による行政作用である。広義の教育は人間の歴史とともに始まるが、社会の進歩発展とともに意図的・計画的に行われる教育が増大していく。特に、近代に入り、国家は教育を重要な関心事とし、その主要な部分を立法によって制度化するに至る。ここに、近代公教育制度が成立するのである。そして、組織化され制度化されたこの公教育制度は、当然のこととして管理運営の機能をともない、教育行政活動が展開されることになるのである。

　従って、教育行政は、一方で国家の在り方によって、他方で教育の本質によって、その性質を規定されることになる。すなわち、国家は、非個人的・抽象的性格を持っているのに対して、「人間を人間たらしめる」教育の本質は個性と自発性にある。そこで、教育行政の特質としては、第一に、その教育への関与の仕方・範囲・程度にはおのずから限界があること、第二に、教育行政はできるだけ権力による統制を避け、指導助言、助成を中心としたものにならざるをえないこと、それ故に、第三に、教育行政が一般行政から分離・独立することが望ましいこと、第四に、教育制度とその運用においては、具体的個別的な教育関係に応じて専門家が自主的に判断できる余地が用意されていなければならないこと、第五に、教育の判断は可能な限り教育現場の近くに置くことが求められるため、教育行政においては「地方分権」が望ましいとされること、等が指摘できる。

　以上は、教育に関する国家権力の関与の「限界」という面からの指摘であったが、他方、国家が教育に関与することの積極的意義も忘れてはならない。それは、国家の目的が共同善、公共の秩序・福祉の達成にあり、その規制力は、人権としての「教育を受ける権利」の保障・教育の機会均等の保障にあるのである。従っ

て、教育行政は、個性の自発的発展を中核とする教育の本質と、それを機会均等
の原理によって助成または強制しようとする国家権力との調和の上に成立してい
るのである。

2. 教育行政の形態

　しかしながら、各国において歴史上存在してきた教育行政の形態は、それぞれ
の歴史的社会的条件に規定されて様々である。それらを大別すると二つのタイプ
に分けることができる。その一つは、主としてドイツに発達した行政法学的な立
場に立つもので、国家主義的発想から国の行政組織や作用を論じ、それが教育に
も及んで教育行政が成立するという考え方に立つ。故に、国家がその国の教育を
画一的に統制する傾向が強く、①教育行政と一般行政との関係が密接であること、
②教育行政が中央集権的であること、③教育行政が教育の実質を統制すること、
などに特色があった。他の一つは、主としてアメリカに発達した行政学的な立場
に立つもので、教育行政は教育の目的を達成する手段とする考え方に立ち、①教
育行政が一般行政から分離する傾向が強いこと、②教育行政が地方分権化している
こと、③教育行政が教育の実施に必要な条件を整備すること、などに特色がある。

第2節　わが国における教育行政の歴史

1. 戦前の教育行政

　第二次大戦前におけるわが国の教育行政の特徴は、中央集権的・官僚統制的性
格を持っていたことである。わが国は、明治維新により近代国家建設に着手した
が、同時に、国の後進性を欧米列強の水準にまで高めるため教育を重視し、近代
学校制度を導入しようとした。すなわち、明治5年（1872年）、「学制」が公布
されるのである。そこでは、「全国の学制は之を文部一省に統ぶ」と明示され、
文部省の意向を浸透さるための督学制度を中心とする教育行政組織が定められ
た。このように、文部省は、当初から大きな権限をもって、教育事務を国家的に

統括する中央教育行政機関として設置されたのであり、戦前を通じて、一貫して、中央集権的性格を持っていたのである。他方、明治 12 年（1879 年）の「教育令」では、公選による学務委員の設置等、地域住民の自由や自治を尊重する改正が行われたものの、成果をあげることができなかった。その結果、翌明治 13 年（1880年）の「改正教育令」によった、再び、集権的・干渉的な教育行政が行われるようになった。

　さらに、明治 23 年（1890 年）には、教育行政事務が一般行政事務の一部として地方長官や市町村長によって処理されることが法的に確定した。このようにして、戦前におけるわが国の教育行政は、中央集権体制と官僚主義的行政という特徴を、明治 20 年代前半に確立し、終戦に至るまで継承したのである。

　以上のような性格の教育行政を具体的に支えたものは、勅令主義と督学制度であった。すなわち、勅令主義によって、ほとんどの主要な教育法令は勅令をもって定められたのである。これは、教育に関する事項が天皇の大権に基づいて命令として定められていたことによる。その結果、教育に関する事項については帝国議会は関与せず、文部官僚と枢密院の諮詢によって決定された。教育を政争から隔離して、政治的中立性を保つためというのがその理由であったが、結果的には、極端な官僚主義的教育行政を作り出した。また、督学制度は、これを強力に運用することによって、文部省は、中央の政策を効果的に地方の末端にまで浸透させていくことが可能となった。その他、法規による教育課程の詳細な規定や教科書の検定制度、そして、国定制度への移行なども、学校教育を中央において画一的に統制することに役立ったものである。

2. 第二次大戦後の教育行政改革

　第二次大戦後の教育行政改革の基本的方向性を示したのは、昭和 21 年（1946 年）の第一次米国教育使節団報告書であった。この報告書は、教育行政全般に関して民主化・地方分権化・一般行政からの独立という基本原理を示し、特に、地方教育行政に関しては、教育委員会制度の導入が勧告された。そして、この報告書の示す方向で教育行政改革が進められることになり、具体的には、教育基本法、学校教育法、教育委員会法、文部省設置法などの制定を通して、新しい教育行政の

仕組みが作り出されたのである。その結果、教育行政は、教育基本法第 10 条に「教育は不当な支配に服することなく、国民全体に対し直接に責任を負って行われるべきものである。教育行政はこの自覚のもとに、教育の目的を遂行するに必要な諸条件の整備確立を目標として行われなければならない」と規定された。この結果、教育の自主性確保及び教育の条件整備が、教育行政の重要な原則として確認された。また、文部省は、従来の権力的監督行政的性格から、教育に関するサービスビューローとして再出発した。また、地方においては、教育委員会制度が導入されたが、これは、①教育行政の民主化、②教育行政の地方分権化、③教育行政の自主性確保を原則とした。すなわち、①に関しては、教育委員会の委員を、地域住民の直接選挙によって選び、教育行政を住民の民意によってコントロールすること。いわゆる「教育行政の素人支配（layman control）」の考え方である。これによって、戦前の教育行政に見られた官僚統制を排除しようとしたのである。と同時に、これを補助する機関として教育長を中心とする事務局を置き、「教育行政の専門家による指導（professional leadership）」という考え方を示した。つまり、「素人支配」と「専門家の指導」の組み合わせによって教育委員会を運営していく仕組みが作り上げられたのである。なお、教育長及び事務局職員の指導主事には、その専門性確保のために、それぞれ「教育長免許状」「指導主事免許状」が要求された。

　②に関しては、文部大臣・都道府県教育委員会・市町村教育委員会は、相互に指揮監督の権限を有さないこととし、この三者を対等な地位に置いた。これによって、従来のような国による中央集権的な支配を改め、地方の実情に即した個性ある教育行政をすすめようとしたのである。③に関しては、教育委員会は、地方公共団体の長から独立して教育予算案原案を含む広範な職務を担当する合議制の執行機関と位置づけ、これをすべての都道府県・市町村に設置することとした。つまり、教育行政を一般行政から独立させ、これによって、教育委員会が知事や市町村長などからの不当な支配に服することなく、国民に直接責任を負って活動できるように配慮したのである。この他、戦後の教育行政の原理としては、従来、教育法令が勅令によって定められていたのを改め、法律主義をとったことが重要である。教育法規も国会において国民監視のうちに慎重に審議して制定すべきであるという考えによるものであった。

3. 戦後改革の修正

　ところが、昭和26年（1951年）、サンフランシスコ平和条約の締結を期に、戦後改革の見直しが急速に進められることになった。特に、政令改正諮問委員会による「教育制度の改革に関する答申」が教育行政制度の変更に大きな影響を与え、この見直しの一環として、昭和31年（1956年）、「地方教育行政の組織及び運営に関する法律」（以下、地方教育行政法と略）が制定され、従前の教育委員会法が廃止された。

　この法律による主な改正点は次の三点である。第一に、教育委員の選任方法を、地域住民の直接選挙（いわゆる公選制）から、地方公共団体の長による任命制に切り替えたことである。その理由は、公選制は、教育委員会の党派的支配を招きやすく、教育の中立性を危うくする、というものであった。しかし、任命制となったことで、教育行政への民意の反映は間接的なものになった。一方、専門家による指導という原則も弱められる。すでに、昭和29年（1954年）、教育長・指導主事免許状が廃止され、任用資格が定められていたが、さらに、地方教育行政法によって、教育長については資格規定がなくなり、また指導主事の資格は抽象的なものになった。第二に、文部大臣—都道府県教育委員会—市町村教育委員会の連携を密にし、その一体化をねらって、従来よりも地方分権の度合いを弱めたことである。たとえば、文部大臣による都道府県教育委員会教育長の承認制や、文部省及び都道府県教育委員会の措置要求などが定められた。第三に、教育行政と一般行政との調和を理由に、教育委員会の予算案作成権がなくなり、教育委員会は意見を述べるだけのものになったことである。この結果、教育委員会は、教育財政上、地方公共団体の長に従属することになり、教育行政の、一般行政からの独立性が弱められたのである。

　以上のように、地方教育行政法の成立によって、わが国の教育行政の性格は大きく変わり、当初の理念は後退した。また、これに続く学習指導要領の改訂及びその法的拘束力の明示、教科書検定の強化、学力テストの実施等、一連の施策は、中央教育行政の権限強化をねらうものとして批判を浴びた。

　こうした中央教育行政の権限強化と戦後教育行政の変質に対しては、様々な対抗策が行われた。たとえば、教育委員の「公選制」の廃止と「任命制」の導入に

対しては、東京都中野区が実施した「準公選制」が注目を浴びた。これは、選挙によって住民から選ばれた教育委員候補者のリストの中から区長が教育委員を任命するもので、公選制と任命制の折衷的な性格を持つものであったが、文部省は、これを違法として批判し続けた。また、学力テストや教科書検定に対しては裁判が起こされ、最高裁の判決が出されるまで、学会を巻き込んだ長い論争が続いた（詳細については、次章で取り扱う）。

4. 冷戦終了後の改革動向

　昭和62年（1987年）の臨時教育審議会答申は、それまでのわが国の教育の画一性、硬直性を批判し、教育行政の規制緩和を提唱した。このような方向での改革は、平成3年（1991年）の冷戦終結とそれに続く国内の政治的変動によって加速され、平成10年（1998年）、中央教育審議会答申「地方教育行政の在り方」は、地方分権と学校の自主性確保を提唱した。こうした教育行政の大きな方向転換は、地方教育行政法成立以来42年ぶりのことであった。さらに、平成11年（1999年）、国の地方に対する関与統制を縮小し、地方公共団体の自主性を確保することを目的として、いわゆる「地方分権一括法」が成立した。その結果、教育行政においても、中央教育行政と地方教育行政との関係が改められ、機関委任事務の廃止、教育長任命承認制度の廃止等、地方分権と規制緩和が実現された。さらに、平成13年（2001年）、文部省も、科学技術庁と統合されて「文部科学省」となり、明治4年（1871年）以来の「文部省」という名称が消滅したのである。

　その後、第二次安倍政権の下、教育委員会制度の責任体制が不明確である等の批判が起こり、平成26年（2014年）、地方教育行政法の大幅な改正が行われた。その結果、①首長による総合教育会議の設置、②教育委員会を代表する旧来の教育委員長を廃止して、首長によって任命される新たな教育長を教育委員会の代表者及び会務を総理する責任者と位置づける等、首長、教育長の権限強化と責任の明確化を図った（詳細は第3節で扱う）。

　また、平成27年（2015年）、文部科学省や厚生労働省など複数の省庁にまたがっていたスポーツ行政の関係機構を一本化するために、文部科学省の外局としてスポーツ庁が設置された。

第3節　わが国における教育行政の仕組み

1. 中央教育行政

　中央教育行政機関として、内閣及び内閣総理大臣と、文部科学大臣及び文部科学省がある。

　内閣は、教育に関する法律案や教育予算案を審議決定し、国会に提出すること、政令を制定すること、閣議で重要な教育問題を審議・決定・諒解することができる。内閣総理大臣は、文部科学大臣の任免、内閣を代表して教育関係法案及び教育関係予算案の国会提出その他を行う。

　文部科学大臣は、文部科学省の長であり、教育に関する主任の大臣として国の教育行政事務を分担管理する。同時に、文部科学大臣は、閣僚として内閣の職権に関与し、内閣の所管事項に属する教育関係事務の処理にあたる。文部科学大臣の主たる職権は、以下の4点にまとめられる。第一に、文部科学省所管の事務を統括し、職員の任免及び服務について統括する。第二に、教育関係の法律・政令の制定、改廃案など教育行政に関する案件について閣議にはかる。第三に、文部科学省の行政事務について、文部科学省令を制定公布し、また、告示・訓令・通達を発する。第四に、文部科学省の担任する事務に関し、都道府県及び市町村の自治事務の処理が法定違反または著しく適正を欠いている場合、必要な是正を要求する。また、法定受託事務の処理の場合は、是正に関し必要な指示をする。

　文部科学省は、「教育の振興及び生涯学習の推進を中核とした豊かな人間性を備えた創造的な人材の育成、学術の振興、科学技術の総合的な振興並びにスポーツ及び文化に関する施策の総合的な推進を図るとともに、宗教に関する行政事務を適切に行う」（文部科学省設置法第3条）ために設けられている。文部科学省の主要な権限としては、次のようなものがある。①教育改革、②国庫補助・国庫負担などの予算の執行、③教育、学術、文化、宗教、科学技術及びスポーツに関する調査、企画・立案、援助・助言、連絡調整等、④教科用図書の検定、給付等の教科書行政、⑤大学、高等専門学校の設置認可、及び、所管の高等教育機関、研究機関、その他の教育、学術、文化機関に対する運営上の指導、助言、⑥地方教育行政機関に対する指導・助言、勧告。その他。

図1　文部科学省の機構図（平成 30 年 10 月 16 日現在）

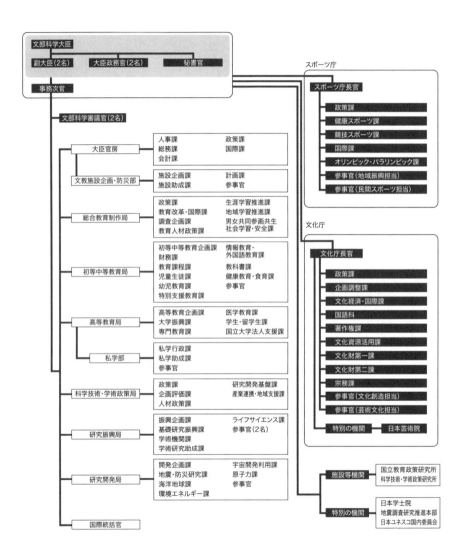

（文部科学省ホームページより）

2. 地方教育行政（1）議会・知事・市町村長

　地方教育行政機関としては、議決機関としての議会と、執行機関としての知事、市町村長、教育委員会がある。ここではまず、議会・知事・市町村長について見てみよう。

　議会の職務権限には、①条例の制定、改廃、②予算の決定、③決算の認定などがある。これらの権限を、教育行政とのかかわりで見ると、①に関しては、学校、公民館等の設置、職員の定数、給与、勤務時間等があげられる。②に関しては、学校その他の授業料や使用料、あるいは支出の決定等があげられる。なお予算案を調整し議会に提出するのは長であり、長は予算案の作成にあたっては、教育委員会の意見をきかなければならない。

　都道府県知事及び市町村長に共通の教育行政事務にかかわる職務権限としては①議会の同意を得て教育長及び教育委員会の委員の任命・罷免を行い、教育長及び委員の辞職について同意を行う。②都道府県立あるいは市町村立大学を管理し、その職員の任命を行うこと。③総合教育会議を主催し、学校統廃合や小中連携などについて教育委員会メンバーと協議し、教育行政の基本方針を定める、があげられる。さらに、これに加えて、都道府県知事独自の職務権限として、①大学、高等専門学校以外の私立学校の設置、廃止の認可及びこれらに対する助成を行うこと、②宗教法人に関する事務を管轄すること、などがある。

3. 地方教育行政（2）教育委員会

　前述のように平成26年（2014年）の地方教育行政法の改正により、新教育委員会制度が誕生した。新制度は平成27年（2015年）から実施されている。旧制度との違いは、図2に示したとおりである。

図2 新教育委員会制度（平成27年（2015年）度以降）と旧制度の違い

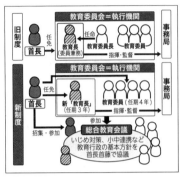

（『内外教育』2014年6月20日号、ア、10より一部修正）

　教育委員会は、教育長、教育委員、会議及び事務局によって構成されるが、特に前三者を狭義の教育委員会と呼ぶ（図3）。

図3　教育委員会の概念

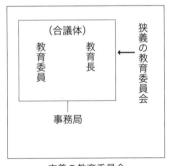

広義の教育委員会

　狭義の教育委員会は、教育長及び教育委員によって構成される。教育委員は、特別職に属する非常勤の地方公務員であり、定数は4名である。ただし、条例によって、都道府県・指定都市の教育委員会では5名、町村では2名とすることができる。教育委員の任命は、議会の同意を得て、地方公共団体の長によって行われる。委員として任命されるためには、当該地方公共団体の長の被選挙権を有し、人格が高潔で、教育、学術、文化に関して識見を有するものでなければならない。任期は4年で、委員の半数以上が同一政党に属することが禁止されている。教育委員会は、教育長及び教育委員による合議制の執行機関であり、そのために会議を開

く。従って、教育長及び個々の教育委員は、独自に教育行政を行うことができない。教育長は、教育委員会の会議を招集して主催し、対外的に教育委員会を代表する。

　狭義の教育委員会は、以上のように、教育長及び教育委員によって構成された執行機関としての行政委員会である。そこで、議決されたことを執行する事務機構が必要とされる。それが事務局である。教育長は、上述のように教育委員会を代表すると同時に、教育委員会の事務をつかさどり、事務局を統括し、職員を指揮督励する立場にある。

　教育長は、当該地方公共団体の長の被選挙権を有する者で、人格が高潔で、教育行政に関し識見を有するもののうちから、地方公共団体の長が、議会の同意を得て任命する。教育長の任期は、3年である。

　都道府県教育委員会には、事務局（本庁、地方事務所）が置かれている。本庁は、教育庁あるいは教育局と呼ばれることが多い。地方事務所は、都道府県内各

図4　教育委員会の組織図

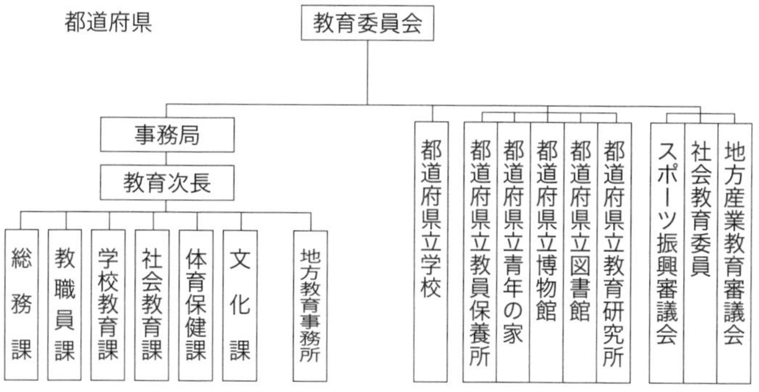

出典：文部省『学制百年史記述編』1972年、1,033頁より作成（一部修正）

地に置かれ、中小市町村教育委員会の指導行政を補助している。事務局には、指導主事、事務職員、技術職員が置かれることになっている。その他、社会教育主事、社会教育主事補、統計主事、管理主事などが置かれることが多い。市町村教育委員会事務局の場合、地方教育事務所は持たないが、学校教育課や社会教育課などが置かれている。

　次に、教育委員会の職務権限を見ると、その態様面から、以下の三種類に分けられる。第一に、教育委員会が自らその組織を決定できる組織権である。これに

よって、教育委員の辞職への同意、事務局職員の任命などが行える。第二に、教育委員会規則、規定を制定する権限である。つまり、準立法的機能である。たとえば、学校管理規則、教育委員会の会議に関する規則、高等学校の通学区の設定などがあげられる。第三に、行政執行権である。教育委員会が行使できる行政執行権は、内容的に見ると、非常に広範なものである。すなわち、地方公共団体の長に属するものを除き、その地方公共団体区域内の教育、文化、学術の大部分を含むのである。たとえば、学校その他の教育機関の設置・管理・廃止及び財産の管理、教育職員の人事、児童生徒の就学・入学・転学・退学、学校の組織編成や教育課程、教科書、研修、学校給食、社会教育、文化財保護、その他があげられる。

第4節　教育行政の課題

1. 教育委員会制度の活性化をめぐる問題

　第一に、戦後の教育委員会制度のねらいのひとつであった「民主制」、すなわち、地域住民の教育要求を教育行政に反映させるという理念が、昭和31年（1956年）の地方教育行政法の成立により教育委員の公選制から地方公共団体の長による任命制に変更されて以降弱められてきた点である。教育委員会が地域住民から遊離し、地域住民にとって影の薄い存在になってきたことである。教育の地方自治を実現するために導入された教育委員会制度が、東西冷戦を背景とした国内の55年体制の下で形骸化したのである。しかし、その後、冷戦が終了し、国内の55年体制も崩れたことが、このような状況に変化の兆しをもたらした。平成10年（1998年）の中央教育審議会答申「地方教育行政の在り方」は、教育の地方自治を再び復活させることを提唱したのである。これを受けて、平成13年（2001年）、地方教育行政法が改正され、教育委員会の委員の任命に当たっては、委員の年齢、性別、職業等に著しい偏りが生じないよう配慮するとともに、委員のうちに保護者が含まれるよう努めなければならないと規定されたこと、さらに、教育委員会の会議が原則公開されることになったことは、改善へ向けての一歩として評価できる。ただし、教育委員の公選制については、提言されていない。

　第二に、教育委員会の規模の問題である。すなわち、本来の機能を十分に果たすことのできない小規模教育委員会が多いことである。現在、我が国の教育委員会の約 7 割が、人口規模 3 万人未満の小規模教育委員会であり、そのため、指導及び管理面において十分な体制をとれないことが多い。たとえば、専門的職員である指導主事を配置している教育委員会は、平成 16 年（2004 年）の調査では、市区町村教育委員会全体の約 55% にすぎず、45% が指導主事を置いていないのである。また、市町村教育委員会は義務教育諸学校を設置・管理することが義務づけられているが、市町村の財政基盤が弱いため、国からの財政補助を受けざるを得ない状況である。教育の地方自治、地方分権という理念から考えるならば、こうした状況は、必然的に地方教育行政機能の弱体化と、国の地方教育行政に対する権限強化を招くものである。教育委員会が十分に機能を発揮してその目的を達成するためには、どの程度の行政区域、設置区域が望ましいのかについて改めて検討する必要がある。

2. 地方教育行政の 2 元化問題

　地方教育行政の「2 元化」とは、地方教育行政が教育委員会と地方公共団体の首長の両者によって担当されていることを指す。近年の教育状況の変化に伴って、この 2 元化が大きな問題となっている。

　教育状況の変化の第一は、私立学校の役割の増大である。近年、幼稚園への就園率や高等学校への進学率の上昇に伴い、私立学校の役割が依然にもまして大きくなってきている。しかし、その役割が重要になればなるほど、公立学校との関係はもちろんのこと、地域社会とも一層深く結びつくことが私立学校に求められてきている。ところが現在の制度下では、私立学校に関する教育行政は、公立校に関する教育行政とは別建てになっており、公立大学・私立学校に関する事務の管理・執行は地方公共団体の長が行い、教育委員会は基本的に公立学校その他の教育機関を所管するのである。

　したがって、私立学校の増大は、地方公共団体区域内の教育について、教育委員会の権限の及ぶ範囲が狭くなることを意味し、地域の教育行政の仕組みがきわめて複雑になる。また、教育委員会制度は、一般行政からの独立を志向して生ま

れたものであったにもかかわらず、公立学校以上に独立性・自律性を求められる公立大学や私立学校が、現状では、一般行政の対象になっている。したがって、私立学校の役割の増大は、地方公共団体の長の発言権が増大することに他ならず、公立学校行政との整合性が求められているのである。以上のようなことから、現在、同一地域内にある国・公・私立学校に関して、共通の枠組みの中で一定の事務処理がなされる新しい行政システムを作ることが必要となっているのである。

　教育状況の変化の第二は、生涯教育事業の増加である。我が国においては、臨時教育審議会答申以来、生涯学習体系への移行が進められ、地方教育行政においても生涯教育事業の増加が著しい。それに伴って、地域の生涯教育行政をどのように仕組み、どこがイニシアチブをとってその事業を統合的に展開するかが問題となっている。現在、一般的には、生涯教育事業は教育委員会と首長（知事・市長）部局とにおいて、2元的に行われている。しかし、生涯学習体制を整備するためには、既存の制度や事業を生涯教育という視点から再構築し、縦割り行政を克服することが求められる。つまり、生涯教育事業の拡大・本格化は、従来の教育委員会と首長という2元的教育行政の在り方を根本から変えていくことを要求しているのであり、教育委員会制度そのものの見直しも必要となっている。

3. 新教育委員会制度の課題

　以上、教育委員会制度の在り方を中心に、近年の教育行政の課題を2点挙げたが、前者（活性化を求める動き）は、冷戦下で長い間失われてきた教育委員会制度本来の趣旨と機能を回復し、発揮できるように改革することを求める動きにつながり、他方、後者（2元化問題）は、教育委員会制度そのものの廃止や縮小につながるものである。いずれも、地方教育行政の要である教育委員会制度の見直しを求めるものであるが、その求める方向性は正反対といってよい。近年の地方教育行政改革は、この二つの方向性をにらみながら進められてきたのである。

　こうした中で、平成26年（2014年）、教育委員会制度の大改革が行われた。平成23年（2011年）に起きた中学生のいじめ自殺問題をきっかけに、教育委員会の機能不全が批判され、教育委員会制度の大改革となり、前述したような首長が主催する総合教育会議の設置や首長が任命する新教育長職が成立した。これに

よって、教育行政に首長の意向を反映させやすくなり、首長と新教育長の責任を明確化し、いじめ問題などの緊急事態の発生にも対応できるようにしたのである。しかし、こうした改革については批判も多い。本来、教育委員会制度が設けられた理由の一つは、首長（一般行政）から独立した機関（行政委員会）として、教育の政治的中立性を保つことであった。しかし、今回の改正により、例えば、首長が主催する総合教育会議においては、教科書採択や教職員人事に関する執行権は、教育の政治的中立性に配慮して引き続き教育委員会に残すことになったものの、教育委員会制度が本来目指した、首長の教育行政への政治的中立性をどこまで保てるかは未知数である。さらには、首長の交代とともに、教育方針もその都度変わる懸念もあり、大きな課題となっている。

（牛渡　淳）

《参考文献》

堀和郎・柳橋信彦『教育委員会再生の条件』（筑波大学出版会）2009 年

黒崎勲『教育学としての教育行政＝制度研究』（同時代社）2009 年

勝野正章、藤本典裕『教育行政学』改訂版（学文社）2008 年

高橋靖直、牛渡淳、若井彌一『教育行政と学校・教師』第三版（玉川大学出版部）2004 年

皇至道『教育行政学原論』（第一法規）1974 年

村川祐介『教育行政の政治学』（木鐸社）2011 年

日本教育行政学会研究推進委員会編『地方政治と教育行財政改革』（福村出版）2012 年

日本教育行政学会研究推進委員会編『教育機会格差と教育行政』（福村出版）2013 年

青木栄一『地方分権と教育行政：少人数学級編成の政策過程』（勁草書房）2013 年

『岩波講座・教育・改革への展望（6）学校のポリティクス』（岩波書店）2016 年

コラム1

新教育委員会制度成立までの流れ

　平成24年（2012年）の選挙によって政権に復帰した自由民主党は、平成25年（2013年）1月に教育再生実行会議を設置した。この会議は、4月15日に「教育委員会制度等の在り方について（第二次提言）」をとりまとめた。そこで、従来の教育委員会制度の在り方を大きく変更する改革案が示された。主な改正点は以下の2点である。第一に、教育行政の責任者を、今の合議制の委員会から、首長が任命する教育長に変えることである。「地方公共団体における教育行政の責任体制を明確にするため、首長が任免を行う教育長が、地方公共団体の責任者として教育事務を行うよう現行制度を見直す。首長による教育長の任命・罷免に関しては、議会の同意を得ることとし、議会が教育長の資質・能力をチェックする」。第二に、教育委員会は教育の基本を話し合い、教育長をチェックする役割に変えることである。「教育長を教育行政の責任者にすることに伴い、教育委員会の性格を改め、その機能は、地域の教育の在るべき姿や基本方針などについて闊達な審議を行い、教育長に対して大きな方向性を示すとともに、教育長による教育事務の執行状況に対するチェックを行うこととする」。

　この提言については、教育関係者等からは、今よりも判断が早くなり、責任のありかが明確になるとの声もあるが、首長の力が強くなり、歯止めが無く、政治的な中立性を損なうのではないかとの懸念が示された。

　その後、4月25日には、文部科学大臣が、この第二次提言を基に、中央教育審議会に、教育委員会制度改革について諮問を行い、その審議経過が10月11日に報告された。そこでは、A案及びB案という二つの案が提示された。A案は、従来の狭義の教育委員会を首長の付属機関（審議会）とし、また、教育長は首長によって任命される、首長の補助機関とする案であり、従来の教育委員会制度を抜本的に変えようとする案である。他方、B案は、従来と同様、教育長を教育委員の補助機関にするが、首長が教育長を任命する点で従来とは異なる。さらに、この案では、教育長の権限を強めるため、教育委員会の責任を基本方針等の限られた事項に限定し、責任の多くを教育長に委任しつつ、教育委員会が教育長の事務執行をチェックする機関とするものである。

　しかし、A案・B案いずれも、教育関係者その他から大きな批判を受けた。批

判の第一は、民意の反映、すなわち、「レイマン・コントール」の原則が消滅することである。改革案は、いずれも、選挙で選出された首長こそが民意の反映であるとする立場に立つ。しかし、これまでの教育委員会制度は、そのような間接的な民意の反映ではなく、地域住民・保護者が直接的に地域の教育の責任者となるシステムであった。草の根民主主義に基づいた参加型教育行政の典型であった。従って、従来の立場から言えば、改革案は、いずれも、明らかに、民主主義の後退であると言えよう。第二に、教育の中立性が脅かされることになる点である。従来の教育委員会は、行政委員会として、公安委員会や選挙管理委員会と並び、首長から独立・中立の立場をとる委員会であった。特に A 案では、教育委員会は独立した行政委員会ではなくなり、首長から任命された教育長の諮問機関となり、中立性確保の仕組みが消滅してしまうことになる。首長による教育分野への政治的暴走に歯止めがかけられず、首長によって学校に政治的イデオロギーが直接持ちこまれる可能性が出てきた。B 案以上に、民意の反映と中立性の観点から重大な問題を抱えた案であると言える。しかし、12 月 13 日、中央教育審議会は最終答申を出し、A 案を基にした新しい教育委員会制度を提言した。

　その後、政府与党における法案化の過程で、A 案とも B 案とも異なる最終案が採用された。最終案では、教育委員会を従来どおり、首長から独立した行政委員会として位置づけるとともに、これとは別に、首長の権限を強化するために、首長が主催する総合教育会議において、教育行政の基本方針を策定することとした。さらに、首長が教育長を任命すると同時に、旧来の教育委員長職を廃止し、教育長が教育委員会を代表することとしたのである。この改正案を盛り込んだ改正地方教育行政法は、平成 26 年（2014 年）6 月 13 日に、参院本会議で可決、成立した。

コラム 2

子どもの貧困と地方教育行政

　平成 18 年（2006 年）の経済協力開発機構（OECD）の報告書において、日本における「子どもの貧困」問題が明らかにされ、さらに、平成 20 年（2008年）に出版された阿部彩『子どもの貧困－日本の不公平を考える』等の書物によ

り、日本国内の子どもの貧困が社会の喫緊の課題であることを多くの人々が認識するようになった。それ以降、子どもの貧困に対しては、福祉の現場、学校、地方教育行政等において様々な対応がなされてきたが、地方自治体における対応に関しては、一つの大きな特徴を見ることができる。それは、教育委員会のみならず、地方自治体の様々な部署が連携・協働しながら対応にあたっているという実態である。それは、子どもの貧困問題が、学校教育だけではなく、児童福祉、家庭福祉、地域コミュニティー等の問題でもあるからである。このような総合的な対応をおこなっている例として、仙台市があげられる。仙台市では、教育委員会事務局とは別に、子ども未来局を設置し、子どもの保健福祉及び健全育成に関する事項について総合的な事業を行っている。子どもの貧困に関しては、仙台市の実態調査により、貧困家庭と貧困家庭以外の家庭で子どもの成績状況や健康状態、保護者の相談相手の有無等に明確なちがいがあることが判明している。こうしたことから、仙台市の貧困対策計画は、「つなぐ・つなげる」をキーワードとして、①様々な部署での多様な施策をつなぐ、②行政の施策と家庭や子どもをつなぐという二つの意味で「つなぐ・つながる　仙台子ども応援プラン」と名付けている。具体的には、保育関連では、「身近な支援の充実」（児童館、保育所等による支援）、「訪問支援の充実」（保育士による訪問子育て支援等）、教育関連では、「各子どもに即したきめ細かな教育」（少人数学習の支援、放課後補充学習等）、「工夫をこらした教育指導」（学習意欲の科学的分析、他者と関わる力の育成等）などが行われており、子どもの貧困対策は、一般行政部局である子ども未来局と教育委員会事務局との緊密な連携の下で実施されているのである。

第 10 章
教育課程と教科書の行政

第 1 節　教育課程の編成

1. 教育目的・目標と教育課程

　学校では教育課程を編成する。学校の教育課程（curriculum）とは、子どもの発達に応じ、子どもに学習させるべき教育内容を体系化し順序づけた学校教育の全体計画である。子どもに何を教えるか、どのような活動をさせたらよいかを根本から考えると、そもそも何のために教育をするのかが考えられなければならない。

　教育基本法は第1条で教育の目的を、第2条で教育の目標を定めている。そして教育基本法第5条第1、2項は義務教育の目的を次のように規定している。

　　第5条　国民は、その保護する子に、別に法律で定めるところにより、普通教育を受けさせる義務を負う。
　　2　義務教育として行われる普通教育は、各個人の有する能力を伸ばしつつ社会において自立的に生きる基礎を培い、また、国家及び社会の形成者として必要とされる基本的な資質を養うことを目的として行われるものとする。

　この教育基本法に示された義務教育の目的を実現するために、学校教育法第21条は義務教育の目標を定めている。目的を実現するために具体的に達成すべきことがらが目標である。

　　第21条　義務教育として行われる普通教育は、教育基本法（平成18年法律120号）第5条第2項に規定する目的を実現するため、次に掲げる目標を達成するよう行われるものとする。
　　一　学校内外における社会的活動を促進し、自主、自律及び協同の精神、規範意識、公正な判断力並びに公共の精神に基づき主体的に社会の形

成に参画し、その発展に寄与する態度を養うこと。

二　学校内外における自然体験活動を促進し、生命及び自然を尊重する精神並びに環境の保全に寄与する態度を養うこと。

三　我が国と郷土の現状と歴史について、正しい理解に導き、伝統と文化を尊重し、それらをはぐくんできた我が国と郷土を愛する態度を養うとともに、進んで外国の文化の理解を通じて、他国を尊重し、国際社会の平和と発展に寄与する態度を養うこと。

四　家族と家庭の役割、生活に必要な衣、食、住、情報、産業その他の事項について基礎的な理解と技能を養うこと。

五　読書に親しませ、生活に必要な国語を正しく理解し、処理する基礎的な能力を養うこと。

六　生活に必要な数量的な関係を正しく理解し、処理する基礎的な能力を養うこと。

七　生活にかかわる自然現象について、観察及び実験を通じて、科学的に理解し、処理する基礎的な能力を養うこと。

八　健康、安全で幸福な生活のために必要な習慣を養うとともに、運動を通じて体力を養い、心身の調和的発達を図ること。

九　生活を明るく豊かにする音楽、美術、文芸その他の芸術について基礎的な理解と技能を養うこと。

十　職業についての基礎的な知識と技能、勤労を重んずる態度及び個性に応じて将来の進路を選択する能力を養うこと。

　学校教育法は、次いで幼稚園、小学校、中学校、義務教育学校、高等学校、中等教育学校などの学校種ごとに、目的とそれを実現するための目標を定めている。特別支援学校については目的のみが規定されている。

　中学校の場合を見よう。目的は第45条が「中学校は、小学校における教育の基礎の上に、心身の発達に応じて、義務教育として行われる普通教育を施すことを目的とする」と定めている。目標については、第46条が「中学校における教育は、前条に規定する目的を実現するため、第21条各号に掲げる目標を達成するよう行われるものとする」と規定している。

高校教育の目的は第 50 条、目標は第 51 条が定めている。

第 50 条　高等学校は、中学校における教育の基礎の上に、心身の発達及び
進路に応じて、高度な普通教育及び専門教育を施すことを目的とする。

第 51 条　高等学校における教育は、前条に規定する目的を実現するため、
次に掲げる目標を達成するよう行われるものとする。

一　義務教育として行われる普通教育の成果を更に発展拡充させて、豊か
な人間性、創造性及び健やかな身体を養い、国家及び社会の形成者と
して必要な資質を養うこと。

二　社会において果たさなければならない使命の自覚に基づき、個性に応
じて将来の進路を決定させ、一般的な教養を高め、専門的な知識、技
術及び技能を習得させること。

三　個性の確立に努めるとともに、社会について、広く深い理解と健全な
批判力を養い、社会の発展に寄与する態度を養うこと。

そして、学校教育法第 30 条第 2 項は、学力の 3 要素を掲げている。①知識・技能、
②思考力・判断力・表現力、③主体的に学習に取り組む態度である。

第 30 条第 2 項　前項の場合においては、生涯にわたり学習する基盤が培わ
れるよう、基礎的な知識及び技能を習得させるとともに、これらを活用し
て課題を解決するために必要な思考力、判断力、表現力その他の能力をは
ぐくみ、主体的に学習に取り組む態度を養うことに、特に意を用いなけれ
ばならない。

「前項においては」とは、小学校の教育について規定した第 30 条第 1 項の場合
をさす。この第 30 条第 2 項は中学校や高等学校等でも準用されている（第 49 条
の 8、第 62 条など）ので、これらの学力の 3 要素は小・中・高等学校教育のす
べてで重視されるのである。

2. 学校教育法施行規則と学習指導要領

　学校教育法は法律であるから国会で定めたものである。学校の教育に関するく
わしい事項まで国会で議論する余裕はないので、それ以上に具体的なことがらに
ついては、文部科学大臣が定める学校教育法施行規則という省令に委ねている(学
校教育法第33条、48条、49条の7、52条、68条、77条)。さらに、学校教育
法施行規則は、学習指導要領を教育課程の基準としているのである（学校教育法
施行規則第52条、74条、84条、129条ほか）。文部科学省も学習指導要領の中
で「各学校においては、…法令並びにこの章以下に示すところに従い、…適切な
教育課程を編成する」と、法令と学習指導要領にしたがって、それぞれの学校が
教育課程をつくると述べている。

　学習指導要領は教育課程の基準であって教育課程そのものではない。前述のよ
うに、教育課程を編成するのは各学校である。学習指導要領は、小学校、中学校、
高等学校、特別支援学校のそれぞれについてつくられている。

　次に、教育課程の領域を見よう。学校の教育課程は教科だけではない。学校教
育法施行規則は、教育課程を各教科、特別の教科・道徳（小・中のみ）、外国語
活動（小のみ）、総合的な学習の時間、特別活動によって編成するよう定めている。
ただし、高校の場合は2022年度より「総合的な学習の時間」が「総合的な探究
の時間」にかわる（第50条、72条、83条）。なお、私立学校では宗教を加える
ことができ、特別の教科・道徳のかわりとしてもよい（第50条、79条）。

　小学校の教科とは、国語、社会、算数、理科、生活、音楽、図画工作、家庭、体育、
外国語である（第50条）。中学校の教科は国語、社会、数学、理科、音楽、美術、保
健体育、技術・家庭、外国語である（第72条）。高校の場合は学科により異なる教
科が置かれている。高校の学科には、普通教育を主とする学科、専門教育を主と
する学科、普通教育と専門教育を総合的に学ぶ学科がある。学校教育法施行規則
は、「各学科に共通する各教科」と「主として専門学科において開設される各教科」
それぞれについて教科、科目を掲げている。さらにそのほかの教科・科目を置く
こともできる（第83条）。それらは「学校設定教科」「学校設定科目」と呼ばれる。

　体育は教科のひとつで、小学校1・2年の生活科も教科である。「総合的な学
習の時間」は生活科と似ている点が多いが、教科ではない。

　特別活動の内容は学習指導要領が定めている。小・中・高校で少しずつ異なっている。小学校のクラブ活動は特別活動である。中・高の部活動は特別活動に入るかのように思われるが、そうではない。部活動は学校の教育活動として実施され、教育的意義は非常に大きいが、教育課程外の活動つまり「課外活動」で、主に放課後行われる。

　特別支援学校の小学部、中学部、高等部では、各教科、特別活動などの他に「自立活動」が加わっている（第 126 条〜 128 条）。特別支援学校小学部・中学部学習指導要領によれば、自立活動の目標は、「個々の児童又は生徒が自立を目指し、障害による学習上又は生活上の困難を主体的に改善・克服するために必要な知識、技能、態度及び習慣を養い、もって心身の調和的発達の基盤を培う」ことである。その内容には①健康の保持、②心理的な安定、③人間関係の形成、④環境の把握、⑤身体の動き、⑥コミュニケーションの 6 分野があり、各分野 3 〜 5 の項目があげられている。

　特別支援学校では各教科・科目の全部または一部を合わせるなど、特別の教育課程によることができる（第 130 条、131 条）。また、小・中・中等教育学校の前期課程の特別支援学級の場合も、特別な教育課程によることができる（学教施規第 138 条）。特別支援学級以外の学級に在籍する児童・生徒でも、言語障害、自閉症、情緒障害、弱視、難聴等で特別の指導を行う必要がある場合には、特別の教育課程によることができる（第 140 条）。

　他にも特別の教育課程を編成できる場合がある。そもそも心身の状況によって履修することが困難な各教科は、その児童・生徒の心身の状況に適合するように課さなければならない（学教施規第 54 条、79 条、104 条、113 条、135 条）。不登校児童生徒や日本語に通じない児童生徒、夜間中学で学ぶ生徒などを対象とする場合、あるいは教育課程の改善のための研究や地域の実態に照らして効果的な教育を行う場合や、国際バカロレア認定校などでは教育課程の特例が認められる（第 55 条、55 条の 2 、56 条、56 条の 2 〜 4 、79 条、85 条、85 条の 2 、86 条、88 条の 2 ）。

　次に授業時数について。小・中学校および中等教育学校の前期課程の場合は学校教育法施行規則に標準授業時数が定められている（第 51 条、73 条、107 条）（別表 1 、2 ）。高校については、学習指導要領に、授業時数ではなく標準単位数の

形で定められている（1単位とは50分の授業を35回つまり毎週1回の授業の1年間分なので、ふつう単位数とは週あたりの授業時数となる）。

表1　小学校の各学年の授業時数

区分		第1学年	第2学年	第3学年	第4学年	第5学年	第6学年
各教科の授業時数	国語	306	315	245	245	175	175
	社会			70	90	100	105
	算数	136	175	175	175	175	175
	理科			90	105	105	105
	生活	102	105				
	音楽	68	70	60	60	50	50
	図画工作	68	70	60	60	50	50
	家庭					60	55
	体育	102	105	105	105	90	90
	外国語					70	70
特別の教科である道徳の授業時数		34	35	35	35	35	35
外国語活動の授業時数				35	35		
総合的な学習の時間の授業時数				70	70	70	70
特別活動の授業時数		34	35	35	35	35	35
総授業時数		850	910	980	1,015	1,015	1,015

備考1　この表の授業時数の1単位時間は、45分とする。
　　2　特別活動の授業時数は、小学校学習指導要領で定める学級活動（学校給食に係るものを除く。）に充てるものとする。
　　3　略

表2　中学校の各学年の授業時数

区分		第1学年	第2学年	第3学年
各教科の授業時数	国語	140	140	105
	社会	105	105	140
	数学	140	105	140
	理科	105	140	140
	音楽	45	35	35
	美術	45	35	35
	保健体育	105	105	105
	技術・家庭	70	70	35
	外国語	140	140	140
特別の教科である道徳の授業時数		35	35	35
総合的な学習の時間の授業時数		50	70	70
特別活動の授業時数		35	35	35
総授業時数		1,015	1,015	1,015

備考1　この表の授業時数の1単位時間は、50分とする。
　　2　特別活動の授業時数は、中学校学習指導要領で定める学級活動（学校給食に係るものを除く。）に充てるものとする。

第 2 節　学習指導要領の変遷

　学習指導要領は、前述のように、各学校で教育課程を編成する教育課程の基準
である。学習指導要領は、ほぼ 10 年ごとに改訂されてきた。改訂のたびに、子
どもたちが小中高等学校で学習する内容が大きく変わる。その変遷を見よう。

　占領下につくられた昭和 22 年（1947 年）版学習指導要領は、当時米国で最も
進歩的とされていた経験学習のカリキュラムであった。学問・教科の基礎から順
番に教えるのではなく、成長につれて発展する興味・関心の対象を教育内容の軸
にすえ、「なすことによって学ぶ」というものであった。学習指導要領は「手引き」
であり、表紙には「試案」と記された。昭和 26 年（1951 年）版は、昭和 22 年（1947
年）版をより発展させたものであった。

　しかし、昭和 25 年（1950 年）頃から、子どもの読み書き計算などの学力が低
下したという批判が強くなる。これに対し、経験学習を支持する教育関係者は、
本当の学力とは日常生活や将来の社会生活で直面する課題を解決する総合的な知
的能力であると反論し、学力論争が展開されたのである。

　昭和 33 年（1958 年）版の学習指導要領は、経験主義を捨てて教科主義に転換
した。すべての児童・生徒に各教科の基礎・基本をしっかりと教えることが第一
の目的となった。この頃はいわゆる 55 年体制の始まりの時期で、国内における
政治的意見が大きく二つに分かれていた。学校教育にもその対立は反映した。文
部省は昭和 33 年（1958 年）版学習指導要領を官報に告示するという形式をとり、
それを理由に法的拘束力を持つと主張した。

　昭和 43 年（1968 年）版は、米国における教育の現代化の影響を受けて、教育
内容が高度化した。現代化カリキュラムはブルーナー（Bruener, Jerome1915 〜
2016）の理論に基づいてつくられた。ブルーナーは、人類の知識の増大に応じて
教育内容を増やすのには限界があるので、教育内容を精選して学問の基本概念に
しぼるべきだと主張した。そして、基本概念（構造）は単純だから、発達のどの
段階の子どもにも効果的に教えることができるという「ブルーナー仮説」を唱え
た。この理論にしたがって、従来より早い学年で高度のことが教えられるように
なった。教育内容の精選は進まず、かえって内容がふえた。そのため授業につい

て行けない、いわゆる「落ちこぼれ」が激増した。

　文部省は昭和 52 年（1977 年）の学習指導要領で「ゆとりと充実」をキャッチフレーズに、教育内容と教科の授業時数を大幅に削減した。「ゆとり教育」の始まりである。平成元年（1989 年）版では、小学校 1・2 年の社会科・理科をなくしてかわりに生活科を新設した。中学校では、学校ごとに授業時数を幅をもたせたり、生徒の選択履修を拡大した。高校の場合は、この頃大学入試科目が減ったことと相まって、普通科高校でも選択科目がふえた。物理や生物を学ばないまま大学の理科系学部に進学する生徒がふえ、大学生の「学力低下」が社会問題になった。

　平成 10 年（1998 年）版学習指導要領は児童・生徒に「生きる力」をはぐくむことを目的とした。「生きる力」とは、変化の激しいこれからの社会を生きるために必要な学力、人間性、健康・体力である。そこでの学力とは、自ら課題を見つけ、自ら学び、考え、判断し、表現することにより、さまざまな問題に積極的に対応し、解決する力である。完全学校週 5 日制と総合的な学習の時間を実施するために教科の授業時数・内容を大幅に削減した。いわゆる教育内容の「3 割削減」である。中学で選択学習の幅をいっそう拡大し、高校でも必修単位数が削減された。これに対して、多くの人々が「学力低下」を懸念して強く批判したため、文部科学省は「ゆとり教育」のかわりに「確かな学力」というようになった。平成 20 年（2008 年）版では、総合的な学習の時間を削減して教科の学習時間と内容を増やしたが、「生きる力」を育成するという方針は受け継いでいる。また、小学校 5・6 年に外国語活動の時間を新設、平成 18 年（2006 年）の教育基本法改正を受けて日本の伝統文化の内容を強化した。

　平成 27 年（2015 年）の学習指導要領一部改訂によって、小中学校の道徳が「特別の教科道徳」とされた。これに伴って、平成 30 年（2018 年）度から小学校、翌年度から中学校で道徳の教科書が使用されている。

　平成 29 年（2017 年）版学習指導要領では、第 1 に、従来の学習指導要領では主に「何を学ぶか」という指導内容を定めていたが、「どのように学ぶか」「何ができるようになるか」という観点が加わっている。"コンテンツ（contents、内容）からコンピテンシー（competency、能力）へ"と言われる。第 2 に、「主体的・対話的で深い学び」の実現に向けた授業改善が強調されている。第 3 に、小学校高学年から教科としての英語（外国語）を週 2 時間行うこととなった。

　高等学校では、世界史必修を見直して、かわりに近現代の歴史を考察する「歴史総合」と「地理総合」を必修とした。現代社会にかえて、他者と協同しつつ社会の形成に参画し、持続可能な社会づくりに向けて必要な力を育む「公共」という科目が新設された。「理科や数学に関する課題を設定して探究」する「理数科」という教科が誕生した。また、高校での「総合的な学習の時間」は「総合的な探究の時間」に改められた。

表3　学習指導要領の改訂経過

昭和22. 3	小・中・高等学校学習指導要領（試案）一般編発行　→　22.4 実施
26. 7	小・中・高等学校学習指導要領（試案）一般編発行
33.10 35.10	小・中学校学習指導要領告示　→　小 36.4 実施、中 37.4 実施 高等学校学習指導要領告示　→　38.4 学年進行により実施
43. 7 44. 4 45.10	小学校学習指導要領告示　　　→　46.4 実施 中学校学習指導要領告示　　　→　47.4 実施 高等学校学習指導要領告示　→　48.4 学年進行により実施
52. 7 53. 8	小・中学校学習指導要領告示　→　小 55.4 実施、中 56.4 実施 高等学校学習指導要領告示　→　57.4 学年進行により実施
平成元. 3	小・中・高等学校学習指導要領告示 　　　　→　小 4.4 実施、中 5.4 実施、高 6.4 学年進行により実施
10.12 11. 3 15.12	小・中学校学習指導要領告示　→　小・中 14.4 実施 高等学校学習指導要領　　　　→　15.4 学年進行により実施 小・中・高等学校学習指導要領一部改訂
20. 3 21. 3 27. 3	小・中学校学習指導要領告示　→　23.4 実施 高等学校学習指導要領告示　→　25.4 学年進行により実施 小・中学校学習指導要領一部改訂
29. 3 30. 3	小・中学校学習指導要領告示　→　小 32.4 実施、中 33.4 実施 高等学校学習指導要領告示　→　34.4 学年進行により実施

第3節　教育内容への教育行政の関与の限界

1. 戦前教育への反省と 1947 年・2006 年教育基本法

　第1節で見たように、各学校は教育課程を、法律や文部科学省令、学習指導要領にもとづいて作成する。法律を作成する国会議員は選挙で選ばれ、文部科学大臣は国会で選出された内閣総理大臣が任命する。このようにして選ばれた政治家

が、学校の教育内容を決めてよいのだろうか。学校の教育内容に、政府はどの程度関わることができるのだろうか。

　戦前、明治 22 年（1889 年）の大日本帝国憲法制定の翌年、明治 23 年（1890 年）に発布された教育勅語を教育の根本理念としていた。教育勅語は、天皇の徳と臣民の忠誠が「国体の精華」であるとともに「教育の淵源」だと説き、忠孝を中心とした 14 の徳目を掲げた。敗戦まで、教育勅語の精神に基づく国家主義教育が、修身科をはじめ各教科や学校儀式など学校教育全般にわたって、国による強い統制の下で行われた。

　戦後、昭和 21 年（1946 年）に日本国憲法が制定され、翌昭和 22 年（1947 年）3 月、新制小中学校の発足の直前に教育基本法が制定された。この法律は、戦前の教育に対する反省をもとに、戦後日本を民主的平和的国家として再建するための教育の根本を定めるものであった。その後約 60 年間改正されることはなかったが、平成 18 年（2006 年）に全面的に改められた。とくに伝統の尊重と愛国心がもりこまれた点がもっとも大きな改正点であるが、教育行政の原則を定める条文も大きく改められた。

　昭和 22 年（1947 年）に制定された旧教育基本法第 10 条は、以下のようであった。

　　　旧教育基本法第 10 条　教育は、不当な支配に服することなく、国民全体
　　　に対し直接に責任を負って行われるべきものである。
　　２　教育行政は、この自覚のもとに、教育の目的を遂行するに必要な諸条
　　　件の整備確立を目標として行われなければならない。

　この条文は、①教育に対する不当な支配の禁止、②教育の国民全体に対する直接責任、③教育行政が教育の条件整備を目標とすることを定めている。まず①の「不当な支配に服することなく」については、教育の自主性や学問の自由に反するような外部からの干渉は「不当な支配」として違法となる。政治的、宗教的勢力による支配はもちろん違法である。では、教育行政機関による合法的な支配の場合でも「不当な支配」に当たることがありうるかどうかが問題となった。②の「国民全体に対し直接責任を負って」は、一般行政組織を通じて間接的に国民に責任を負うのではないという趣旨である。この趣旨を実現するため、昭和 23 年（1948

年）に教育委員会法が制定された。教育委員会法は、それまでの中央集権による教育体制を改めて教育を地方に委ねること、都道府県・市町村に教育委員会を置いて、住民が選挙で選んだ教育委員が合議して教育行政を行うこととした。しかし、昭和 31 年（1956 年）に教育委員会法は廃止され、かわりに地方教育行政の組織および運営に関する法律が制定された。これにより、教育委員は公選制から任命制にかわった。

　次に③「教育行政は……必要な諸条件の整備確立を目標として行われなければならない」について。教育行政が行うべき条件整備については、学校の施設・設備、学校財政等のいわゆる「外的事項」に止まり、カリキュラム、教材の選定、教育の評価・方法等の「内的事項」には関与できないとする学説と、「外的事項」はもちろん、「内的事項」にも関与できるという政府の解釈との対立が生じた。

　1960 年代の全国一斉学力テストをめぐる裁判や、後述の教科書裁判の際に、これらの問題が争われた。昭和 51 年（1976 年）の学力テスト最高裁判所判決は、①の「不当な支配」について、「教育が国民の信託に応えて……自主的に行われることをゆがめるような『不当な支配』……と認められる限り、その主体のいかんは問うところでない」と述べて、教育行政機関が法令に基づいてする行為が「不当な支配」に当たる場合があり得ると述べた。③の「条件整備」をめぐって学力テスト最高裁判決は、「必要かつ合理的」な介入ならば、教育基本法第 10 条に違反しないとした。ただし、教育活動においては教師の専門性・自主性が尊重されるべきであること、また地方自治の原則から、国の定める教育課程の基準である学習指導要領は、教育の機会均等の確保と全国的な一定の水準の維持という目的のために必要かつ合理的と認められる「大綱的基準」にとどめられるべきであると述べた。

　前述したように、平成 18 年（2006 年）に教育基本法が全面的に改正された。教育行政に関する条文は第 16 条となり、その第 1 項が次のように教育行政のあり方を規定した。

　　教育基本法第 16 条第 1 項　教育は、不当な支配に服することなく、この法律及び他の法律の定めるところにより行われるべきものであり、教育行政は、国と地方公共団体との適切な役割分担及び相互の協力の下、公正かつ適正に行われなければならない。

「教育は、不当な支配に服することなく」の文言は残った。しかし、「国民全体
に対し直接に責任を負つて」が削除され、「この法律及び他の法律の定めるとこ
ろにより行われるべきものであり」の文言が付加された。

また、旧教育基本法第10条第2項すなわち「教育行政は…教育の目的を遂行
するに必要な諸条件の整備確立を目標として行われなければならない」は、全体
が削除された。改正教育基本法第16条は第2～4項で、かわりに国と地方公共
団体の教育に対する教育行政上の役割を定めた。しかし、そこには「条件整備」
の語はない。

2. 近代公教育における教育行政の基本原則

ところで、政治と教育は深い関係を持つ。民主国家においては、学校教育は国
民・住民の意思を反映して行われなければならない。教育の根本的事項は国会に
よって法律で定められ、国会が選んだ内閣総理大臣や内閣総理大臣が選んだ文部
科学大臣が責任者となって教育行政を行う。教育行政はこのような政治的システ
ムを通じて行われる。政治は党派的、現実的な利害によって左右される。

しかし、民主主義だからといって、国民・住民の思想を多数決で決めてはいけ
ない。近代社会においては、個々人の信教の自由・思想信条の自由が保障されな
ければならない（日本国憲法第19、20条）。政府が特定の宗教教義や政治思想を
国民に強制してはならないのである。政府が学校の教育内容を統制して、政府に
都合のよい考え方を国民に植え付けることは、民主主義の基盤を崩すことになる
からである。

したがって、教育には中立性が求められる。教育の中立性とは、一つは宗教的
中立性、いま一つは政治的中立性である。教育の中立性とは、教育が特定の教団
や政党などの政治勢力に左右されてはならないというもので、無償制、公共性と
ともに、近代公教育の基本原則の一つである。

そして、教育は真理に基づいて行われなければならない。民主主義国家にお
いて、教育は主体的に正しく判断できる能力をもつ次代の社会の形成者を育成す
る営みである。真理は多数決では決められない。さらに教育の場合はとくに、10

年先、20 年先を見越した長期的視点が必要である。政治家は選挙で選ばれるので、短期的な効果を求めやすい。教育行政が、教育に関して識見の乏しい権力者によってゆがめられることは避けなくてはならない。よい教育を行うには教育に関する専門的な知識技能が必要である。

　真理にもとづいて教育を行うために、教師は教える内容を深く知っているだけでなく、自分自身で真理を探究する力を持たなければならない。同時に子どもの心理や教育方法など、教育について深い知識技能が必要である。優れた教師を養成して採用し、そして、教職に就いた後には教師自身で教科や教職に関する職務能力を向上させていけるようにすべきである。

第 4 節　教科書行政

1. 教科書検定

　次に、教科書の制度を見よう。教科書制度には、検定制度の他に、届出制、国定制などがあり、国により時代によって様々である。

　自由発行制は、民間が発行した教科書や図書を使うことを全く規制しない制度である。届出制は使用する教科書を行政当局に届け出るもの、認可制は発行された図書のうち行政当局が認可したものを教科書として使用できるという制度である。検定制度とは、民間が作成するが、政府が内容を検査し、教科書として適切だと認定した場合に使用できるという制度である。国定制度とは、政府が作成した教科書を使用するというものである。日本では戦前、小学校教科書は国定制、中等学校教科書は検定制であった（昭和 18 年（1943 年）の中等学校令により中等学校教科書も原則として国定となった）。

　戦後、教科書は原則として検定制度に改められた。現在、学校教育法は、小・中・高等学校、中等教育学校および特別支援学校では、文部科学大臣の検定を経た教科書または文部科学省が著作の名義を有する教科書を使用しなければならないと定めている（学校教育法第 34 条、49 条、49 条の 8、62 条、70 条、82 条）。ただし、高等学校、中等教育学校の後期課程、特別支援学校では、文部科学省著作の教科

書や検定教科書がない場合、他の図書を使用できる（学校教育法附則第9条、学教施規第89条、113条第3項、135条第2項）。

　教科書検定はどのように行われるのだろうか。教科書会社は文部科学大臣に申請図書を提出する。文部科学省の教科書調査官が調査を行い、文部科学大臣の諮問機関である教科用図書検定調査審議会で検討する。文部科学省は教科書会社に対して検定意見を通知して、教科書の文章や図表・写真などについて数多くの修正を要求する。教科書会社は、検定に合格しないと教科書として出版できないので、検定意見にしたがって修正して再提出する。再び審議会で審査して、多くの場合、最終的に合格となる。このように、教科書検定を通じて、教科書の内容が書き直されるのである。

　検定の基準として、義務教育諸学校教科用図書検定基準、高等学校教科用図書検定基準が定められている。教育基本法、学校教育法の定める教育や各学校の目的・目標、そして学習指導要領に適合していることが条件である。学習指導要領の内容が教科書を通じて教育現場に反映されるのである。

　1960年代から1990年代にかけて教科書検定をめぐる問題が裁判で争われた。歴史学者の家永三郎（1913～2002）は、教科書検定の違法・不当性を唱えて3次にわたって教科書訴訟を提起した。昭和40年（1965年）に第1次訴訟を提起してから平成10年（1998年）に終結するまで、裁判は30年以上に及んだ。教科書裁判は、教科書検定だけでなく、教育行政をめぐる様々な問題を世に提起した。また、裁判の過程で、憲法第23条（学問の自由）、第26条（教育を受ける権利）、旧教育基本法第10条（教育行政）などの解釈が深まり、子どもの学習権、教師の教育の自由に関する教育法理論が発展した。

　3次にわたった教科書裁判の判決は、差し戻し判決を含めて全部で10に上った。教科書検定制度自体が憲法違反だとしたものはないが、六つの判決が教科書検定の運用について何らかの違法性を認定したものであった（表4）。

表4　家永教科書訴訟の判決一覧

		第1次訴訟(1965年提訴)	第2次訴訟(1967年提訴)	第3次訴訟(1984年提訴)
検定の年度		1962, 63年度検定	1966年度検定	1980, 83年度検定
請求内容		国家賠償	検定不合格処分の取消し	国家賠償
判決	東京地裁	△	○	△
	東京高裁	●	○　却下	△
	最高裁	●	東京高裁に差し戻し	△

注）○検定処分は違法　△一部が違法　●すべて適法

教科書の採択

　次に教科書の採択について見よう。教科書の採択とは、どの教科書を使用するかを決めることである。かつて義務教育学校でも教科書代を徴収していたが、昭和 38 年（1963 年）に制定された「義務教育諸学校の教科用図書の無償措置に関する法律」（教科書無償措置法）により、義務教育学校の児童生徒に教科書が無償で配布されるようになった。この法律により、教科書の無償化とともに教科書の採択方法が変わったのである。

　教科書無償措置法制定後、公立の義務教育諸学校の場合は、原則として市や郡またはそれをあわせた地域で採択地区をつくり、地区内の学校はみな同じ教科書を使うことになった（第 12・13 条）。これを広域採択制度という。それ以前は、全国の 2 万数千校の小学校、1 万数千校の中学校ごとに、それぞれ教科書を選んでいた。現在、全国の採択地区は約 580 である。いったん採択された教科書は、原則 4 年間続けて使用される。今日まで広域採択がくり返された結果、出版社ごとの採択数の相違が拡大し、採択数の少ない出版社は教科書の発行をやめた（表 5、6）。多く採用された出版社は次回の採択の際に有利になるが、採択数の少なかった出版社は挽回するのが難しい。出版社が新しく参入することはいっそう困難である。そのため、一部教科書会社による寡占状況が進んでいる。また、広域採択制度以前は、学校ごとに教科書を採択していたため、教師が自ら教科書を比較検討していた。しかし、広域採択制により、教師にとっても教科書は上から「与えられるもの」となった。

表5　小学校教科書発行社数の推移

	'50	'55	'60	'65	'68	'71	'74	'77	'80	'83	'86	'89	'92	'96	'00	'02	'05	'11	'15
国語	7	10	12	10	7	5	5	5	5	5	5	6	6	6	6	6	6	5	5
書写						7	7	7	7	7	6	6	6	6	6	6	5	6	6
社会	7	13	11	6	6	6	6	6	6	6	7	8	5	5	5	5	4	4	4
地図		21	16	8	4	3	3	2	2	2	2	2	2	2	2	2	2	2	2
算数	10	12	10	9	8	6	6	6	6	6	6	6	6	6	6	6	6	6	6
理科	10	12	11	9	8	6	6	6	6	6	6	7	6	6	6	6	6	6	6
生活													12	10	10	10	10	8	8
音楽	9	13	13	8	6	5	5	5	4	4	4	4	4	3	3	3	3	2	2
図工		21	16	9	9	5	5	5	4	4	4	4	4	3	3	3	3	2	2
家庭			12	8	6	2	2	2	2	2	2	2	2	2	2	2	2	2	2
保健													6	6	6	6	5	5	5

※地図・図工は 54 年、家庭は 60 年、書写は 71 年、生活・保健は 92 年度から使用。
　65 年度から教科書無償措置法による広域採択制度が実施される。

出典：教科書レポート編集委員会『教科書レポート』No.58 日本出版労働組合連合会、2015 年

表6　中学校教科書発行社数の推移

	'50	'55	'61	'66	'69	'72	'75	'78	'81	'84	'87	'90	'93	'97	'01	'02	'06	'10	'12	'16
国語	11	18	17	10	7	6	6	6	5	5	5	5	5	5	5	5	5	5	5	5
書写	9	20	23	11	10	9	9	9	9	9	9	9	8	8	8	8	6	6	6	5
地理		24	20	9	8	8	8	8	8	8	8	8	7	7	7	6	6	6	4	4
歴史	8	27	19	9	8	8	8	8	7	7	7	7	7	7	7	8	8	8	7	8
公民		24	19	10	8	8	8	8	7	7	7	7	7	7	8	8	8	8	7	7
地図	9	15	9	3	2	2	2	2	2	2	2	2	2	2	2	2	2	2	2	2
数学	11	18	19	9	7	6	6	6	6	6	6	6	6	6	6	6	6	7	7	7
理科	9	16	18	8	5	5	5	5	5	5	5	5	5	5	5	5	5	5	5	5
音楽	6	12	11	6	5	4	4	3	3	3	3	3	3	3	2	2	2	2	2	2
美術	14	18	12	7	5	4	4	4	4	4	4	4	3	3	3	3	3	3	3	3
保体	9	16	18	11	8	5	5	5	3	3	3	3	3	3	3	3	3	3	4	4
技家	6	16	7	6	4	2	2	2	2	2	2	2	2	2	2	2	2	2	3	3
英語	16	17	12	8	7	5	4	5	5	5	6	6	7	7	7	7	6	6	6	6

※地理・公民は54年度から使用。
　65年度から教科書無償措置法による広域採択制度が実施される。

出典：教科書レポート編集委員会『教科書レポート』No.59 日本出版労働組合連合会、2016年

　教科書は、教師が授業を行う際に使う教材の一つである。参考書とは違って自習用につくられているのではない。教師は教科書を使いながら、生徒に質問したり、生徒どうしで議論させたり、教科書には書かれていないことがらを加えたり、教科書にある実験をさせるなど、教師、生徒の様々の活動の中で教科書が使用される。したがって教科書を採択するには、授業を行う教師の意見が最も重視されなければならない。

　そこで、広域採択制度の下でも、現場の教師の意見を反映させる方法をとってきた。例えば、各学校で教科担当者を中心に調査・研究・検討し、教科ごとに使いたい教科書に順位をつける。それを集約して採択地区内で最も希望の多い教科書を採択するといった方法である。ILO・ユネスコの「教員の地位に関する勧告」は、「教員は…教材の選択及び使用、教科書の選択並びに教育方法の適用にあたって、主要な役割が与えられるものとする」（61項）と定めている。教師が教科書の選択に関わらなければならないことは、国際的にも認められているのである。

　なお、学校では、教科書以外の図書、教材を用いることができる（学校教育法第34条第4項、49条、49条の8、62条、70条）。これを「補助教材」と呼ぶ。補助教材を使う際には、教育委員会の規則に従って承認を受けるかあるいは届出なければならない（地方教育行政の組織および運営に関する法律第33条第2項）。た

だし、教育委員会がすべての教材を届出または承認制にするというわけではない。

　なお、ICT の発達により、諸外国では電子教科書の導入が進んでいる。教科書・教材のあり方が大きく変革するとともに、可能性が広がっている。

（高橋　寛人）

《参考文献》

石山久男『教科書検定（ブックレット）』（岩波書店）2008 年

水原克敏ほか『新訂・学習指導要領は国民形成の設計書—その能力観と人間像の歴史的変遷』（東北大学出版会）2018 年

田中耕治・水原克敏・三石初雄『新しい時代の教育課程・第 4 版』（有斐閣）2018 年

坂野慎二・奈須正裕『教育課程編成論・新訂版』（玉川大学出版部）2019 年

寺脇研『危ない「道徳教科書」』（宝島社）2018 年

コラム

Society5.0 時代の教育—教育内容・方法の個別最適化

　日本政府は平成 28 年（2016 年）、第 5 期科学技術基本計画を策定し、日本が目指すべき未来社会の姿として Society5.0 を提唱した。狩猟社会（Society 1.0)、農耕社会（Society2.0)、工業社会（Society3.0)、情報社会（Society4.0)に続く、新たな社会である。Society5.0 では、ビッグデータ、AI（Artificial Intelligence、人口知能)、IoT（Internet of Things)、ロボット、ブロックチェーン、第 5 世代移動通信システム（5G）など、様々な先端技術によってサイバー空間（仮想空間）とフィジカル空間（現実空間）が融合して、人間の生活が革命的に転換する。

　では、教育や学校はどのように変革していくのだろうか。教育にイノベーションを起こす新しい先端技術を EdTech（エドテック）という。Education と Technology を組み合わせた造語である。高度な先端技術が低コストで利用できるようになるため、教育の変革が加速的に進んでいく。

　Society5.0 の時代には、コンピュータやスマートフォンをはじめとする電子機器はもちろん、あらゆるものにセンサーがついてインターネットとつながり、膨大な情報がデジタルデータとしてクラウド上に蓄積される。小学校・中学校・高校時代を通じて、学校・家庭・塾での子どもたちの詳細な学習記録もクラウド上に集積していく。スタディ・ログ（Study Log、学習履歴）である。多くの子どものスタディ・ログの蓄積を AI で分析することによって、教育・学習の科学的な研究が可能になる。また、一人一人の子どもについても、小学校入学時あるいはそれ以前からの蓄積された情報を AI を使って分析することによって、その子どもの学習スタイルや興味・関心など、子どもの様々な特性を解明できる。

　スダディ・ログをふまえて、個々の学習者の学習到達度や進度だけでなく、興味・関心に応じた問題・課題を提示できる。すなわち、一人一人の子どもに最適な学習プログラムを提供することが可能になる。これは、学習の個別最適化（Adaptive Learning）と言われる。

　また、オンライン授業によって、遠く離れた学校の学級をつないで合同授業を行うこともできる。オンラインで授業を受けられるのであれば、学校に行かなくても自宅から授業に参加できるようになる。新型コロナウイルス禍により、オンライン授業が一気に広まった。すでに大学レベルでは、国内国外の講義をオンラインで視聴できる MOOC（Massive Open Online Course）が普及しており、試験やレポートで一定の水準をクリアすれば履修証明も得られる。

　EdTech によって、これまでの学級ごとの一斉授業を基盤としてきた学校制度が変革する。近代以前の教育機関においては、一斉教授は一般的ではなかった。例えば、寺子屋では、年齢の異なる子どもたちがそれぞれ別々のことがらを勉強した。7 歳の子どもが論語を暗唱している隣の机で、最近寺子屋に入塾したばかりの 8 歳の子どもが「いろは…」のひらがなを練習していたり、その隣では 10 歳の子どもが『商売往来』を勉強していたのである。課題を終えると師匠のところに行って個別に指導を受ける。いわば「家庭教師の共同利用」であった。すなわち、学習内容も学習方法も子ども一人一人異なっていたのである。

　近代に入って義務教育制度を導入しようとすると、寺子屋方式では膨大な数の教師が必要となってしまう。そこで、同年齢の子どもたち数十人をまとめて一つの学級をつくり、一人の教師が同じ内容を同時に教えるという一斉授業の授業形

態をとらざるを得なかったのである。一斉授業では、学級の児童生徒一人一人の興味・関心や理解度にあわせた教育を行うことは不可能である。

　EdTech によって個別最適化の学習が可能になれば、学級単位の授業は必ずしも必要でなくなる。オンライン授業が普及すれば、学校に通わなくても学習が可能になる。学級や学校の在り方が根底から問い直されるのである。

　では、これからの時代の人間にはいかなる能力が求められるのだろうか。令和元年（2019 年）に文部科学省が作成した「新時代の学びを支える先端技術活用推進方策（最終まとめ）」は、「膨大な情報から何が重要かを主体的に判断し、自ら問いを立ててその解決を目指し、他者と協働しながら新たな価値を創造できる資質・能力の育成」（3 ページ）をうたっている。

　世界に目を向けると、Society5.0 で求められる学びをあらわす言葉として、STEAM という言葉が使われている。Science（科学）、Technology（技術）、Engineering（工学）、Arts（教養）、Mathematics（数学）の頭文字をとったものである。Arts には芸術、美術、人文科学などの意味があるが、広くとらえれば教養である。現実社会の様々な問題を解決するためには、文系・理系をこえた複数の学問領域からのアプローチが必要である。EdTech を利用した個別学習によって知識や考え方を能率的に習得し、学校では主に教科横断的なプロジェクトを共同で探究するという活動を行うことが予想されている。

《参考文献》————————————————————

文部科学省『新時代の学びを支える先端技術活用推進方策（最終まとめ)』2019 年

経済産業省『「未来の教室」と EdTech 研究会第 2 次提言』2019 年

第 11 章
教育財政

第 1 節　教育財政の本質と目的

1. 財政の本質と教育行政の特徴

（1）教育活動と資源

　あらゆる社会活動の運営の基本は資源の手配である。教育行政全般の原則とされる「条件整備」も、要はさまざまな社会資源を必要な時と場所に配することであるともいえよう。

　教員も校舎も教材も給食も、量、質ともに適切に用意されるには財政の役割が不可欠である。資本主義経済社会における主要な資源配分メカニズムは市場機構であるが、財政は社会的目的のために強制力をもって資源を動かす、市場とは異なるメカニズムである。「教育活動に適切な資源配分とは何か」についての社会の判断があり、それは市場による自動調整では達成できないと考えるからこそ財政を使用するのである。

　本章の課題は 3 点となる。第一に、財政の本質と基本的メカニズムを、教育財政と結びつけて理解する。第二に、教育財政の基本的なしくみと現代的課題を整理する。第三に、教育活動に「適切な」資源配分と財政の寄与について考える材料を提示することである。

（2）財政の基本と教育財政
①財政の機能：資源配分、所得再分配、経済の安定化

　財政の定義は、社会共通の目的のために資金を調達することである。財政現象の機能的分類としてはマスグレイブ（Musgrave,A.1910 〜 2007）の分類が知られている。

　マスグレイブは財政を三つの機能に分類する。資源配分機能は経済的資源を民間部門と公共部門に配分する機能である。所得再分配機能は市場的交換の結果と

して生じた所得の状態を、より適切な方向に修正する機能である。経済安定化機能は、資本主義経済に内在する不安定要因である景気や物価水準などの変動を緩和することである。

　それぞれを教育財政上の事例に対応させれば、公立セクターと私立セクターへの資源配分、経済的に不利な生徒児童等に対する教育扶助、職業上必要な資質の需給調整（たとえば高度成長期の工業高校増設、大学設置の抑制政策）をあげることができる。

②市場経済、政治、共同体経済の交点としての財政

　財政の発動は社会の共同意思の形成に基く。それは政治システムによって決定され執行されるため、財政は市場経済と政治の交点にあるといえる。

　もう一つの重要な次元が共同体経済である。物々交換や贈与、共助を原理とする経済活動は、家族や地域生活の基層を支えている。子育てや介護、そして教育などの活動は従来家族や地域での共同体的活動としてなされてきた部分が大きかった。そのかなりの部分が市場経済あるいは財政に移行したとはいえ、共同体経済の性質が消えたわけではない。

　これら三つの次元の交差する問題として財政を理解することは、財政課題の本質を意識するために重要である。政治的再分配の場面で、市場経済と政治の緊張関係は意識しやすい。しかし共助としての教育が本来共同体経済に位置することを意識すると、権力という手段を用いる財政に、市民社会の自発的な動きを反映させる必要もあることが理解される。

(3) 財政による教育資源の分配

　教育行政学には「私事の組織化としての公教育」という伝統的理念がある。各家庭が自発的に教育の必要性を判断し地域社会の共同意思に結実させた上で、学校を建て教師を雇うという理念型が、アメリカ教育史を参照しつつ教育委員会制度を支える言説である。

　社会的分業が進んで教育という営みが家庭などの共同体から「外出し」され、専門家の担う職務となる。教育そのものの必要性や中身に対する判断も、一人一人違うにもかかわらず共通の結論を出すことが求められる。その意味で教育が公

的な（公開された、他者への影響を生じる）問題となり、社会的機会の分配の問題として再構成される。そのため教育財政にかかわる論点は、多くの場合公正をテーマとするものとなる。

2. 財政の構成要素と教育

(1) 予算

　政府の活動はすべて予算に表現される。各部局の計画を査定し予算に編成する財政部局は「官庁の官庁」と呼ばれ、行政全体に強大な影響力を及ぼしている。

　現代の財政が予算制度を採用しているのは、財政の民主的コントロールのためである。そのための諸原則を、財政学では予算原則として整理する。これらを一言で要約すると、統一的で明瞭な内容の財政計画を事前に提示し、すべての政府活動はこれに拘束される。

　恣意的な行政を防ぐため、オープンな手続きに服せしめようというわけである。しかし行政の活動範囲が拡大した「行政国家化」といわれる状況では、議会の明示的なチェックを経ない裁量の余地がきわめて大きく、財政民主主義の観点からは問題視されている。

　予算の基礎となる費用の計算も困難な問題である。個別化やインクリメンタリズム（第 2 節 1. を参照）を防ぎ予算過程の合理化を計る試みとして、アメリカで過去試行された PPBS（Planning-programming-budgeting-system）の失敗は、予算の情報処理の複雑さを示している。予想される成果とそのための費用の関係が複雑かつ不安定のため、費用効果分析（予想される効果との関係でもっとも効率的な予算投入を導く）が機能しにくい。教育を含む社会サービスの領域では、帰結や成果が長期にわたること（時間的要因）、影響が教育を受けた本人以外に広範に及ぶこと（空間的要因）から、特に困難が大きい。

(2) 租税

　租税は強制的に無償で費用を調達する行為である点で市場原理と異なり、そのための正当化根拠を要する。判断の基本的原則は利益原則と能力原則であり、それぞれを強調する考え方は応益負担と応能負担である。両者の比重如何はどの政

策分野でも論点である。

　財政では一般に、特定の収入と特定の支出とを結びつけない。これをノン・ア
フェクタシオンの原則と呼ぶ。教育支出を教育税によって充当するしくみは、教
育行政の自律性を担保するために必要と主張されることがあるが、現代財政にお
いては例外的な手法である。税収入が自動的に特定の支出を指示することで、財
政への民主的コントロールが制限されてしまう（有権者が別の用途に支出したい
と思っても自由がない）ためである。

(3) 支出

　支出は、租税とは対照的に市場原理に対立しない。市場経済に対して政府が支
出するだけであって財政固有の方法があるわけではない。

　財政学は政府が必要とする経費の種類と規模を説明する議論として「経費論」
を立ててきた。ワグナー（Wagner,A.H.1835 ～ 1917）が、文明の発展が財政規
模を拡大させると説いた「経費膨張の法則」は、その後の福祉国家の発展による
財政の拡大を説明している。

　福祉国家とはいわゆる社会福祉だけを指すのではなく、国民の生活全般を責任
範囲とみなす国家である。権利とみなされる範囲が広がるほど政府機能も拡大す
る。教育支出は初め一部の人々（たとえば、国家官僚制の再生産に関係した人々）
対象だったものが、「国民形成」の必要から国民的規模に拡大する。さらに貧困
や犯罪などの社会問題解決のために、教育を受けられない人々への教育の供給が
説かれる。不利な者への救済だったものが普遍的な権利として作り直される。こ
の過程で、対象者が広がるだけではなく必要な教育供給の種類も拡大し、それら
の全体構成の妥当性が問われるようになる。

3. 教育財政の基本的課題

(1) 教育費負担原則

　教育費負担の考え方には①公費教育主義　②育英主義　③受益者負担主義　が
ある。

　これらは教育政治全体の動きと社会思潮によって変動する。戦後、権利に基づく

教育の思想とともに公費教育主義の考え方が主流となった。同時に「能力に応じ
てひとしく」の思想は、優れた資質が経済的条件で阻まれることを問題視し、能
力の評価に基いて支援する育英主義につながり、両者を併用した教育費支援の制
度運用が一般化した。

　低成長期に入り財政危機が深刻化すると、社会サービスに対価を求める考え方
が強力になった。単に収入を確保したいだけではなく、対価を求めるサービスが
「消費者に選ばれる対象」になることによって質が上がるという思想が背景にあ
る（「新自由主義」政治思想とのつながりにも注目）。日本の教育供給は、特に高
等教育と就学前教育では私立セクターの比重が大きい。新自由主義的思想は供給
者間の競争を重視するため、公立と私立の競争条件を等しくする（イコール・フッ
ティング）ために、私立学校への公費助成とともに公立学校における自己負担の
増加が主張されることになる。しかし前者には私学の自主性、後者には権利保障
の観点から憲法違反などの批判もなされている。

(2) 義務教育費無償原則

　日本国憲法第 26 条は「義務教育は、これを無償とする」と定めており、憲法
典に根拠をもつ原則である。ただし無償が保障される範囲はどこまでなのかにつ
いては議論がある。

　授業料無償説に立つ奥平康弘と修学費無償説に立つ永井憲一の論争が代表的で
ある。学校教育を受けるのに必要な費用は、授業料にとどまらず教材費、行事費、
給食費等多岐にわたり、経済的困難をかかえる生徒児童にとって深刻な負担であ
ることを修学費無償説は考慮しているが、授業料無償説は財政民主主義の視点を
意識している。お上から与えられるサービスではなく、支出のコントロールとい
う観点があってこそ教育運営に主体的にかかわれると考えるのである。

　なおこの論争があった 1980 年代は国家に対する個人の自由という関心が強く、
私的権力の格差による権利侵害に関心が集まりつつある現在とは背景が違うこと
にも注意したい。

　平成 22 年（2010 年）「公立高等学校に係る授業料の不徴収及び高等学校等就
学支援金の支給に関する法律」が制定された。義務教育以外にも授業料の無償を
拡大し、支援金は私立学校に通う生徒を対象とする。所得制限のない「子ども手

当」と並び、不利な者限定の救済ではない普遍的政策の思想が示されているが、受益者負担の考え方に立つ者からは「バラマキ政策」と攻撃された。平成24年（2012年）12月に再度の政権交代で自民党・公明党の連立政権が再現したことで高校の無償化と子ども手当は廃止され、児童手当が復活した。

　従来教育費無償の思想は普遍主義（社会権的な支援は不利な者のみを視野におくのではなく、権利自体は全員が持っているという考え方）の文脈で展開されてきたが、近年は異なる文脈に進展している。

　子どもや若年層への経済支援を求める世論の流れは続いており、その政治的優先度は高くあり続けた。その中で政府は「幼児教育無償化」「高等教育無償化」方針を打ち出し、前者は令和元年（2019年）、後者は令和2年（2020年）から実施されることになった。この点は前段と併せて第3節1.(3)で言及する。

(3) 高等教育の財政負担

　日本は経済規模に比べて教育費支出が小さい。OECDのEducation at a Glance 2009によれば、一般政府総支出に占める公財政教育支出の割合は、OECD平均13.3%に対し9.5%、対GDP比では4.9%に対し2.3%と低く、先進国中最下位レベルといえる。内訳をみると初等中等教育ではほとんど差がないのに対し、高等教育と就学前教育では日米英独仏5か国平均の半分と著しく低くなっている。「大きい政府」のヨーロッパ諸国はもとより、「小さい政府」のアメリカや韓国をも下回っている。

　戦後の高等教育拡大期に、政府は産業振興に直結する科学技術領域に投資を集中させ、新制高校卒業者たちの多くを受け入れる人文社会系教育機関の多くは、私立で設置されることになった。また日本では初等中等教育は社会の共通利益のために行われているというコンセンサスがある一方、高等教育は学習者自身の利益に帰する部分が大きいという意識もかなり存在し、自己負担を正当化する基盤になっていると考えられる。

　国際人権規約の「経済的・社会的および文化的規約」（社会権規約）第13条第2項では、中等・高等教育の漸進的無償化が規定されている。本条項の批准を留保している国は締結160か国中日本とマダガスカルの2か国のみである（2009年時点）ことは批判されていた（政府見解は、高校卒業で就職する者との公平性

を主張していた）が、平成 24 年（2012 年）9 月民主党中心の政府は留保を撤回した。ただし本条項の普遍的思想が、その後の「高等教育無償化」と連続性を持つとは言えないことは（2）で示唆したところである。

(4) 生涯学習の財政負担

　本章は紙数の都合もあり学校教育中心の記述になっているが、先進諸国における生涯学習セクターは拡大している。生涯学習の当事者はフルタイムではなく労働とキャリアに直接かかわることから、雇用主への財政的働きかけが政策課題として意識されている。

　租税政策を生涯学習支援の方法に用いることは、OECD 諸国で多くの実例がある。学習サービスの販売による収入や個人や企業が学習に対して費やす支出に税制上の特権を与えることによって、雇用主が雇用者に対して生涯学習を支援することへのインセンティブを与えるのである。背景には「人的資本の開発」が今後の経済開発に決定的であるとの経済合理性上の判断と同時に、経済を超えて人間開発一般に至る含意（→コラム参照）もある。

　リカレント教育の伝統がある欧米諸国と異なり、日本では生涯学習が個人の趣味と自己実現として認識される傾向が強いのは、学習機能を企業に内部化した日本的経営の影響が大きい。その結果、学習者の社会的属性には明確な偏りがあるとされてきた（定年退職後の男性と子育て終了後の女性）。

　しかしグローバル化と知識基盤社会への動きを背景に、日本の経済社会も生涯を通じた学習能力を、同一職場への長期所属を前提とせずに求める方向に変わってきた。そのための投資を個々の企業の判断のみに委ねたのでは、投資の過少（どの企業も自分で負担したくはない）や内容の偏りが懸念されるため、十分な投資と公正で質の高い投資を促すことは、今後の教育財政の中で大きな比重を占めることになると考えられる。

第2節　基本的なしくみ

1. 教育予算の編成

　日本における予算の編成は、国と地方公共団体の密接な関連のもと、積み上げと査定の過程を中心に進められる。

　各省庁は、それぞれの政策的必要を判断し必要な経費を試算し、集約した概算要求を財務省に提出する（8月末）。財務省の査定作業の担当は主計局である。主計官は各省庁の担当者の説明を聴いて適切性の判断を行い査定する。ここでの主計官による情報処理活動が、財政全体の決定に大きな役割を果たす。予算編成方針の政府決定、財政制度審議会の建議を経て、財務省原案の決定、政治折衝、そして予算政府案が1月国会に提出される。

　以上は国の予算編成手順だが、地方でも同様に交渉過程の中で財政部局による調整が進む形態をとる。これは政策分野を問わず共通している。近年（小泉内閣における首相権力の強さ、民主党政権の「政治主導」）政治家の予算過程への影響が強まっているといわれるが、議員内閣制諸国の予算編成は積み上げと財政部局による調整を基本としている。

　一般に官僚制が進む国家では予算編成が個別化し（全体の方針よりも、個別要求の集約が先行する）インクリメンタリズム（前年度比の小修正で考える）傾向が強まる。予算が関係諸団体の交渉を調整した結果であるとすれば、住民一人一人が予算の傾向を認識して判断を下すことは著しく困難であり、財政民主主義の要求に対する壁である。しかも近年は政権維持戦略の下財政が道具的に操作される傾向から財政民主主義の形骸化が著しい。

2. 教育予算の実態

　文部科学省予算の内訳を示す図1と、国家予算内でのシェアを示す表1をみよう。

図1　文部科学省予算の内訳（平成 30 年度一般会計）

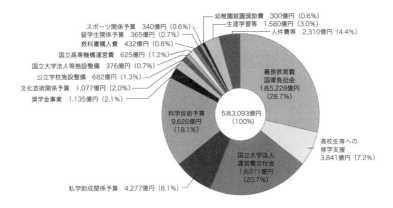

幼稚園就園奨励費　300億円（0.6%）
生涯学習等　1,580億円（3.0%）
人件費等　2,310億円（4.4%）
スポーツ関係予算　340億円（0.6%）
留学生関係予算　365億円（0.7%）
教科書購入費　432億円（0.8%）
国立高専機構運営費　625億円（1.2%）
国立大学法人等施設整備　376億円（0.7%）
公立学校施設整備　682億円（1.3%）
文化芸術関係予算　1,077億円（2.0%）
奨学金事業　1,135億円（2.1%）

義務教育費
国庫負担金
1兆5,228億円
（28.7%）

科学技術予算
9,626億円
（18.1%）

5兆3,093億円
（100%）

高校生等への
修学支援
3,841億円（7.2%）

国立大学法人
運営費交付金
1兆971億円
（20.7%）

私学助成関係予算　4,277億円（8.1%）

　予算の多くを占める義務教育費国庫負担金、国立大学法人運営費交付金、私学助成はいずれも地方自治団体や大学法人の教育活動を補助金で支えるものである。そういう意味で文部科学省は助成官庁とも呼ばれてきた。補助金は政策的意図を持ちその実現のために支出されるものであり、助成される側の自治との関係が常に問われている（次項3.）。

　文部科学省予算のシェアは近年低下を続けている。国家予算における社会保障予算の拡大と国債依存の増加が他を圧迫していることが主要な要因だが、学校教育に関する支出は金額としても縮小傾向にある。一方、科学技術立国の再興を主張する政治的な動きから、科学技術振興費には増加傾向もみられる。

表1　国の予算に対する文科省予算の比率（△はマイナス）

年度	国の予算					文部科学省予算		国の予算に占める文部科学省予算の割合	
	一般会計		左のうち一般歳出		一般歳出/一般会計	予算額	増加率	文部科学省/国の一般会計	文部科学省/国の一般歳出
	予算額	増加率	予算額	増加率					
		%		%	%		%	%	%
平成15年度	817,891	0.7	475,922	0.1	58.2	63,220	△3.9	7.7	13.3
16	821,109	0.4	476,320	0.1	58.0	60,599	△4.1	7.4	12.7
17	821,829	0.1	472,829	△0.7	57.5	57,333	△5.4	7.0	12.1
18	796,860	△3.0	463,660	△1.9	58.2	51,324	△10.5	6.4	11.1
19	829,088	4.0	469,784	1.3	56.7	52,705	2.7	6.4	11.2
20	830,613	0.2	472,845	0.7	56.9	52,739	0.1	6.3	11.2
21	885,480	6.6	517,310	9.4	58.4	52,817	0.1	6.0	10.2
22	922,992	4.2	534,542	3.3	57.9	55,926	5.9	6.1	10.5
23	924,116	0.1	540,780	1.2	58.5	55,428	△0.9	6.0	10.2
24	903,339	△2.2	517,957	△4.2	57.3	54,128	△2.3	6.0	10.5
25	926,115	2.5	539,774	4.2	58.3	53,558	△1.1	5.8	9.9
26	958,823	3.5	564,697	4.6	58.9	53,627	0.1	5.6	9.5
27	963,420	0.5	573,555	1.6	59.5	53,378	△0.3	5.5	9.3
28	967,218	0.4	578,286	0.8	59.8	53,216	△0.2	5.5	9.2
29	974,547	0.8	583,591	0.9	59.9	53,097	△0.2	5.4	9.1
30	977,128	0.3	588,958	0.9	60.3	53,093	0.1	5.4	9.0

（注）1　平成16年度一般会計予算額には、「NTT無利子貸付償還時補助金等（235億円）」を含む。
　　　2　平成17年度文部科学省予算額には、「NTT無利子貸付償還時補助金等（1,321億円）」を含む。
　　　3　増加率は、前年度予算（平成27年度以降の文部科学省予算については、子ども・子育て支援新制度移行分を除いた額）に対する増加率である。
　　　4　国の一般歳出は、国の一般会計予算から国債費、地方交付税交付金等を除いたいわゆる政策的経費である。
出典：文部科学白書2018　438頁

3. 財政負担の配分

　教育財政の経費配分は、国や地方公共団体が租税で確保した収入から支出、または補助金として交付する形態で行われる。学校教育法第5条は「設置者負担の原則」を規定しており、それによって財政負担の構造が形作られるが、単純に「市立学校だから市の財政が責任を持つ」というわけではない。戦前、教育は国家事務であり地方公共団体は委任事務に関する費用負担を求められていた。戦後教育は地方の固有事務となり、現在は自治事務である。ただし補助金支出の多さは教育財政の顕著な特徴であり、予算の執行は地方中心だが、その方針は中央政府のコントロール下にあるとされる。

　このような状況を、教育財政学では「集権的分散型」経費配分システムと呼んでいる。財政が国民すべての権利の保障によって基礎づけられ、かつ社会サービス（教育、社会福祉、医療、住宅など）は個別化したニーズに依拠するため地方

単位で実施される必然性を持っていることから、教育財政がこの性格を持つことには理由がある。国が国民に直接給付することと地方の給付を国が支えることとの性格づけを明確に区別する方法は難しい。

第3節　課題の現代的位相

1. 教育財政における政府間関係

(1)「集権的分散型」経費配分システムの問題点

　地域間格差を是正するために地方交付税ではなく補助金を用いる理由は「国の意思を徹底させるため」（市川昭午）とされる。補助金は用途が細かく指定されており、政策の統一性を図ることができる反面統制色が強まる。地方自治を妨げるとして「機関委任事務」が廃止されたものの、補助金を通して地方が財政統制されている側面は継続している。

　財政調整は地域格差を是正し教育の機会均等を実現しようとする志向を持つが、地方の自主性には対立する場合がある。平準化以上の努力分は地方公共団体の負担とされるため、　地方が独自に教育供給を充実させることに抑制的に働く意味がある。ナショナルミニマム確保には役立つものの、国が定める以外の選択肢は乏しいため、直接の統制がなされていないにもかかわらず、均一化の圧力が生じる構造になっているのである。

(2) 地方分権の動向と教育財政

　義務教育費国庫負担制度は、昭和15年（1940年）の創設時は教員給与と諸手当を対象とし、1970年代まで対象経費（旅費、退職手当、教材費等）、対象職種（事務職員、栄養職員等）の拡大が進んだ。しかし1980年代からは削減政策に転じ、対象経費は次々と削減され平成16年（2004年）には教員給与と諸手当のみ（その経費の2分の1）まで縮小された。

　さらに地方分権改革の動向の中で、制度自体が見直されることになる。平成14年（2002年）総務大臣の経済財政諮問会議への提案は、義務教育費国庫負担

金等経常経費の半減を含んでいた。閣議決定「経済財政運営に関する基本方針2003」は国庫補助負担金の4兆円削減を提案し、義務教育費については負担金全額の一般財源化を提唱した。3年後、小泉政権における「三位一体の改革」で、制度の廃止と財源を地方に移譲した上での一般財源化が主張された。教育界および文部科学省は制度の維持を主張し、地方裁量の拡大を求める地方六団体と対立した。結果的に制度は存続したが、負担率は教員給与の3分の1へ縮小した。

このように、制度見直し論は国の財政再建と地方の自律性主張が結合した議論である。補助金中心の教育財政構造は、教育への国の統制を過度に強めるものと批判されていた。さらに近年、直接住民から選出された政治的正統性を掲げ、「大統領制的な」リーダーシップを発揮しようとする首長が増えてきた。制度的に首長権力からの遮断構造がある教育行政は、地域形成の鍵を握る領域としてこの種の首長の関心領域であり、教育委員会廃止論と共に、国からの財源移譲を得て自らの裁量で支出する形への転換が主張されたのである。

教育界が、補助金中心体制に否定的な層も含めて制度維持を主張したのは、削減の政治の中で一定の防壁になるからである。地方公務員数が激減する近年の傾向の中で、教員数が維持されているのは義務教育について教職員定数の標準が定められていることが支えであり、国家標準の法規定が防壁となっている。文科省は平成16年（2004年）から総額裁量制を対案として導入した。負担金総額の中で各県が給与と定数を設定できるようにし、地方が裁量を行使できるようにして裁量を求める声に応えた。

なお地方分権を進める上での地方首長側の戦略的行動が指摘されている。税源委譲と権限拡大に伴う地方負担を引き受ける際、高齢化の進行によって増加の一途が予想される福祉支出よりも、少子化傾向のため教育支出の方が軽いという判断があったといわれる。

(3)「無償化」の新たな文脈

高校教育無償化や子ども手当など、普遍主義的思想に基づく政策は定着しなかったが、子どもや若年層への経済支援を求める世論の流れは続いており、その政治的優先度は高くあり続けた。その中で政府は「幼児教育無償化」「高等教育無償化」方針を打ち出し、前者は令和元年（2019年）、後者は令和2年（2020年）

から実施されることになった。

　実際の政策内容は複雑であり、しかも第 2 次安倍政権の教育政策に顕著なスタイルとして、ラディカルな改革方針を政治判断で（「教育再生実行会議」主導で）発信して実施を決定し、政策の細目は文科省が後追いで整える形がとられているため、実施直前まで政策の全体像が明らかにならない。そのため既に決定した政策が実施直前に世論の反発を受けて延期される、大学入試改革のような事態が生じる。本稿執筆時点でなお流動的な点は少なくないが、それぞれに一言ずつコメントする。

　幼児教育無償化は、義務教育に比べて権利保障的認識が弱かったこの領域に普遍主義の視点が入る意味で画期的な変更である。ただ社会権保障にありがちな事情として（第 4 節参照）個人が国家に給付を求めうる請求権を規定しても、利用できる機会の多寡によって権利実現の可否は左右される。保育・幼児教育についてはサービス供給の総量が慢性的に不足し、対象は認可された供給主体に限られる。現行の保育料が応能負担で配慮されていることを考えると、主な受益者は中・高所得者であり格差の拡大が懸念されている。財源確保や支出見積りにも不備が目立ち、制度の持続可能性が開始早々疑問視されている。

　高等教育無償化は授業料無償化を原則とするものではなく、無償化の表現も「修学支援」に変更された。無償化の語の政治的アピールが優先されたのは幼児教育同様、幼児教育と異なり普遍主義思想には基づかない。両者の相違は高等教育では「真に支援を必要とする者」の表現が繰り返されていることに示されており、むしろ今まで大学によって異なってきた授業料免除の取り組みを国家的に統一する意味が大きい。私立大学、さらに従来高等教育とは区別されていた（第三段階教育）専門学校等が支援対象に加わり、これらへの支援強化政策とみることが実態に近いであろう。

2. 福祉国家における教育財政の役割

(1) 教育を受けるための再分配

　戦前は中等教育を受ける機会は一部の富裕層に限られていたが、日本国憲法によって教育を受ける権利が定められ、教育機会の保障は社会福祉の問題になった。

教育自体に社会福祉の機能が内在しているが（（2）参照）、不利な者への補償という狭義の福祉的所得再分配制度は、就学援助と教育扶助である。

　就学援助は学校教育法に根拠を持ち、その対象とする困難の種類により、経済的就学困難、特別支援教育、定時制および通信制、マイノリティ（同和関係、北海道ウタリ）、へき地教育に分けられる。中でも額が最も多いのは、「要保護及び準要保護児童生徒に対する就学援助」である。経済的理由によって就学困難と認められる学齢児童生徒との保護者に対して、直接には市町村、間接には国もこれを担う財政援助である。対象となる支出は、学用品、通学用品、通学、修学旅行、校外活動、医療、学校給食等にかかる経費である。

　教育扶助は生活保護法に根拠を持ち、生活困窮者に必要な保護を行い最低限度の生活を保障し、その自立を助長する目的のための諸扶助の一つである。教育扶助は被保護世帯の児童生徒に対し、義務教育に必要な用品等に関して原則として金銭で給付するものである。

　これらの給付対象者は戦後復興の時代よりは減少しているが、貧困と教育機会の欠乏が決して過去の問題ではないことが、2000 年代に入って再認識されるようになった。就学援助を受ける生徒児童の数は平成 7 年（1995 年）の 77 万人から、平成 23 年（2011 年）の 157 万人に倍増した。その後受給者数は微減している（少子化による）ものの、援助率は 15 ～ 16％で高止まりしている。子育て世代の就労機会や給与条件が悪化していること、地域社会や日本型企業経営の衰退などによるセーフティネットの弱体化などは、教育による生活機会の獲得にとって条件が悪化している側面といえるだろう。

(2) ニーズの多元化と供給の多元化

　福祉国家の機能は、特定された不利な層だけを対象にせず、普遍的な視点から国民全体にサービスを供給することにある。福祉国家は標準的なライフコースを想定し、各場面で生じる人生のリスクを社会全体で集合的に管理するシステムとして発展してきた。

　標準的ライフコースとは、青年期に学校教育を受けフルタイムの職を獲得し、単一（多くは男性）稼ぎ主の収入で支えられる家族を形成し、等々で記述される。各段階で期待される標準に達しない者に対して支援が発動する。公教育は中間集

団（地域、職場、宗教など）のつながりが弱体化したため個人で人生のリスクを負わなければならない近代市民に、自立の糧を与えるものとされてきた。

　しかしサービス経済を中心とするポスト産業社会への移行に伴う働き方や家族の多様化、そして価値観の多様化が進み、個人の選択が強調されるようになると、集合的決定としての財政の方針決定が困難になる。財政という統一された形式よりも、立場や利害、嗜好によって分岐した人々それぞれに対する公的資源の使用を正当化する動きが出てくる。

　集権的分散型教育財政を正当化してきた地域間平等の考え方も再考を迫られている。ユニバーサルサービスとして各地域にミニマム保障するだけでは、より多くを求める各地域の要求に応えられない。国が画一を強要するというよりも、各当事者が他と違うことを互いに制約しあい、自主的に画一に向かうしくみになっているとの批判がある。

3. 選択の自由と教育財政システム

(1) 財政的自律と自由の保障

　「選択の自由」は政治思想としての新自由主義、さらに学問的風潮としての経済学的理論の優位を背景として、社会改革の共通目標の趣さえある。選択の自由を担保するには財政的自律が必要である。支出を押さえられていては教育の中身も不自由になる。たとえば学校の経営者が日常の実践を細かく統制する、スポンサーが口を出すということでは自由な教育実践は難しい。また私的な教育サービスの購入では消費者として選択権をある程度行使できても、公的サービスでは割り当てられることに不自由を感じるかもしれない。

　前者は供給側、後者は利用側の自由の問題である。供給側の自律性を重視する専門職主義は、出資者との関係は「サポート・バット・ノーコントロール」を理想とする。しかし利用者側の自由の観点からは、出資によって供給者をコントロールできることがむしろ望ましい。個々の利用者がその都度自由を行使しては集合的な教育が不可能とすれば、統治機構を通して自由を行使することになる。その一つの類型として、利用者が選んだ統治者（たとえば首長）が、財政を通じてサービス供給者（たとえば教師）を統制することもありうる。自律、自由といえば政

府に対するものだったのが、利用者が公的権力を利用して選択の自由を行使しうることにもなる。近年話題の教育統治の改革は、資金調達を通じて誰が自由を行使するかの問題でもある。

(2) 統治機構的基盤

　アメリカの学区制度は教育税の徴収によって財政的自律の基盤を有していた。またフランスの大学区にも財政権限があった。用途特定の租税がノン・アフェクタシオンの原則に反するため、あえて教育税を課すには正当性の立証が必要である。法定外目的税の導入は、地方分権推進委員会でも肯定的に言及されているが、首長の一時的なリーダーシップに依存しては政治的優先順位の変更に伴って教育活動が財政的基盤を失うことになりかねず、教育の継続性の観点から問題がある。資金調達が統治の自律を根拠とする必要がある。

　この発想の現代的な事例は「スクールベイストマネジメント」である。学校が経営の主体となり、資金の確保にも使用にも責任を持つという考え方は、市民社会における交渉主体として学校を位置づけるものである。同じくアメリカのチャータースクールの場合、公立学校の財政システムを使用しつつ、住民との契約という形で市民社会の自律性と、民主的正統性を両立させようとする。これらは教育主体として市民が国家に対し自律性を持つべきであるとする考え方の制度的な表現、と財政面からは見ることができる。

第4節　分析のアプローチ

　アドバンストコースとして、社会理論の基礎に戻って教育財政問題を研究したい方のために手法を紹介したい。財政の方向の決め方には多様な学的基礎によるアプローチがある。

1. 公正と効率の合理的規準：公共経済学的アプローチ

(1)「市場の失敗」による教育投資の過少

　適切に資源を分配するためには市場が有効であるとしても、市場の機能は完全ではない。市場の原動力は、参加者が自分にとっての合理性に基いて行動することである。それらが価格機構を媒介として全体としての均衡を形成するメカニズムは「神の見えざる手」と呼ばれるが、その調整が機能しにくい場合がある。

　情報の交換は完全ではない。需要の存在が正確に供給に反映されるわけではなく、調整の過程で前提となる現実は変わってしまっている。その結果必要な生産が不足したり、過剰な生産が行われたりすることは日常的である。情報の不確実性は、現代の理論経済学の中心的な関心事である。

　市場による教育の分配では、質に関する情報提供の難しさが問題になる。代理指標である学業成績が過度に重視されたり、根拠のない評判が増幅されて実体を持つものと受け取られたりなどの状況は、学校選択批判の文脈でよくとりあげられる。また教育成果を長いスパンでみると、どの時点でどれだけ成果があがり費用がかかったのかよくわからない。

　さらに市場の参加者一人一人にとって合理的なことが、全体として望ましくない結論を生むことがある。共有物の維持管理には誰も負担したがらないので、個人の合理的選択に委ねると社会資本がさびれてしまう事態が、教育では起こりやすいといわれる。

　教育成果の長期性は投資に関する社会的割引率（現在の確実な利得に比べ、不確かな将来の利得は低く評価される）を高め、成果が誰に帰着するかわからないことが投資意欲を減退させる。投資の過少を補う必要性は、公的支出の主要な論拠の一つである。

(2) 公共財の理論

　以上のような現象を理論化する方法の代表例が、公共財の理論である。社会的には必要とされても市場機構によっては十分に供給されないサービスを、公共的に供給すべきことを説明し、その場合を定義することが公共財概念の意義である。

　一般に、公共財の性格は「排除不可能性」と「非競合性」によって定義される。

　排除不可能性：対価を払うかどうかに関係なくその財やサービスを消費できること。

　非競合性：ある個人が消費することが他の個人の消費を妨げないこと。

　両者によって共同消費性（ひとたび供給された財とサービスは不特定多数に利益を生じる）が生じるため、受益者負担の原則で経費を支弁するのが不適当とされるのである。

　この条件があてはまる典型は国防・治安や公衆衛生など少数で、大半の公共サービスは公共財と私的財の性格を共に持つ（準公共財）ため、公共財性を指摘するだけでは公的供給の是非と程度を判断するには不十分である。供給の正統性を判断する線引きをどうするかが実質的な論点となり、消費の形式だけでなく教育サービスの実質を反映させる理論化が求められている。

2. 教育投資と再分配の規範理論

(1) 教育資源分配の根拠としての規範理論

　教育の機会均等を実現するため、公立学校の無償制をはじめ教育のための再分配理念を体系的に提示したのはコンドルセ（Condorcet,M.1743～1794）である。行政学の祖とも言われるシュタイン（Stein,L.V.1815～1890）は、物質的財貨と精神的財貨を支配階級が独占している状況を、後者を全国民に獲得させることで改革することを主張した。時代的文脈が異なるためにこれらの理念が直接現代の教育財政に適用されることは少ないものの、国家単位の規範的な分配に関する正当化理念の基本は今に引き継がれている。

　理念による分配論は、近代憲法の基礎である人権の観念による分配である。日本国憲法第26条は教育を受ける権利を規定しており、その実現に国家は責任を負うため、現実の資源配分がそれを妨げる場合は、財政による補正が正当化されるとする。

　社会権規定は自由権規定に比べ、権利間で衝突が生じた場合にも優先性を持つ権利としての共通認識が弱いため、それが具体的な政府の作為を要請するのか、プログラム規定にとどまるのかが論争の的となることが多い。後者であれば、政策的保障はミニマムな範囲までは義務であるが、それ以上は政策的裁量に委ねられることになる。義務教育費無償原則の項で述べたように、保障の程度理解にも幅が大きい。権利があると示しただけでは行使のあり方を具体的に指示するものではなく、法解釈を方向づける条理を導く補強的な論拠が必要となってくる。

　前項の経済学的な議論にも規範的意味があるが、あるべき社会形成の条件とい
う規範的性格のより強い類型が人間資本（human capital）論である。狭義の人間
資本論は経済的生産性への人的要素の寄与を主張することで、教育への公的投資
を正当化する。マーシャル（Marshall,A.1842〜1924）は、人間への投資は資本投
資としてもっとも価値が高いと主張した。シュルツ（Schultz,T.W.1902〜1998）や
ベッカー（Becker,G.1930〜2014）は、経済発展と福祉の改善のためには人間の知
識技術の改善が重要だとし、教育投資を経済的・社会的波及効果によって正当化
した。
　産業と経済の手段として教育を利用し、人間を手段化する非人間的な理論のよう
にみなされることもあるが、現代社会における経済の圧倒的な支配力の中で、経済
内在的な論拠で教育の有効性を主張する実践的な意義は大きい（→コラム参照）。

(2) 哲学的リベラリズムによる、教育のための再分配論

　教育を受ける機会の保障を実質的に考えるとき、個々の事前の条件の違いをど
う扱うかが難しい。経済的困窮から学費を払えない生徒に給費を行う、あるいは
障害をもつ生徒を考慮して施設を改修する支出は、考え方としてはわかりやすい。
しかし、学業成績を獲得するために塾に行き教材を買うための財の格差は問題で
はないのか。また、努力は誰にでもできるというけれど、家庭の階層と生徒の努
力に明確な相関がある点は問題にしなくていいのか。このように、人々が出会う
場面の前提条件は多様であり、その違いは時には個性の源泉の一つでもある（た
とえば人間形成への家庭環境の影響）ことから、どこまでを正当とみなし何を基
準に公正を判断するか、線の引き方に工夫が必要なのである。社会的公正の判断
に関する現代の有力な理論枠組みとして「哲学的リベラリズム」がある。機会の
平等と資源の関係に関する代表的論者の発想を紹介しよう。
　ロールズ（Rawls,J.1921〜2002）の正義論は、より不利な立場にある者への再分
配を主張する点で福祉国家への強力な正当化ともみなされている。しかし、自由
と平等を対立的に理解し後者を重視するのではなく、自由の実現を最優先しその
ための機会を保障するために、基盤となる正義の基本構造を整えるための議論で
あることに注意すべきである。ロールズは協働する社会構成員としての市民が必
要とするものを社会的基本財とし、①基本的な権利と自由②移動と職業選択の自

由③職務と地位に伴う権力④富と所得⑤自尊の社会的基礎を挙げる。教育はこれらの基盤と想定される。自らの社会への参加を可能にし、自分の価値への確固たる感覚を与えるものとして、教育のための資源再分配が構想されているのである。

　セン（Sen,A.1933〜）はロールズの問題意識を共有しつつも、資源の平等という図式を疑問視する。同じ資源を保有していても、自分のしたいことを実際に行う能力は異なる。自由への変換能力は異なるのである。同じ所得や財を有していても（たとえば本人の代謝率や性別、気候的環境等によって）一人は栄養不足、もう一人はそれを免れることもありうる。資源ではなく潜在能力の平等を問題にすることにより、個人にとっての実質的な自由にアプローチできる。教育の分配に応用するなら、実質的な達成を個別的に判断して教育サービスを供給し、それを可能にするような財政的手当てをすべきだということになろう。ちなみにドゥウォーキン（Dworkin,R.1931〜2013）は、センが変換能力とする要素も個人的資源であるとし、資源の平等論は有効だとする。非個人的資源を平等に分配することに加え、可能な限り個人的資源の相違を緩和する社会的装置（彼は人生のリスクを自分で評価する「仮想的保険市場」を提案する）に基く選択により、個別性を重視した自由の支援は可能であるとする。

　以上は、哲学的リベラリズムという概念装置と教育財政の一接点を示したにすぎない。公的資源分配を扱う有力な概念装置は他にも存在する。金銭的価値という平板な基準に一般化された財政的分配と背景にある人間的価値の実質を結びつける議論の可能性が、社会哲学の鉱脈に多く含まれていることを示唆して、読者の知的関心を誘うものである。

（高橋　聡）

《参考文献》

小川正人編著『教育財政の政策と法制度―教育財政入門』(エイデル研究所)
1996 年

白石裕『分権・生涯学習時代の教育財政』(京都大学学術出版会) 2000 年

神野直彦『財政学 (改訂版)』(岩波書店) 2007 年

諸富徹「財政・金融政策の公共性と財政民主主義」、『思想』(岩波書店)
2019 年 4 月号

J.D. スティグリッツ著、藪下史郎訳『スティグリッツ公共経済学 (第 2 版)
上・下』(東洋経済新報社) 上 2003 年、下 2004 年

塩野谷祐一、鈴村興太郎、後藤玲子編著『福祉の公共哲学』(東京大学出版会)
2004 年

> コラム

教育投資の論拠―人的資本論から社会的投資戦略へ

　教育は基本的に消費ではなく投資の性格を持つ。支出したその時便益が得られるわけではない。その単元や学年の中で理解が確認できる、という要素は見やすいうちに入るが、その理解とて人生のどの場面でどのような意義につながるのか、それは誰にもわからない。教育の成果は十年先、二十年先にならないとわからないとするのは性急に成果を求める短期的視野を戒めるために使われる言説だが、おそらく何十年先になっても正確に把握できることはない。投資は長期的視野の支出を正当化するが、将来の収益見込みは定義される必要がある。人生の将来に向けた投資を、いかにして正当化するのか？

　シュルツやベッカーの時代は教育の個人的収益を学歴による生涯賃金の違いから計算し、経済成長への寄与を主張して教育への財政支出を正当化していた。文字どおり、人間の資本的価値を表現して論拠とする。しかし教育には個人に還元されない社会共通の利益があるはずである。その「社会的収益」を測る手段は乏しかったが、人的資本論を発展させ社会的収益につなげるような研究が登場した。
　第一に、他の指標から間接的に社会的収益を推論する方法が発展している。

OECD の『教育の社会的成果』では、健康と市民的社会参加という、教育との因果関係がかなりの程度証明されている領域をとりあげ、教育を受けることで社会基盤や社会共通の活動が高められる文脈を論じている。もし教育水準が低ければ必要となるであろう対策支出を免れ得たことによって、間接的に教育の社会的収益が計算される。

　第二に、学力達成の中身に社会基盤への寄与を含めようとしている。コンピテンシーは社会的場面、社会的文脈における能力であり、他との協働を促進する。一人一人が個別に有能であってもそれだけでは社会的協働は組織されないが、誰かの利益にならないので投資が過少になるという公共財に共通の問題を、個人の能力評価の要素に共同部分への投資を含めることによって解決しようとしているのである。

　背景には人的資本概念の発展がある。個人の価値のみに着目するのではなく、人々のネットワークが社会的収益にもたらす意味を論じる Social Capital（社会関係資本）論が普及したことが、個人的利益に偏った人的資本投資の理解を社会的利益に広げる契機となった。

　教育投資の社会的意義の議論は、人間という資本への投資、人間関係に対する投資と進んで、さらに「社会的」の意味を深化させようとしている。

　福祉国家の政策論として、いわゆる「第三の道」政治が 1990 ～ 2000 年代ヨーロッパの潮流となった。社会的保護を中心とした従来の社会民主主義政治を、社会的投資によりグローバル経済への適応能力を高めることで刷新しようとするものである。伝統的福祉国家の発想では、人生のリスク想定がライフコースに対応し、人生前半は教育から雇用、後半は福祉を中心とした生活保障を想定した。一方現代の「新しい社会的リスク」論は、生産や家族のあり方など生活保障の基本構造が多様化し、人生の段階ごとに標準的保障を準備する発想の限界を強調する。ここで教育投資は、このようなリスク状況で人生を乗り切る資源を各人に提供するものと考えられた。

　近年社会的投資論は「社会への」波及をより明確に意識するようになった。個々人が教育によって能力を高め、さらに集団への寄与の可能性を高めたとしても、それが社会全体に波及するとは限らない。社会への波及は、社会構造の公正さに

左右される。社会的公正が、公教育に参加するための入り口の議論ではなく、それ自体社会的投資の目標におかれることになった。

　社会的投資戦略と称される政策構想では、投資に期待される「見返り」を、経済成長や税収増といった経済的見返りと、すべての人々の良質な生活と連帯意識の高い社会の構築という二つの次元で想定する。生産性の向上のため競争を激化させることへの抑制原理としての社会的公正ではなく、個々の多様な能力がそれぞれにとって活用可能な資産の共有につながるための社会的公正であり、投資概念が効率と公正を統合する概念として再構想されつつある。

　さらに、「青少年期の教育⇒生産者の養成」「生涯教育による成人の活性化」にとどまらず、「長寿社会における社会構成員の全般的な能力拡張」が意識されるようになった。長寿社会化に伴って生涯教育を充実させるという発想だけではなく、長寿社会化によってライフコースの構成そのものが変わり、それが若年期の学習の意味を変える。生産者として経済社会に参入するための能力をその前に準備しておくのではなく、長い人生の諸ステージにおける能力の発揮を展望した若年期の教育が構想される。認知能力と非認知能力、流動性知能と結晶性知能の全体分布を考慮することによって「生産年齢人口が減少したから社会の生産性が下がる」というのではなく、長寿社会を前提とした生産性の再定義が前提となっているのだ。

　日本の大学・大学院の進学率は国際比較において高くはなく、もはや高学歴社会とは客観的に言い難い。これが知識基盤社会の確立に妨げになっているとして教育支出の拡大を主張する言説は、しかし現代の日本社会で十分な説得力を有しているとはいえない。インターネット世論では、エリート大学以外は不要、大多数は高卒で就職すべきだとする復古的な論調すら高まっている。この背景にはポピュリズムと呼ばれる現代の言説空間の特徴があるが、経済成長との直結を想定した教育投資の議論がポスト産業社会で説得力を失ってきていることも一因であろう。教育投資論は「個人の所有物」ではなく「社会の構造」をターゲットにして再生するのだろうか？

　財政に関する主張は、今も昔も戦略的な性格を持つ。その時々のあるいは中長期的な課題に、どのような財政がもっとも寄与するのか社会を説得し合意を形成

する言説は、政策を変えうるとともに教育と教育学を変えうるものでもある。「社会への投資」は福祉国家の政策論であるとともに教育へのポテンシャルも計り知れない。

《参考文献》────────────────────────────

L. グラットン、A. スコット著、池村千秋訳『LIFE SHIFT─100 年時代の人生戦略』（東洋経済新報社）2016 年

三浦まり編著『社会への投資─< 個人 > を支える < つながり > を築く』（岩波書店）2018 年

第12章
学校経営と学級経営

第1節　学校経営

1. 学校経営の概念とその基調

　学校経営とは何かを一義的に規定することは、時代によって、また論者によって異なるため困難を伴う。吉本二郎は学校経営を「一つの学校組織体（協力体系）の維持と発展をはかり、学校教育本来の目的を効果的に達成させる統括作用」（吉本 1965：88 頁）とした。このように、個別学校（単位学校）を学校経営の単位として捉える見解とは別に、地域を単位とし、学校だけでなく家庭教育や社会教育を含んだ「教育経営」を重視する見解もある（永岡編 1992）。高野桂一が「少なくとも学校経営という場合、日本の地盤においては、とくに『一つの学校の経営』ということが中心問題となっていることは確か」（高野 1961：20〜21 頁）であり、「戦後の学校経営論においては、多かれ少なかれ単位学校の自律性・独自性を認めようとする志向をとっているようだ」（高野 1980：175 頁）と指摘するように、例えば「開かれた学校づくり」といった近年の学校経営施策が単位学校を想定していることに鑑みると、単位学校に視点をすえ、それを自律性をもった経営の主体として位置づけようとする傾向を看取することができる。ゆえにここでは、個別学校を単位として学校経営を捉えていくこととする。

　このように考えた場合、学校経営は、相対的自律性を持つ個別学校組織の経営と認識できる（堀内編 2002：112 頁）。そしてその目的は、組織体としての学校を維持、発展、成長させる中で教育目的の効果的、効率的実現を図ること、つまり、教育目的が効果的、効率的に実現されるよう条件整備を行うことにある（青木編 1990：130 〜 132 頁）。学校は教育の専門機関として多様な意見を調整しつつ、学校の教育目標を設定し、その実現のために人的（Man）、物的（Material）、財政的（Money）、組織運営的（Management）条件を整備し、また各資源を様々な活動に分配し、教育目標の達成を図るのである。ゆえに、学校経営は、学校が

教育目標とそれを達成するためのビジョンや戦略を設定し、その実現のために必要な諸条件を整備・調達し、それぞれが持つ機能をいかしながら、組織を通して目標を達成しようとする計画的で継続的な行為と捉えることができる。

2. 学校経営の展開

　学校経営を展開していくうえでは、明確な目標とそれを達成するためのビジョンや戦略、計画が重要である。一般に学校は、組織体としての共通目標として「学校教育目標」を持つ。しかし多くの場合、それは理想の人間像や子ども像を掲げ(例えば、「たくましく心豊かな子どもの育成」など)、抽象的である。学校経営の観点から考えた場合、当該校の実態に即し、課題解決を促すより実践的な「学校経営目標」とそれを実現するための「学校経営計画」が必要となる。学校経営計画は、「目標を達成するための教育活動の遂行に必要な、ある一定期間にわたる学校の組織や運営のあり方の検討をその中に含みながら、将来の学校経営の諸活動について、学校全体の立場から立てられた総合的な計画」と定義され、「学校経営の方針や手続き、内容を提示し経営の具体的で実践的なあり方を決定するものとして重要」な位置づけが与えられる (青木編 1990：61 頁)。すなわち、学校経営目標を達成するうえで最も有効と思われる手段を定める行為であり、目標実現のための学校組織の形態や運営の方法、あるいは、教育活動の方針や手続きを明確にした行動案として認識できる。教育・経営活動の展開の方針をあらかじめ方向づけし、計画として描いておくことが、学校での教育実践の効果的、効率的な展開を可能にするのである。

　しかし、学校経営計画が立案されたとしても、学校組織の主要構成員である教師がそれを理解し実践しない限り、目標が達成されることはない。校長をはじめとする学校管理職が計画策定の主体になることはあっても、教師の協力なしには計画を実行することはできない。そのため、計画立案に際しては教師が直接参加し、学校経営計画の持つ意味と教育・経営活動とのかかわりを十分に認識することが肝要であり、認識して初めて、経営計画は教育・経営活動の中で展開されることとなる。教師が学校組織の一員として積極的に関与することが求められるのである。

　策定された学校経営計画は、PDCA（Plan【計画】-Do【実施】-Check【評価】-Action【改善・更新】）のマネジメント・サイクルによって展開されていく。学校経営目標のもとに策定された学校経営計画を、現実的な調整のもとに実践し、その結果を評価し、さらに評価結果を受けて改善に取り組み、また次の学校経営計画へと反映させるというサイクルである。このサイクルは一周で完結するのではなく、継続的に繰り返されることが特徴である。また、繰り返しながらそれぞれのレベルを螺旋状に向上させていくことが志向される。渦巻きのような営みを繰り返すことで、学校における教育・経営活動の水準が向上していくことが期待される。

3. 学校経営の組織

(1) 学校経営組織の構造

　学校経営組織は、一般に①教育組織、②学校事務組織、③学校運営組織に区分される。それぞれの内容と具体的編成は以下のとおりである（日本教育経営学会編 1987：81〜84 頁；2000：227〜233 頁）。

　①教育組織とは、教授・学習活動そのもののための組織であり、学習組織とそれに対応する教授組織からなる学校経営の中核的組織である。児童生徒を学習・生活の単位として学年別学級に編成するのが学習組織であり、教授組織の編成方式には、学級担任制と教科担任制が挙げられる。

　②学校事務組織とは、教育活動を直接・間接的に支える事務的活動を行う組織である。教材研究や指導案の作成、成績処理、学籍の管理、時間割編成などの教育活動に直接かかわる事務と、庶務、会計、施設管理などの教育活動に間接にかかわる事務とに分けられる。学校事務組織は、後述する校務分掌として具体化されることが多い。

　③学校運営組織とは、①②を支え、学校全体として意思統一を図り、教育活動を円滑に実施するために協議や調整を行う組織である。学校経営計画などの作成は、教職員全員の意思決定に委ねられているが、そのための会議体組織がこれである。中心となるのは職員会議であり、他に学校運営全般の企画立案にかかわる運営委員会や特定分野ごとに組織される各種委員会などが挙げられる。

　学校経営は、これらの組織が有する機能を整序し、いかなる組織を構想するか、それに教職員をどのように配置していくかという活動であり、そのよりどころとなるのが学校経営目標・計画である。ゆえに、学校ごとに組織編成は異なり、人員の配置によって運営の実態は多様なものになる。学校経営目標を達成するため、また学校経営計画を遂行するための組織を構成することが肝要であり、教職員それぞれが積極的に連携協力できる態勢を組織化することが要請される。

(2)　職員会議

　職員会議は学校における中心的な意思形成の場であり、多様な機能を有している（日本教育経営学会編 2000：246〜250 頁）。その役割や機能は以下のように整理することができる。①学校の基本的問題やその時々の解決すべき問題について審議し、意思形成を行うこと、②校長が意思決定をする際に、教職員の考えや意見を聞くこと、③教職員の間で意見や情報の交換をしたり、教職員間の共通理解を図ること、④校外の組織や機関からの通知・連絡事項について伝達し、協議すること。したがって、職員会議で取り扱われる事項は、教育課程や児童生徒に関することだけでなく、学校経営や研修などの諸計画の策定、施設設備や予算に関することなど、極めて広範囲に及ぶ。

　職員会議の法的性格については、これまで法令上の根拠が明確でなかったため、職員会議を学校経営上どのように位置づけるべきか、またその性格をどのように捉えるべきか、長い間意見が分かれていた（職員会議を校長の職務遂行のための補助機関、もしくは執行機関と位置づける見解（補助・諮問機関説）と、職員会議を学校自治の主体とみなし、審議事項の内容や性質に応じて決議機関または審議機関とみなす見解（審議機関説）が存在した。）。しかし、平成 12 年（2000 年）の学校教育法施行規則の改正により、学校には「設置者の定めるところにより、校長の円滑な執行に資するため、職員会議を置くことができ」、「校長が主宰する」と定められたことから、校長の職務の円滑な執行に資するための補助機関としての性格が法的に明確化されることとなった。これを受け、例えば東京都教育委員会では、平成 13 年（2001 年）に職員会議での議決禁止を通知し、平成 18 年（2006年）には職員会議での教職員による挙手や採決を禁止する通知を出している。

(3) 校務分掌組織

　校務分掌とは、学校教育目標、及び学校経営目標を達成するために、学校全体の立場から所属の教職員が業務を分担して処理することである。「調和のとれた学校運営が行われるためにふさわしい校務分掌の仕組みを整える」（学校教育法施行規則第 43 条）と示されているように、校長は、組織としての活動の効果を考え、学校における諸活動をどのように分化し、誰にどのような業務を担当させるべきかを決定する。大抵、各学校では図 1 （略図）で示すような校務分掌組織図を作成しているが、当然のことながらその形態は学校段階や学校規模によって異なる。

　そして、校務分掌組織を円滑に機能させるために主任・主事が設けられている。主任・主事は、独立した職ではなく、教員をもって充てられる。その職務は、校長の監督を受け、連絡調整及び指導助言を行うことである。主任・主事は、いわゆる中間管理職ではなく、その職務の性格から、教育専門職として位置づけられる。学校が組織として計画を推進するため、教職員のリーダー的役割と教育の専門家としての役割という両面での教育指導的役割を担っている。例えば、教務主任、学年主任、中学校以降では、生徒指導主事、進路指導主事等が置かれている。

図 1　校務分掌組織概略図（例）

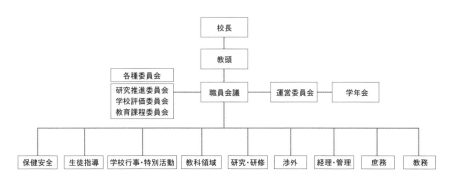

4. 学校経営における人員の配置

　学校教育法により、学校には校長、教頭、教諭を置くこととされている。さらに、

平成 19 年（2007 年）の学校教育法の改正により、幼稚園、小・中学校等に副校長、主幹教諭、指導教諭を置くことができるようになった。以下、それぞれの具体的な職務内容についてみていく。

　校長の職務は「校務をつかさどり、所属職員を監督する」（学校教育法第 37 条第 4 項）と包括的に規定されている。すなわち、校長は学校の経営にかかる全ての教育、及び事務を掌握し、遂行していく責任者であり、教職員全員に対してその職務を監督する責任を負っている。また、例えば、勤務時間の割り振りや休日出勤の命令など、法令上、教育委員会の権限とされている事項が校長の権限として委任されている場合もある。校長は学校のリーダーとして位置づけられ、その職務内容は広範なものとなっている。

　教頭は、「校長を助け、校務を整理し、及び必要に応じて児童の教育をつかさどる」（同法第 37 条第 7 項）ことをその職務とし、「校長に事故があるときは校長の職務を代理し、校長が欠けたときは校長の職務を担う」（同法第 37 条第 8 項）とされている。教頭は、「学校経営のいわば調整役であり、また校長のリーダーシップを補う職務」（佐々木他編 2009：39 頁）と捉えられる。

　教諭は、「児童の教育をつかさどる」（同法第 37 条第 11 項）ことを職務とし、日々の授業等を通して、直接的に児童生徒と関わる最前線に位置している。また、「児童の養護をつかさどる」（同法第 37 条第 12 項）養護教諭、「児童の栄養の指導及び管理をつかさどる」（同法第 37 条第 13 項）栄養教諭が置かれることもある。学校組織においては、その多くが教諭という立場であることが指摘できよう。

　一方、平成 19 年（2007 年）の学校教育法の改正によって新たに加えられた職である副校長は、「校長を助け、命を受けて校務をつかさどる」（同法第 37 条第 5 項）ことを職務としており、校長から命を受けた範囲において、校務の一部を自らの権限で処理することができる。「教頭に比べて、調整役やパイプ役ではなく、校長の補佐という意味合いが明確」な職として捉えることができ、校長と教頭の間に置かれる教頭の上司となる職として位置づけられる（同上書：40 頁）。

　主幹教諭は、校長及び教頭を助け、命を受けて校務の一部を整理し、並びに児童の教育をつかさどることを職務とする（同法第 37 条第 9 項）。教頭と比べると、現場での実践に対してより直接的にかかわりながら、学校経営の幹部組織の一部を担うこととなる。

　指導教諭は、児童の教育をつかさどり、並びに教諭その他の職員に対して、教育指導の改善及び充実のために必要な指導及び助言を行うとされ（同法第 37 条第 10 項）、同僚や後進の職能成長を促すメンター的機能が与えられた職として位置づけられる。

　こうした新しい職は、学校事情や学校規模に応じて置かれる任意設置の職であるが、学校の組織運営体制を見直し、効率的な学校経営を実現するための組織運営や指導体制を確立するという目的を指摘することができる。ライン組織を拡充することによって、学校経営を担う管理職の役割と責任の所在を明確化し、同時に、現場教諭の事務作業等の負担軽減を図るとともに、指導育成体制の充実を企図したと言える。例えば主幹教諭は、経営層である校長・教頭を援助するとともに、実践層である教諭等との調整を行い、自らの経験をいかして教諭等をリードしていく役割が期待される。

　学校経営組織の構造については先に触れたが、一般に、学校組織は以下の二つの特徴を持つとされる（木岡編 2007：67 〜 69 頁）。第一に「なべぶた型」である。なべぶた型の組織とは、伝統的な企業や自治体組織に多くみられる「ピラミッド型」と対比して、フラットな構造を示している。学校組織は個々具体の業務を教職員が分担しており、校長、教頭以外は横一線に並んでいる（校長、教頭以外は教諭）ことが想定されることからこのように称される。第二に、「マトリクス（格子状）構造」である。学校には教務部、生徒指導部といった「校務分掌」があり、例えば小学校の場合、1 年生から 6 年生までの「学年」が存在する。そして、これら二つを別々の教職員に割り当てるのではなく、一人の教職員が両方を担当している。さらに、各種委員会が存在し、中・高になれば「教科」も加わる。すなわち、「校務分掌」や「学年」、「教科」等が交差し、一人の教職員が何役もこなすことが求められ、格子状になっていることが想定されるのである。学校は「なべぶた型」で「マトリクス構造」の組織と認識できる。こうした従来の学校組織の捉え方は、今般の新たな職の導入に伴い「ピラミッド型」に接近したともみることができる。

5. 現代の学校経営改革の特徴

　小島弘道は、現代の学校経営改革を「第三の学校経営改革」と評している（小島

2002：1〜8頁）。それは、昭和62年(1987年)の臨時教育審議会答申、及び平成10年(1998年)の中央教育審議会答申「今後の地方教育行政のあり方について」で示された内容を形容したものである。以下、小島の分類に従い、その特徴を整理していく。

　第一に、学校の裁量権の拡大である。これは、教育委員会による学校管理の規制を緩和し、学校の自主性・自律性を確立していく方向である。例えば、教育課程の編成については、学習指導要領は最低基準という法的拘束力は維持されるものの、それ以上、もしくはそれ以外のことは各学校の裁量に委ねられることとなった。

　第二に、校長の権限拡大である。学校の自主性・自律性を確立するためにも、校長のリーダーシップが求められ、同時にリーダーシップを発揮しやすいような組織体制の整備がなされた。既述の職員会議の校長の補助機関化、及び新しい職の設置によるライン機能の強化はその一端として捉えることができる。また、リーダーシップの強化を図る観点から、校長資格要件の見直しとそれに伴う民間人校長の導入、大学院でのスクールリーダー養成（教職大学院など）が行われるようになった。

　第三に、保護者や地域住民の学校経営への参画である。校長の経営方針に基づき、各学校が特色ある学校づくりを行うため、また保護者や地域住民の意向を反映し、協働的な学校経営を実現するため、参画の方途が確保された。平成12年(2000年)に開始された学校評議員制度、平成16年(2004年)に導入されたコミュニティ・スクールなどはその代表例である。

　第四に、学校のアカウンタビリティの要請である。学校への権限の委譲に伴い、各学校が策定した教育目標や教育計画等の達成状況を自己評価し、保護者や地域住民にアカウンタビリティ（説明責任）に基づき説明することが求められるようになった。学校評価が制度化され、評価とアカウンタビリティによる学校の経営責任が明確化された。

　以上のように、現在展開される学校経営改革は、学校の自主性・自律性の拡大、校長のリーダーシップの強化、校内責任体制の整備、参加型学校経営の推進、学校の経営責任の明確化、を内容とした自律的な学校経営の実現を目指すという基調を指摘することができる。

第 2 節　学級経営

1. 学級経営の概念

（1）学級の成立

　わが国において「学級」が成立するのは、明治 23 年（1890 年）の小学校令においてである。翌年に発表された文部省令「学級編成等ニ関スル規則ノ事」は、学級の意味について「本則ニ於テ学級ト称スルハ一人ノ本科正教員ノ一教室ニ於テ同時ニ教授スベキ一団ノ児童ヲ指シタルモノニシテ、（中略）其一学級ハ一学年ノ児童ヲ以テ編成スルコト」と説明した。ここで、「学級」が「一人ノ本科正教員」と「一団ノ児童」と「一教室」を要素にして成り立つことが明確にされ、「学年」と「学級」の区別がなされたのである（下村他編 1994：100 頁）。

　この時期に学級が登場した背景には、学校施設設備における財政難と教員不足が挙げられる。資金も教員も足りない中で、効率よく多くの子どもに教育を提供するための仕組みとして、学級は登場したのである。また、「学級制は、単に学力をつけるだけでなく、人格の形成機能（訓育）を内在させたものであり、学級は、それを育成する単位としての役割」が与えられていた。すなわち、「学級は、当時の財政難や教員不足を背景として、効率性や合理性を備えたシステムとして導入されたという面もあるが」、「財政的事情だけではなく、訓育面において集団生活や集団行動の果たす役割が重視されるようになっていった結果のシステム」としても捉えることができるのである。現在においても、学級活動において集団的規律や訓育について語られることがあるが、その源流は学級の登場当時から既に存在していたことを指摘することができる（小島編 2009：91 ～ 92 頁）。

（2）学級経営の概念

　初めて『学級経営』という著作が刊行されたのは、明治 45 年（1912 年）の沢正によるものであったとされる。その後、様々な学級経営論が展開されていくこととなるが、論者によってその捉え方は異なっている。下村哲夫はそれらを以下の三つに分類している（下村他編 1994：91 ～ 95 頁）。すなわち、学級を舞台に行われる「学級教育」は、教科指導（各教科に対応する領域の指導）、特別活動

（特別活動・道徳）、条件整備（教科指導や特別活動を効果的に行うための条件づくり）によって構成されることに鑑み、学級経営を、①これら３領域全てを含める立場（学級教育＝学級経営論）、②教科指導を除いた２領域に着目する立場（学級経営＝経営主体活動論）、③条件整備のみとする立場（学級経営・機能論）、の３つに分離した。その上で氏は、機能論の立場にたち、学級経営を「学級において、児童・生徒の学習が有効に成立するように、人的・物的・運営的諸条件を統合的な見地から整備・調整する作用」と捉えている。

　一方、赤星晋作は、学級経営は「狭義には、児童・生徒の指導にかかわる活動（教育活動）に対して、それを効果的に行うための人的・物的条件整備活動である」が、「教育活動を円滑に効果的に行うための条件整備的な活動を経営活動とする」のであり、教育活動と経営活動は明確に区分することは困難であることを主張している。そして、上記①の立場から、両者を一体的に、学級経営を広い意味で捉え、「教師が学級を対象として行う活動のすべてをその領域とし、学級集団の学習集団化、および生活集団化を目指す営み」としている（青木編 1990：121 頁）。整理すれば、学級経営に経営活動だけではなく、教育活動、教科指導を含むかどうかが論点になっていると言える。また、近年では、「学級の組織的な諸条件を学校教育目標を具現化する立場から、企画・整備・調整する活動である」という定義にみられるように、学校経営目標や学校経営計画とのつながりのなかで、それらを学級という単位においてどのように実践、実現していくかという組織的な観点から捉える動きもみることができる（小島編 2009：95 頁）。

2. 学級の組織と編制

(1) 学級編制の方法

　学級は、児童生徒の学習・生活の単位として位置づけられ、既述のとおり、学校組織の一形態として認識される。小・中学校においては、同学年の児童生徒で学級を編制することが原則とされており（小・中学校設置基準第５条）、編制には、学力や進路などを基準として同質なものを同一学級に組織し、学級間を異質なものにする「同質学級編制」と、各学級を均等なものにし、学級内を異質なものにする「異質学級編制」がある。わが国では一般的に後者が採用されており、前者

は高等学校における習熟度別・進路別学級編制などが例として挙げられる。また、多くの場合、小学校では一人の教師が一つの学級を担当し、担当学級の児童生徒に対して全教科を指導する「学級担任制」が、中・高では一人の教師が専門教科、あるいは数教科を担当し、数学級にわたって指導する「教科担任制」が採用されている。

　学級編制の原理としては、個性化の原理、社会化の原理、安定化の原理が挙げられる（下村 1982：43〜44頁）。個性化の原理とは、一斉教授に伴いがちな形式的画一性という課題を克服すべく、学級を児童生徒一人一人の能力・適性・関心を尊重し、個々の個性に応じた指導ができるような場とすることである。社会化の原理とは、学級が児童生徒にとって集団生活の場であることを意識し、個人としての発達に留意しながら、同時に様々な属性や背景を持つ児童生徒が互いに望ましい人間関係を維持しながら社会性を育成できるように、学級を民主社会の基本原理に沿って構成することである。安定化の原理とは、学級を児童生徒の恒常的・継続的発達の基盤として捉え、教師と児童生徒、児童生徒相互の人間関係において精神的安定を与えるような社会集団として編制することである。安定化の原理は、一方で児童生徒一人一人の個性とその能力の発達を保障しようとする個性化の原理を、もう一方で学級内での人間関係の安定を重視する社会化の原理を根底で支え、調和のとれた展開を志向することから、両者の土台としての役割が与えられる。

(2) 学級編制の基準

　学級編制の基準とは、1学級における児童生徒の定員数を意味する。小・中学校設置基準は1学級40名以下と規定し（同第4条）、「1学級40名」の原則を標準としているが、近年、編制基準の弾力化の傾向を看取できる。

　従来、学級編制の基準は、「公立義務教育諸学校の学級編制及び教職員定数の標準に関する法律」（＝義務教育標準法）の規定が通則的に受け取られてきたが、平成13年（2001年）の改正により、「児童又は生徒の実態を考慮して特に必要があると認める場合」においては、「規定により定める数（＝40名）を下回る数」を1学級の児童生徒の基準として定めることができるようになった（同法第3条第2項）。学級編制は、同法を標準として都道府県教育委員会によって定められ

る基準により、その学校の管理機関である市町村教育委員会によって行われる(同法第3、4条) 仕組みとなっているが、この改正により、都道府県教育委員会が認めれば、40名以下の少人数での学級編制が可能となったのである。

　さらに、平成23年 (2011年) 4月の同法の一部改正により、小学校第1学年に限り1学級の基準が40名から35名に引き下げられ、また、これまで学級編制の際に従うことが義務づけられていた都道府県教育委員会の基準が「標準」と改められ、市町村教育委員会が児童生徒の実態を考慮して自らの判断で編制を行うことができるようになるとともに、必要とされた都道府県教育委員会との事前協議と同意が「事後報告」でも可とされた。こうした変更によって、より少人数でのきめ細かい指導を実施し、小1プロブレム等の問題への対応を可能にするとともに、学校実態に即した学級編制を実現することができるようになった。

3. 学級経営の内容と展開

(1) 学級経営の内容

　ここでは、佐藤晴雄の分類に準じて (佐藤 2003:88 ～ 89頁)、学級経営に含まれる内容について整理を行う。

　①学級目標の設定:いわゆる「学級のきまり」や「クラス目標」などと呼ばれる学級目標を年度当初に設定する。学級目標は、学校教育目標や学年目標を具体化したものであると同時に、該当学級の児童生徒の実態に即したものでなければならない。また、後述するように、学級目標を実践していくための具体的な学級経営目標、及び学級経営計画を作成する。

　②児童生徒の理解と人間関係の改善:学級内の児童生徒の性格や学力、家庭環境、行動特性、友人関係のあり方などを十分に把握する。席替えや班分けなどの工夫により児童生徒間の人間関係を良好にするよう努め、同時に教師自身との人間関係も好ましい状態になるよう努力する。お互いに協力し合いながら生活し、学習しようという雰囲気づくりに努める。

　③学級指導と学級活動の実施:学級が学習の場と生活の場という両機能を持っていることに鑑み、学級全体に意欲的に学習に取り組む雰囲気と連帯感を育成し、学習の促進を図るとともに、児童生徒の事故や問題行動の処理等、生活指導を行

う。朝と帰りの会の実施、学級活動の指導、学習態度の指導、清掃指導、給食指導など学級内の活動を担当する。

④教室環境の整備：教室内の机のレイアウト、児童生徒の作品や時間割等の提示、動植物の飼育と栽培、共用教材・教具の管理、照明設備の点検、教室内の設備の安全性の確認、採光・通風・保温・騒音等の管理、などを行う。

⑤学級事務の処理：教授・学習活動を支える重要な活動であり、学級経営の基盤として大きな役割を果たす。例えば、出席簿による出席の確認、指導要録の記載、通知表の記入、学級費等の会計処理などを行う。効率的に行うことで学級経営全体の効率化を図る。

⑥保護者・PTA との連絡・協力：学級の児童生徒との連絡、学級懇談会・保護者会の開催、個人面談の実施、家庭訪問の実施、学級便りの発行、PTA 行事等への参加と協力などを行う。

⑦学級経営の評価：PDCA マネジメント・サイクルに基づき、学級経営計画に基づいた学級経営評価を行い、当該年度の達成状況を確認するとともにその結果を次年度に生かす。評価の方法は、自己評価や校長による評価などが採られる。

(2) 学級経営の展開

学校経営と同様、学級経営において最も重要で根本的な作業は、学級経営目標を策定することである。これは、学級担任教師によって児童生徒の実態を踏まえて設定されなければならない。学級の実態把握の方法としては、個人を対象としてアプローチするもの（知能検査や学力調査、等）と集団を対象としてアプローチするもの（ソシオメトリック・テスト、等）があるが、これらを効果的に使い、自身の学級の実態について理解を深めることが学級経営の第一歩となる。また、学級経営目標は、児童生徒自身がその達成を目指して努力できるよう具体的に設定される必要がある。

学校経営全体から見た場合、学級経営はそのサブシステムにあたることから、学校経営目標との関連についても考慮する必要がある。学校経営目標、及びその計画を十分に理解し、それが学級においてどのように具体化され、実践されるべきか検討することが求められる。

学級経営目標とともに重視されなければならないものに学級経営計画がある。

目標達成のためにどのような指導を行っていくか、その際の困難や課題は何か、それらにどのように対応していくか、など具体的に立案していく。具体性、実践性が要求されることから、年度単位だけでなく、学期計画や月計画も作成して計画自体を実践性の高いものにしていくことが有効である。

　こうして作成した学級経営計画のもと、日々の活動を展開していくわけであるが、実践していく過程において振り返る作業、つまり評価を行うことが重要である。年度末だけでなく、学期ごと、月ごとのように定期的に評価を行い、反省や吟味を行いながら次の実践に反映していく姿勢が効果を生むと言える。

　以上のような学級経営の展開においても、学校経営と同様に PDCA のマネジメント・サイクルを活用することが有効である。学期、月など様々な周期でサイクルを繰り返し、それを螺旋状に向上させていく。それが児童生徒の成長へと集約されることが重要である。

4. 学校経営と学級経営の位置づけ

　経営において、最初に行い、かつ最も重要な機能として目標設定が挙げられるが、学級経営における学級経営目標は、当該学級の児童生徒の実態に即した形で設定される。そして、学校経営目標は、この学級経営目標を吸収するような形で設定されなければならない。一方、学校経営目標は、学校教育目標を踏まえ、さらに地域や学校の現状、あるいは抱える課題などを反映させた形で設定されるが、目標達成のためにはそれを学級レベルまで落とし込まなければならない。すなわち、各目標間には密接な関係性が存在し、「目標の連鎖」がなければならず、相互作用のもとに目標設定が行われなければならないのである。

　そこで、両者の掛け橋としての役割が与えられるのが「学年経営」である。学校には学級を基本とした活動が多いが、学級を統合する組織として学年が存在し、学年を単位とした活動もまた多くみることができる。学年は組織上、学校と学級の中間に位置していることから、学校—学級という縦の系列と学級—学級という横の系列を接続する機能を持つ。学校経営、学級経営は、学年経営を円滑に展開することによって効果的に機能することが期待されるし、学校経営—学年経営—学級経営のバランスと関係性を意識しながら、三者のトータルのシステム展開として捉えることが重要である。

第3節　学校と地域の連携及び学校安全

1．学校と地域の連携

　既述のとおり、現代の学校経営改革においては、学校の自主性・自律性が拡大され、校長のリーダーシップのもと、保護者や地域住民による参画を推進しながら、自律的な学校経営が指向されている。こうした状況において、効果的な学校経営を展開していくためには、地域との連携を欠かすことはできない。個々の学校が持つ地域性が異なる以上、各学校は、児童生徒の実態だけでなく、地域の実態を反映しながら、学校経営を行っていくことが求められる。同時に、地域との関係性が、独自の学校経営を導出すると言える。

　学校と地域の連携に関する施策は、主に平成12年（2000年）以降に展開されている。ここでは、主要施策として位置づけられる「学校評議員制度」「学校運営協議会制度」「地域学校協働本部」「学校評価（学校関係者評価）」を取り上げる。

（1）学校評議員制度

　学校評議員制度は、中央教育審議会答申「今後の地方教育行政の在り方について」（平成10年（1998年））を踏まえ、平成12年（2000年）の学校教育法施行規則の改正によって設けられた（第49条）。その趣旨は、学校が保護者や地域住民の意向を把握し、反映しながら、協力を得て学校経営を行う仕組みを構築することであり、協力を得ることによって特色ある学校づくりを推進していくことである。学校評議員を通して、学校が、学校経営や教育活動等の状況を地域に周知・説明すること（アカウンタビリティ）も企図されている。

　学校評議員は、校長の推薦に基づき、設置者が委嘱する。当該校の職員以外で、教育に関する理解と見識のある者の中から委嘱されることになるが、一般的に、保護者や地域住民が想定されている。学校評議員の役割は、校長の求めに応じ、学校の教育目標や教育計画に関すること、教育活動の実施に関すること、学校と地域との連携に関すること、などについて意見を述べることである。

　学校評議員制度の意義として、保護者や地域住民が学校経営に関する意向を直接校長に伝えることができるようになったことが挙げられる。しかし、学校経営

に直接関与したり、拘束力のある決定をしたりするものではなく、あくまで校長の求めに応じて、意見を述べることがその役割とされている。校長は、学校評議員の意見を参考としながら、自らの権限と責任のもとに判断を行う。また、何についての意見を求めるかについても、校長が判断する。そのため、学校評議員の学校経営への影響は、限定的であることが指摘できる。

（2）学校運営協議会制度

学校運営協議会制度は、平成 16 年（2004 年）の地方教育行政の組織及び運営に関する法律の改正によって導入された。その趣旨は、保護者や地域住民が一定の権限と責任を持って学校経営に参画することにより、そのニーズや要望を迅速・適切に学校経営に反映させるとともに、学校・家庭・地域社会が一体となってよりよい教育の実現に取り組むことである。学校運営協議会は、校長や教職員の代表とともに保護者や地域住民の代表が一堂に会し、意思決定を行う合議制の機関を指す。そして、学校運営協議会が設置された学校は、「コミュニティ・スクール」と呼称される。

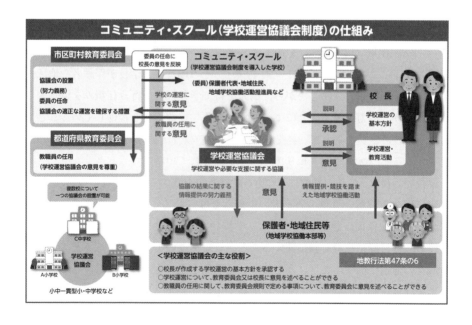

　学校運営協議会の権限としては、以下の３点が挙げられる。①教育課程編成、その他教育委員会規則で定める事項について、校長が作成する基本的な方針の承認を行うこと（第47条の６第４項）。②学校経営全般に対して、校長に対して意見を述べることができること（同第６項）。③学校の教職員の採用等の任用に関して教育委員会規則で定める事項について、任命権者に対して意見を述べることができ、任命権者はその意見を尊重すること（同第7、8項）。

　また、平成29年（2017年）の同法の改正により、学校運営協議会の設置が努力義務化されたこともあり（第47条の６）、設置数は年々増加している（平成31年（2019年）４月現在、全国に5,432校）。

　学校運営協議会は、学校評議員制度と比べると、保護者や地域住民の学校経営への参画の度合いが高いと言える。両者の違いを整理すると表１のようになる。

表1　学校運営協議会制度と学校評議員制度の比較

	学校運営協議会制度	学校評議員制度
根拠	地教行法	学教施規
設置	努力義務	任意設置
位置づけ	合議制の機関	各委員が個人として意見を述べる
委員	保護者、地域住民、教育委員会が必要と認める者	教育に関する理解・見識を有する者
任命等	教育委員会が任命	校長の推薦に基づき、教育委員会が委嘱
権限	①校長が作成する基本的な方針の承認を行う。②学校経営全般に対して、校長に対して意見を述べることができる。③学校の教職員の採用等の任用に関して教育委員会規則で定める事項について、任命権者に対して意見を述べることができ、任命権者はその意見を尊重する。	校長の求めに応じて、校長に対して意見を述べることができる。

出典）福本みちよ・堀井啓幸『実践　教育法規　2009』小学館、2009年、41頁を参考に筆者作成。

（3）地域学校協働本部

　平成18年（2006年）の教育基本法の改正において、「学校、家庭及び地域住民等の相互の連携協力」（第13条）が新設された。同内容を具体化し、保護者や地域住民の参画を基盤に、学校の教育活動を支援するための中心施策として、平成20年（2008年）より「学校支援地域本部」事業が展開された。同事業は、本部に属する「地域コーディネーター」を中心に、これまで各学校で実施されてい

た学校ボランティアを整備することで、組織的・体系的に学校支援を展開していこうとする取り組みである。地域コーディネーターが学校との連絡調整やボランティアのコーディネートを担うことにより、学校と地域の連携を促進するだけではなく、学校の負担軽減や学校支援の充実が意図された。

　こうした同事業の展開をより発展させる形で導入されたのが、「地域学校協働本部」である。背景には、中央教育審議会答申「新しい時代の教育や地方創生の実現に向けた学校と地域の連携・協働の在り方と今後の推進方策について」（平成27年（2015年））における提案がある。そこでは、地域による学校の「支援」から、地域と学校のパートナーシップを構築し、双方向の「連携・協働」へと発展させることが指向されている。それは、地域が学校を支援するという一方向の関係だけでなく、児童生徒の成長を基軸として、両者がパートナーとして関わりながら、地域の将来を担う人材の育成を図るとともに、「学校を核とした地域づくり」を目指すことと集約される。そうした活動を「地域学校協働活動」と称し、それを具体的に展開する組織として「地域学校協働本部」を位置づけることが示された。地域学校協働本部を中心に、より多くの保護者や地域住民の参画を促し、それぞれの学校支援活動を「総合化・ネットワーク化」することで持続的な活動とする仕組みづくりが求められるのである。

　さらに、同答申は、地域学校協働本部とコミュニティ・スクールの関係性についても言及している点が着目される。学校運営協議会を通して、地域の実情を踏まえた特色ある学校づくりを指向し、同時に、学校運営協議会において、学校支援に関する総合的な企画・立案を行い、学校と保護者や地域住民の連携・協力を促進していくことを指向している。すなわち、学校運営協議会と地域学校協働本部を両輪としながら、学校を核として、学校づくりと地域づくりを進めていくことが求められていると言える。

（4）学校評価－学校関係者評価－

　中央教育審議会答申「今後の地方教育行政の在り方について」（平成10年（1998年））、「新しい時代の義務教育を創造する」（平成17年（2005年））等を経て、学校評価が導入されることとなった。学校の自主性・自律性が拡大されたことに伴い、学校の教育目標、それに基づく具体的な教育計画、その実施状況について

自ら振り返り、その結果について、保護者や地域住民に説明することが求められるようになったのである。文部科学省は、「ガイドライン」を作成することによって学校評価の在り方を示すとともに、法整備を行い、その普及に努めている（これまでガイドラインは、平成 18 年（2006 年）、平成 20 年（2008 年）、平成 22 年（2010 年）、平成 28 年（2016 年）、に改訂されている。）。各学校は、①教職員による自己評価を行い、その結果を公表すること、②保護者や地域住民等の学校関係者による評価を行い、その結果を公表するよう努めること、③自己評価の結果、学校関係者評価の結果を設置者に報告すること、が求められている（学教法第 42 条；学教施規第 66 条〜 68 条）。

「ガイドライン」では、学校評価は「自己評価」「学校関係者評価」「第三者評価」の三つから構成されている。自己評価とは、各学校の教職員が行う評価である。学校関係者評価とは、保護者や地域住民等によって構成された評価委員会等が自己評価結果に対して行う評価である。第三者評価とは、外部の専門家を含めた評価委員会等が専門的視点から行う評価である。現在、自己評価は義務、学校関係者は努力義務とされているが、第三者評価は実施義務や努力義務は課されていない。

学校と地域の連携の観点から考えれば、学校関係者評価が着目される。保護者や地域住民等が委員となり、学校の自己評価結果を協議し、意見を述べる。年間を通じて学校と関わることで学校の実態について知り、その上で改善点等についての意見を学校に伝える。そうすることで、自己評価を内部だけでない客観的なものにしていくことが期待されている。

2．学校経営と学校安全

（1）学校安全の定義

学校安全は、学校保健、学校給食とともに、学校健康教育の 3 領域の一つであり、それぞれが独自の機能を持ちつつも、相互補完的に児童生徒の健康の保持増進を図っている（文部科学省　2019）。

学校安全は、「児童生徒が自他の生命の尊重を基盤として、自ら安全に行動し、他の人や社会の安全に貢献できる資質や能力を育成するとともに、積極的に安全

な環境づくりができるようになる」ことがねらいとして挙げられる。そのため、児童生徒が自ら安全に行動したり、他の人や社会の安全のために貢献したりできるようにすることを目指す「安全教育」、児童生徒を取り巻く環境を安全に整えることを目指す「安全管理」、そして、両者の活動を円滑に進めるための「組織活動」から成る。安全教育と安全管理を両輪とし、それらの充実のために、学校において、教職員だけでなく、保護者や地域住民を巻き込みながら組織的に取り組んでいく姿勢が求められる。

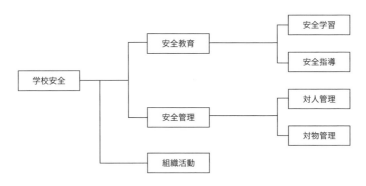

　「安全教育」は、「安全学習」と「安全指導」に分けられる。安全学習は、安全に関する基礎的・基本的な知識・技能の習得、思考力・判断力の向上、安全確保への適切な意思決定能力の育成を目指す。安全指導は、安全学習で得られた知識・技能の行動化や習慣化、安全の確保のためのより実践的な能力や態度の育成を目指す。

　一方、「安全管理」は、事故や災害の原因となる学校環境や児童生徒の学校生活などにおける行動の危険を早期に発見し、それらを速やかに除去するとともに、万一事件・事故が発生した場合には、適切な応急手当や安全のための措置ができるような体制を確立して、児童生徒の安全の確保を図ることを目指して行われるものである。安全管理は、「対人管理（児童生徒の心身の状態の管理、及び様々な生活や行動の管理）」と「対物管理（学校の環境の管理）」から成る。そのため、学校における安全管理は、主に教職員が中心になって行われるが、安全を考慮しつつ児童生徒にも参加させることは、安全教育の観点からも重要と言える。

（2）学校安全にかかる規定

　学校教育法は「学校においては、別に法律で定めるところにより、幼児、児童、生徒及び学生並びに職員の健康の保持増進を図るため、健康診断を行い、その他その保健に必要な措置を講じなければならない」（第12条）としており、この「別に法律で定める」とされる法律が学校保健安全法を指している。同法はかつて「学校保健法」と称され、「学校における保健管理及び安全管理に関し必要な事項」を定める法律（旧第1条）として位置づけられていたが、その内容は、多くが学校保健に関する事項であり、学校安全についてはほとんど触れられていなかった。平成20年（2008年）に学校保健法は学校保健安全法と改正され、学校安全についての規定が整備充実された。

　同法は、学校に対して「学校安全計画」を策定することを求めている（第27条）。学校安全計画は、学校において必要とされる安全に関する具体的な実施計画であり、施設設備の安全点検や児童生徒の学校生活その他の日常生活における安全指導の計画等を明確化したものである。あわせて同法は、「危険等発生時対処要領」、いわゆる「マニュアル」を、危険等が発生した際に教職員が円滑かつ的確な対応をとることができるよう作成することも求めている（第29条）。これらは作成後、定期的・継続的に検証・見直しを行うことが不可欠であるし、学校安全の取組を学校経営のマネジメント・サイクルの中に組み込み、学校全体で組織的に対応していくことが求められよう。また学校は、地域の関係機関等と連携しながら学校安全に努めること（第30条）、毎学期1回以上、施設及び設備の安全点検を実施すること（同施行規則第28、29条）が求められる。

　また、学習指導要領総則においても、教育課程の編成及び実施に当たって、各教科において指導すべき内容を整理して、学校安全計画等と関連付けながら効果的な安全に関する指導が行われるように留意することが示されている。

（3）学校安全への対応

　学校安全は、主に「生活安全」「交通安全」「災害安全」の3領域が挙げられる（文部科学省 2019：10頁）。

生活安全	学校・家庭など日常生活で起こる事件・事故を取り扱う。誘拐や傷害などの犯罪被害防止も含まれる。
交通安全	様々な交通場面における危険と安全、事故防止が含まれる。
災害安全	地震・津波災害、火山災害、風水（雪）害等の自然災害に加え、火災や原子力災害も含まれる。

　例えば、平成13年（2001年）に大阪教育大学教育学部附属池田小学校に出刃包丁をもった男が侵入し、児童や教員を殺傷する事件が起こった。かつて学校は「安全な場所」というイメージが持たれ、凶悪犯罪など起こり得ない場所と考えられていたが、そういった神話は崩壊し、不審者対策という課題が学校に付与された。平成24年（2012年）に東京都府中市の小学校で、乳製品にアレルギーのある女子児童（当時5年生）が給食を食べた後、体調不良を訴え緊急搬送されたが、その後亡くなるという事態が起こった。除去食の提供時における伝達や確認の不備、担任がエピペンを打たずに初期対応を誤ったこと等、複数の要因が指摘されたが、アレルギー対策という課題が学校に付与された。平成23年（2011年）3月11日の東日本大震災では、過去に例のない地震・津波災害が発生し、多くの学校がそれまでの避難計画・訓練、危機管理体制、防災教育等の見直しを迫られることとなった。

　SNSの普及など児童生徒を取り巻く環境も変化し、学校を取り巻く危機事象は、時代や社会の変化に伴って変化する。従来想定されなかった新たな危機事象の出現に応じて、学校安全の在り方を柔軟に見直していくことが必要であるし、「生活安全」「交通安全」「災害安全」の各領域を通じて、安全教育と安全管理に関する活動を充実させることが求められる。

（4）危機管理の視点

　危機管理には、大きく二つの見解が存在する。それは、「危機管理で重要なことは、危機に陥らないための予防である」という見解（リスク・マネジメント）と、「危機管理で重要なことは、事後のスピーディーな対応である」という見解（クライシス・マネジメント）である。

　学校という場所は、教職員とたくさんの児童生徒が、日常的に様々な教育活動を行っており、常に危険と隣り合わせであると言っても過言ではない。ある意味、学校という場所には、危機はつきものと捉えることもできよう。ゆえに危機管理は、「人々の生命や心身に危害をもたらす様々な危険が防止され、万が一、事件が発生した場合には、被害を最小限にするために適切かつ迅速に対処し、再発防止の対策を講じること」（元兼正浩編、福岡県教育センター・九州大学『危機管理講座テキスト』2009年、4頁。）と定義され、危機管理の視点として、事前の

危機管理と事後の危機管理の両方が必要となる（「発生時の危機管理」の見解が加えられ、三つの見解から危機管理を捉えることもある。）。

側面	リスク・マネジメント （事前の危機管理）	クライシス・マネジメント （事後の危機管理）
目的	予め危機を予測・発見し、その危機を確実に除去して危機の発生を未然に防ぐ。	発生した危機に、適切かつ迅速に対処し、被害を最小限に抑え、再発を防止する。

　子どもの命がかかる学校という場所においては、「想定外」は許されない。学校にとって最も大切なことは何か。それは、「子どもの命を守ること」、「子どもの安全を確保すること」である。「安全」があるからこそ「安心」を実感することができ、「安心・安全」があるからこそ、日々の教育活動を展開することができる。いつ起こるか分からない危機的な出来事や状況に対し、子どもたちの命を守ることができるだけの心身の備えが、学校関係者には求められる。
○文部科学省『「生きる力」を育む学校での安全教育』2019 年。

（高橋　望）

《参考文献》

青木薫編『教育経営学』（福村出版）1990 年

小島弘道『21 世紀の学校経営をデザインする（上)』（教育開発研究所）2002 年

小島弘道編『学校経営』（学文社）2009 年

木岡一明編『ステップアップ学校組織マネジメント』（第一法規）2007 年

佐々木正治・山崎清男・北神正行編『新教育経営・制度論』（福村出版）2009 年

佐藤晴雄『教職概論（第 1 次改定版)』（学陽書房）2003 年

篠原清昭編『スクールマネジメント』（ミネルヴァ書房）2006 年

下村哲夫『学年・学級の経営』（教育学大全集 14）（第一法規）1982 年

下村哲夫・天笠茂・成田國英編『学級経営の基礎・基本』（ぎょうせい）1994 年

高野桂一『学校経営の科学』（誠信書房）1961 年

高野桂一『学校経営の科学　第 1 巻基礎理論』（明治図書出版）1980 年

永岡順編『現代教育経営学』（教育開発研究所）1992 年

日本教育経営学会編『教育経営と学校の組織・運営』（ぎょうせい）1987 年

日本教育経営学会編『公教育の変容と教育経営システムの再構築』（玉川大学出

版部）2000 年

堀内孜編『現代公教育経営学』（学術図書出版社）2002 年

吉本二郎『学校経営学』（国土社）1965 年

コラム

ニュージーランドの学校経営

　ニュージーランドは赤道をはさんで日本とは経度・緯度の点でほぼ対極に位置する南太平洋の国である。豊かな自然とラグビーが有名なこの国は、学校経営の観点からみると日本との共通点と相違点を数多く指摘でき、興味深い。

　ニュージーランドは 1980 年代後半に大規模な教育改革を実施し、教育の仕組みを大きく変更した。すなわち、100 年以上続いた教育委員会制度を廃止し、各学校に学校理事会を設置することで教育課程編成、人事運営、財務運営等に関する権限委譲を行い、自律的な学校経営を導入したのである。そのため、学校経営の責任者である校長に対しては、リーダーシップ能力やマネジメント能力など、スクールリーダーとしての高い専門性と力量が求められるようになり、教育者というよりも経営者という位置づけが強くなった。またこの学校理事会は、保護者や地域住民を中心に構成されるため、彼らの学校経営への参画の道を開くものでもあった。教員人事も学校理事会の職務であり、学校理事会が教員の雇用者として位置づけられている。現地新聞には教員公募の広告が定期的に掲載され、教員は自ら希望する学校へと直接応募し採用試験を受けるのである。

　ニュージーランドの学校では、日本の学校のような職員室は存在しない。担当クラスや各教科の部屋が教員の仕事場となる。職員室の代わりとして、教職員全員が一堂に会する休憩室のようなものが存在する（写真 1）。学校を訪問すると、休み時間やランチタイムなど、多くの教職員がこの休憩室に集まり、紅茶を飲みながら校長からの諸連絡に耳を傾けるといった光景をよく目にする。形式的な職員会議は見られない。午前と午後に 1 度ずつ紅茶の時間が必ず設けられており、紅茶専門の事務職員が常駐する学校もある。教職員が紅茶を楽しんでいる間、児童生徒は自由時間であり校庭などで遊ぶ場合が多いが、その間の安全はボランティアの保護者によって確保されている。

写真 1

写真 2

　教室内に目を向けると、1 学級の児童生徒数は 20 名以下がほとんどであり、教師と児童生徒の比率が日本と比べると低いことが指摘される。教室環境も日本のように画一的ではなく、学習内容に応じて柔軟な形態を採用している（写真 2）。また特に小学校においては、授業中でも教室内に保護者の姿をみることができ、学校経営の多くの場面において保護者や地域住民の協力を得ており、彼らの協力によって学校経営が成り立っていることが分かる。

　ニュージーランドで展開される自律的な学校経営は、現在日本が実施している学校経営改革の方向性と合致し、約 40 年前に着手された同国の実践は、日本にとって有益なモデルケースとなり得ると考えられる。諸外国の学校経営と比較することで、日本の学校経営の特徴を改めて確認することができる。

第13章
社会教育・生涯教育論

第1節　社会教育・生涯教育の概念

1. 社会教育とは何か

(1) 社会教育の法的規定

　社会教育という言葉を聞いて、まず初めに何を思い浮かべるだろうか。おそらく、多くの人々が、公民館や「生涯学習センター」といった場所で行われている様々な講座や講演会を思い浮かべるだろう。あるいは、自らが所属する趣味や習い事などのサークル活動を思い浮かべる人もいるだろうし、ボーイスカウトやガールスカウトなどの野外教育活動などを思い浮かべる人もいるだろう。

　これらはいずれも社会教育に含まれる。しかし、それだけに、学校教育と比べて社会教育はその中身が分かりにくいとされる。つまり、いつ・どこで・誰が・何をすることなのか、はっきりしていないのである。こうした意見は、初学者のみならず、むしろ学校教育に長く携わってきた人々からしばしば聞かれるものである。では、いったいどのあたりが分かりにくいのか。まずは関係法規の規定を見てみることにしよう。

> **教育基本法**
> 第12条　個人の要望や社会の要請にこたえ、社会において行われる教育は、国及び地方公共団体によって奨励されなければならない。
> 　2　国及び地方公共団体は、図書館、博物館、公民館その他の社会教育施設の設置、学校の施設の利用、学習の機会及び情報の提供その他の適当な方法によって社会教育の振興に努めなければならない。
>
> **社会教育法**
> 第2条　この法律において「社会教育」とは、学校教育法又は就学前の子どもに関する教育、保育等の総合的な提供の推進に関する法律に基づき、学校の教育課程として行われる教育活動を除き、主として青少年及び成人に対して行われる組織的な教育活動（体育及びレクリエーションの活動を含む。）をいう。

　教育基本法では、国や地方公共団体が様々な手段を通じて社会教育を奨励すべきことが規定されているが、社会教育それ自体については「社会において行われる教育」とのみ定義されている。一方、社会教育法では「学校の教育課程として行われる教育活動」を除く「組織的な教育活動」と定義されているが、その意味するところは極めて広範囲である。ここでは、少なくとも、学校教育として法的に規定された活動以外の学習機会や諸活動が社会教育ということになる。

(2) 教育活動の三つの様式

　では、学校教育以外の組織的な教育活動とはどのようなものか。これを理解するためには、以下のように、教育の様式を三つに分けて捉えることが参考になる。

> ①**フォーマル教育**：法的・制度的に教育の実践者や対象者、内容、年限などが定められている。例）学校教育
> ②**ノンフォーマル教育**：教育の営みとして一定の組織性・計画性をもつが法的には規定されておらず、教育の実践者や対象者、内容、期間などを学習者の特性、要求や課題に応じて柔軟に定めることができる。例）公民館等で行われる講座や学級、講演会、通信教育など。
> ③**インフォーマル教育**：社会の様々なところで日常生活を通して行われる無意図的、偶発的な教育機能の総称。例）読書、家庭や職場での無意図的学習、映画・テレビ等を通じて結果として生じた学習など。

　ここからわかるように、社会教育とはおもに②のノンフォーマル教育を指している。学校教育＝フォーマル教育は、原則的に、免許状や学位などにより専門性を証明された教員が児童・生徒・学生に対して、学習指導要領や設置基準に沿った教育内容を一定期間内に提供するものである。これに対して、ノンフォーマル教育では、対象は青少年から高齢者まで幅広く、提供主体は行政機関から民間のカルチャーセンターまで多様であり、内容は趣味・教養的なものから職業知識・技術、市民意識の向上につながるものまであり、期間は対象や内容に応じて２、３日程度のものから１〜２年のものまである。まさに、「すべての国民があらゆる機会、あらゆる場所を利用して」（社会教育法第３条）学習できるように柔軟に組織され提供される学習機会がノンフォーマル教育である。

(3) どこまでが社会教育か

　ただし、社会教育はノンフォーマル教育だけを指すのではない。たとえば、図書館や博物館は社会教育施設に含まれるが、これらは組織的な学習機会の提供を行うというよりも、図書や視聴覚教材の整備、あるいは文化財等の展示を通じて学校教育から私的・個人的な学習（インフォーマル教育）まで幅広く援助することを目的としている。また、体育やレクリエーション（余暇活動）などは、その過程を通じて学習が生じる場合もあるが、必ずしも学習を意図して行う活動ではない。こうした、厳密には「組織的な教育活動」とは言えないものまで社会教育の範囲に含まれていることが、分かりにくさの原因となっている。

　個々の学習者にしてみれば、こうした区別は大きな問題ではない。自分のスタイルに合った学習機会を選べばよいだけのことである。しかし、「社会教育の振興に努めなければならない」とされる国や地方公共団体の職員にとっては大きな問題となる。私的・個人的な学習やレクリエーションなどを行政としてどこまで支援するのか、様々な場面で論争になる可能性があるからである。この点については、時代状況や地域によって多様な結論がありうるが、少なくとも何らかの形で地域のニーズや課題の解決につながるかどうかが一つの基準となるだろう。

2. 生涯教育とは何か

(1) 生涯教育の基本理念

　以上のように、社会教育が学校教育以外の様々な学習機会を指すのに対して、生涯教育は、学校教育と社会教育、さらにはインフォーマル教育の一つである家庭教育までも視野にいれながら、これら相互の機能を統合していくことを意味している。ここでいう「統合」には、学校や家庭、社会（地域や職場）などの多様な場における学習機会の統合（水平的統合）と、個々人が一生を通じて獲得する学習機会の統合（垂直的統合）という二つの意

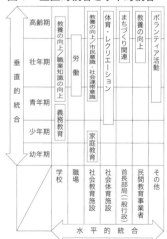

図1：垂直的統合と水平的統合

味が含まれている。すなわち、発達段階や生活課題に応じて、いつでも、どこでも学べるように学習機会を整備することが生涯教育である（図1）。

　生涯教育が目指すのは、教育・学習の成果に対する評価が人生の前半に集中している社会のあり方、すなわち「学歴社会」の転換を図ることである。たとえば、かつては壮年期や高齢期にある人が大学で学びたいと思っても、他の高校生などと同様に一般入試を受けなければならず、高等教育で学ぶ機会は大きく制限されていた。しかし、現在では社会人入学制度が整備され、一般入試とは別の評価軸（意欲や職業経験など）で入学が認められるようになっている。また、これに応じて企業の側でも教育・訓練のための休暇（有給教育訓練休暇）を認めるようになっている。

(2) 生涯教育の現状

　現在では、こうした学習機会や社会制度の再編に向けた取り組みは「生涯教育」よりも「生涯学習体系への移行」や「生涯学習社会の建設」といった言葉で説明されるようになっており、学習者の側に視点をあてた「生涯学習」という言葉のほうが一般化している。平成18年（2006年）の教育基本法改正でも、新たに盛り込まれた第3条は「生涯学習の理念」となっている。しかし、その内容は、以下のように、人々が多様な学習機会にアクセスでき、その学習の成果が適切に評価されるような社会の実現という点に重点が置かれている。

> 第3条　国民一人一人が、自己の人格を磨き、豊かな人生を送ることができるよう、その生涯にわたって、あらゆる機会に、あらゆる場所において学習することができ、その成果を適切に生かすことのできる社会の実現が図られなければならない。

3. 社会教育と生涯教育の関係

　以上を踏まえれば、社会教育とは学校教育以外の多様な学習機会を指すのに対して、生涯教育とは何か特定の教育実践や学習機会ではなく、おもに社会制度の整備を通じて学習の成果が適切に評価される社会を実現していくことを指すので

あり、両者は理念的には大きく異なることがわかる。しかし、現実には、両者はあまり区別されることなく、入れ替え可能なものと見なされることが多い。

　その原因はいくつか考えられるが、概念上の関係だけをいえば、第一に、社会教育自体が、生涯にわたるすべての発達段階にある人々を対象とするようになってきたことが挙げられる。たとえば、「青少年および成人」を対象とする時点で社会教育にはほとんどの人々が含まれるが、平成13年（2001年）の社会教育法改正により家庭教育もまた市町村教育委員会の事務事業となり（第5条第7項）、これにより親や乳幼児に対する教育もその守備範囲に含まれることになった。また、第二に、多様な学習機会の整備・充実という面でも、社会教育法では制定当初から「すべての国民があらゆる機会、あらゆる場所を利用して」（第3条）学習できる環境を整備することが国および地方公共団体の任務に規定されており、生涯教育の理念の一部がすでに社会教育法のなかに準備されていたことが挙げられる。

　これらの結果、国や地方公共団体において生涯教育や生涯学習を具体的な事務事業に落とし込もうとすると、そのほとんどが社会教育の事務事業になってしまうという事態が生じることになる。あるいは、同一の事務事業であっても、地方公共団体によって生涯学習と呼ばれたり、社会教育と呼ばれたりすることになる。こうして、実態としては、社会教育と生涯教育・生涯学習は同義に扱われるようになってきたのである。

　しかし、社会教育と生涯教育・生涯学習の関係を理解するためには、概念上の関係だけでなく、その歴史的な背景も踏まえる必要がある。以下、戦後の社会教育・生涯教育に関する政策の展開を見ることで、さらに両者の関係を明らかにしていく。

第2節　社会教育・生涯教育の戦後史

1. 戦後の社会教育政策

(1) 戦後改革のなかの社会教育
　戦前・戦中の日本では、社会教育が青年団や婦人会、報徳会、在郷軍人会など

の教化団体を通じた国家的統制の手段となり、戦時動員を積極的に支えたことへの反省から、CIE（民間情報教育局）の統制の下、戦後は一転して民主主義の普及徹底の手段として社会教育が位置づけられることになった。昭和21年（1946年）の第一次米国教育使節団報告書では、成人教育について、夜学や公開講座の実施、学校開放、図書館の整備、各種団体における座談会・討論会等の実施により民主主義を浸透させることが提言され、昭和25年（1950年）の第二次報告書では、PTAやユネスコ関係団体の振興を通じて、さらに民主的市民の育成を図ることが提言された。

　こうした動きのなか、昭和24年（1949年）に社会教育法が制定され、社会教育は国および地方公共団体によって振興されるべきこと、ただし、その方法は戦前・戦中の社会教育への反省に立ち、国民に対して命令や監督を行うものであってはならず、国民の自主的・自発的な学習活動を支える環境の醸成にとどまるべきことが規定された（同法第3条）。こうした精神は、続けて制定された図書館法（昭和25年（1950年）制定）や博物館法（昭和26年（1951年）制定）、青年学級振興法（昭和28年（1953年）制定）にも反映され、いずれも社会教育法の精神にもとづいて整備・振興されるべきことが規定された。

　社会教育法では、国および地方公共団体の事務事項（第1章）のほか、市町村および都道府県の教育委員会に社会教育主事及び社会教育主事補を置くこと（第2章）、社会教育関係団体に関すること（第3章）、社会教育委員の設置に関すること（第4章）、公民館の設置および運営に関すること（第5章）、学校施設の利用に関すること（第6章）、通信教育に関すること（第7章）が規定された。これらのうち、民主主義の普及徹底という点で最も大きな役割を期待されたのが公民館であった。社会教育法の制定に先立って公民館構想を示し、公民館の創設に大きく寄与したとされる寺中作雄（1909～1994）（戦後最初の文部省社会教育局長）によれば、公民館とは、①民主主義・平和主義を身につけ、②豊かな教養を身につけ、これらを通じて、③郷土に産業を興し、郷土の政治を立て直し、郷土の生活を豊かにすることを目的とするものであった（寺中、1946、11～13頁）。すなわち、寺中の構想では、公民館は社会教育施設としてだけでなく、町村自治や産業振興、社交娯楽の場としても使われることが期待されていたのである。実際には、町村自治や産業振興などは他の行政部門との摩擦が懸念されたため、社

会教育法第 20 条ではこうした側面を含めることなく、次のように公民館の目的が規定されることとなった。

> 第 20 条　公民館は、市町村その他一定区域内の住民のために、実際生活に即する教育、学術及び文化に関する各種の事業を行い、もって住民の教養の向上、健康の増進、情操の純化を図り、生活文化の振興、社会福祉の増進に寄与することを目的とする。

　こうして、社会教育法によって公民館の設置が奨励されたことで、公民館は全国的に建設が進むことになる。図書館や博物館、公会堂のあった都市部では公民館の設置が遅れたが、農村社会を中心に建設が進み、昭和 24 年に 40％であった設置率は、昭和 30 年代前半には 80％を超えるまでになった（佐藤、2007、39 頁）。

(2) 社会教育の条件整備の進展

　その後、社会教育法は何度か改正されることになるが、昭和 34 年（1959 年）の改正は社会教育法の内容を大きく変えるものとなった。当時は、様々な社会運動が盛り上がりを見せていた時期であり、自主的な学習活動もこうした方向性で行われることが多かった。こうした状況のなかで行われた改正では、①市町村の社会教育主事・主事補の必置、②社会教育関係団体に対する補助金禁止規定の削除、③社会教育委員による青少年教育の特定事項への助言・指導、④文部大臣による公民館設置基準の制定と、これに基づく公民館への指導・助言、⑤公民館に対する国庫補助、などが規定された。これらは、上位機関や指導系職員による指導・助言を強める側面があったため、国民の自主的・自発的な学習活動に対する管理指導体制を強化するものとして批判された。

　しかし、この改正の結果、社会教育の条件整備が大幅に進むことになった。たとえば、昭和 33 年（1958 年）には全国でわずか 655 人だった社会教育主事・主事補が、昭和 38 年（1963 年）には 2,661 人にまで増加した（佐藤、2007、41 頁）。また、財政基盤の脆弱だった社会教育関係団体は、補助金を受けられるようになったことで活発な活動が展開されるようになった。さらに、公民館については、市町村合併や分館の統廃合などにより公民館の設置数自体は減少したが、本館設備の充実や公民館職員の配置が進むことになった。こうして、青少年及び成人の自

発的・自主的な学習活動の保障という当初の社会教育の理念からの乖離が問題とされながらも、ハード面の整備は着実に進んでいったのである。

2. 生涯教育論の受容と浸透

(1) 生涯教育論の登場

生涯教育という概念が最初に登場したのは、昭和40年（1965年）、当時のユネスコの成人教育部長であったラングラン（Lengrand,P. 1910 ~ 2003）が「生涯教育について」と題する文書を提出したことが始まりとされる。この文書によって、生涯教育の基本理念、すなわち、急激に変化する社会のなかで人々が必要に応じて新しい知識や技術を獲得するとともに、より文化的な生活を実現できるよう、労働と余暇を含めた生涯にわたる学習機会の統合（垂直的統合）と、多様な機関によって提供される学習機会の統合（水平的統合）を図っていくことが提唱された（ラングラン、1971）。

その後、ラングランの後を継いだジェルピ（Gelpi,E. 1933 ~ 2002）によって、生涯教育は不平等な社会のあり方を根本的に捉え直し、社会に参加する力を人々に与えるものと位置づけられた。以後、ユネスコでは識字教育や権利意識の向上などが取組の焦点となっていった。また、経済協力開発機構（OECD）においても、人生の初期に集中している学習機会を全生涯にちりばめ、労働や余暇の過程ともに必要に応じて獲得・実施できるようにすることが「リカレント教育」として提唱されてきた。

(2) 日本における生涯教育論の受容

日本においてこのような考え方が初めて政策的に示されたのは、昭和46年（1971年）の社会教育審議会答申「急激な社会構造の変化に対処する社会教育のあり方について」である。この答申では、国際的な生涯教育論の展開を踏まえ、生涯の各時期における課題に応じた学習機会の整備と、それらを提供する機関や施設の相互の連携強化が唱えられた。これに続く昭和56年（1981年）の中央教育審議会答申「生涯教育について」では、生涯教育は「生涯学習のために、自ら学習する意欲と能力を養い、社会の様々な教育機能を相互の関連性を考慮しつつ

総合的に整備・充実しようとする」ものとされ、生涯学習は「自己の充実・啓発や生活の向上のため」「各人が自発的意志に基づいて」「必要に応じ、自己に適した手段・方法」で「生涯を通じて行う」ものと定義された。こうして、生涯教育の理念は政策的に徐々に浸透していくことになった。

　特に、生涯教育から生涯学習への社会的な転換を促し、生涯学習が教育制度改革の理念として広く認知されるきっかけとなったのが、「戦後教育の総決算」を掲げ、首相直属の諮問機関として昭和 59 年（1984 年）から昭和 62 年（1987 年）まで活動した臨時教育審議会である。その四次にわたる答申では、当時、社会問題となっていた校内暴力や不登校、「落ちこぼれ」などが、過度の受験競争による子どもの生活・教育環境の悪化によるものとされ、こうした「学歴社会の弊害の是正」を行うために「どこで学んでも、いつ学んでも、個人が取得、体得した資格、学習歴、専門的技能などの成果が適切に評価される」社会の建設、すなわち「生涯学習社会の建設」が提唱された。そして、「評価の多元化」や「生涯学習の基盤整備」「民間活力の導入」などが「生涯学習体系への移行」というスローガンのもとで進められていったのである。

(3) 社会教育の停滞

　こうした動向に呼応するように、社会教育は 70 年代頃から停滞期を迎えることになる。その要因として、一つには、都市部における民間カルチャーセンターの台頭を挙げることができる。著名人をそろえた講座や講演会は有料でも多くの人々を集めるようになり、公民館等の講座から学習者を奪っていくことになったのである。また、二つには、首長部局が学習・文化事業を実施する「行政の文化化」の進行が挙げられる。80 年代に入り、「うるおい」と「やすらぎ」のある空間や環境づくりなどが広く文化行政と言われるようになると、行政サービスの文化化という名目のもとで、首長部局が住民に対して積極的な情報提供や事業への住民参加を推し進めるようになってきた。そのなかで、各部局がその専門性を生かした学習事業も実施するようになってきたため、学習・文化事業が教育委員会の専管事業ではなくなってきたのである。そして、三つには、首長部局の管轄のもとで、公民館同様に学習事業を企画・運営したり、自主サークルの活動等を受け入れたりするコミュニティセンター（地域によって「市民センター」や「地域セン

ター」など様々な名称で呼ばれる）の台頭を挙げることができる。公民館の管理・運営は、社会教育法や「公民館の設置及び運営に関する基準」にそって行わねばならず、職員の任用や事業の実施等に柔軟性を欠くことが問題視されていた。しかし、コミュニティセンターは、各地方公共団体の条例によって設置されるものであり、柔軟な管理・運営が可能であったため、急速に広がっていった。その結果、公民館とコミュニティセンターは競合関係に置かれることになり、こうした動きが「社会教育の終焉」と呼ばれるようになるなど、公民館を中心とする社会教育の振興は大きな見直しを迫られるようになってきたのである。

3. 社会教育から生涯学習へ

(1) 生涯学習施策の普及と社会教育の後退

　臨時教育審議会を受けて、平成2年（1990年）には都道府県による生涯学習振興の基本方針を定めた「生涯学習の振興のための施策の推進体制等の整備に関する法律」（通称：生涯学習振興法）が制定された。この法律により、生涯学習は、都道府県を中心に、各種の教育機関や団体、民間教育事業者との連携を通じて広域的に推し進められることになった。この法律は、学習機会の水平的統合を推進しようとする点で生涯教育の理念を正確に反映したものであったが、その一方で、単純に社会教育を生涯学習に改めただけのように見える施策も行われていった。たとえば、文部省では社会教育局が生涯学習局に改組され、社会教育審議会は生涯学習審議会に改められた。また、これを受けて全国各地で教育委員会の社会教育課が生涯学習課に改称された。こうして、事実上、社会教育は生涯学習に取って代わられるようになっていったのである。

　しかも、90年代後半に入り、多様化・国際化する社会のなかで従来の中央集権的な行政システムの転換が求められるようになると、社会教育の諸条件も大きく変わることになった。平成10年（1998年）には、都道府県教育委員会が市町村教育委員会に社会教育主事を派遣し、給与負担も行う国庫負担制度が廃止され、多くの派遣社会教育主事が市町村から引き上げられた。また、平成11年（1999年）には、地方分権推進委員会第二次勧告を受けて、社会教育法が大幅に改正された。そのおもな内容は、①必置であった公民館運営審議会の任意設置化、②公

民館長任命の際の公民館運営審議会に対する意見聴取義務の廃止、③社会教育委員や公民館運営審議会の委員の選出規定の弾力化、などであった。さらに、平成15年（2003年）には「公民館の設置及び運営に関する基準」が全面的に改正され、公民館長と主事の専任規定が削除されるに至った。こうした動きは、社会教育の独自性の喪失として批判的に受け止められた。

(2) 生涯学習振興の方策としての社会教育

　その一方で、社会教育は、生涯学習の振興のために学校教育や家庭教育を側面から支援するとともに、これらの連携を図るものとして位置づけられるようになってきた。平成13年（2001年）の社会教育法改正では、家庭教育の支援が社会教育の役割として明確にされるとともに、青少年の奉仕活動・体験活動に関する事業も市町村教育委員会の事務に盛り込まれることになった。また、平成18年（2006年）の教育基本法改正を受けて行われた平成20年（2008年）の社会教育法改正では、社会教育行政は生涯学習の振興に寄与するものとなること、さらには学校教育・社会教育・家庭教育の連携を促進するものとなることが明確に打ち出された。具体的には、市町村教育委員会の事務として、①情報化の進展に対応するための学習機会の提供、②学齢児童および学齢生徒の放課後における学習や活動の機会の整備、③学習成果の活用機会としての学校や社会教育施設の利用などが盛り込まれたのである（第5条）。特に②は、小学校等を拠点に体験活動の機会と学童保育の場を設ける事業として平成19年（2007年）から開始された「放課後子どもプラン」に対応するものである。また、②や③に対応するものとして、学校の教育活動を支援するために地域住民の学校支援ボランティアをコーディネートする「学校支援地域本部事業」が平成20年（2008年）から開始された。

　この事業はその後さらなる拡充が求められ、平成29年（2017年）の社会教育法改正により「地域学校協働活動」として新たに位置づけられることになった。具体的には、同法第6条2項で「地域住民等の積極的な参加を得て当該地域学校協働活動が学校との適切な連携の下に円滑かつ効果的に実施されるよう、地域住民等と学校との連携協力体制の整備、地域学校協働活動に関する普及啓発その他の必要な措置を講ずるものとする」と明記され、必要に応じて同事業を担当する「地域学校協働活動推進員」（第9条の7）を置くことができるようになったので

ある。

　こうして、かつては学校教育と並んで民主主義の普及や国民の教養の向上、地域振興を中心的に担うものとされていた社会教育は、民間カルチャーセンターや首長部局による文化・学習事業と競合するようになり、さらに学校教育や家庭教育を機能的に補完する性格が与えられていくなかで、その独自性を失ってきた。他方で、これらの動き自体を含みこむかたちで、生涯学習の概念が社会的に定着し、近年では、学校教育支援を社会教育活動の主軸に位置づけようとする動きが高まってきていると言えるだろう。

第3節　社会教育・生涯教育の行政

1. 社会教育行政の原理

(1) 非権力的行政としての社会教育行政

　社会教育が生涯学習の振興に方向づけられるなかで独自性を失ってきたとはいえ、その重要性まで失ってしまったわけではない。むしろ、学校教育や家庭教育の役割の拡大、学校・家庭・地域社会の連携といった今日の重要テーマがおしなべて社会教育に求められるようになるなか、社会教育行政の重要性は増してきているともいえる。

　社会教育行政の任務は、国民の自主的・自発的な学習にとっての環境の醸成とされるが、これは教育行政作用の分類上でいえば、専門的・技術的な指導助言や情報提供、財政援助などの助成作用を中心として行われること、すなわち非権力的行政であるべきことを意味している。このことは、しばしば「サポート・バット・ノーコントロール（援助すれども統制せず）」の原則と呼ばれる。これが最も端的に表われているのが、社会教育関係団体に関する規定である。社会教育法第12条では、「国及び地方公共団体は、社会教育関係団体に対し、いかなる方法によっても、不当に統制的支配を及ぼし、又はその事業に干渉を加えてはならない」とされており、自主的・自発的な活動に対する干渉が強く禁じられている。さらに、何らかの行政作用を及ぼすとしても、同法第11条において「文部科学

大臣及び教育委員会は、社会教育関係団体の求めに応じ、これに対し、専門的技術的指導又は助言を与えることができる」と規定されているように、あくまでも求めがある限りで指導助言を行うことができるのである。当然ながら、器材や資料の提供、施設の貸し出し、補助金交付といった様々な助成作用も、求めに応じてなされることになる。

　なお、社会教育関係団体への補助金の交付は、かつては、補助金を支出しない代わりに団体の自由な活動を保障するという観点から全面的に禁止されていた。これは、「公の支配に属さない慈善、教育若しくは博愛の事業」に対して公金の支出、および公の財産の使用を禁止する憲法第89条の考え方とも一致するものである。したがって、昭和34年(1959年)の改正により補助金の支出が可能となったことは、同第89条との関係をめぐって論議を呼ぶことになった。この点については、社会教育関係団体の実施する事業であっても「教育の事業」でなければ補助金を支出することができるという、昭和32年（1957年）の内閣法制局回答（「憲法第89条にいう教育の事業について」）が現在でも公式の見解となっているが、必ずしも明解な関係づけがなされているとは言えない状況にある。

(2)　社会教育行政における規制作用

　社会教育行政においても、国民の活動や地方公共団体の行為に義務を課したり、制約を加えたりする規制作用がまったくないわけではない。たとえば、社会教育法第23条では、政治的・宗教的中立の観点から、公民館において特定の政党や宗教を支持ないし支援する事業を禁じており、営利を中心的な目的とする事業の実施も禁じている。これに違反した場合、公民館を所管する教育委員会は行為の停止を求めることができ（同法第40条）、さらに違反者には1年以下の懲役若しくは禁固または3万円以下の罰金が課せられることになっている(同法第41条)。

　しかし、この部分が、公民館の使いにくさにつながってきたことは否めない。たとえば、政治的中立については、各政党を公平に扱う限り、政治的教養の向上に資する事業（討論会など）の実施は奨励されると原則的には理解されてきたが（福原、1976、77頁）、何が特定の政党の利害に関わるかは曖昧であり、思わぬ批判や問題が生じる可能性があるため、当該地域や国の政治の現状に関わる事業が公民館において行われることは少ない。同様に、営利事業についても、原則的

には、営利を中心とせず住民の福祉のために行われるものであり、特定の個人や事業者に偏らない場合には事業の実施が認められるはずだが、現実には営利につながる事業の実施は多くの公民館において敬遠されている。公民館よりもコミュニティセンターが求められてきた背景には、こうした公民館をめぐる規制の厳しさもあるといえる。ただし、宗教的中立に関しては、憲法第89条により、宗教的組織および団体による公共施設の利用は明確に禁じられている。

2. 社会教育行政における国・都道府県・市町村の役割

(1) 国の役割

　社会教育法第4条において、「国は、この法律及び他の法律の定めるところにより、地方公共団体に対し、予算の範囲内において、財政的援助並びに物資の提供及びそのあっせんを行う」とされているように、地方公共団体に対する援助が国の基本的な役割である。その事務のほとんどは文部科学省が所管しており、おもなものとしては、①地方公共団体や全国規模の社会教育関係団体に対する国庫補助や援助・指導助言、②社会教育施設の設置・運営の基準の制定、③国立社会教育施設（国立青少年交流の家など）の設置・管理、④社会教育職員研修の実施、⑤全国規模の社会教育や生涯学習に関する調査、などが挙げられる。要するに、研修等による施設利用者を除いて直接に学習者を対象にした指導や援助を行うことはせず、全国的基準の制定や調査活動、地域間の教育の質的・量的格差の是正などを行うことを主要な任務としている。

(2) 都道府県の役割

　都道府県は、地方の必要に応じて市町村と同様の事務を行うほか、固有の事務として、①公民館や図書館の設置及び管理に関する指導・調査、②社会教育職員研修に必要な施設の設置及び運営、講習会の開催、資料の配付、③社会教育施設の設置及び運営に必要な物資の提供及びその斡旋、④市町村教育委員会との連絡・調整、などを行うものとされている（社会教育法第6条）。すなわち、対住民事業（講習会など）を実施するだけでなく、市区町村に対して指導・調査を実施し、必要な援助を与えること、そのための連絡調整や市区町村間の格差是正を図ることが

主要な任務である。

　また、平成2年（1990年）の生涯学習振興法の制定以後は、生涯学習の振興もまた都道府県の重要な任務とされている。具体的には、①学習情報の提供と収集、②住民の学習需要と学習成果の評価に関する調査研究、③学習方法の開発、④指導者等の研修、⑤教育関係機関・団体の連携とそれらに対する助言や援助、⑥社会教育講座など必要な学習機会の提供、⑦地域生涯学習振興基本構想の作成などである。内容的に社会教育法の規定と一致するものも多いが、この法律により、民間事業者も含めた全県的な学習情報の提供や、都道府県レベルでの生涯学習審議会の設置などが進んだことは注目すべき点である。

(3)　市町村の役割

　現在、社会教育法第5条では19項目にわたって市町村の教育委員会の事務が規定されているように、市町村（特別区を含む）は社会教育・生涯学習の振興にとって最も基本的かつ重要な場として位置づけられている。おもなものを挙げると、①社会教育委員の委嘱、②公民館、図書館、博物館等の施設の設置及び管理、②各種の学級・講座・教室・競技会等の開催と奨励、③家庭教育の支援、情報リテラシーの向上、体験活動の機会、学習成果の活用等に関する事業、④社会教育資料の刊行・配布、⑤視聴覚教育、体育、レクリエーションに必要な施設・器材・資料の提供、などである。これらのうち、③は時代や社会の変化とともに加えられてきた項目であることは前節で見たとおりである。このように、当該市区町村に居住、在勤・在学する人を対象として、時代や社会のニーズに応じた学級・講座等の開催や、施設の開放を通じた学習機会の提供を行うことが市町村の主な任務である。また、第2節で見たように、近年では学校教育支援が社会教育の重要な分野として位置づけられ、その振興を図るべきものとされている。

3. 社会教育行政の現代的課題

　現在、社会教育行政が直面している課題としてもっとも大きなものが、社会教育・生涯学習関連部局の首長部局への移管、および、それに伴う公民館のコミュニティセンターへの改編の動きである。出雲市が平成13年（2001年）に社会教

育関係事務の一部を首長部局に委任（補助執行と呼ばれる）したことを皮切りに、近年では市町村合併などをきっかけとして、こうした動きが全国に広がりつつある。たとえば、岩手県花巻市では、平成18年（2006年）の1市3町による合併を機に、教育委員会に置かれていた生涯学習振興課を首長部局の地域振興部に移し、あわせて公民館を「振興センター」と呼ばれる、行政の窓口業務と公民館事業を実施する施設へと改編している。こうした動きは、社会教育行政が教育行政の一部である限り、教育行政の政治的中立性の観点から問題となるはずだが、地方分権の推進・市町村自治の強化という観点からなし崩し的に進んでいるのが現状である。

　また、地方分権のもう一つの要素である住民自治・住民参加という視点から、住民自身が公共サービスを提供するような仕組みの導入が、生涯学習事業の一環として進められている。宮城県登米市では、平成17年（2005年）に9町による合併を機に、すべての公民館の管理運営をコミュニティ運営協議会と呼ばれる住民組織に指定管理することになり、このための人材の育成が生涯学習事業として実施されている。また、福岡県宗像市では、従来の学習事業とは異なり、学習後の活動の機会まで準備した講座（「人づくりでまちづくり講座」）を実施しているが、その機会には行政サービスの一部を担うものが多く含まれている。これらは、学習成果の活用の促進という目的にかなうものであるが、人々の自主的・自発的な学習のための条件整備、「環境の醸成」という社会教育行政の原理を逸脱する側面もあり、評価の分かれるところである（以上については、大桃・背戸編、2010に詳しい）。

　この他にも、住民参加の拡大による社会教育主事や公民館主事などの役割・存在意義の見直しや、社会教育施設使用料の有料化など、今日の行政課題と当初の社会教育の理念とのあいだの隔たりの大きさに起因する問題が様々な場面で生じている。「生涯学習社会」を支える（教育）行政原理の創出が今、改めて求められているのである。

（後藤　武俊）

《参考文献》

福原匡彦『社会教育法解説』（全日本社会教育連合会）1976 年（小川利夫他編『社会・生涯教育文献集 II 14』日本図書センター、2000 年所収）

ラングラン、P（波多野完治訳）『生涯教育入門』（全日本社会教育連合会）1971 年

大桃敏行、背戸博史『生涯学習－多様化する自治体施策』（東洋館出版社）2010 年

生涯学習・社会教育行政研究会編『生涯学習・社会教育行政必携（平成20 年版）』（第一法規）2007 年

佐藤晴雄『生涯学習概論』（学陽書房）2007 年

寺中作雄『公民館の建設』（公民館協会）1946 年（小川利夫他編『社会・生涯教育文献集 V 43』日本図書センター、2001 年所収）

コラム

「社会教育の終焉」は訪れたのか

　昭和 61 年（1986 年）に刊行された松下圭一著『社会教育の終焉』（筑摩書房）は、その刺激的なタイトルも手伝って、当時の社会教育関係者に大きな衝撃を与えることになった。彼は同書で、「国民主権の主体である成人市民が、国民主権による『信託』をうけているにすぎない道具としての政府ないし行政によって、なぜ『オシエ・ソダテ』られなければならないのだろうか」と問題提起し、行政や専門職員が人々の自主的・自発的な学習を「指導・助言する」という社会教育行政の理念それ自体に対して疑念を差し向けたのである。現在、彼が「終焉」と呼んだ事態はどのような状況にあるのだろうか。

　松下の主張の前提にあったのは、人々はすでに自らの地域や社会、文化について自発的に考え、行動する「市民」になっており、活動に必要な教育・学習の機会は自ら作り出すことができる、という認識であった。そうした市民の活動は行政によって捉えきれるものではなく、ときに行政のあり方を批判するものになりうるのであり、それゆえに行政が市民の学習や活動を「指導・助言する」という発想に立つ社会教育行政は終わりを迎えざるをえない、と考えたのである。

　果たして、現状は松下が予言した方向に向かっているかのように見える。平

成 30 年（2018 年）度の社会教育調査によれば、平成 14 年（2002 年）以降、社会教育主事は 5,383 名から 1,679 名へと 7 割近く減少し、公民館主事は 18,591 名から 12,306 名へと 3 割近く減少している。この背景には、本章で触れた市町村合併や生涯学習関連部局の首長部局への移管とともに、まさに松下が想定したような、ボランティア活動や NPO を通じた市民による自発的な学習や活動の広がりがある。今日、ボランティア活動の支援や地域課題の発掘・解決に向けたワークショップの開催などは首長部局の「市民協働課」などが企画するようになる一方、趣味・教養型の学習機会は、市民が自ら講師や企画委員となって提供するようになってきている。

　もちろん、こうした市民による活動の拡大・深化に応じて、新たな学習課題も生まれてきている。市民間の意見調整を市民が自ら行うためには、ワークショップの技法などにある程度通じる必要がある。また、市民の側から行政を動かすためには、要求運動だけでなく、行政の仕組みや限界についても学ぶ必要がある。松下の理解では、こうした課題を行政がプログラム化して提供することは不可能と見なされるであろう。しかし、「道具としての政府ないし行政」という視点に立つならば、市民からの要請を受け、市民との協働を通じてこれらの課題をプログラム化することは可能である。これからの社会教育主事や公民館主事には、従来の発想にとらわれることなく、自らの職務を積極的かつ創造的に捉えることが求められているのである。

巻末資料

Ⅰ. 教育関係法規

学事奨励に関する被仰出書

人々自ら其身を立て其産を治め其業を昌にして以て其生を遂るゆゑんのものは他なし身を修め智を開き才芸を長ずるによるなり而て其身を修め知を開き才芸を長ずるは学にあらざれば能はず是れ学校の設あるゆゑんにして日用常行言語書算を初め士官農商百工技芸及び法律政治天文医療等に至る迄凡人の営むところの事学あらさるはなし人能く其才のあるところに応し勉励して之に従事ししかして後初て生を治め産を興し業を昌にするを得べしされは学問は身を立るの財本ともいふべきものにして人たるもの誰か学ばずして可ならんや夫の道路に迷ひ飢餓に陥り家を破り身を喪の徒の如きは畢竟不学よりしてかかる過ちを生ずるなり従来学校の設ありてより年を歴ること久しといへども或は其道を得ざるよりして人其方向を誤り学問は士人以上の事とし農工商及婦女子に至っては之を度外におき学問の何物たるを辨ぜず又士人以上の稀に学ぶものも動もすれば国家の為にすと唱へ身を立るの基たるを知ずして或は詞章記誦の末に趨り空理虚談の途に陥り其論高尚に似たりといへども之を身に行ひ事に施すこと能ざるもの少からず是すなわち沿襲の習弊にして文明普ねからず才芸長ぜずして貧乏破産喪家の徒多きゆゑんなり是故に人たるものは学ばずんばあるべからず之を学ぶに宜しく其旨を誤るべからず之に依て今般文部省に於て学制を定め追々教則をも改正し布告に及ぶべきにつき自今以後一般の人民華士族農工商及婦女子必ず邑に不学の戸なく家に不学の人なからしめん事を期す人の父兄たるもの宜しく此意を体認し其愛育の情を厚くし其子弟をして必ず学に従事せしめざるべからざるものなり高上の学に至ては其人の材能に任かすといへども幼童の子弟は男女の別なく小学に従事せしめざるものは其父兄の越度たるべき事

但従来沿襲の弊学問は士人以上の事とし国家の為にすと唱ふるを以て学費及其衣食の用に至る迄多く官に依頼し之を給するに非ざれば学ざる事と思ひ一生を自棄するもの少からず是皆惑へるの甚しきもの也自今以後此等の弊を改め一般の人民他事を拋ち自ら奮て必ず学に従事せしむべき様心得べき事

　明治五年壬申七月

太 政 官

教育に関する勅語

（明治二十三年十月三十日）

朕惟フニ我カ皇祖皇宗國ヲ肇ムルコト宏遠ニ徳ヲ樹ツルコト深厚ナリ我カ臣民克ク忠ニ克ク孝ニ億兆心ヲ一ニシテ世々厥ノ美ヲ済セルハ此レ我カ國體ノ精華ニシテ教育ノ淵源亦實ニ此ニ存ス爾臣民父母ニ孝ニ兄弟ニ友ニ夫婦相和シ朋友相信シ恭儉己レヲ持シ博愛衆ニ及ホシ學ヲ修メ業ヲ習ヒ以テ智能ヲ啓發シ徳器ヲ成就シ進テ公益ヲ廣メ世務ヲ開キ常ニ國憲ヲ重シ國法ニ遵ヒ一旦緩急アレハ義勇公ニ奉シ以テ天壤無窮ノ皇運ヲ扶翼スヘシ是ノ如キハ獨リ朕カ忠良ノ臣民タルノミナラス又以テ爾祖先ノ遺風ヲ顯彰スルニ足ラン

斯ノ道ハ實ニ我カ皇祖皇宗ノ遺訓ニシテ子孫臣民ノ倶ニ遵守スヘキ所之ヲ古今ニ通シテ謬ラス之ヲ中外ニ施シテ悖ラス朕爾臣民ト倶ニ拳々服膺シテ咸其徳ヲ一ニセンコトヲ庶幾フ

御名御璽

日本国憲法（抄）

（昭和21年11月3日）

　日本国民は、正当に選挙された国会における代表者を通じて行動し、われらとわれらの子孫のために、諸国民との協和による成果と、わが国全土にわたつて自由のもたらす恵沢を確保し、政府の行為によつて再び戦争の惨禍が起ることのないやうにすることを決意し、ここに主権が国民に存することを宣言し、この憲法を確定する。そもそも国政は、国民の厳粛な信託によるものであつて、その権威は国民に由来し、その権力は国民の代表者がこれを行使し、その福利は国民がこれを享受する。これは人類普遍の原理であり、この憲法は、かかる原理に基くものである。われらは、これに反する一切の憲法、法令及び詔勅を排除する。

　日本国民は、恒久の平和を念願し、人間相互の関係を支配する崇高な理想を深く自覚するのであつて、平和を愛する諸国民の公正と信義に信頼して、われらの安全と生存を保持しようと決意した。われらは、平和を維持し、専制と隷従、圧迫と偏狭を地上から永遠に除去しようと努めてゐる国際社会において、名誉ある地位を占めたいと思ふ。われらは、全世界の国民が、ひとしく恐怖と欠乏から免かれ、平和のうちに生存する権利を有することを確認する。

　われらは、いづれの国家も、自国のことのみに専念して他国を無視してはならないのであつて、政治道徳の法則は、普遍的なものであり、この法則に従ふことは、自国の主権を維持し、他国と対等関係に立たうとする各国の責務であると信ずる。

　日本国民は、国家の名誉にかけ、全力をあげてこの崇高な理想と目的を達成することを誓ふ。

第10条 日本国民たる要件は、法律でこれを定める。

第11条 国民は、すべての基本的人権の享有を妨げられない。この憲法が国民に保障する基本的人権は、侵すことのできない永久の権利として、現在及び将来の国民に与へられる。

第12条 この憲法が国民に保障する自由及び権利は、国民の不断の努力によつて、これを保持しなければならない。又、国民は、これを濫用してはならないのであつて、常に公共の福祉のためにこれを利用する責任を負ふ。

第13条 すべて国民は、個人として尊重される。生命、自由及び幸福追求に対する国民の権利については、公共の福祉に反しない限り、立法その他の国政の上で、最大の尊重を必要とする。

第14条 すべて国民は、法の下に平等であつて、人種、信条、性別、社会的身分又は門地により、政治的、経済的又は社会的関係において、差別されない。

② 華族その他の貴族の制度は、これを認めない。

③ 栄誉、勲章その他の栄典の授与は、いかなる特権も伴はない。栄典の授与は、現にこれを有し、又は将来これを受ける者の一代に限り、その効力を有する。

第15条 公務員を選定し、及びこれを罷免することは、国民固有の権利である。

② すべて公務員は、全体の奉仕者であつて、一部の奉仕者ではない。

③ 公務員の選挙については、成年者による普通選挙を保障する。

④ すべて選挙における投票の秘密は、これを侵してはならない。選挙人は、その選択に関し公的にも私的にも責任を問はれない。

第16条 何人も、損害の救済、公務員の罷免、法律、命令又は規則の制定、廃止又は改正その他の事項に関し、平穏に請願する権利を有し、何人も、かかる請願をしたためにいかなる差別待遇も受けない。

第17条 何人も、公務員の不法行為により、損害を受けたときは、法律の定めるところにより、国又は公共団体に、その賠償を求めることができる。

第19条 思想及び良心の自由は、これを侵してはならない。

第20条 信教の自由は、何人に対してもこれを保障する。いかなる宗教団体も、国から特権を受け、又は政治上の権力を行使してはならない。

② 何人も、宗教上の行為、祝典、儀式又は行事に参加することを強制されない。

③ 国及びその機関は、宗教教育その他いかなる宗教的活動もしてはならない。

第21条 集会、結社及び言論、出版その他一切の表現の自由は、これを保障する。

② 検閲は、これをしてはならない。通信の秘密は、これを侵してはならない。

第23条 学問の自由は、これを保障する。

第25条 すべて国民は、健康で文化的な最低限度の生活を営む権利を有する。

② 国は、すべての生活部面について、社会福祉、社会保障及び公衆衛生の向上及び増進に努めなければならない。

第26条 すべて国民は、法律の定めるところにより、その能力に応じて、ひとしく教育を受け

る権利を有する。

② すべて国民は、法律の定めるところにより、その保護する子女に普通教育を受けさせる義務を負ふ。義務教育は、これを無償とする。

第27条 すべて国民は、勤労の権利を有し、義務を負ふ。

② 賃金、就業時間、休息その他の勤労条件に関する基準は、法律でこれを定める。

③ 児童は、これを酷使してはならない。

第28条 勤労者の団結する権利及び団体交渉その他の団体行動をする権利は、これを保障する。

第89条 公金その他の公の財産は、宗教上の組織若しくは団体の使用、便益若しくは維持のため、又は公の支配に属しない慈善、教育若しくは博愛の事業に対し、これを支出し、又はその利用に供してはならない。

第92条 地方公共団体の組織及び運営に関する事項は、地方自治の本旨に基いて、法律でこれを定める。

第94条 地方公共団体は、その財産を管理し、事務を処理し、及び行政を執行する権能を有し、法律の範囲内で条例を制定することができる。

第95条 一の地方公共団体のみに適用される特別法は、法律の定めるところにより、その地方公共団体の住民の投票においてその過半数の同意を得なければ、国会は、これを制定することができない。

第97条 この憲法が日本国民に保障する基本的人権は、人類の多年にわたる自由獲得の努力の成果であつて、これらの権利は、過去幾多の試錬に堪へ、現在及び将来の国民に対し、侵すことのできない永久の権利として信託されたものである。

第98条 この憲法は、国の最高法規であつて、その条規に反する法律、命令、詔勅及び国務に関するその他の行為の全部又は一部は、その効力を有しない。

② 日本国が締結した条約及び確立された国際法規は、これを誠実に遵守することを必要とする。

第99条 天皇又は摂政及び国務大臣、国会議員、裁判官その他の公務員は、この憲法を尊重し擁護する義務を負ふ。

教育基本法（旧法）

（昭和22年3月31日　法律第25号）

われらは、さきに、日本国憲法を確定し、民主的で文化的な国家を建設して、世界の平和と人類の福祉に貢献しようとする決意を示した。この理想の実現は、根本において教育の力にまつべきものである。

われらは、個人の尊厳を重んじ、真理と平和を希求する人間の育成を期するとともに、普遍的にしてしかも個性ゆたかな文化の創造をめざす教育を普及徹底しなければならない。

ここに、日本国憲法の精神に則り、教育の目的を明示して、新しい日本の教育の基本を確立するため、この法律を制定する。

第1条（教育の目的）　教育は、人格の完成をめざし、平和的な国家及び社会の形成者として、真理と正義を愛し、個人の価値をたつとび、勤労と責任を重んじ、自主的精神に充ちた心身ともに健康な国民の育成を期して行われなければならない。

第2条（教育の方針）　教育の目的は、あらゆる機会に、あらゆる場所において実現されなければならない。この目的を達成するためには、学問の自由を尊重し、実際生活に即し、自発的精神を養い、自他の敬愛と協力によって、文化の創造と発展に貢献するように努めなければならない。

第3条（教育の機会均等）　すべて国民は、ひとしく、その能力に応ずる教育を受ける機会を与えられなければならないものであつて、人種、信条、性別、社会的身分、経済的地位又は門地によつて、教育上差別されない。

②　国及び地方公共団体は、能力があるにもかかわらず、経済的理由によつて修学困難な者に対して、奨学の方法を講じなければならない。

第4条（義務教育）　国民は、その保護する子女に、九年の普通教育を受けさせる義務を負う。

②　国又は地方公共団体の設置する学校における義務教育については、授業料は、これを徴収しない。

第5条（男女共学）　男女は、互に敬重し、協力し合わなければならないものであつて、教育上男女の共学は、認められなければならない。

第6条（学校教育）　法律に定める学校は、公の性質をもつものであつて、国又は地方公共団体の外、法律に定める法人のみが、これを設置することができる。

②　法律に定める学校の教員は、全体の奉仕者であつて、自己の使命を自覚し、その職責の遂行に努めなければならない。このためには、教員の身分は、尊重され、その待遇の適正が、期せられなければならない。

第7条（社会教育）　家庭教育及び勤労の場所その他社会において行われる教育は、国及び地方公共団体によつて奨励されなければならない。

②　国及び地方公共団体は、図書館、博物館、公民館等の施設の設置、学校の施設の利用その他適当な方法によつて教育の目的の実現に努めなければならない。

第8条（政治教育）　良識ある公民たるに必要な政治的教養は、教育上これを尊重しなければならない。

②　法律に定める学校は、特定の政党を支持し、又はこれに反対するための政治教育その他政治的活動をしてはならない。

第9条（宗教教育）　宗教に関する寛容の態度及び宗教の社会生活における地位は、教育上これを尊重しなければならない。

②　国及び地方公共団体が設置する学校は、特定の宗教のための宗教教育その他宗教的活動をしてはならない。

第10条（教育行政） 教育は、不当な支配に服することなく、国民全体に対し直接に責任を負つて行われるべきものである。

② 教育行政は、この自覚のもとに、教育の目的を遂行するに必要な諸条件の整備確立を目標として行われなければならない。

第11条（補則） この法律に掲げる諸条項を実施するために必要がある場合には、適当な法令が制定されなければならない。

教育基本法

（平成18年12月22日法律第120号）

教育基本法（昭和22年法律第25号）の全部を改正する。

　我々日本国民は、たゆまぬ努力によって築いてきた民主的で文化的な国家を更に発展させるとともに、世界の平和と人類の福祉の向上に貢献することを願うものである。

　我々は、この理想を実現するため、個人の尊厳を重んじ、真理と正義を希求し、公共の精神を尊び、豊かな人間性と創造性を備えた人間の育成を期するとともに、伝統を継承し、新しい文化の創造を目指す教育を推進する。

　ここに、我々は、日本国憲法の精神にのっとり、我が国の未来を切り拓く教育の基本を確立し、その振興を図るため、この法律を制定する。

第1章　教育の目的及び理念

（教育の目的）

第1条 教育は、人格の完成を目指し、平和で民主的な国家及び社会の形成者として必要な資質を備えた心身ともに健康な国民の育成を期して行われなければならない。

（教育の目標）

第2条 教育は、その目的を実現するため、学問の自由を尊重しつつ、次に掲げる目標を達成するよう行われるものとする。

　一　幅広い知識と教養を身に付け、真理を求める態度を養い、豊かな情操と道徳心を培うとともに、健やかな身体を養うこと。

　二　個人の価値を尊重して、その能力を伸ばし、創造性を培い、自主及び自律の精神を養うとともに、職業及び生活との関連を重視し、勤労を重んずる態度を養うこと。

　三　正義と責任、男女の平等、自他の敬愛と協力を重んずるとともに、公共の精神に基づき、主体的に社会の形成に参画し、その発展に寄与する態度を養うこと。

　四　生命を尊び、自然を大切にし、環境の保全に寄与する態度を養うこと。

　五　伝統と文化を尊重し、それらをはぐくんできた我が国と郷土を愛するとともに、他国を尊重し、国際社会の平和と発展に寄与する態度を養うこと。

（生涯学習の理念）

第3条 国民一人一人が、自己の人格を磨き、豊かな人生を送ることができるよう、その生涯にわたって、あらゆる機会に、あらゆる場所において学習することができ、その成果を適切に生かすことのできる社会の実現が図られなければならない。

（教育の機会均等）

第4条 すべて国民は、ひとしく、その能力に応じた教育を受ける機会を与えられなければならず、人種、信条、性別、社会的身分、経済的地位又は門地によって、教育上差別されない。

② 国及び地方公共団体は、障害のある者が、その障害の状態に応じ、十分な教育を受けられるよう、教育上必要な支援を講じなければならない。

③ 国及び地方公共団体は、能力があるにもかかわらず、経済的理由によって修学が困難な者に対して、奨学の措置を講じなければならない。

第2章　教育の実施に関する基本

（義務教育）

第5条 国民は、その保護する子に、別に法律で定めるところにより、普通教育を受けさせる義務を負う。

② 義務教育として行われる普通教育は、各個人の有する能力を伸ばしつつ社会において自立的に生きる基礎を培い、また、国家及び社会の形成者として必要とされる基本的な資質を養うことを目的として行われるものとする。

③ 国及び地方公共団体は、義務教育の機会を保障し、その水準を確保するため、適切な役割分担及び相互の協力の下、その実施に責任を負う。

④ 国又は地方公共団体の設置する学校における義務教育については、授業料を徴収しない。

（学校教育）

第6条 法律に定める学校は、公の性質を有するものであって、国、地方公共団体及び法律に定める法人のみが、これを設置することができる。

② 前項の学校においては、教育の目標が達成されるよう、教育を受ける者の心身の発達に応じて、体系的な教育が組織的に行われなければならない。この場合において、教育を受ける者が、学校生活を営む上で必要な規律を重んずるとともに、自ら進んで学習に取り組む意欲を高めることを重視して行われなければならない。

（大学）

第7条 大学は、学術の中心として、高い教養と専門的能力を培うとともに、深く真理を探究して新たな知見を創造し、これらの成果を広く社会に提供することにより、社会の発展に寄与するものとする。

② 大学については、自主性、自律性その他の大学における教育及び研究の特性が尊重されなければならない。

（私立学校）

第8条 私立学校の有する公の性質及び学校教育において果たす重要な役割にかんがみ、国及

び地方公共団体は、その自主性を尊重しつつ、助成その他の適当な方法によって私立学校教育の振興に努めなければならない。

（教員）

第9条 法律に定める学校の教員は、自己の崇高な使命を深く自覚し、絶えず研究と修養に励み、その職責の遂行に努めなければならない。

② 前項の教員については、その使命と職責の重要性にかんがみ、その身分は尊重され、待遇の適正が期せられるとともに、養成と研修の充実が図られなければならない。

（家庭教育）

第10条 父母その他の保護者は、子の教育について第一義的責任を有するものであって、生活のために必要な習慣を身に付けさせるとともに、自立心を育成し、心身の調和のとれた発達を図るよう努めるものとする。

② 国及び地方公共団体は、家庭教育の自主性を尊重しつつ、保護者に対する学習の機会及び情報の提供その他の家庭教育を支援するために必要な施策を講ずるよう努めなければならない。

（幼児期の教育）

第11条 幼児期の教育は、生涯にわたる人格形成の基礎を培う重要なものであることにかんがみ、国及び地方公共団体は、幼児の健やかな成長に資する良好な環境の整備その他適当な方法によって、その振興に努めなければならない。

（社会教育）

第12条 個人の要望や社会の要請にこたえ、社会において行われる教育は、国及び地方公共団体によって奨励されなければならない。

② 国及び地方公共団体は、図書館、博物館、公民館その他の社会教育施設の設置、学校の施設の利用、学習の機会及び情報の提供その他の適当な方法によって社会教育の振興に努めなければならない。

（学校、家庭及び地域住民等の相互の連携協力）

第13条 学校、家庭及び地域住民その他の関係者は、教育におけるそれぞれの役割と責任を自覚するとともに、相互の連携及び協力に努めるものとする。

（政治教育）

第14条 良識ある公民として必要な政治的教養は、教育上尊重されなければならない。

② 法律に定める学校は、特定の政党を支持し、又はこれに反対するための政治教育その他政治的活動をしてはならない。

（宗教教育）

第15条 宗教に関する寛容の態度、宗教に関する一般的な教養及び宗教の社会生活における地位は、教育上尊重されなければならない。

② 国及び地方公共団体が設置する学校は、特定の宗教のための宗教教育その他宗教的活動をしてはならない。

第3章　教育行政

(教育行政)

第16条　教育は、不当な支配に服することなく、この法律及び他の法律の定めるところにより
行われるべきものであり、教育行政は、国と地方公共団体との適切な役割分担及び相互の協
力の下、公正かつ適正に行われなければならない。

②　国は、全国的な教育の機会均等と教育水準の維持向上を図るため、教育に関する施策を総
合的に策定し、実施しなければならない。

③　地方公共団体は、その地域における教育の振興を図るため、その実情に応じた教育に関す
る施策を策定し、実施しなければならない。

④　国及び地方公共団体は、教育が円滑かつ継続的に実施されるよう、必要な財政上の措置を
講じなければならない。

(教育振興基本計画)

第17条　政府は、教育の振興に関する施策の総合的かつ計画的な推進を図るため、教育の振興
に関する施策についての基本的な方針及び講ずべき施策その他必要な事項について、基本的
な計画を定め、これを国会に報告するとともに、公表しなければならない。

②　地方公共団体は、前項の計画を参酌し、その地域の実情に応じ、当該地方公共団体におけ
る教育の振興のための施策に関する基本的な計画を定めるよう努めなければならない。

第4章　法令の制定

第18条　この法律に規定する諸条項を実施するため、必要な法令が制定されなければならない。

附則（抄）

(施行期日)

①　この法律は、公布の日から施行する

学校教育法（抄）

（昭和22年3月31日法律第26号）

最終改正：平成30年6月1日法律第39号

第1章　総則

第1条　この法律で、学校とは、幼稚園、小学校、中学校、義務教育学校、高等学校、中等教育学校、特別支援学校、大学及び高等専門学校とする。

第2条　学校は、国（国立大学法人法（平成15年法律第112号）第2条第1項に規定する国立大学法人及び独立行政法人国立高等専門学校機構を含む。以下同じ。）、地方公共団体（地方独立行政法人法（平成15年法律第118号）第68条第1項に規定する公立大学法人（以下「公立大学法人」という。）を含む。次項及び第127条において同じ。）及び私立学校法（昭和24年法律第270号）第3条に規定する学校法人（以下「学校法人」という。）のみが、これを設置することができる。

②　この法律で、国立学校とは、国の設置する学校を、公立学校とは、地方公共団体の設置する学校を、私立学校とは、学校法人の設置する学校をいう。

第3条　学校を設置しようとする者は、学校の種類に応じ、文部科学大臣の定める設備、編制その他に関する設置基準に従い、これを設置しなければならない。

第4条　次の各号に掲げる学校の設置廃止、設置者の変更その他政令で定める事項（次条において「設置廃止等」という。）は、それぞれ当該各号に定める者の許可を受けなければならない。これらの学校のうち、高等学校（中等教育学校の後期課程を含む。）の通常の課程（以下「全日制の課程」という。）、夜間その他特別の時間又は時期において授業を行う課程（以下「定時制の課程」という。）及び通信による教育を行う課程（以下「通信制の課程」という。）、大学の学部、大学院及び大学院の研究科並びに第108条第2項の大学の学科についても、同様とする。

一　公立又は私立の大学及び高等専門学校　文部科学大臣

二　市町村（市町村が単独で又は他の市町村と共同して設立する公立大学法人を含む。次条、第13条第2項、第14条、第130条第1項及び第131条において同じ。）の設置する高等学校、中等教育学校及び特別支援学校　都道府県の教育委員会

三　私立の幼稚園、小学校、中学校、義務教育学校、高等学校、中等教育学校及び特別支援学校　都道府県知事

②　前項の規定にかかわらず、同項第1号に掲げる学校を設置する者は、次に掲げる事項を行うときは、同項の認可を受けることを要しない。この場合において、当該学校を設置する者は、文部科学大臣の定めるところにより、あらかじめ、文部科学大臣に届け出なければならない。

一　大学の学部若しくは大学院の研究科又は第108条第2項の大学の学科の設置であつて、当該大学が授与する学位の種類及び分野の変更を伴わないもの

二　大学の学部若しくは大学院の研究科又は第108条第2項の大学の学科の廃止

三　前2号に掲げるもののほか、政令で定める事項

③　文部科学大臣は、前項の届出があつた場合において、その届出に係る事項が、設備、授業その他の事項に関する法令の規定に適合しないと認めるときは、その届出をした者に対し、必要な措置をとるべきことを命ずることができる。

④　地方自治法（昭和22年法律第67号）第252条の19第1項の指定都市（以下において「指定都市」という。）（指定都市が単独で又は他の市町村と共同して設立する公立大学法人を含む。）の設置する高等学校、中等教育学校及び特別支援学校については、第1項の規定は、適用しない。この場合において、当該高等学校、中等教育学校及び特別支援学校を設置する者は、同項の規定により認可を受けなければならないとされている事項を行おうとするときは、あらかじめ、都道府県の教育委員会に届け出なければならない。

⑤　第2項第1号の学位の種類及び分野の変更に関する基準は、文部科学大臣が、これを定める。

第4条の2　市町村は、その設置する幼稚園の設置廃止等を行おうとするときは、あらかじめ、都道府県の教育委員会に届け出なければならない。

第5条　学校の設置者は、その設置する学校を管理し、法令に特別の定のある場合を除いては、その学校の経費を負担する。

第6条　学校においては、授業料を徴収することができる。ただし、国立又は公立の小学校及び中学校、義務教育学校、中等教育学校の前期課程又は特別支援学校の小学部及び中学部における義務教育については、これを徴収することができない。

第7条　学校には、校長及び相当数の教員を置かなければならない。

第8条　校長及び教員（教育職員免許法（昭和24年法律第147号）の適用を受ける者を除く。）の資格に関する事項は、別に法律で定めるもののほか、文部科学大臣がこれを定める。

第9条　次の各号のいずれかに該当する者は、校長又は教員となることができない。

一　成年被後見人又は被保佐人

二　禁錮以上の刑に処せられた者

三　教育職員免許法第10条第1項第2号又は第3号に該当することにより免許状がその効力を失い、当該失効の日から三年を経過しない者

四　教育職員免許法第11条第1項から第3項までの規定により免許状取上げの処分を受け、三年を経過しない者

五　日本国憲法施行の日以後において、日本国憲法又はその下に成立した政府を暴力で破壊することを主張する政党その他の団体を結成し、又はこれに加入した者

第10条　私立学校は、校長を定め、大学及び高等専門学校にあつては文部科学大臣に、大学及び高等専門学校以外の学校にあつては都道府県知事に届け出なければならない。

第11条　校長及び教員は、教育上必要があると認めるときは、文部科学大臣の定めるところにより、児童、生徒及び学生に懲戒を加えることができる。ただし、体罰を加えることはできない。

第12条　学校においては、別に法律で定めるところにより、幼児、児童、生徒及び学生並びに職員の健康の保持増進を図るため、健康診断を行い、その他その保健に必要な措置を講じなければならない。

第13条　第4条第1項各号に掲げる学校が次の各号のいずれかに該当する場合においては、それぞれ同項各号に定める者は、当該学校の閉鎖を命ずることができる。

一　法令の規定に故意に違反したとき

二　法令の規定によりその者がした命令に違反したとき

三　六箇月以上授業を行わなかつたとき

②　前項の規定は、市町村の設置する幼稚園に準用する。この場合において、同項中「それぞれ同項各号に定める者」とあり、及び同項第2号中「その者」とあるのは、「都道府県の教育委員会」と読み替えるものとする。

第14条　大学及び高等専門学校以外の市町村の設置する学校については都道府県の教育委員会、大学及び高等専門学校以外の私立学校については都道府県知事は、当該学校が、設備、授業その他の事項について、法令の規定又は都道府県の教育委員会若しくは都道府県知事の定める規程に違反したときは、その変更を命ずることできる。

第15条　文部科学大臣は、公立又は私立の大学及び高等専門学校が、設備、授業その他の事項について、法令の規定に違反していると認めるときは、当該学校に対し、必要な措置をとるべきことを勧告することができる。

②　文部科学大臣は、前項の規定による勧告によつてもなお当該勧告に係る事項（次項において「勧告事項」という。）が改善されない場合には、当該学校に対し、その変更を命ずることができる。

③　文部科学大臣は、前項の規定による命令によつてもなお勧告事項が改善されない場合には、当該学校に対し、当該勧告事項に係る組織の廃止を命ずることができる。

④　文部科学大臣は、第1項の規定による勧告又は第2項若しくは前項の規定による命令を行うために必要があると認めるときは、当該学校に対し、報告又は資料の提出を求めることができる。

第2章　義務教育

第16条　保護者（子に対して親権を行う者（親権を行う者のないときは、未成年後見人）をいう。以下同じ。）は、次条に定めるところにより、子に九年の普通教育を受けさせる義務を負う。

第17条　保護者は、子の満六歳に達した日の翌日以後における最初の学年の初めから、満十二歳に達した日の属する学年の終わりまで、これを小学校、義務教育学校の前期課程又は特別支援学校の小学部に就学させる義務を負う。ただし、子が、満十二歳に達した日の属する学年の終わりまでに小学校の課程、義務教育学校の前期課程又は特別支援学校の小学部の課程を修了しないときは、満十五歳に達した日の属する学年の終わり（それまでの間においてこれらの課程を修了したときは、その修了した日の属する学年の終わり）までとする。

② 保護者は、子が小学校の課程、義務教育学校の前期課程又は特別支援学校の小学部の課程を修了した日の翌日以後における最初の学年の初めから、満十五歳に達した日の属する学年の終わりまで、これを中学校、義務教育学校の後期課程、中等教育学校の前期課程又は特別支援学校の中学部に就学させる義務を負う。

③ 前２項の義務の履行の督促その他これらの義務の履行に関し必要な事項は、政令で定める。

第18条 前条第１項又は第２項の規定によつて、保護者が就学させなければならない子（以下それぞれ「学齢児童」又は「学齢生徒」という。）で、病弱、発育不完全その他やむを得ない事由のため、就学困難と認められる者の保護者に対しては、市町村の教育委員会は、文部科学大臣の定めるところにより、同条第１項又は第２項の義務を猶予又は免除することができる。

第19条 経済的理由によつて、就学困難と認められる学齢児童又は学齢生徒の保護者に対しては、市町村は、必要な援助を与えなければならない。

第20条 学齢児童又は学齢生徒を使用する者は、その使用によつて、当該学齢児童又は学齢生徒が、義務教育を受けることを妨げてはならない。

第21条 義務教育として行われる普通教育は、教育基本法（平成18年法律第120号）第５条第２項に規定する目的を実現するため、次に掲げる目標を達成するよう行われるものとする。

一 学校内外における社会的活動を促進し、自主、自律及び協同の精神、規範意識、公正な判断力並びに公共の精神に基づき主体的に社会の形成に参画し、その発展に寄与する態度を養うこと。

二 学校内外における自然体験活動を促進し、生命及び自然を尊重する精神並びに環境の保全に寄与する態度を養うこと。

三 我が国と郷土の現状と歴史について、正しい理解に導き、伝統と文化を尊重し、それらをはぐくんできた我が国と郷土を愛する態度を養うとともに、進んで外国の文化の理解を通じて、他国を尊重し、国際社会の平和と発展に寄与する態度を養うこと。

四 家族と家庭の役割、生活に必要な衣、食、住、情報、産業その他の事項について基礎的な理解と技能を養うこと。

五 読書に親しませ、生活に必要な国語を正しく理解し、使用する基礎的な能力を養うこと。

六 生活に必要な数量的な関係を正しく理解し、処理する基礎的な能力を養うこと。

七 生活にかかわる自然現象について、観察及び実験を通じて、科学的に理解し、処理する基礎的な能力を養うこと。

八 健康、安全で幸福な生活のために必要な習慣を養うとともに、運動を通じて体力を養い、心身の調和的発達を図ること。

九 生活を明るく豊かにする音楽、美術、文芸その他芸術について基礎的な理解と技能を養うこと。

十 職業についての基礎的な知識と技能、勤労を重んずる態度及び個性に応じて将来の進路を選択する能力を養うこと。

第3章　幼稚園

第22条　幼稚園は、義務教育及びその後の教育の基礎を培うものとして、幼児を保育し、幼児の健やかな成長のために適当な環境を与えて、その心身の発達を助長することを目的とする。

第23条　幼稚園における教育は、前条に規定する目的を実現するため、次に掲げる目標を達成するよう行われるものとする。

　一　健康、安全で幸福な生活のために必要な基本的な習慣を養い、身体諸機能の調和的発達を図ること。

　二　集団生活を通じて、喜んでこれに参加する態度を養うとともに家族や身近な人への信頼感を深め、自主、自律及び協同の精神並びに規範意識の芽生えを養うこと。

　三　身近な社会生活、生命及び自然に対する興味を養い、それらに対する正しい理解と態度及び思考力の芽生えを養うこと。

　四　日常の会話や、絵本、童話等に親しむことを通じて、言葉の使い方を正しく導くとともに、相手の話を理解しようとする態度を養うこと。

　五　音楽、身体による表現、造形等に親しむことを通じて、豊かな感性と表現力の芽生えを養うこと。

第24条　幼稚園においては、第22条に規定する目的を実現するための教育を行うほか、幼児期の教育に関する各般の問題につき、保護者及び地域住民その他の関係者からの相談に応じ、必要な情報の提供及び助言を行うなど、家庭及び地域における幼児期の教育の支援に努めるものとする。

第25条　幼稚園の教育課程その他の保育内容に関する事項は、第22条及び第23条の規定に従い、文部科学大臣が定める。

第26条　幼稚園に入園することのできる者は、満三歳から、小学校就学の始期に達するまでの幼児とする。

第27条　幼稚園には、園長、教頭及び教諭を置かなければならない。

②　幼稚園には、前項に規定するもののほか、副園長、主幹教諭、指導教諭、養護教諭、栄養教諭、事務職員、養護助教諭その他必要な職員を置くことができる。

③　第1項の規定にかかわらず、副園長を置くときその他特別の事情のあるときは、教頭を置かないことができる。

④　園長は、園務をつかさどり、所属職員を監督する。

⑤　副園長は、園長を助け、命を受けて園務をつかさどる。

⑥　教頭は、園長（副園長を置く幼稚園にあつては、園長及び副園長）を助け、園務を整理し、及び必要に応じ幼児の保育をつかさどる。

⑦　主幹教諭は、園長（副園長を置く幼稚園にあつては、園長及び副園長）及び教頭を助け、命を受けて園務の一部を整理し、並びに幼児の保育をつかさどる。

⑧　指導教諭は、幼児の保育をつかさどり、並びに教諭その他の職員に対して、保育の改善及び充実のために必要な指導及び助言を行う。

⑨ 教諭は、幼児の保育をつかさどる。

⑩ 特別の事情のあるときは、第1項の規定にかかわらず、教諭に代えて助教諭又は講師を置くことができる。

⑪ 学校の実情に照らし必要があると認めるときは、第7項の規定にかかわらず、園長（副園長を置く幼稚園にあつては、園長及び副園長）及び教頭を助け、命を受けて園務の一部を整理し、並びに幼児の養護又は栄養の指導及び管理をつかさどる主幹教諭を置くことができる。

第28条 第37条第6項、第8項及び第12項から第17項まで並びに第42条から第44条までの規定は、幼稚園に準用する。

第4章 小学校

第29条 小学校は、心身の発達に応じて、義務教育として行われる普通教育のうち基礎的なものを施すことを目的とする。

第30条 小学校における教育は、前条に規定する目的を実現するために必要な程度において第21条各号に掲げる目標を達成するよう行われるものとする。

② 前項の場合においては、生涯にわたり学習する基礎が培われるよう、基礎的な知識及び技能を習得させるとともに、これらを活用して課題を解決するために必要な思考力、判断力、表現力その他の能力をはぐくみ、主体的に学習に取り組む態度を養うことに、特に意を用いなければならない。

第31条 小学校においては、前条第1項の規定による目標の達成に資するよう、教育指導を行うに当たり、児童の体験的な学習活動、特にボランティア活動など社会奉仕体験活動、自然体験活動その他の体験活動の充実に努めるものとする。この場合において、社会教育関係団体その他の関係団体及び関係機関との連携に十分配慮しなければならない。

第32条 小学校の修業年限は、六年とする。

第33条 小学校の教育課程に関する事項は、第29条及び第30条の規定に従い、文部科学大臣が定める。

第34条 小学校においては、文部科学大臣の検定を経た教科用図書又は文部科学省が著作の名義を有する教科用図書を使用しなければならない。

② 前項に規定する教科用図書（以下この条において「教科用図書」という。）の内容を文部科学大臣の定めるところにより記録した電磁的記録（電子的方式、磁気的方式その他人の知覚によつては認識することができない方式で作られる記録であつて、電子計算機による情報処理の用に供されるものをいう。）である教材がある場合には、同項の規定にかかわらず、文部科学大臣の定めるところにより、児童の教育の充実を図るため必要があると認められる教育課程の一部において、教科用図書に代えて当該教材を使用することができる。

③ 前項に規定する場合において、視覚障害、発達障害その他の文部科学大臣の定める事由により教科用図書を使用して学習することが困難な児童に対し、教科用図書に用いられた文字、図形等の拡大又は音声への変換その他の同項に規定する教材を電子計算機において用いることにより可能となる方法で指導することにより当該児童の学習上の困難の程度を低減させる

必要があると認められるときは、文部科学大臣の定めるところにより、教育課程の全部又は一部において、教科用図書に代えて当該教材を使用することができる。

④　教科用図書及び第2項に規定する教材以外の教材で、有益適切なものは、これを使用することができる。

⑤　第1項の検定の申請に係る教科用図書に関し調査審議させるための審議会等（国家行政組織法（昭和23年法律第120号）第8条に規定する機関をいう。以下同じ。）については、政令で定める。

第35条　市町村の教育委員会は、次に掲げる行為の一又は二以上を繰り返し行う等性行不良であつて他の児童の教育に妨げがあると認める児童があるときは、その保護者に対して、児童の出席停止を命ずることができる。

一　他の児童に傷害、心身の苦痛又は財産上の損失を与える行為

二　職員に傷害又は心身の苦痛を与える行為

三　施設又は設備を損壊する行為

四　授業その他の教育活動の実施を妨げる行為

②　市町村の教育委員会は、前項の規定により出席停止を命ずる場合には、あらかじめ保護者の意見を聴取するとともに、理由及び期間を記載した文書を交付しなければならない。

③　前項に規定するもののほか、出席停止の命令の手続に関し必要な事項は、教育委員会規則で定めるものとする。

④　市町村の教育委員会は、出席停止の命令に係る児童の出席停止の期間における学習に対する支援その他の教育上必要な措置を講ずるものとする。

第36条　学齢に達しない子は、小学校に入学させることができない。

第37条　小学校には、校長、教頭、教諭、養護教諭及び事務職員を置かなければならない。

②　小学校には、前項に規定するもののほか、副校長、主幹教諭、指導教諭、栄養教諭その他必要な職員を置くことができる。

③　第1項の規定にかかわらず、副校長を置くときその他特別の事情のあるときは教頭を、養護をつかさどる主幹教諭を置くときは養護教諭を、特別の事情のあるときは事務職員を、それぞれ置かないことができる。

④　校長は、校務をつかさどり、所属職員を監督する。

⑤　副校長は、校長を助け、命を受けて校務をつかさどる。

⑥　副校長は、校長に事故があるときはその職務を代理し、校長が欠けたときはその職務を行う。この場合において、副校長が二人以上あるときは、あらかじめ校長が定めた順序で、その職務を代理し、又は行う。

⑦　教頭は、校長（副校長を置く小学校にあつては、校長及び副校長）を助け、校務を整理し、及び必要に応じ児童の教育をつかさどる。

⑧　教頭は、校長（副校長を置く小学校にあつては、校長及び副校長）に事故があるときは校長の職務を代理し、校長（副校長を置く小学校にあつては校長及び副校長）が欠けたときは

校長の職務を行う。この場合において、教頭が二人以上あるときは、あらかじめ校長が定めた順序で、校長の職務を代理し、又は行う。

⑨　主幹教諭は、校長（副校長を置く小学校にあつては、校長及び副校長）及び教頭を助け、命を受けて校務の一部を整理し、並びに児童の教育をつかさどる。

⑩　指導教諭は、児童の教育をつかさどり、並びに教諭その他の職員に対して、教育指導の改善及び充実のために必要な指導及び助言を行う。

⑪　教諭は、児童の教育をつかさどる。

⑫　養護教諭は、児童の養護をつかさどる。

⑬　栄養教諭は、児童の栄養の指導及び管理をつかさどる。

⑭　事務職員は、事務をつかさどる。

⑮　助教諭は、教諭の職務を助ける。

⑯　講師は、教諭又は助教諭に準ずる職務に従事する。

⑰　養護助教諭は、養護教諭の職務を助ける。

⑱　特別の事情のあるときは、第１項の規定にかかわらず、教諭に代えて助教諭又は講師を、養護教諭に代えて養護助教諭を置くことができる。

⑲　学校の実情に照らし必要があると認めるときは、第９項の規定にかかわらず、校長（副校長を置く小学校にあつては、校長及び副校長）及び教頭を助け、命を受けて校務の一部を整理し、並びに児童の養護又は栄養の指導及び管理をつかさどる主幹教諭を置くことができる。

第38条　市町村は、その区域内にある学齢児童を就学させるに必要な小学校を設置しなければならない。ただし、教育上有益かつ適切であると認めるときは、義務教育学校の設置をもつてこれに代えることができる。

第39条　市町村は、適当と認めるときは、前条の規定による事務の全部又は一部を処理するため、市町村の組合を設けることができる。

第40条　市町村は、前２条の規定によることを不可能又は不適当と認めるときは、小学校又は義務教育学校の設置に代え、学齢児童の全部又は一部の教育事務を、他の市町村又は前条の市町村の組合に委託することができる。

②　前項の場合においては、地方自治法第252条の14第３項において準用する同法第252条の２の２第２項中「都道府県知事」とあるのは、「都道府県知事及び都道府県の教育委員会」と読み替えるものとする。

第41条　町村が、前２条の規定による負担に堪えないと都道府県の教育委員会が認めるときは、都道府県は、その町村に対して、必要な補助を与えなければならない。

第42条　小学校は、文部科学大臣の定めるところにより当該小学校の教育活動その他の学校運営の状況について評価を行い、その結果に基づき学校運営の改善を図るため必要な措置を講ずることにより、その教育水準の向上に努めなければならない。

第43条　小学校は、当該小学校に関する保護者及び地域住民その他の関係者の理解を深めるとともに、これらの者との連携及び協力の推進に資するため、当該小学校の教育活動その他の

学校運営の状況に関する情報を積極的に提供するものとする。

第44条 私立の小学校は、都道府県知事の所管に属する。

第5章 中学校

第45条 中学校は、小学校における教育の基礎の上に、心身の発達に応じて、義務教育として行われる普通教育を施すことを目的とする。

第46条 中学校における教育は、前条に規定する目的を実現するため、第21条各号に掲げる目標を達成するよう行われるものとする。

第47条 中学校の修業年限は、三年とする。

第48条 中学校の教育課程に関する事項は、第45条及び第46条の規定並びに次条において読み替えて準用する第30条第2項の規定に従い、文部科学大臣が定める。

第49条 第30条第2項、第31条、第34条、第35条及び第37条から第44条までの規定は、中学校に準用する。この場合において、第30条第2項中「前項」とあるのは「第46条」と、第31条中「前条第1項」とあるのは「第46条」と読み替えるものとする。

第5章の2 義務教育学校

第49条の2 義務教育学校は、心身の発達に応じて、義務教育として行われる普通教育を基礎的なものから一貫して施すことを目的とする。

第49条の3 義務教育学校における教育は、前条に規定する目的を実現するため、第21条各号に掲げる目標を達成するよう行われるものとする。

第49条の4 義務教育学校の修業年限は、九年とする。

第49条の5 義務教育学校の課程は、これを前期六年の前期課程及び後期三年の後期課程に区分する。

第49条の6 義務教育学校の前期課程における教育は、第49条の2に規定する目的のうち、心身の発達に応じて、義務教育として行われる普通教育のうち基礎的なものを施すことを実現するために必要な程度において第21条各号に掲げる目標を達成するよう行われるものとする。

② 義務教育学校の後期課程における教育は、第49条の2に規定する目的のうち、前期課程における教育の基礎の上に、心身の発達に応じて、義務教育として行われる普通教育を施すことを実現するため、第21条各号に掲げる目標を達成するよう行われるものとする。

第49条の7 義務教育学校の前期課程及び後期課程の教育課程に関する事項は、第49条の2、第49条の3及び前条の規定並びに次条において読み替えて準用する第30条第2項の規定に従い、文部科学大臣が定める。

第49条の8 第30条第2項、第31条、第34条から第37条まで及び第42条から第44条までの規定は、義務教育学校に準用する。この場合において、第30条第2項中「前項」とあるのは「第49条の3」と、第31条中「前条第1項」とあるのは「第49条の3」と読み替えるものとする。

第6章 高等学校

第50条 高等学校は、中学校における教育の基礎の上に、心身の発達及び進路に応じて、高度な普通教育並びに専門教育を施すことを目的とする。

第51条　高等学校における教育は、前条に規定する目的を実現するため、次に掲げる目標を達成するよう行われるものとする。

一　義務教育として行われる普通教育の成果を更に発展拡充させて、豊かな人間性、創造性及び健やかな身体を養い、国家及び社会の形成者として必要な資質を養うこと。

二　社会において果たさなければならない使命の自覚に基づき、個性に応じて将来の進路を決定させ、一般的な教養を高め、専門的な知識、技術及び技能を習得させること。

三　個性の確立に努めるとともに、社会について、広く深い理解と健全な批判力を養い、社会の発展に寄与する態度を養うこと。

第52条　高等学校の学科及び教育課程に関する事項は、前2条の規定及び第62条において読み替えて準用する第30条第2項の規定に従い、文部科学大臣が定める。

第53条　高等学校には、全日制の課程のほか、定時制の課程を置くことができる。

②　高等学校には、定時制の課程のみを置くことができる。

第54条　高等学校には、全日制の課程又は定時制の課程のほか、通信制の課程を置くことができる。

②　高等学校には、通信制の課程のみを置くことができる。

③　市（指定都市を除く。以下この項において同じ。）町村（市町村が単独で又は他の市町村と共同して設立する公立大学法人を含む。）の設置する高等学校については都道府県の教育委員会、私立の高等学校については都道府県知事は、高等学校の通信制の課程のうち、当該高等学校の所在する都道府県の区域内に住所を有する者のほか、全国的に他の都道府県の区域内に住所を有する者を併せて生徒とするものその他政令で定めるもの（以下この項において「広域の通信制の課程」という。）に係る第4条第1項に規定する認可（政令で定める事項に係るものに限る。）を行うときは、あらかじめ、文部科学大臣に届け出なければならない。都道府県（都道府県が単独で又は他の地方公共団体と共同して設立する公立大学法人を含む。）又は指定都市（指定都市が単独で又は他の指定都市若しくは市町村と共同して設立する公立大学法人を含む。）の設置する高等学校の広域の通信制の課程について、当該都道府県又は指定都市の教育委員会（公立大学法人の設置する高等学校にあつては、当該公立大学法人）がこの項前段の政令で定める事項を行うときも、同様とする。

④　通信制の課程に関し必要な事項は、文部科学大臣が、これを定める。

第55条　高等学校の定時制の課程又は通信制の課程に在学する生徒が、技能教育のための施設で当該施設の所在地の都道府県の教育委員会の指定するものにおいて教育を受けているときは、校長は、文部科学大臣の定めるところにより、当該施設における学習を当該高等学校における教科の一部の履修とみなすことができる。

②　前項の施設の指定に関し必要な事項は、政令で、これを定める。

第56条　高等学校の修業年限は、全日制の課程については、三年とし、定時制の課程及び通信制の課程については、三年以上とする。

第57条　高等学校に入学することのできる者は、中学校若しくはこれに準ずる学校若しくは義

務教育学校を卒業した者若しくは中等教育学校の前期課程を修了した者又は文部科学大臣の定めるところにより、これと同等以上の学力があると認められた者とする。

第58条 高等学校には、専攻科及び別科を置くことができる。

② 高等学校の専攻科は、高等学校若しくはこれに準ずる学校若しくは中等教育学校を卒業した者又は文部科学大臣の定めるところにより、これと同等以上の学力があると認められた者に対して、精深な程度において、特別の事項を教授し、その研究を指導することを目的とし、その修業年限は、一年以上とする。

③ 高等学校の別科は、前条に規定する入学資格を有する者に対して、簡易な程度において、特別の技能教育を施すことを目的とし、その修業年限は、一年以上とする。

第58条の2 高等学校の専攻科の課程（修業年限が二年以上であることその他の文部科学大臣の定める基準を満たすものに限る。）を修了した者（第90条第1項に規定する者に限る。）は、文部科学大臣の定めるところにより、大学に編入学することができる。

第59条 高等学校に関する入学、退学、転学その他必要な事項は、文部科学大臣が、これを定める。

第60条 高等学校には、校長、教頭、教諭及び事務職員を置かなければならない。

② 高等学校には、前項に規定するもののほか、副校長、主幹教諭、指導教諭、養護教諭、栄養教諭、養護助教諭、実習助手、技術職員その他必要な職員を置くことができる。

③ 第1項の規定にかかわらず、副校長を置くときは、教頭を置かないことができる。

④ 実習助手は、実験又は実習について、教諭の職務を助ける。

⑤ 特別の事情のあるときは、第1項の規定にかかわらず、教諭に代えて助教諭又は講師を置くことができる。

⑥ 技術職員は、技術に従事する。

第61条 高等学校に、全日制の課程、定時制の課程又は通信制の課程のうち二以上の課程を置くときは、それぞれの課程に関する校務を分担して整理する教頭を置かなければならない。ただし、命を受けて当該課程に関する校務をつかさどる副校長が置かれる一の課程については、この限りでない。

第62条 第30条第2項、第31条、第34条、第37条第4項から第17項まで及び第19条並びに第42条から第44条までの規定は、高等学校に準用する。この場合において、第30条第2項中「前項」とあるのは「第51条」と、第31条中「前条第1項」とあるのは「第51条」と読み替えるものとする。

第7章　中等教育学校

第63条 中等教育学校は、小学校における教育の基礎の上に、心身の発達及び進路に応じて、義務教育として行われる普通教育並びに高度な普通教育及び専門教育を一貫して施すことを目的とする。

第64条 中等教育学校における教育は、前条に規定する目的を実現するため、次に掲げる目標を達成するよう行われるものとする。

一　豊かな人間性、創造性及び健やかな身体を養い、国家及び社会の形成者として必要な資質を養うこと。

二　社会において果たさなければならない使命の自覚に基づき、個性に応じて将来の進路を決定させ、一般的な教養を高め、専門的な知識、技術及び技能を習得させること。

三　個性の確立に努めるとともに、社会について、広く深い理解と健全な批判力を養い、社会の発展に寄与する態度を養うこと。

第65条　中等教育学校の修業年限は、六年とする。

第66条　中等教育学校の課程は、これを前期三年の前期課程及び後期三年の後期課程に区分する。

第67条　中等教育学校の前期課程における教育は、第63条に規定する目的のうち、小学校における教育の基礎の上に、心身の発達に応じて、義務教育として行われる普通教育を施すことを実現するため、第21条各号に掲げる目標を達成するよう行われるものとする。

②　中等教育学校の後期課程における教育は、第63条に規定する目的のうち、心身の発達及び進路に応じて、高度な普通教育及び専門教育を施すことを実現するため、第64条各号に掲げる目標を達成するよう行われるものとする。

第68条　中等教育学校の前期課程の教育課程に関する事項並びに後期課程の学科及び教育課程に関する事項は、第63条、第64条及び前条の規定並びに第70条第１項において読み替えて準用する第30条第２項の規定に従い、文部科学大臣が定める。

第69条　中等教育学校には、校長、教頭、教諭、養護教諭及び事務職員を置かなければならない。

②　中等教育学校には、前項に規定するもののほか、副校長、主幹教諭、指導教諭、栄養教諭、実習助手、技術職員その他必要な職員を置くことができる。

③　第１項の規定にかかわらず、副校長を置くときは教頭を、養護をつかさどる主幹教諭を置くときは養護教諭を、それぞれ置かないことができる。

④　特別の事情のあるときは、第１項の規定にかかわらず、教諭に代えて助教諭又は講師を、養護教諭に代えて養護助教諭を置くことができる。

第70条　第30条第２項、第31条、第34条、第37条第４項から第17項まで及び第19項、第42条から第44条まで、第59条並びに第60条第４項及び第６項の規定は中等教育学校に、第53条から第55条まで、第58条、第58条の２及び第61条の規定は中等教育学校の後期課程に、それぞれ準用する。この場合において、第30条第２項中「前項」とあるのは「第64条」と、第31条中「前条第１項」とあるのは「第64条」と読み替えるものとする。

②　前項において準用する第53条又は第54条の規定により後期課程に定時制の課程又は通信制の課程を置く中等教育学校については、第65条の規定にかかわらず、当該定時制の課程又は通信制の課程に係る修業年限は、六年以上とする。この場合において、第66条中「後期三年の後期課程」とあるのは、「後期三年以上の後期課程」とする。

第71条　同一の設置者が設置する中学校及び高等学校においては、文部科学大臣の定めるところにより、中等教育学校に準じて、中学校における教育と高等学校における教育を一貫して施すことができる。

第8章　特別支援教育

第72条　特別支援学校は、視覚障害者、聴覚障害者、知的障害者、肢体不自由者又は病弱者（身体虚弱者を含む。以下同じ。）に対して、幼稚園、小学校、中学校又は高等学校に準ずる教育を施すとともに、障害による学習上又は生活上の困難を克服し自立を図るために必要な知識技能を授けることを目的とする。

第73条　特別支援学校においては、文部科学大臣の定めるところにより、前条に規定する者に対する教育のうち当該学校が行うものを明らかにするものとする。

第74条　特別支援学校においては、第72条に規定する目的を実現するための教育を行うほか、幼稚園、小学校、中学校、義務教育学校、高等学校又は中等教育学校の要請に応じて、第81条第1項に規定する幼児、児童又は生徒の教育に関し必要な助言又は援助を行うよう努めるものとする。

第75条　第72条に規定する視覚障害者、聴覚障害者、知的障害者、肢体不自由者又は病弱者の障害の程度は、政令で定める。

第76条　特別支援学校には、小学部及び中学部を置かなければならない。ただし、特別の必要のある場合においては、そのいずれかのみを置くことができる。

②　特別支援学校には、小学部及び中学部のほか、幼稚部又は高等部を置くことができ、また、特別の必要のある場合においては、前項の規定にかかわらず、小学部及び中学部を置かないで幼稚部又は高等部のみを置くことができる。

第77条　特別支援学校の幼稚部の教育課程その他の保育内容、小学部及び中学部の教育課程又は高等部の学科及び教育課程に関する事項は、幼稚園、小学校、中学校又は高等学校に準じて、文部科学大臣が定める。

第78条　特別支援学校には、寄宿舎を設けなければならない。ただし、特別の事情のあるときは、これを設けないことができる。

第79条　寄宿舎を設ける特別支援学校には、寄宿舎指導員を置かなければならない。

②　寄宿舎指導員は、寄宿舎における幼児、児童又は生徒の日常生活上の世話及び生活指導に従事する。

第80条　都道府県は、その区域内にある学齢児童及び学齢生徒のうち、視覚障害者、聴覚障害者、知的障害者、肢体不自由者又は病弱者で、その障害が第75条の政令で定める程度のものを就学させるに必要な特別支援学校を設置しなければならない。

第81条　幼稚園、小学校、中学校、義務教育学校、高等学校及び中等教育学校においては、次項各号のいずれかに該当する幼児、児童及び生徒その他教育上特別の支援を必要とする幼児、児童及び生徒に対し、文部科学大臣の定めるところにより、障害による学習上又は生活上の困難を克服するための教育を行うものとする。

②　小学校、中学校、義務教育学校、高等学校及び中等教育学校には、次の各号のいずれかに該当する児童及び生徒のために、特別支援学級を置くことができる。

一　知的障害者

二　肢体不自由者

三　身体虚弱者

四　弱視者

五　難聴者

六　その他障害のある者で、特別支援学級において教育を行うことが適当なもの

③　前項に規定する学校においては、疾病により療養中の児童及び生徒に対して、特別支援学級を設け、又は教員を派遣して、教育を行うことができる。

第82条　第26条、第27条、第31条（第49条及び第62条において読み替えて準用する場合を含む。）、第32条、第34条（第49条及び第62条において準用する場合を含む。）、第36条、第37条（第28条、第49条及び第62条において準用する場合を含む。）、第42条から第44条まで、第47条及び第56条から第60条までの規定は特別支援学校に、第84条の規定は特別支援学校の高等部に、それぞれ準用する。

第9章　大学

第83条　大学は、学術の中心として、広く知識を授けるとともに、深く専門の学芸を教授研究し、知的、道徳的及び応用的能力を展開させることを目的とする。

②　大学は、その目的を実現するための教育研究を行い、その成果を広く社会に提供することにより、社会の発展に寄与するものとする。

第83条の2　前条の大学のうち、深く専門の学芸を教授研究し、専門性が求められる職業を担うための実践的かつ応用的な能力を展開させることを目的とするものは、専門職大学とする。

②　専門職大学は、文部科学大臣の定めるところにより、その専門性が求められる職業に就いている者、当該職業に関連する事業を行う者その他の関係者の協力を得て、教育課程を編成し、及び実施し、並びに教員の資質の向上を図るものとする。

③　専門職大学には、第87条第2項に規定する課程を置くことができない。

第87条　大学の修業年限は、四年とする。ただし、特別の専門事項を教授研究する学部及び前条の夜間において授業を行う学部については、その修業年限は、四年を超えるものとすることができる。

②　医学を履修する課程、歯学を履修する課程、薬学を履修する課程のうち臨床に係る実践的な能力を培うことを主たる目的とするもの又は獣医学を履修する課程については、前項本文の規定にかかわらず、その修業年限は、六年とする。

第87条の2　専門職大学の課程は、これを前期二年の前期課程及び後期二年の後期課程又は前期三年の前期課程及び後期一年の後期課程（前条第1項ただし書の規定により修業年限を四年を超えるものとする学部にあつては、前期二年の前期課程及び後期二年以上の後期課程又は前期三年の前期課程及び後期一年以上の後期課程）に区分することができる。

②　専門職大学の前期課程における教育は、第83条の2第1項に規定する目的のうち、専門性が求められる職業を担うための実践的かつ応用的な能力を育成することを実現するために行われるものとする。

③ 専門職大学の後期課程における教育は、前期課程における教育の基礎の上に、第83条の2第1項に規定する目的を実現するために行われるものとする。

④ 第1項の規定により前期課程及び後期課程に区分された専門職大学の課程においては、当該前期課程を修了しなければ、当該前期課程から当該後期課程に進学することができないものとする。

第90条 大学に入学することのできる者は、高等学校若しくは中等教育学校を卒業した者若しくは通常の課程による十二年の学校教育を修了した者（通常の課程以外の課程によりこれに相当する学校教育を修了した者を含む。）又は文部科学大臣の定めるところにより、これと同等以上の学力があると認められた者とする。

② 前項の規定にかかわらず、次の各号に該当する大学は、文部科学大臣の定めるところにより、高等学校に文部科学大臣の定める年数以上在学した者（これに準ずる者として文部科学大臣が定める者を含む。）であつて、当該大学の定める分野において特に優れた資質を有すると認めるものを、当該大学に入学させることができる。

一　当該分野に関する教育研究が行われている大学院が置かれていること。

二　当該分野における特に優れた資質を有する者の育成を図るのにふさわしい教育研究上の実績及び指導体制を有すること。

第92条 大学には学長、教授、准教授、助教、助手及び事務職員を置かなければならない。ただし、教育研究上の組織編制として適切と認められる場合には、准教授、助教又は助手を置かないことができる。

② 大学には、前項のほか、副学長、学部長、講師、技術職員その他必要な職員を置くことができる。

③ 学長は、校務をつかさどり、所属職員を統督する。

④ 副学長は、学長を助け、命を受けて校務をつかさどる。

⑤ 学部長は、学部に関する校務をつかさどる。

⑥ 教授は、専攻分野について、教育上、研究上又は実務上の特に優れた知識、能力及び実績を有する者であつて、学生を教授し、その研究を指導し、又は研究に従事する。

⑦ 准教授は、専攻分野について、教育上、研究上又は実務上の優れた知識、能力及び実績を有する者であつて、学生を教授し、その研究を指導し、又は研究に従事する。

⑧ 助教は、専攻分野について、教育上、研究上又は実務上の知識及び能力を有する者であつて、学生を教授し、その研究を指導し、又は研究に従事する。

⑨ 助手は、その所属する組織における教育研究の円滑な実施に必要な業務に従事する。

⑩ 講師は、教授又は准教授に準ずる職務に従事する。

第97条 大学には、大学院を置くことができる。

第99条 大学院は、学術の理論及び応用を教授研究し、その深奥をきわめ、又は高度の専門性が求められる職業を担うための深い学識及び卓越した能力を培い、文化の進展に寄与することを目的とする。

② 大学院のうち、学術の理論及び応用を教授研究し、高度の専門性が求められる職業を担うための深い学識及び卓越した能力を培うことを目的とするものは、専門職大学院とする。

③ 専門職大学院は、文部科学大臣の定めるところにより、その高度の専門性が求められる職業に就いている者、当該職業に関連する事業を行う者その他の関係者の協力を得て、教育課程を編成し、及び実施し、並びに教員の資質の向上を図るものとする。

第100条 大学院を置く大学には、研究科を置くことを常例とする。ただし、当該大学の教育研究上の目的を達成するため有益かつ適切である場合においては、文部科学大臣の定めるところにより、研究科以外の教育研究上の基本となる組織を置くことができる。

第102条 大学院に入学することのできる者は、第83条の大学を卒業した者又は文部科学大臣の定めるところにより、これと同等以上の学力があると認められた者とする。ただし、研究科の教育研究上必要がある場合においては、当該研究科に係る入学資格を、修士の学位若しくは第104条第１項に規定する文部科学大臣の定める学位を有する者又は文部科学大臣の定めるところにより、これと同等以上の学力があると認められた者とすることができる。

② 前項本文の規定にかかわらず、大学院を置く大学は、文部科学大臣の定めるところにより、第83条の大学に文部科学大臣の定める年数以上在学した者（これに準ずる者として文部科学大臣が定める者を含む。）であつて、当該大学院を置く大学の定める単位を優秀な成績で修得したと認めるものを、当該大学院に入学させることができる。

第104条 大学（専門職大学及び第108条第２項の大学（以下この条において「短期大学」という。）を除く。以下この項及び第７項において同じ。）は、文部科学大臣の定めるところにより、大学を卒業した者に対し、学士の学位を授与するものとする。

② 専門職大学は、文部科学大臣の定めるところにより、専門職大学を卒業した者（第87条の２第１項の規定によりその課程を前期課程及び後期課程に区分している専門職大学にあつては、前期課程を修了した者を含む。）に対し、文部科学大臣の定める学位を授与するものとする。

③ 大学院を置く大学は、文部科学大臣の定めるところにより、大学院（専門職大学院を除く。）の課程を修了した者に対し修士又は博士の学位を、専門職大学院の課程を修了した者に対し文部科学大臣の定める学位を授与するものとする。

④ 大学院を置く大学は、文部科学大臣の定めるところにより、前項の規定により博士の学位を授与された者と同等以上の学力があると認める者に対し、博士の学位を授与することができる。

⑤ 短期大学（専門職短期大学を除く。以下この項において同じ。）は、文部科学大臣の定めるところにより、短期大学を卒業した者に対し、短期大学士の学位を授与するものとする。

⑥ 専門職短期大学は、文部科学大臣の定めるところにより、専門職短期大学を卒業した者に対し、文部科学大臣の定める学位を授与するものとする。

⑦ 独立行政法人大学改革支援・学位授与機構は、文部科学大臣の定めるところにより、次の各号に掲げる者に対し、当該各号に定める学位を授与するものとする。

一　短期大学（専門職大学の前期課程を含む。）若しくは高等専門学校を卒業した者（専門職大学の前期課程にあつては、修了した者）又はこれに準ずる者で、大学における一定の単位の修得又はこれに相当するものとして文部科学大臣の定める学習を行い、大学を卒業した者と同等以上の学力を有すると認める者　学士

二　学校以外の教育施設で学校教育に類する教育を行うもののうち当該教育を行うにつき他の法律に特別の規定があるものに置かれる課程で、大学又は大学院に相当する教育を行うと認めるものを修了した者　学士、修士又は博士

⑧　学位に関する事項を定めるについては、文部科学大臣は、第94条の政令で定める審議会等に諮問しなければならない。

第105条　大学は、文部科学大臣の定めるところにより、当該大学の学生以外の者を対象とした特別の課程を編成し、これを修了した者に対し、修了の事実を証する証明書を交付することができる。

第108条　大学は、第83条第1項に規定する目的に代えて、深く専門の学芸を教授研究し、職業又は実際生活に必要な能力を育成することを主な目的とすることができる。

②　前項に規定する目的をその目的とする大学は、第87条第1項の規定にかかわらず、その修業年限を二年又は三年とする。

③　前項の大学は、短期大学と称する。

④　第2項の大学のうち、深く専門の学芸を教授研究し、専門性が求められる職業を担うための実践的かつ応用的な能力を育成することを目的とするものは、専門職短期大学とする。

⑤　第83条の2第2項の規定は、前項の大学に準用する。

⑥　第2項の大学には、第85条及び第86条の規定にかかわらず、学部を置かないものとする。

⑦　第2項の大学には、学科を置く。

⑧　第2項の大学には、夜間において授業を行う学科又は通信制による教育を行う学科を置くことができる。

⑨　第2項の大学を卒業した者は、文部科学大臣の定めるところにより、第83条の大学に編入学することができる。

⑩　第97条の規定は、第2項の大学については適用しない。

第10章　高等専門学校

第115条　高等専門学校は、深く専門の学芸を教授し、職業に必要な能力を育成することを目的とする。

②　高等専門学校は、その目的を実現するための教育を行い、その成果を広く社会に提供することにより、社会の発展に寄与するものとする。

第117条　高等専門学校の修業年限は、五年とする。ただし、商船に関する学科については、五年六月とする。

第118条　高等専門学校に入学することのできる者は、第57条に規定する者とする。

第121条　高等専門学校を卒業した者は、準学士と称することができる。

第122条　高等専門学校を卒業した者は、文部科学大臣の定めるところにより、大学に編入学することができる。

第11章　専修学校

第124条　第1条に掲げるもの以外の教育施設で、職業若しくは実際生活に必要な能力を育成し、又は教養の向上を図ることを目的として次の各号に該当する組織的な教育を行うもの（当該教育を行うにつき他の法律に特別の規定があるもの及び我が国に居住する外国人を専ら対象とするものを除く。）は、専修学校とする。

一　修業年限が一年以上であること。

二　授業時数が文部科学大臣の定める授業時数以上であること。

三　教育を受ける者が常時四十人以上であること。

第125条　専修学校には、高等課程、専門課程又は一般課程を置く。

②　専修学校の高等課程においては、中学校若しくはこれに準ずる学校若しくは義務教育学校を卒業した者若しくは中等教育学校の前期課程を修了した者又は文部科学大臣の定めるところによりこれと同等以上の学力があると認められた者に対して、中学校における教育の基礎の上に、心身の発達に応じて前条の教育を行うものとする。

③　専修学校の専門課程においては、高等学校若しくはこれに準ずる学校若しくは中等教育学校を卒業した者又は文部科学大臣の定めるところによりこれに準ずる学力があると認められた者に対して、高等学校における教育の基礎の上に、前条の教育を行うものとする。

④　専修学校の一般課程においては、高等課程又は専門課程の教育以外の前条の教育を行うものとする。

第126条　高等課程を置く専修学校は、高等専修学校と称することができる。

②　専門課程を置く専修学校は、専門学校と称することができる。

第127条　専修学校は、国及び地方公共団体のほか、次に該当する者でなければ、設置することができない。

一　専修学校を経営するために必要な経済的基礎を有すること。

二　設置者（設置者が法人である場合にあつては、その経営を担当する当該法人の役員とする。次号において同じ。）が専修学校を経営するために必要な知識又は経験を有すること。

三　設置者が社会的信望を有すること。

第128条　専修学校は、次に掲げる事項について文部科学大臣の定める基準に適合していなければならない。

一　目的、生徒の数又は課程の種類に応じて置かなければならない教員の数

二　目的、生徒の数又は課程の種類に応じて有しなければならない校地及び校舎の面積並びにその位置及び環境

三　目的、生徒の数又は課程の種類に応じて有しなければならない設備

四　目的又は課程の種類に応じた教育課程及び編制の大綱

第129条　専修学校には、校長及び相当数の教員を置かなければならない。

② 専修学校の校長は、教育に関する識見を有し、かつ、教育、学術又は文化に関する業務に従事した者でなければならない。

③ 専修学校の教員は、その担当する教育に関する専門的な知識又は技能に関し、文部科学大臣の定める資格を有する者でなければならない。

第12章 雑則

第134条 第１条に掲げるもの以外のもので、学校教育に類する教育を行うもの（当該教育を行うにつき他の法律に特別の規定があるもの及び第124条に規定する専修学校の教育を行うものを除く。）は、各種学校とする。

第135条 専修学校、各種学校その他第１条に掲げるもの以外の教育施設は、同条に掲げる学校の名称又は大学院の名称を用いてはならない。

② 高等課程を置く専修学校以外の教育施設は高等専修学校の名称を、専門課程を置く専修学校以外の教育施設は専門学校の名称を、専修学校以外の教育施設は専修学校の名称を用いてはならない。

学校教育法施行規則（抄）

（昭和22年５月23日文部省令第11号）

最終改正：平成30年８月31日文部科学省令第28号

第１章　総則

第１節　設置廃止等

第１条 学校には、その学校の目的を実現するために必要な校地、校舎、校具、運動場、図書館又は図書室、保健室その他の設備を設けなければならない。

② 学校の位置は、教育上適切な環境に、これを定めなければならない。

第２節　校長、副校長及び教頭の資格

第20条 校長（学長及び高等専門学校の校長を除く。）の資格は、次の各号のいずれかに該当するものとする。

一　教育職員免許法（昭和24年法律第147号）による教諭の専修免許状又は一種免許状（高等学校及び中等教育学校の校長にあつては、専修免許状）を有し、かつ、次に掲げる職（以下「教育に関する職」という。）に五年以上あつたこと

イ　学校教育法第１条に規定する学校及び同法第124条に規定する専修学校の校長（就学前の子どもに関する教育、保育等の総合的な提供の推進に関する法律（平成18年法律第77号）第２条第７項に規定する幼保連携型認定こども園（以下「幼保連携型認定こども園」という。）の園長を含む。）の職

ロ　学校教育法第１条に規定する学校及び幼保連携型認定こども園の教授、准教授、助教、副校長（幼保連携型認定こども園の副園長を含む。）、教頭、主幹教諭（幼保連携型認定

こども園の主幹養護教諭及び主幹栄養教諭を含む。）、指導教諭、教諭、助教諭、養護教諭、養護助教諭、栄養教諭、主幹保育教諭、指導保育教諭、保育教諭、助保育教諭、講師（常時勤務の者に限る。）及び同法第124条に規定する専修学校の教員（以下本条中「教員」という。）の職

ハ　学校教育法第1条に規定する学校及び幼保連携型認定こども園の事務職員（単純な労務に雇用される者を除く。本条中以下同じ。）、実習助手、寄宿舎指導員及び学校栄養職員（学校給食法（昭和29年法律第160号）第7条に規定する職員のうち栄養教諭以外の者をいい、同法第6条に規定する施設の当該職員を含む。）の職

ニ　学校教育法等の一部を改正する法律（平成19年法律第96号）第1条の規定による改正前の学校教育法第94条の規定により廃止された従前の法令の規定による学校及び旧教員養成諸学校官制（昭和21年勅令第208号）第1条の規定による教員養成諸学校の長の職

ホ　ニに掲げる学校及び教員養成諸学校における教員及び事務職員に相当する者の職

ヘ　海外に在留する邦人の子女のための在外教育施設（以下「在外教育施設」という。）で、文部科学大臣が小学校、中学校又は高等学校の課程と同等の課程を有するものとして認定したものにおけるイからハまでに掲げる者に準ずるものの職

ト　ヘに規定する職のほか、外国の学校におけるイからハまでに掲げる者に準ずるものの職

チ　少年院法（昭和26年法律第58号）による少年院又は児童福祉法（昭和22年法律第164号）による児童自立支援施設（児童福祉法等の一部を改正する法律（平成9年法律第74号）附則第7条第1項の規定により証明書を発行することができるもので、同条第2項の規定によりその例によることとされた同法による改正前の児童福祉法第48条第4項ただし書の規定による指定を受けたものを除く。）において教育を担当する者の職

リ　イからチまでに掲げるもののほか、国又は地方公共団体において教育事務又は教育を担当する国家公務員又は地方公務員（単純な労務に雇用される者を除く。）の職

ヌ　外国の官公庁におけるリに準ずる者の職

二　教育に関する職に十年以上あつたこと

第21条　私立学校の設置者は、前条の規定により難い特別の事情のあるときは、五年以上教育に関する職又は教育、学術に関する業務に従事し、かつ、教育に関し高い識見を有する者を校長として採用することができる。

第22条　国立若しくは公立の学校の校長の任命権者又は私立学校の設置者は、学校の運営上特に必要がある場合には、前2条に規定するもののほか、第20条各号に掲げる資格を有する者と同等の資質を有すると認める者を校長として任命し又は採用することができる。

第23条　前3条の規定は、副校長及び教頭の資格について準用する。

**　第3節　管理**

第24条　校長は、その学校に在学する児童等の指導要録（学校教育法施行令第31条に規定する児童等の学習及び健康の状況を記録した書類の原本をいう。以下同じ。）を作成しなければならない。

② 校長は、児童等が進学した場合においては、その作成に係る当該児童等の指導要録の抄本又は写しを作成し、これを進学先の校長に送付しなければならない。

③ 校長は、児童等が転学した場合においては、その作成に係る当該児童等の指導要録の写しを作成し、その写し（転学してきた児童等については転学により送付を受けた指導要録（就学前の子どもに関する教育、保育等の総合的な提供の推進に関する法律施行令（平成26年政令第203号）第8条に規定する園児の学習及び健康の状況を記録した書類の原本を含む。）の写しを含む。）及び前項の抄本又は写しを転学先の校長、保育所の長又は認定こども園の長に送付しなければならない。

第25条 校長（学長を除く。）は、当該学校に在学する児童等について出席簿を作成しなければならない。

第26条 校長及び教員が児童等に懲戒を加えるに当つては、児童等の心身の発達に応ずる等教育上必要な配慮をしなければならない。

② 懲戒のうち、退学、停学及び訓告の処分は、校長（大学にあつては、学長の委任を受けた学部長を含む。）が行う。

③ 前項の退学は、公立の小学校、中学校（学校教育法第71条の規定により高等学校における教育と一貫した教育を施すもの（以下「併設型中学校」という。）を除く。）、義務教育学校又は特別支援学校に在学する学齢児童又は学齢生徒を除き、次の各号のいずれかに該当する児童等に対して行うことができる。

一 性行不良で改善の見込がないと認められる者

二 学力劣等で成業の見込がないと認められる者

三 正当の理由がなくて出席常でない者

四 学校の秩序を乱し、その他学生又は生徒としての本分に反した者

④ 第2項の停学は、学齢児童又は学齢生徒に対しては、行うことができない。

⑤ 学長は、学生に対する第2項の退学、停学及び訓告の処分の手続を定めなければならない。

第27条 私立学校が、校長を定め、大学及び高等専門学校にあつては文部科学大臣、大学及び高等専門学校以外の学校にあつては都道府県知事に届け出るに当たつては、その履歴書を添えなければならない。

第28条 学校において備えなければならない表簿は、概ね次のとおりとする。

一 学校に関係のある法令

二 学則、日課表、教科用図書配当表、学校医執務記録簿、学校歯科医執務記録簿、学校薬剤師執務記録簿及び学校日誌

三 職員の名簿、履歴書、出勤簿並びに担任学級、担任の教科又は科目及び時間表

四 指導要録、その写し及び抄本並びに出席簿及び健康診断に関する表簿

五 入学者の選抜及び成績考査に関する表簿

六 資産原簿、出納簿及び経費の予算決算についての帳簿並びに図書機械器具、標本、模型等の教具の目録

七　往復文書処理簿

② 前項の表簿（第24条第２項の抄本又は写しを除く。）は、別に定めるもののほか、五年間保存しなければならない。ただし、指導要録及びその写しのうち入学、卒業等の学籍に関する記録については、その保存期間は、二十年間とする。

③ 学校教育法施行令第31条の規定により指導要録及びその写しを保存しなければならない期間は、前項のこれらの書類の保存期間から当該学校においてこれらの書類を保存していた期間を控除した期間とする。

第２章　義務教育

第29条　市町村の教育委員会は、学校教育法施行令第１条第３項（同令第２条において準用する場合を含む。）の規定により学齢簿を磁気ディスク（これに準ずる方法により一定の事項を確実に記録しておくことができる物を含む。以下同じ。）をもつて調製する場合には、電子計算機（電子計算機による方法に準ずる方法により一定の事項を確実に記録しておくことができる機器を含む。以下同じ。）の操作によるものとする。

② 市町村の教育委員会は、前項に規定する場合においては、当該学齢簿に記録されている事項が当該市町村の学齢児童又は学齢生徒に関する事務に従事している者以外の者に同項の電子計算機に接続された電気通信回線を通じて知られること及び当該学齢簿が滅失し又はき損することを防止するために必要な措置を講じなければならない。

第30条　学校教育法施行令第１条第１項の学齢簿に記載（同条第３項の規定により磁気ディスクをもつて調製する学齢簿にあつては、記録。以下同じ。）をすべき事項は、次の各号に掲げる区分に応じ、当該各号に掲げる事項とする。

一　学齢児童又は学齢生徒に関する事項　氏名、現住所、生年月日及び性別

二　保護者に関する事項　氏名、現住所及び保護者と学齢児童又は学齢生徒との関係

三　就学する学校に関する事項

　　イ　当該市町村の設置する小学校、中学校（併設型中学校を除く。）又は義務教育学校に就学する者について、当該学校の名称並びに当該学校に係る入学、転学及び卒業の年月日

　　ロ　学校教育法施行令第９条に定める手続により当該市町村の設置する小学校、中学校（併設型中学校を除く。）又は義務教育学校以外の小学校、中学校、義務教育学校又は中等教育学校に就学する者について、当該学校及びその設置者の名称並びに当該学校に係る入学、転学、退学及び卒業の年月日

　　ハ　特別支援学校の小学部又は中学部に就学する者について、当該学校及び部並びに当該学校の設置者の名称並びに当該部に係る入学、転学、退学及び卒業の年月日

四　就学の督促等に関する事項　学校教育法施行令第20条又は第21条の規定に基づき就学状況が良好でない者等について、校長から通知を受けたとき、又は就学義務の履行を督促したときは、その旨及び通知を受け、又は督促した年月日

五　就学義務の猶予又は免除に関する事項　学校教育法第18条の規定により保護者が就学させる義務を猶予又は免除された者について、猶予の年月日、事由及び期間又は免除の年月

日及び事由並びに猶予又は免除された者のうち復学した者については、その年月日

六　その他必要な事項　市町村の教育委員会が学齢児童又は学齢生徒の就学に関し必要と認める事項

② 学校教育法施行令第2条に規定する者について作成する学齢簿に記載をすべき事項については、前項第1号、第2号及び第6号の規定を準用する。

第31条　学校教育法施行令第2条の規定による学齢簿の作成は、十月一日現在において行うものとする。

第32条　市町村の教育委員会は、学校教育法施行令第5条第2項（同令第6条において準用する場合を含む。次項において同じ。）の規定により就学予定者の就学すべき小学校、中学校又は義務教育学校（次項において「就学校」という。）を指定する場合には、あらかじめ、その保護者の意見を聴取することができる。この場合においては、意見の聴取の手続に関し必要な事項を定め、公表するものとする。

② 市町村の教育委員会は、学校教育法施行令第5条第2項の規定による就学校の指定に係る通知において、その指定の変更についての同令第8条に規定する保護者の申立ができる旨を示すものとする。

第33条　市町村の教育委員会は、学校教育法施行令第8条の規定により、その指定した小学校、中学校又は義務教育学校を変更することができる場合の要件及び手続に関し必要な事項を定め、公表するものとする。

第34条　学齢児童又は学齢生徒で、学校教育法第18条に掲げる事由があるときは、その保護者は、就学義務の猶予又は免除を市町村の教育委員会に願い出なければならない。この場合においては、当該市町村の教育委員会の指定する医師その他の者の証明書等その事由を証するに足る書類を添えなければならない。

第35条　学校教育法第18条の規定により保護者が就学させる義務を猶予又は免除された子について、当該猶予の期間が経過し、又は当該猶予若しくは免除が取り消されたときは、校長は、当該子を、その年齢及び心身の発達状況を考慮して、相当の学年に編入することができる。

第3章　幼稚園

第36条　幼稚園の設備、編制その他設置に関する事項は、この章に定めるもののほか、幼稚園設置基準（昭和31年文部省令第32号）の定めるところによる。

第37条　幼稚園の毎学年の教育週数は、特別の事情のある場合を除き、三十九週を下つてはならない。

第38条　幼稚園の教育課程その他の保育内容については、この章に定めるもののほか、教育課程その他の保育内容の基準として文部科学大臣が別に公示する幼稚園教育要領によるものとする。

第39条　第48条、第49条、第54条、第59条から第68条まで（第65条の2及び第65条の3を除く。）の規定は、幼稚園に準用する。

第4章　小学校

第1節　設備編制

第40条　小学校の設備、編制その他設置に関する事項は、この節に定めるもののほか、小学校設置基準（平成14年文部科学省令第14号）の定めるところによる。

第41条　小学校の学級数は、十二学級以上十八学級以下を標準とする。ただし、地域の実態その他により特別の事情のあるときは、この限りでない。

第42条　小学校の分校の学級数は、特別の事情のある場合を除き、五学級以下とし、前条の学級数に算入しないものとする。

第43条　小学校においては、調和ののとれた学校運営が行われるためにふさわしい校務分掌の仕組みを整えるものとする。

第44条　小学校には、教務主任及び学年主任を置くものとする。

②　前項の規定にかかわらず、第4項に規定する教務主任の担当する校務を整理する主幹教諭を置くときその他特別の事情のあるときは教務主任を、第5項に規定する学年主任の担当する校務を整理する主幹教諭を置くときその他特別の事情のあるときは学年主任を、それぞれ置かないことができる。

③　教務主任及び学年主任は、指導教諭又は教諭をもつて、これに充てる。

④　教務主任は、校長の監督を受け、教育計画の立案その他の教務に関する事項について連絡調整及び指導、助言に当たる。

⑤　学年主任は、校長の監督を受け、当該学年の教育活動に関する事項について連絡調整及び指導、助言に当たる。

第45条　小学校においては、保健主事を置くものとする。

②　前項の規定にかかわらず、第4項に規定する保健主事の担当する校務を整理する主幹教諭を置くときその他特別の事情のあるときは、保健主事を置かないことができる。

③　保健主事は、指導教諭、教諭又は養護教諭をもつて、これに充てる。

④　保健主事は、校長の監督を受け、小学校における保健に関する事項の管理に当たる。

第46条　小学校には、事務長又は事務主任を置くことができる。

②　事務長及び事務主任は、事務職員をもつて、これに充てる。

③　事務長は、校長の監督を受け、事務職員その他の職員が行う事務を総括する。

④　事務主任は、校長の監督を受け、事務に関する事項について連絡調整及び指導、助言に当たる。

第47条　小学校においては、前3条に規定する教務主任、学年主任、保健主事及び事務主任のほか、必要に応じ、校務を分担する主任等を置くことができる。

第48条　小学校には、設置者の定めるところにより、校長の職務の円滑な執行に資するため、職員会議を置くことができる。

②　職員会議は、校長が主宰する。

第49条　小学校には、設置者の定めるところにより、学校評議員を置くことができる。

② 　学校評議員は、校長の求めに応じ、学校運営に関し意見を述べることができる。

③ 　学校評議員は、当該小学校の職員以外の者で教育に関する理解及び識見を有するもののうちから、校長の推薦により、当該小学校の設置者が委嘱する。

第2節　教育課程

第50条　小学校の教育課程は、国語、社会、算数、理科、生活、音楽、図画工作、家庭及び体育の各教科（以下この節において「各教科」という。）、特別の教科である道徳、外国語活動、総合的な学習の時間並びに特別活動によつて編成するものとする。

② 　私立の小学校の教育課程を編成する場合は、前項の規定にかかわらず、宗教を加えることができる。この場合においては、宗教をもつて前項の特別の教科である道徳に代えることができる。

第51条　小学校（第52条の2第2項に規定する中学校連携型小学校及び第79条の9第2項に規定する中学校併設型小学校を除く。）の各学年における各教科、特別の教科である道徳、外国語活動、総合的な学習の時間及び特別活動のそれぞれの授業時数並びに各学年におけるこれらの総授業時数は、別表第1に定める授業時数を標準とする。

第52条　小学校の教育課程については、この節に定めるもののほか、教育課程の基準として文部科学大臣が別に公示する小学校学習指導要領によるものとする。

第52条の2　小学校（第79条の9第2項に規定する中学校併設型小学校を除く。）においては、中学校における教育との一貫性に配慮した教育を施すため、当該小学校の設置者が当該中学校の設置者との協議に基づき定めるところにより、教育課程を編成することができる。

② 　前項の規定により教育課程を編成する小学校（以下「中学校連携型小学校」という。）は、第74条の2第1項の規定により教育課程を編成する中学校と連携し、その教育課程を実施するものとする。

第52条の3　中学校連携型小学校の各学年における各教科、特別の教科である道徳、外国語活動、総合的な学習の時間及び特別活動のそれぞれの授業時数並びに各学年におけるこれらの総授業時数は、別表第2の2に定める授業時数を標準とする。

第52条の4　中学校連携型小学校の教育課程については、この章に定めるもののほか、教育課程の基準の特例として文部科学大臣が別に定めるところによるものとする。

第53条　小学校においては、必要がある場合には、一部の各教科について、これらを合わせて授業を行うことができる。

第54条　児童が心身の状況によつて履修することが困難な各教科は、その児童の心身の状況に適合するように課さなければならない。

第55条　小学校の教育課程に関し、その改善に資する研究を行うため特に必要があり、かつ、児童の教育上適切な配慮がなされていると文部科学大臣が認める場合においては、文部科学大臣が別に定めるところにより、第50条第1項、第51条（中学校連携型小学校にあつては第52条の3、第79条の9第2項に規定する中学校併設型小学校にあつては第79条の12において準用する第79条の5第1項）又は第52条の規定によらないことができる。

第55条の2 文部科学大臣が、小学校において、当該小学校又は当該小学校が設置されている地域の実態に照らし、より効果的な教育を実施するため、当該小学校又は当該地域の特色を生かした特別の教育課程を編成して教育を実施する必要があり、かつ、当該特別の教育課程について、教育基本法（平成18年法律第120号）及び学校教育法第30条第1項の規定等に照らして適切であり、児童の教育上適切な配慮がなされているものとして文部科学大臣が定める基準を満たしていると認める場合においては、文部科学大臣が別に定めるところにより、第50条第1項、第51条（中学校連携型小学校にあつては第52条の3、第79条の9第2項に規定する中学校併設型小学校にあつては第79条の12において準用する第79条の5第1項）又は第52条の規定の全部又は一部によらないことができる。

第56条 小学校において、学校生活への適応が困難であるため相当の期間小学校を欠席し引き続き欠席すると認められる児童を対象として、その実態に配慮した特別の教育課程を編成して教育を実施する必要があると文部科学大臣が認める場合においては、文部科学大臣が別に定めるところにより、第50条第1項、第51条（中学校連携型小学校にあつては第52条の3、第79条の9第2項に規定する中学校併設型小学校にあつては第79条の12において準用する第79条の5第1項）又は第52条の規定によらないことができる。

第56条の2 小学校において、日本語に通じない児童のうち、当該児童の日本語を理解し、使用する能力に応じた特別の指導を行う必要があるものを教育する場合には、文部科学大臣が別に定めるところにより、第50条第1項、第51条（中学校連携型小学校にあつては第52条の3、第79条の9第2項に規定する中学校併設型小学校にあつては第79条の12において準用する第79条の5第1項）及び第52条の規定にかかわらず、特別の教育課程によることができる。

第56条の3 前条の規定により特別の教育課程による場合においては、校長は、児童が設置者の定めるところにより他の小学校、義務教育学校の前期課程又は特別支援学校の小学部において受けた授業を、当該児童の在学する小学校において受けた当該特別の教育課程に係る授業とみなすことができる。

第56条の4 小学校において、学齢を経過した者のうち、その者の年齢、経験又は勤労の状況その他の実情に応じた特別の指導を行う必要があるものを夜間その他特別の時間において教育する場合には、文部科学大臣が別に定めるところにより、第50条第1項、第51条（中学校連携型小学校にあつては第52条の3、第79条の9第2項に規定する中学校併設型小学校にあつては第79条の12において準用する第79条の5第1項）及び第52条の規定にかかわらず、特別の教育課程によることができる。

第57条 小学校において、各学年の課程の修了又は卒業を認めるに当たつては、児童の平素の成績を評価して、これを定めなければならない。

第58条 校長は、小学校の全課程を修了したと認めた者には、卒業証書を授与しなければならない。

第3節　学年及び授業日

第59条 小学校の学年は、4月1日に始まり、翌年3月31日に終わる。

第60条 授業終始の時刻は、校長が定める。

第61条 公立小学校における休業日は、次のとおりとする。ただし、第3号に掲げる日を除き、当該学校を設置する地方公共団体の教育委員会(公立大学法人の設置する小学校にあつては、当該公立大学法人の理事長。第3号において同じ。)が必要と認める場合は、この限りでない。

一　国民の祝日に関する法律（昭和23年法律第178号）に規定する日

二　日曜日及び土曜日

三　学校教育法施行令第29条第1項の規定により教育委員会が定める日

第62条 私立小学校における学期及び休業日は、当該学校の学則で定める。

第63条 非常変災その他急迫の事情があるときは、校長は、臨時に授業を行わないことができる。この場合において、公立小学校についてはこの旨を当該学校を設置する地方公共団体の教育委員会（公立大学法人の設置する小学校にあつては、当該公立大学法人の理事長）に報告しなければならない。

第4節　職員

第64条 講師は、常時勤務に服しないことができる。

第65条 学校用務員は、学校の環境の整備その他の用務に従事する。

第65条の2 スクールカウンセラーは、小学校における児童の心理に関する支援に従事する。

第65条の3 スクールソーシャルワーカーは、小学校における児童の福祉に関する支援に従事する。

第5節　学校評価

第66条 小学校は、当該小学校の教育活動その他の学校運営の状況について、自ら評価を行い、その結果を公表するものとする。

② 前項の評価を行うに当たつては、小学校は、その実情に応じ、適切な項目を設定して行うものとする。

第67条 小学校は、前条第1項の規定による評価の結果を踏まえた当該小学校の児童の保護者その他の当該小学校の関係者（当該小学校の職員を除く。）による評価を行い、その結果を公表するよう努めるものとする。

第68条 小学校は、第66条第1項の規定による評価の結果及び前条の規定により評価を行つた場合はその結果を、当該小学校の設置者に報告するものとする。

第5章　中学校

第69条 中学校の設備、編制その他設置に関する事項は、この章に定めるもののほか、中学校設置基準（平成14年文部科学省令第15号）の定めるところによる。

第70条 中学校には、生徒指導主事を置くものとする。

② 前項の規定にかかわらず、第4項に規定する生徒指導主事の担当する校務を整理する主幹教諭を置くときその他特別の事情のあるときは、生徒指導主事を置かないことができる。

③ 生徒指導主事は、指導教諭又は教諭をもつて、これに充てる。

④ 生徒指導主事は、校長の監督を受け、生徒指導に関する事項をつかさどり、当該事項につ

いて連絡調整及び指導、助言に当たる。

第71条　中学校には、進路指導主事を置くものとする。

②　前項の規定にかかわらず、第3項に規定する進路指導主事の担当する校務を整理する主幹教諭を置くときは、進路指導主事を置かないことができる。

③　進路指導主事は、指導教諭又は教諭をもつて、これに充てる。校長の監督を受け、生徒の職業選択の指導その他の進路の指導に関する事項をつかさどり、当該事項について連絡調整及び指導、助言に当たる。

第72条　中学校の教育課程は、国語、社会、数学、理科、音楽、美術、保健体育、技術・家庭及び外国語の各教科（以下本章及び第7章中「各教科」という。）、特別の教科である道徳、総合的な学習の時間並びに特別活動によつて編成するものとする。

第73条　中学校（併設型中学校、第74条の2第2項に規定する小学校連携型中学校、第75条第2項に規定する連携型中学校及び第79条の9第2項に規定する小学校併設型中学校を除く。）の各学年における各教科、特別の教科である道徳、総合的な学習の時間及び特別活動のそれぞれの授業時数並びに各学年におけるこれらの総授業時数は、別表第2に定める授業時数を標準とする。

第74条　中学校の教育課程については、この章に定めるもののほか、教育課程の基準として文部科学大臣が別に公示する中学校学習指導要領によるものとする。

第74条の2　中学校（併設型中学校、第75条第2項に規定する連携型中学校及び第79条の9第2項に規定する小学校併設型中学校を除く。）においては、小学校における教育との一貫性に配慮した教育を施すため、当該中学校の設置者が当該小学校の設置者との協議に基づき定めるところにより、教育課程を編成することができる。

②　前項の規定により教育課程を編成する中学校（以下「小学校連携型中学校」という。）は、中学校連携型小学校と連携し、その教育課程を実施するものとする。

第74条の3　小学校連携型中学校の各学年における各教科、特別の教科である道徳、総合的な学習の時間及び特別活動のそれぞれの授業時数並びに各学年におけるこれらの総授業時数は、別表第2の3に定める授業時数を標準とする。

第74条の4　小学校連携型中学校の教育課程については、この章に定めるもののほか、教育課程の基準の特例として文部科学大臣が別に定めるところによるものとする。

第75条　中学校（併設型中学校、小学校連携型中学校及び第79条の9第2項に規定する小学校併設型中学校を除く。）においては、高等学校における教育との一貫性に配慮した教育を施すため、当該中学校の設置者が当該高等学校の設置者との協議に基づき定めるところにより、教育課程を編成することができる。

②　前項の規定により教育課程を編成する中学校（以下「連携型中学校」という。）は、第87条第1項の規定により教育課程を編成する高等学校と連携し、その教育課程を実施するものとする。

第76条　連携型中学校の各学年における各教科、特別の教科である道徳、総合的な学習の時間

及び特別活動のそれぞれの授業時数並びに各学年におけるこれらの総授業時数は、別表第4に定める授業時数を標準とする。

第77条 連携型中学校の教育課程については、この章に定めるもののほか、教育課程の基準の特例として文部科学大臣が別に定めるところによるものとする。

第78条 校長は、中学校卒業後、高等学校、高等専門学校その他の学校に進学しようとする生徒のある場合には、調査書その他必要な書類をその生徒の進学しようとする学校の校長に送付しなければならない。

ただし、第90条第3項（第135条第5項において準用する場合を含む。）及び同条第4項の規定に基づき、調査書を入学者の選抜のための資料としない場合は、調査書の送付を要しない。

第78条の2 部活動指導員は、中学校におけるスポーツ、文化、科学等に関する教育活動（中学校の教育課程として行われるものを除く。）に係る技術的な指導に従事する。

第79条 第41条から第49条まで、第50条第2項、第54条から第68条までの規定は、中学校に準用する。この場合において、第42条中「五学級」とあるのは「二学級」と、第55条から第56条の2まで及び第56条の4の規定中「第50条第1項」とあるのは「第72条」と、「第51条（中学校連携型小学校にあつては第52条の3、第79条の9第2項に規定する中学校併設型小学校にあつては第79条の12において準用する第79条の5第1項）」とあるのは「第73条（併設型中学校にあつては第117条において準用する第107条、小学校連携型中学校にあつては第74条の3、連携型中学校にあつては第76条、第79条の9第2項に規定する小学校併設型中学校にあつては第79条の12において準用する第79条の5第2項）」と、「第52条」とあるのは「第74条」と、第55条の2中「第30条第1項」とあるのは「第46条」と、第56条の3中「他の小学校、義務教育学校の前期課程又は特別支援学校の小学部」とあるのは「他の中学校、義務教育学校の後期課程、中等教育学校の前期課程又は特別支援学校の中学部」と読み替えるものとする。

第5章の2　義務教育学校並びに中学校併設型小学校及び小学校併設型中学校
第1節　義務教育学校

第79条の2 義務教育学校の前期課程の設備、編制その他設置に関する事項については、小学校設置基準の規定を準用する。

② 義務教育学校の後期課程の設備、編制その他設置に関する事項については、中学校設置基準の規定を準用する。

第79条の3 義務教育学校の学級数は、十八学級以上二十七学級以下を標準とする。ただし、地域の実態その他により特別の事情のあるときは、この限りでない。

第79条の4 義務教育学校の分校の学級数は、特別の事情のある場合を除き、八学級以下とし、前条の学級数に算入しないものとする。

第79条の5 次条第1項において準用する第50条第1項に規定する義務教育学校の前期課程の各学年における各教科、特別の教科である道徳、外国語活動、総合的な学習の時間及び特別

活動のそれぞれの授業時数並びに各学年におけるこれらの総授業時数は、別表第2の2に定める授業時数を標準とする。

② 次条第2項において準用する第72条に規定する義務教育学校の後期課程の各学年における各教科、特別の教科である道徳、総合的な学習の時間及び特別活動のそれぞれの授業時数並びに各学年におけるこれらの総授業時数は、別表第2の3に定める授業時数を標準とする。

第79条の6 義務教育学校の前期課程の教育課程については、第50条、第52条の規定に基づき文部科学大臣が公示する小学校学習指導要領及び第55条から第56条の4までの規定を準用する。この場合において、第55条から第56条までの規定中「第50条第1項、第51条（中学校連携型小学校にあつては第52条の3、第79条の9第2項に規定する中学校併設型小学校にあつては第79条の12において準用する第79条の5第1項）又は第52条」とあるのは「第79条の5第1項又は第79条の6第1項において準用する第50条第1項若しくは第52条の規定に基づき文部科学大臣が公示する小学校学習指導要領」と、第55条の2中「第30条第1項」とあるのは「第49条の6第1項」と、第56条の2及び第56条の4中「第50条第1項、第51条（中学校連携型小学校にあつては第52条の3、第79条の9第2項に規定する中学校併設型小学校にあつては第79条の12において準用する第79条の5第1項）及び第52条」とあるのは「第79条の5第1項並びに第79条の6第1項において準用する第50条第1項及び第52条の規定に基づき文部科学大臣が公示する小学校学習指導要領」と読み替えるものとする。

② 義務教育学校の後期課程の教育課程については、第50条第2項、第55条から第56条の4まで及び第72条の規定並びに第74条の規定に基づき文部科学大臣が公示する中学校学習指導要領の規定を準用する。この場合において、第55条から第56条までの規定中「第50条第1項、第51条（中学校連携型小学校にあつては第52条の3、第79条の9第2項に規定する中学校併設型小学校にあつては第79条の12において準用する第79条の5第1項）又は第52条」とあるのは「第79条の5第2項又は第79条の6第2項において準用する第72条若しくは第74条の規定に基づき文部科学大臣が公示する中学校学習指導要領」と、第55条の2中「第30条第1項」とあるのは「第49条の6第2項」と、第56条の2及び第56条の4中「第50条第1項、第51条（中学校連携型小学校にあつては第52条の3、第79条の9第2項に規定する中学校併設型小学校にあつては第79条の12において準用する第79条の5第1項）及び第52条」とあるのは「第79条の5第2項並びに第79条の6第2項において準用する第72条及び第74条の規定に基づき文部科学大臣が公示する中学校学習指導要領」と、第56条の4中「他の小学校、義務教育学校の前期課程又は特別支援学校の小学部」とあるのは「他の中学校、義務教育学校の後期課程、中等教育学校の前期課程又は特別支援学校の中学部」と読み替えるものとする。

第79条の7 義務教育学校の教育課程については、この章に定めるもののほか、教育課程の基準の特例として文部科学大臣が別に定めるところによるものとする。

第79条の8 第43条から第49条まで、第53条、第54条、第57条から第71条まで（第69条を除く。）及び第78条の規定は、義務教育学校に準用する。

② 第78条の2の規定は、義務教育学校の後期課程に準用する。

第2節　中学校併設型小学校及び小学校併設型中学校

第79条の9　同一の設置者が設置する小学校（中学校連携型小学校を除く。）及び中学校（併設型中学校、小学校連携型中学校及び連携型中学校を除く。）においては、義務教育学校に準じて、小学校における教育と中学校における教育を一貫して施すことができる。

②　前項の規定により中学校における教育と一貫した教育を施す小学校（以下「中学校併設型小学校」という。）及び同項の規定により小学校における教育を一貫した教育を施す中学校（以下「小学校併設型中学校」という。）においては、小学校における教育と中学校における教育を一貫して施すためにふさわしい運営の仕組みを整えるものとする。

第79条の10　中学校併設型小学校の教育課程については、第4章に定めるもののほか、教育課程の基準の特例として文部科学大臣が別に定めるところによるものとする。

②　小学校併設型中学校の教育課程については、第5章に定めるもののほか、教育課程の基準の特例として文部科学大臣が別に定めるところによるものとする。

第79条の11　中学校併設型小学校及び小学校併設型中学校においては、小学校における教育と中学校における教育を一貫して施すため、設置者の定めるところにより、教育課程を編成するものとする。

第79条の12　第79条の5第1項の規定は中学校併設型小学校に、同条第2項の規定は小学校併設型中学校に準用する。

第6章　高等学校

第1節　設備、編制、学科及び教育課程

第80条　高等学校の設備、編制、学科の種類その他設置に関する事項は、この節に定めるもののほか、高等学校設置基準（平成16年文部科学省令第20号）の定めるところによる。

第81条　二以上の学科を置く高等学校には、専門教育を主とする学科（以下「専門学科」という。）ごとに学科主任を置き、農業に関する専門学科を置く高等学校には、農場長を置くものとする。

②　前項の規定にかかわらず、第4項に規定する学科主任の担当する校務を整理する主幹教諭を置くときその他特別の事情のあるときは学科主任を、第5項に規定する農場長の担当する校務を整理する主幹教諭を置くときその他特別の事情のあるときは農場長を、それぞれ置かないことができる。

③　学科主任及び農場長は、指導教諭又は教諭をもつて、これに充てる。

④　学科主任は、校長の監督を受け、当該学科の教育活動に関する事項について連絡調整及び指導、助言に当たる。

⑤　農場長は、校長の監督を受け、農業に関する実習及び実習施設の運営に関する事項をつかさどる。

第82条　高等学校には、事務長を置くものとする。

②　事務長は、事務職員をもつて、これ充てる。

③　事務長は、校長の監督を受け、事務職員その他の職員が行う事務を総括する。

第83条　高等学校の教育課程は、別表第3に定める各教科に属する科目、総合的な学習の時間及び特別活動によつて編成するものとする。

第84条　高等学校の教育課程については、この章に定めるもののほか、教育課程の基準として文部科学大臣が別に公示する高等学校学習指導要領によるものとする。

第85条　高等学校の教育課程に関し、その改善に資する研究を行うため特に必要があり、かつ、生徒の教育上適切な配慮がなされていると文部科学大臣が認める場合においては、文部科学大臣が別に定めるところにより、前2条の規定によらないことができる。

第85条の2　文部科学大臣が、高等学校において、当該高等学校又は当該高等学校が設置されている地域の実態に照らし、より効果的な教育を実施するため、当該高等学校又は当該地域の特色を生かした特別の教育課程を編成して教育を実施する必要があり、かつ、当該特別の教育課程について、教育基本法及び学校教育法第51条の規定等に照らして適切であり、生徒の教育上適切な配慮がなされているものとして文部科学大臣が定める基準を満たしていると認める場合においては、文部科学大臣が別に定めるところにより、第83条又は第84条の規定の全部又は一部によらないことができる。

第86条　高等学校において、学校生活への適応が困難であるため、相当の期間高等学校を欠席し引き続き欠席すると認められる生徒、高等学校を退学し、その後高等学校に入学していないと認められる者若しくは学校教育法第57条に規定する高等学校の入学資格を有するが、高等学校に入学していないと認められる者又は疾病による療養のため若しくは障害のため、相当の期間高等学校を欠席すると認められる生徒、高等学校を退学し、その後高等学校に入学していないと認められる者若しくは学校教育法第57条に規定する高等学校の入学資格を有するが、高等学校に入学していないと認められる者を対象として、その実態に配慮した特別の教育課程を編成して教育を実施する必要があると文部科学大臣が認める場合においては、文部科学大臣が別に定めるところにより、第83条又は第84条の規定によらないことができる。

第87条　高等学校（学校教育法第71条の規定により中学校における教育と一貫した教育を施すもの（以下「併設型高等学校」という。）を除く。）においては、中学校における教育との一貫性に配慮した教育を施すため、当該高等学校の設置者が当該中学校の設置者との協議に基づき定めるところにより、教育課程を編成することができる。

②　前項の規定により教育課程を編成する高等学校（以下「連携型高等学校」という。）は、連携型中学校と連携し、その教育課程を実施するものとする。

第88条　連携型高等学校の教育課程については、この章に定めるもののほか、教育課程の基準の特例として文部科学大臣が別に定めるところによるものとする。

第88条の2　スイス民法典に基づく財団法人である国際バカロレア事務局から国際バカロレア・ディプロマ・プログラムを提供する学校として認められた高等学校の教育課程については、この章に定めるもののほか、教育課程の基準の特例として文部科学大臣が別に定めるところによるものとする。

第88条の3　高等学校は、文部科学大臣が別に定めるところにより、授業を、多様なメディア

を高度に利用して、当該授業を行う教室等以外の場所で履修させることができる。

第89条 高等学校においては、文部科学大臣の検定を経た教科用図書又は文部科学省が著作の名義を有する教科用図書のない場合には、当該高等学校の設置者の定めるところにより、他の適切な教科用図書を使用することができる。

第2節 入学、退学、転学、留学、休学及び卒業等

第90条 高等学校の入学は、第78条の規定により送付された調査書その他必要な書類、選抜のための学力検査（以下この条において「学力検査」という。）の成績等を資料として行う入学者の選抜に基づいて、校長が許可する。

② 学力検査は、特別の事情のあるときは、行わないことができる。

③ 調査書は、特別の事情のあるときは、入学者の選抜のための資料としないことができる。

④ 連携型高等学校における入学者の選抜は、第75条第1項の規定により編成する教育課程に係る連携型中学校の生徒については、調査書及び学力検査の成績以外の資料により行うことができる。

⑤ 公立の高等学校（公立大学法人の設置する高等学校を除く。）に係る学力検査は、当該高等学校を設置する都道府県又は市町村の教育委員会が行う。

第91条 第一学年の途中又は第二学年以上に入学を許可される者は、相当年齢に達し、当該学年に在学する者と同等以上の学力があると認められた者とする。

第92条 他の高等学校に転学を志望する生徒のあるときは、校長は、その事由を具し、生徒の在学証明書その他必要な書類を転学先の校長に送付しなければならない。転学先の校長は、教育上支障がない場合には、転学を許可することができる。

② 全日制の課程、定時制の課程及び通信制の課程相互の間の転学又は転籍については、修得した単位に応じて、相当学年に転入することができる。

第93条 校長は、教育上有益と認めるときは、生徒が外国の高等学校に留学することを許可することができる。

② 校長は、前項の規定により留学することを許可された生徒について、外国の高等学校における履修を高等学校における履修とみなし、三十六単位を超えない範囲で単位の修得を認定することができる。

③ 校長は、前項の規定により単位の修得を認定された生徒について、第104条第1項において準用する第59条又は第104条第2項に規定する学年の途中においても、各学年の課程の修了又は卒業を認めることができる。

第94条 生徒が、休学又は退学をしようとするときは、校長の許可を受けなければならない。

第95条 学校教育法第57条の規定により、高等学校入学に関し、中学校を卒業した者と同等以上の学力があると認められる者は、次の各号のいずれかに該当する者とする。

一 外国において、学校教育における九年の課程を修了した者

二 文部科学大臣が中学校の課程と同等の課程を有するものとして認定した在外教育施設の当該課程を修了した者

三　文部科学大臣の指定した者

四　就学義務猶予免除者等の中学校卒業程度認定規則（昭和41年文部省令第36号）により、中学校を卒業した者と同等以上の学力があると認定された者

五　その他高等学校において、中学校を卒業した者と同等以上の学力があると認めた者

第96条　校長は、生徒の高等学校の全課程の修了を認めるに当たつては、高等学校学習指導要領の定めるところにより、七十四単位以上を修得した者について行わなければならない。ただし、第85条、第85条の２又は第86条の規定により、高等学校の教育課程に関し第83条又は第84条の規定によらない場合においては、文部科学大臣が別に定めるところにより行うものとする。

②　前項前段の規定により全課程の修了の要件として修得すべき七十四単位のうち、第88条の３に規定する授業の方法により修得する単位数は三十六単位を超えないものとする。

第97条　校長は、教育上有益と認めるときは、生徒が当該校長の定めるところにより他の高等学校又は中等教育学校の後期課程において一部の科目の単位を修得したときは、当該修得した単位数を当該生徒の在学する高等学校が定めた全課程の修了を認めるに必要な単位数のうちに加えることができる。

②　前項の規定により、生徒が他の高等学校又は中等教育学校の後期課程において一部の科目の単位を修得する場合においては、当該他の高等学校又は中等教育学校の校長は、当該生徒について一部の科目の履修を許可することができる。

③　同一の高等学校に置かれている全日制の課程、定時制の課程及び通信制の課程相互の間の併修については、前２項の規定を準用する。

第98条　校長は、教育上有益と認めるときは、当該校長の定めるところにより、生徒が行う次に掲げる学修を当該生徒の在学する高等学校における科目の履修とみなし、当該科目の単位を与えることができる。

一　大学、高等専門学校又は専修学校の高等課程若しくは専門課程における学修その他の教育施設等における学修で文部科学大臣が別に定めるもの

二　知識及び技能に関する審査で文部科学大臣が別に定めるものに係る学修

三　ボランティア活動その他の継続的に行われる活動（当該生徒の在学する高等学校の教育活動として行われるものを除く。）に係る学修で文部科学大臣が別に定めるもの

第99条　第97条の規定に基づき加えることのできる単位数及び前条の規定に基づき与えることのできる単位数の合計数は三十六を超えないものとする。

第100条　校長は、教育上有益と認めるときは、当該校長の定めるところにより、生徒が行う次に掲げる学修（当該生徒が入学する前に行つたものを含む。）を当該生徒の在学する高等学校における科目の履修とみなし、当該科目の単位を与えることができる。

一　高等学校卒業程度認定試験規則（平成17年文部科学省令第１号）の定めるところにより合格点を得た試験科目（同令附則第２条の規定による廃止前の大学入学資格検定規程（昭和26年文部省令第13号。以下「旧規程」という。）の定めるところにより合格点を得た受

検科目を含む。）に係る学修

二　高等学校の別科における学修で第84条の規定に基づき文部科学大臣が公示する高等学校
学習指導要領の定めるところに準じて修得した科目に係る学修

第100条の２　学校教育法第58条の２に規定する文部科学大臣の定める基準は、次のとおりと
する。

一　修業年限が二年以上であること。

二　課程の修了に必要な総単位数その他の事項が、別に定める基準を満たすものであること。

②　前項の基準を満たす高等学校の専攻科の課程を修了した者は、編入学しようとする大学の
定めるところにより、当該大学の修業年限から、修了した高等学校の専攻科における修業年
限に相当する年数以下の期間を控除した期間を在学すべき期間として、当該大学に編入学す
ることができる。ただし、在学すべき期間は、一年を下つてはならない。

第100条の３　前条第１項の基準を満たす専攻科を置く高等学校は、当該専攻科について、第
104条第１項において準用する第66条第１項の規定による評価の結果を踏まえた高等教育の
段階における教育活動等に関し識見を有する者その他適当と認める者（当該高等学校の職員
を除く。）による評価を行い、その結果を公表するものとする。

第3節　定時制の課程及び通信制の課程並びに学年による教育課程の区分を設けない場合その他

第101条　通信制の課程の設備、編制その他に関し必要な事項は、この章に定めるもののほか、
高等学校通信教育規程の定めるところによる。

②　第80条（施設、設備及び編制に係るものに限る。）並びに第104条において準用する第59条
及び第61条から第63条までの規定は、通信制の課程に適用しない。

第102条　高等学校の定時制の課程又は通信制の課程の修業年限を定めるに当たつては、勤労
青年の教育上適切な配慮をするよう努めるものとする。

第103条　高等学校においては、第104条第１項において準用する第57条（各学年の課程の修了
に係る部分に限る。）の規定にかかわらず、学年による教育課程の区分を設けないことがで
きる。

②　前項の規定により学年による教育課程の区分を設けない場合における入学等に関する特例
その他必要な事項は、単位制高等学校教育課程（昭和63年文部省令第６号）の定めるところ
による。

第104条　第43条から第49条まで（第46条を除く。）、第54条、第57条から第71条まで（第69条
を除く。）及び第78条の２の規定は、高等学校に準用する。

②　前項の規定において準用する第59条の規定にかかわらず、修業年限が三年を超える定時制
の課程を置く場合は、その最終の学年は、四月一日に始まり、九月三十日に終わるものとす
ることができる。

③　校長は、特別の必要があり、かつ、教育上支障がないときは、第１項において準用する第
59条に規定する学年の途中においても、学期の区分に従い、入学（第91条に規定する入学を

除く。）を許可し並びに各学年の課程の修了及び卒業を認めることができる。

第7章　中等教育学校並びに併設型中学校及び併設型高等学校

第1節　中等教育学校

第105条　中等教育学校の設置基準は、この章に定めるもののほか、別に定める。

第106条　中等教育学校の前期課程の設備、編制その他設置に関する事項については、中学校設置基準の規定を準用する。

②　中等教育学校の後期課程の設備、編制、学科の種類その他設置に関する事項については、高等学校設置基準の規定を準用する。

第107条　次条第1項において準用する第72条に規定する中等教育学校の前期課程の各学年における各教科、特別の教科である道徳、総合的な学習の時間及び特別活動のそれぞれの授業時数並びに各学年におけるこれらの総授業時数は、別表第4に定める授業時数を標準とする。

第108条　中等教育学校の前期課程の教育課程については、第50条第2項、第55条から第56条の4まで及び第72条の規定並びに第74条の規定に基づき文部科学大臣が公示する中学校学習指導要領の規定を準用する。この場合において、第55条から第56条までの規定中「第50条第1項、第51条（中学校連携型小学校にあつては第52条の3、第79条の9第2項に規定する中学校併設型小学校にあつては第79条の12において準用する第79条の5第1項）又は第52条」とあるのは「第107条又は第108条第1項において準用する第72条若しくは第74条の規定に基づき文部科学大臣が公示する中学校学習指導要領」と、第55条の2中「第30条第1項」とあるのは「第67条第1項」と、第56条の2及び第56条の4中「第50条第1項、第51条（中学校連携型小学校にあつては第52条の3、第79条の9第2項に規定する中学校併設型小学校にあつては第79条の12において準用する第79条の5第1項）及び第52条」とあるのは「第107条並びに第108条第1項において準用する第72条及び第74条の規定に基づき文部科学大臣が公示する中学校学習指導要領」と、第56条の4中「他の小学校、義務教育学校の前期課程又は特別支援学校の小学部」とあるのは「他の中学校、義務教育学校の後期課程、中等教育学校の前期課程又は特別支援学校の中学部」と読み替えるものとする。

②　中等教育学校の後期課程の教育課程については、第83条、第85条から第86条まで及び第88条の2の規定並びに第84条の規定に基づき文部科学大臣が公示する高等学校学習指導要領の規定を準用する。この場合において、第85条中「前2条」とあり、並びに第85条の2及び第86条中「第83条又は第84条」とあるのは、「第108条第2項において準用する第83条又は第84条の規定に基づき文部科学大臣が公示する高等学校学習指導要領」と、第85条の2中「第51条」とあるのは「第67条第2項」と読み替えるものとする。

第109条　中等教育学校の教育課程については、この章に定めるもののほか、教育課程の基準の特例として文部科学大臣が別に定めるところによるものとする。

第110条　中等教育学校の入学は、設置者の定めるところにより、校長が許可する。

②　前項の場合において、公立の中等教育学校については、学力検査を行わないものとする。

第111条　中等教育学校の後期課程の通信制の課程の設備、編制その他に関し必要な事項は、

この章に定めるもののほか、高等学校通信教育課程の規定を準用する。

第112条 次条第３項において準用する第103条第１項の規定により学年による教育課程の区分を設けない場合における入学等に関する特例その他必要な事項は、単位制高等学校教育規程の規定を準用する。

第113条 第43条から第49条まで（第46条を除く。）、第54条、第57条、第58条、第59条から第71条まで（第69条を除く。）、第78条の２、第82条、第91条、第94条及び第100条の３の規定は、中等教育学校に準用する。この場合において、同条中「第104条第１項」とあるのは、「第113条第１項」と読み替えるものとする。

② 第78条の規定は、中等教育学校の前期課程に準用する。

③ 第81条、第88条の３、第89条、第92条、第93条、第96条から第100条の２まで、第101条第２項、第102条、第103条第１項及び第104条第２項の規定は、中等教育学校の後期課程に準用する。この場合において、第96条第１項中「第85条、第85条の２又は第86条」とあるのは「第108条第２項において読み替えて準用する第85条、第85条の２又は第86条」と、「第83条又は第84条」とあるのは「第108条第２項において準用する第83条又は第84条の規定に基づき文部科学大臣が公示する高等学校学習指導要領」と読み替えるものとする。

第２節 併設型中学校及び併設型高等学校

第114条 併設型中学校の教育課程については、第５章に定めるもののほか、教育課程の基準の特例として文部科学大臣が別に定めるところによるものとする。

② 併設型高等学校の教育課程については、第６章に定めるもののほか、教育課程の基準の特例として文部科学大臣が別に定めるところによるものとする。

第115条 併設型中学校及び併設型高等学校においては、中学校における教育と高等学校における教育を一貫して施すため、設置者の定めるところにより、教育課程を編成するものとする。

第116条 第90条第１項の規定にかかわらず、併設型高等学校においては、当該高等学校に係る併設型中学校の生徒については入学者の選抜は行わないものとする。

第117条 第107条及び第110条の規定は、併設型中学校に準用する。

第８章 特別支援教育

第118条 特別支援学校の設置基準及び特別支援学級の設備編制は、この章に規定するもののほか、別に定める。

第119条 特別支援学校においては、学校教育法第72条に規定する者に対する教育のうち当該特別支援学校が行うものを学則その他の設置者の定める規則（次項において「学則等」という。）で定めるとともに、これについて保護者等に対して積極的に情報を提供するものとする。

② 前項の学則等を定めるに当たつては、当該特別支援学校の施設及び設備等の状況並びに当該特別支援学校の所在する地域における障害のある児童等の状況について考慮しなければならない。

第120条 特別支援学校の幼稚部において、主幹教諭、指導教諭又は教諭（以下「教諭等」という。）一人の保育する幼児数は、八人以下を標準とする。

② 特別支援学校の小学部又は中学部の一学級の児童又は生徒の数は、法令に特別の定めのある場合を除き、視覚障害者又は聴覚障害者である児童又は生徒に対する教育を行う学級にあつては十人以下を、知的障害者、肢体不自由者又は病弱者（身体虚弱者を含む。以下同じ。）である児童又は生徒に対する教育を行う学級にあつては十五人以下を標準とし、高等部の同時に授業を受ける一学級の生徒数は、十五人以下を標準とする。

第121条 特別支援学校の小学部、中学部又は高等部の学級は、同学年の児童又は生徒で編制するものとする。ただし、特別の事情がある場合においては、数学年の児童又は生徒を一学級に編制することができる。

② 特別支援学校の幼稚部における保育は、特別の事情のある場合を除いては、視覚障害者、聴覚障害者、知的障害者、肢体不自由者及び病弱者の別ごとに行うものとする。

③ 特別支援学校の小学部、中学部又は高等部の学級は、特別の事情のある場合を除いては、視覚障害者、聴覚障害者、知的障害者、肢体不自由者又は病弱者の別ごとに編制するものとする。

第122条 特別支援学校の幼稚部においては、同時に保育される幼児数八人につき教諭等を一人置くことを基準とする。

② 特別支援学校の小学部においては、校長のほか、一学級当たり教諭等を一人以上置かなければならない。

③ 特別支援学校の中学部においては、一学級当たり教諭等を二人置くことを基準とする。

④ 視覚障害者である生徒及び聴覚障害者である生徒に対する教育を行う特別支援学校の高等部においては、自立教科（理療、理学療法、理容その他の職業についての知識技能の修得に関する教科をいう。）を担任するため、必要な数の教員を置かなければならない。

⑤ 前４項の場合において、特別の事情があり、かつ、教育上支障がないときは、校長、副校長若しくは教頭が教諭等を兼ね、又は助教諭若しくは講師をもつて教諭等に代えることができる。

第123条 寄宿舎指導員の数は、寄宿舎に寄宿する児童等の数を六で除して得た数以上を標準とする。

第124条 寄宿舎を設ける特別支援学校には、寮務主任及び舎監を置かなければならない。

② 前項の規定にかかわらず、第４項に規定する寮務主任の担当する寮務を整理する主幹教諭を置くときその他特別の事情のあるときは寮務主任を、第５項に規定する舎監の担当する寮務を整理する主幹教諭を置くときは舎監を、それぞれ置かないことができる。

③ 寮務主任及び舎監は、指導教諭又は教諭をもつて、これに充てる。

④ 寮務主任は、校長の監督を受け、寮務に関する事項について連絡調整及び指導、助言に当たる。

⑤ 舎監は、校長の監督を受け、寄宿舎の管理及び寄宿舎における児童等の教育に当たる。

第125条 特別支援学校には、各部に主事を置くことができる。

② 主事は、その部に属する教諭等をもつて、これに充てる。校長の監督を受け、部に関する

校務をつかさどる。

第126条 特別支援学校の小学部の教育課程は、国語、社会、算数、理科、生活、音楽、図画工作、家庭及び体育の各教科、特別の教科である道徳、外国語活動、総合的な学習の時間、特別活動並びに自立活動によつて編成するものとする。

② 前項の規定にかかわらず、知的障害者である児童を教育する場合は、生活、国語、算数、音楽、図画工作及び体育の各教科、特別の教科である道徳、特別活動並びに自立活動によつて教育課程を編成するものとする。ただし、必要がある場合には、外国語活動を加えて教育課程を編成することができる。

第127条 特別支援学校の中学部の教育課程は、国語、社会、数学、理科、音楽、美術、保健体育、技術・家庭及び外国語の各教科、特別の教科である道徳、総合的な学習の時間、特別活動並びに自立活動によつて編成するものとする。

② 前項の規定にかかわらず、知的障害者である生徒を教育する場合は、国語、社会、数学、理科、音楽、美術、保健体育及び職業・家庭の各教科、特別の教科である道徳、総合的な学習の時間、特別活動並びに自立活動によつて教育課程を編成するものとする。ただし、必要がある場合には、外国語科を加えて教育課程を編成することができる。

第128条 特別支援学校の高等部の教育課程は、別表第3及び別表第5に定める各教科に属する科目、総合的な学習の時間、特別活動並びに自立活動によつて編成するものとする。

② 前項の規定にかかわらず、知的障害者である生徒を教育する場合は、国語、社会、数学、理科、音楽、美術、保健体育、職業、家庭、外国語、情報、家政、農業、工業、流通・サービス及び福祉の各教科、第129条に規定する特別支援学校高等部学習指導要領で定めるこれら以外の教科、及び道徳、総合的な学習の時間、特別活動並びに自立活動によつて教育課程を編成するものとする。

第129条 特別支援学校の幼稚部の教育課程その他の保育内容並びに小学部、中学部及び高等部の教育課程については、この章に定めるもののほか、教育課程その他の保育内容又は教育課程の基準として文部科学大臣が別に公示する特別支援学校幼稚部教育要領、特別支援学校小学部・中学部学習指導要領及び特別支援学校高等部学習指導要領によるものとする。

第130条 特別支援学校の小学部、中学部又は高等部においては、特に必要がある場合は、第126条から第128条までに規定する各教科（次項において「各教科」という。）又は別表第3及び別表第5に定める各教科に属する科目の全部又は一部について、合わせて授業を行うことができる。

② 特別支援学校の小学部、中学部又は高等部においては、知的障害者である児童若しくは生徒又は複数の種類の障害を併せ有する児童若しくは生徒を教育する場合において特に必要があるときは、各教科、特別の教科である道徳（特別支援学校の高等部にあつては、前条に規定する特別支援学校高等部学習指導要領で定める道徳）、外国語活動、特別活動及び自立活動の全部又は一部について、合わせて授業を行うことができる。

第131条 特別支援学校の小学部、中学部又は高等部において、複数の種類の障害を併せ有す

る児童若しくは生徒を教育する場合又は教員を派遣して教育を行う場合において、特に必要
があるときは、第126条から第129条までの規定にかかわらず、特別の教育課程によることが
できる。

② 前項の規定により特別の教育課程による場合において、文部科学大臣の検定を経た教科用
図書又は文部科学省が著作の名義を有する教科用図書を使用することが適当でないときは、
当該学校の設置者の定めるところにより、他の適切な教科用図書を使用することができる。

第132条 特別支援学校の小学部、中学部又は高等部の教育課程に関し、その改善に資する研
究を行うため特に必要があり、かつ、児童又は生徒の教育上適切な配慮がなされていると文
部科学大臣が認める場合においては、文部科学大臣が別に定めるところにより、第126条か
ら第129条までの規定によらないことができる。

第132条の2 文部科学大臣が、特別支援学校の小学部、中学部又は高等部において、当該特
別支援学校又は当該特別支援学校が設置されている地域の実態に照らし、より効果的な教育
を実施するため、当該特別支援学校又は当該地域の特色を生かした特別の教育課程を編成し
て教育を実施する必要があり、かつ、当該特別の教育課程について、教育基本法及び学校教
育法第72条の規定等に照らして適切であり、児童又は生徒の教育上適切な配慮がなされてい
るものとして文部科学大臣が定める基準を満たしていると認める場合においては、文部科学
大臣が別に定めるところにより、第126条から第129条までの規定の一部又は全部によらない
ことができる。

第132条の3 特別支援学校の小学部又は中学部において、日本語に通じない児童又は生徒の
うち、当該児童又は生徒の日本語を理解し、使用する能力に応じた特別の指導を行う必要が
あるものを教育する場合には、文部科学大臣が別に定めるところにより、第126条、第127条
及び第129条の規定にかかわらず、特別の教育課程によることができる。

第132条の4 前条の規定により特別の教育課程による場合においては、校長は、児童又は生
徒が設置者の定めるところにより他の小学校、中学校、義務教育学校、中等教育学校の前期
課程又は特別支援学校の小学部若しくは中学部において受けた授業を、当該児童又は生徒の
在学する特別支援学校の小学部又は中学部において受けた当該特別の教育課程に係る授業と
みなすことができる。

第132条の5 特別支援学校の小学部又は中学部において、学齢を経過した者のうち、その者
の年齢、経験又は勤労の状況その他の実情に応じた特別の指導を行う必要があるものを夜間
その他特別の時間において教育する場合には、文部科学大臣が別に定めるところにより、第
126条、第127条及び第129条の規定にかかわらず、特別の教育課程によることができる。

第133条 校長は、生徒の特別支援学校の高等部の全課程の修了を認めるに当たつては、特別
支援学校高等部学習指導要領に定めるところにより行うものとする。ただし、第132条又は
第132条の2の規定により、特別支援学校の高等部の教育課程に関し第128条及び第129条の
規定によらない場合においては、文部科学大臣が別に定めるところにより行うものとする。

② 前項前段の規定により全課程の修了の要件として特別支援学校高等部学習指導要領の定め

るところにより校長が定める単位数又は授業時数のうち、第135条第5項において準用する第88条の3に規定する授業の方法によるものは、それぞれ全課程の修了要件として定められた単位数又は授業時数の二分の一に満たないものとする。

第134条 特別支援学校の高等部における通信教育に関する事項は、別に定める。

第134条の2 校長は、特別支援学校に在学する児童等について個別の教育支援計画（学校と医療、保健、福祉、労働等に関する業務を行う関係機関及び民間団体（次項において「関係機関等」という。）との連携の下に行う当該児童等に対する長期的な支援に関する計画をいう。）を作成しなければならない。

② 校長は、前項の規定により個別の教育支援計画を作成するに当たつては、当該児童等又はその保護者の意向を踏まえつつ、あらかじめ、関係機関等と当該児童等の支援に関する必要な情報の共有を図らなければならない。

第135条 第43条から第49条まで（第46条を除く。）、第54条、第59条から第63条まで、第65条から第68条まで、第82条及び第100条の3の規定は、特別支援学校に準用する。この場合において、同条中「第104条第1項」とあるのは、「第135条第1項」と読み替えるものとする。

② 第57条、第58条、第64条及び第89条の規定は、特別支援学校の小学部、中学部及び高等部に準用する。

③ 第35条、第50条第2項及び第53条の規定は、特別支援学校の小学部に準用する。

④ 第35条、第50条第2項、第70条、第71条、第78条及び第78条の2の規定は、特別支援学校の中学部に準用する。

⑤ 第70条、第71条、第78条の2、第81条、第88条の3、第90条第1項から第3項まで、第91条から第95条まで、第97条第1項及び第2項、第98条から第100条の2まで並びに第104条第3項の規定は、特別支援学校の高等部に準用する。この場合において、第97条第1項及び第2項中「他の高等学校又は中等教育学校の後期課程」とあるのは「他の特別支援学校の高等部、高等学校又は中等教育学校の後期課程」と、同条第2項中「当該他の高等学校又は中等教育学校」とあるのは「当該他の特別支援学校、高等学校又は中等教育学校」と読み替えるものとする。

第136条 小学校、中学校若しくは義務教育学校又は中等教育学校の前期課程における特別支援学級の一学級の児童又は生徒の数は、法令に特別の定めのある場合を除き、十五人以下を標準とする。

第137条 特別支援学級は、特別の事情のある場合を除いては、学校教育法第81条第2項各号に掲げる区分に従つて置くものとする。

第138条 小学校、中学校若しくは義務教育学校又は中等教育学校の前期課程における特別支援学級に係る教育課程については、特に必要がある場合は、第50条第1項（第79条の6第1項において準用する場合を含む。）、第51条、第52条（第79条の6第1項において準用する場合を含む。）、第52条の3、第72条（第79条の6第2項及び第108条第1項において準用する場合を含む。）第73条、第74条（第79条の6第2項及び第108条第1項において準用する場合

を含む。）、第74条の３、第76条、第79条の５（第79条の12において準用する場合を含む。）及び第107条（第117条において準用する場合を含む。）の規定にかかわらず、特別の教育課程によることができる。

第139条　前条の規定により特別の教育課程による特別支援学級においては、文部科学大臣の検定を経た教科用図書を使用することが適当でない場合には、当該特別支援学級を置く学校の設置者の定めるところにより、他の適切な教科用図書を使用することができる。

第139条の２　第134条の２の規定は、小学校、中学校若しくは義務教育学校又は中等教育学校の前期課程における特別支援学級の児童又は生徒について準用する。

第140条　小学校、中学校、義務教育学校、高等学校又は中等教育学校において、次の各号のいずれかに該当する児童又は生徒（特別支援学級の児童及び生徒を除く。）のうち当該障害に応じた特別の指導を行う必要があるものを教育する場合には、文部科学大臣が別に定めるところにより、第50条第１項（第79条の６第１項において準用する場合を含む。）、第51条、第52条（第79条の６第１項において準用する場合を含む。）、第52条の３、第72条（第79条の６第２項及び第108条第１項において準用する場合を含む。）、第73条、第74条（第79条の６第２項及び第108条第１項において準用する場合を含む。）、第74条の３、第76条、第79条の５（第79条の12において準用する場合を含む。）、第83条及び第84条（第108条第２項において準用する場合を含む。）並びに第107条（第117条において準用する場合を含む。）の規定にかかわらず、特別の教育課程によることができる。

一　言語障害者

二　自閉症者

三　情緒障害者

四　弱視者

五　難聴者

六　学習障害者

七　注意欠陥多動性障害者

八　その他障害のある者で、この条の規定により特別の教育課程による教育を行うことが適当なもの

第141条　前条の規定により特別の教育課程による場合においては、校長は、児童又は生徒が、当該小学校、中学校、義務教育学校、高等学校又は中等教育学校の設置者の定めるところにより他の小学校、中学校、義務教育学校、高等学校、中等教育学校又は特別支援学校の小学部、中学部若しくは高等部において受けた授業を、当該小学校、中学校、義務教育学校、高等学校又は中等教育学校において受けた当該特別の教育課程に係る授業とみなすことができる。

第141条の２　第134条の２の規定は、第140条の規定により特別の指導が行われている児童又は生徒について準用する。

　　第12章　雑則

第190条　第３条から第７条まで、第14条、第15条、第19条、第26条から第28条まで及び第66

条から第68条までの規定は、各種学校に準用する。〔後略〕

第191条　前条に規定するもののほか、各種学校に関し必要な事項は、各種学校規程（昭和31年文部省令第31号）の定めるところによる。

　附則（抄）

第1条　この省令は、昭和22年4月1日から、これを適用する。

地方教育行政の組織及び運営に関する法律

（昭和31年6月30日法律第162号）

最終改正平成30年6月8日法律第42号

　第1章　総則

第1条　この法律は、教育委員会の設置、学校その他の教育機関の職員の身分取扱その他地方公共団体における教育行政の組織及び運営の基本を定めることを目的とする。

第1条の2　地方公共団体における教育行政は、教育基本法（平成18年法律第120号）の趣旨にのつとり、教育の機会均等、教育水準の維持向上及び地域の実情に応じた教育の振興が図られるよう、国との適切な役割分担及び相互の協力の下、公正かつ適正に行われなければならない。

第1条の3　地方公共団体の長は、教育基本法第17条第1項に規定する基本的な方針を参酌し、その地域の実情に応じ、当該地方公共団体の教育、学術及び文化の振興に関する総合的な施策の大綱（以下単に「大綱」という。）を定めるものとする。

②　地方公共団体の長は、大綱を定め、又はこれを変更しようとするときは、あらかじめ、次条第1項の総合教育会議において協議するものとする。

③　地方公共団体の長は、大綱を定め、又はこれを変更したときは、遅滞なく、これを公表しなければならない。

④　第1項の規定は、地方公共団体の長に対し、第21条に規定する事務を管理し、又は執行する権限を与えるものと解釈してはならない。

第1条の4　地方公共団体の長は、大綱の策定に関する協議及び次に掲げる事項についての協議並びにこれらに関する次項各号に掲げる構成員の事務の調整を行うため、総合教育会議を設けるものとする。

　一　教育を行うための諸条件の整備その他の地域の実情に応じた教育、学術及び文化の振興を図るため重点的に講ずべき施策

　二　児童、生徒等の生命又は身体に現に被害が生じ、又はまさに被害が生ずるおそれがあると見込まれる場合等の緊急の場合に講ずべき措置

②　総合教育会議は、次に掲げる者をもつて構成する。

　一　地方公共団体の長

　二　教育委員会

③　総合教育会議は、地方公共団体の長が招集する

④　教育委員会は、その権限に属する事務に関して協議する必要があると思料するときは、地方公共団体の長に対し、協議すべき具体的事項を示して、総合教育会議の招集を求めることができる。

⑤　総合教育会議は、第１項の協議を行うに当たつて必要があると認めるときは、関係者又は学識経験を有する者から、当該協議すべき事項に関して意見を聴くことができる。

⑥　総合教育会議は、公開する。ただし、個人の秘密を保つため必要があると認めるとき、又は会議の公正が害されるおそれがあると認めるときその他公益上必要があると認めるときは、この限りでない。

⑦　地方公共団体の長は、総合教育会議の終了後、遅滞なく、総合教育会議の定めるところにより、その議事録を作成し、これを公表するよう努めなければならない。

⑧　総合教育会議においてその構成員の事務の調整が行われた事項については、当該構成員は、その調整の結果を尊重しなければならない。

⑨　前各項に定めるもののほか、総合教育会議の運営に関し必要な事項は、総合教育会議が定める。

第２章　教育委員会の設置及び組織
第１節　教育委員会の設置、教育長及び委員並びに会議
第２条　都道府県、市（特別区を含む。以下同じ。）町村及び第21条に規定する事務の全部又は一部を処理する地方公共団体の組合に教育委員会を置く。

第３条　教育委員会は、教育長及び四人の委員をもつて組織する。ただし、条例で定めるところにより、都道府県若しくは市又は地方公共団体の組合のうち都道府県若しくは市が加入するものの教育委員会にあつては教育長および五人以上の委員、町村又は地方公共団体の組合のうち町村のみが加入するものの教育委員会にあつては教育長及び二人以上の委員をもつて組織することができる。

第４条　教育長は、当該地方公共団体の長の被選挙権を有する者で、人格が高潔で、教育行政に関し識見を有するもののうちから、地方公共団体の長が、議会の同意を得て、任命する。

②　委員は、当該地方公共団体の長の被選挙権を有する者で、人格が高潔で、教育、学術及び文化（以下単に「教育」という。）に関し識見を有するもののうちから、地方公共団体の長が、議会の同意を得て、任命する。

③　次の各号のいずれかに該当する者は、教育長又は委員となることができない。

一　破産手続開始の決定を受けて復権を得ない者

二　禁錮以上の刑に処せられた者

④　教育長及び委員の任命については、そのうち委員の定数に一を加えた数の二分の一以上の者が同一の政党に所属することとなつてはならない。

⑤　地方公共団体の長は、第２項の規定による委員の任命に当たつては、委員の年齢、性別、職業等に著しい偏りが生じないように配慮するとともに、委員のうちに保護者（親権を行う

者及び未成年後見人をいう。第47条の6第2項第2号及び第5項において同じ。）である者が含まれるようにしなければならない。

第5条　教育長の任期は三年とし、委員の任期は四年とする。ただし、補欠の教育長又は委員の任期は、前任者の残任期間とする。

②　教育長及び委員は、再任されることができる。

第6条　教育長及び委員は、地方公共団体の議会の議員若しくは長、地方公共団体に執行機関として置かれる委員会の委員（教育委員会にあつては、教育長及び委員）若しくは委員又は地方公共団体の常勤の職員若しくは地方公務員法（昭和25年法律第261号）第28条の5第1項に規定する短時間勤務の職を占める職員と兼ねることができない。

第11条　教育長は、職務上知ることができた秘密を漏らしてはならない。その職を退いた後も、また、同様とする。

②　教育長又は教育長であつた者が法令による証人、鑑定人等となり、職務上の秘密に属する事項を発表する場合においては、教育委員会の許可を受けなければならない。

③　前項の許可は、法律に特別の定めがある場合を除き、これを拒むことができない。

④　教育長は、常勤とする。

⑤　教育長は、法律又は条例に特別の定めがある場合を除くほか、その勤務時間及び職務上の注意力の全てをその職責遂行のために用い、当該地方公共団体がなすべき責を有する職務にのみ従事しなければならない。

⑥　教育長は、政党その他の政治的団体の役員となり、又は積極的に政治運動をしてはならない。

⑦　教育長は、教育委員会の許可を受けなければ、営利を目的とする私企業を営むことを目的とする会社その他の団体の役員その他人事委員会規則（人事委員会を置かない地方公共団体においては、地方公共団体の規則）で定める地位を兼ね、若しくは自ら営利を目的とする私企業を営み、又は報酬を得ていかなる事業若しくは事務にも従事してはならない。

⑧　教育長は、その職務の遂行に当たつては、自らが当該地方公共団体の教育行政の運営について負う重要な責任を自覚するとともに、第1条の2に規定する基本理念及び大綱に則して、かつ、児童、生徒等の教育を受ける権利の保障に万全を期して当該地方公共団体の教育行政の運営が行われるよう意を用いなければならない。

第12条　前条第1項から第3項まで、第6項及び第8項の規定は、委員の服務について準用する。

②　委員は、非常勤とする。

第13条　教育長は、教育委員会の会務を総理し、教育委員会を代表する。

②　教育長に事故があるとき、又は教育長が欠けたときは、あらかじめその指名する委員がその職務を行う。

第14条　教育委員会の会議は、教育長が招集する。

②　教育長は、委員の定数の三分の一以上の委員から会議に付議すべき事件を示して会議の招集を請求された場合には、遅滞なく、これを招集しなければならない。

③　教育委員会は、教育長及び在任委員の過半数が出席しなければ、会議を開き、議決をすることができない。ただし、第6項の規定による除斥のため過半数に達しないとき、又は同一

の事件につき再度招集しても、なお過半数に達しないときは、この限りでない。

④　教育委員会の会議の議事は、第7項ただし書の発議に係るものを除き、出席者の過半数で決し、可否同数のときは、教育長の決するところによる。

⑤　教育長に事故があり、又は教育長が欠けた場合の前項の規定の適用については、前条第2項の規定により教育長の職務を行う者は、教育長とみなす。

⑥　教育委員会の教育長及び委員は、自己、配偶者若しくは三親等以内の親族の一身上に関する事件又は自己若しくはこれらの者の従事する業務に直接の利害関係のある事件については、その議事に参与することができない。ただし、教育委員会の同意があるときは、会議に出席し、発言することができる。

⑦　教育委員会の会議は、公開する。ただし、人事に関する事件その他の事件について、教育長又は委員の発議により、出席者の三分の二以上の多数で議決したときは、これを公開しないことができる。

⑧　前項ただし書の教育長又は委員の発議は、討論を行わないでその可否を決しなければならない。

⑨　教育長は、教育委員会の会議の終了後、遅滞なく、教育委員会規則で定めるところにより、その議事録を作成し、これを公表するよう努めなければならない。

第15条　教育委員会は、法令又は条例に違反しない限りにおいて、その権限に属する事務に関し、教育委員会規則を制定することができる。

②　教育委員会規則その他教育委員会の定める規程で公表を要するものの公布に関し必要な事項は、教育委員会規則で定める。

第16条　この法律に定めるもののほか、教育委員会の会議その他教育委員会の議事の運営に関し必要な事項は、教育委員会規則で定める。

第2節　事務局

第17条　教育委員会の権限に属する事務を処理させるため、教育委員会に事務局を置く。

②　教育委員会の事務局の内部組織は、教育委員会規則で定める。

第18条　都道府県に置かれる教育委員会（以下「都道府県委員会」という。）の事務局に、指導主事、事務職員及び技術職員を置くほか、所要の職員を置く。

②　市町村に置かれる教育委員会（以下「市町村委員会」という。）の事務局に、前項の規定に準じて指導主事その他の職員を置く。

③　指導主事は、上司の命を受け、学校（学校教育法（昭和22年法律第26号）第1条に規定する学校及び就学前の子どもに関する教育、保育等の総合的な提供の推進に関する法律（平成18年法律第77号）第2条第7項に規定する幼保連携型認定こども園（以下「幼保連携型認定こども園」という。）をいう。以下同じ。）における教育課程、学習指導その他学校教育に関する専門的事項の指導に関する事務に従事する。

④　指導主事は、教育に関し識見を有し、かつ、学校における教育課程、学習指導その他学校教育に関する専門的事項について教養と経験がある者でなければならない。指導主事は、大学以外の公立学校（地方公共団体が設置する学校をいう。以下同じ。）の教員（教育公務員

特例法（昭和24年法律第1号）第2条第2項に規定する教員をいう。以下同じ。）をもつて充てることができる。

⑤　事務職員は、上司の命を受け、事務に従事する。

⑥　技術職員は、上司の命を受け、技術に従事する。

⑦　第1項及び第2項の職員は、教育委員会が任命する。

⑧　教育委員会は、事務局の職員のうち所掌事務に係る教育行政に関する相談に関する事務を行う職員を指定するものとする。

⑨　前各項に定めるもののほか、教育委員会の事務局に置かれる職員に関し必要な事項は、政令で定める。

第19条　前条第1項及び第2項に規定する事務局の職員の定数は、当該地方公共団体の条例で定める。ただし、臨時又は非常勤の職員については、この限りでない。

第20条　第18条第1項及び第2項に規定する事務局の職の任免、人事評価、給与、懲戒、服務、退職管理その他の身分取扱いに関する事項は、この法律及び教育公務員特例法に特別の定めがあるものを除き、地方公務員法の定めるところによる。

第3章　教育委員会及び地方公共団体の長の職務権限

第21条　教育委員会は、当該地方公共団体が処理する教育に関する事務で、次に掲げるものを管理し、及び執行する。

一　教育委員会の所管に属する第30条に規定する学校その他の教育機関（以下「学校その他の教育機関」という。）の設置、管理及び廃止に関すること。

二　教育委員会の所管に属する学校その他の教育機関の用に供する財産（以下「教育財産」という。）の管理に関すること。

三　教育委員会及び教育委員会の所管に属する学校その他の教育機関の職員の任免その他の人事に関すること。

四　学齢生徒及び学齢児童の就学並びに生徒、児童及び幼児の入学、転学及び退学に関すること。

五　教育委員会の所管に属する学校の組織編制、教育課程、学習指導、生徒指導及び職業指導に関すること。

六　教科書その他の教材の取扱いに関すること。

七　校舎その他の施設及び教具その他の設備の整備に関すること。

八　校長、教員その他の教育関係職員の研修に関すること。

九　校長、教員その他の教育関係職員並びに生徒、児童及び幼児の保健、安全、厚生及び福利に関すること。

十　教育委員会の所管に属する学校その他の教育機関の環境衛生に関すること。

十一　学校給食に関すること。

十二　青少年教育、女性教育及び公民館の事業その他社会教育に関すること。

十三　スポーツに関すること。

十四　文化財の保護に関すること。

十五　ユネスコ活動に関すること。

十六　教育に関する法人に関すること。

十七　教育に係る調査及び基幹統計その他の統計に関すること。

十八　所掌事務に係る広報及び所掌事務に係る教育行政に関する相談に関すること。

十九　前各号に掲げるもののほか、当該地方公共団体の区域内における教育に関する事務に
　　関すること。

第22条　地方公共団体の長は、大綱の策定に関する事務のほか、次に掲げる教育に関する事務
　を管理し、及び執行する。

一　大学に関すること。

二　幼保連携型認定こども園に関すること。

三　私立学校に関すること。

四　教育財産を取得し、及び処分すること。

五　教育委員会の所掌に係る事項に関する契約を結ぶこと。

六　前号に掲げるもののほか、教育委員会の所掌に係る事項に関する予算を執行すること。

第23条　前２条の規定にかかわらず、地方公共団体は、前条各号に掲げるもののほか、条例の
　定めるところにより、当該地方公共団体の長が、次の各号に掲げる教育に関する事務のいず
　れか又は全てを管理し、及び執行することとすることができる。

一　スポーツに関すること（学校における体育に関することを除く。）。

二　文化に関すること（次号に掲げるものを除く。）。

三　文化財の保護に関すること。

②　地方公共団体の議会は、前項の条例の制定又は改廃の議決をする前に、当該地方公共団体
　の教育委員会の意見を聴かなければならない。

第24条　教育委員会及び地方公共団体の長は、それぞれ前３条の事務を管理し、及び執行する
　に当たつては、法令、条例、地方公共団体の規則並びに地方公共団体の機関の定める規則及
　び規程に基づかなければならない。

第25条　教育委員会は、教育委員会規則で定めるところにより、その権限に属する事務の一部
　を教育長に委任し、又は教育長をして臨時に代理させることができる。

②　前項の規定にかかわらず、次に掲げる事務は、教育長に委任することができない。

一　教育に関する事務の管理及び執行の基本的な方針に関すること。

二　教育委員会規則その他教育委員会の定める規程の制定又は改廃に関すること。

三　教育委員会の所管に属する学校その他の教育機関の設置及び廃止に関すること。

四　教育委員会及び教育委員会の所管に属する学校その他の教育機関の職員の任免その他の
　　人事に関すること。

五　次条の規定による点検及び評価に関すること。

六　第27条及び第29条に規定する意見の申出に関すること。

③　教育長は、教育委員会規則で定めるところにより、第１項の規定により委任された事務又は臨時に代理した事務の管理及び執行の状況を教育委員会に報告しなければならない。

④　教育長は、第１項の規定により委任された事務その他その権限に属する事務の一部を事務局の職員若しくは教育委員会の所管に属する学校その他の教育機関の職員（以下この項及び次条第１項において「事務局職員等」という。）に委任し、又は事務局職員等をして臨時に代理させることができる。

第26条　教育委員会は、毎年、その権限に属する事務（前条第１項の規定により教育長に委任された事務その他教育長の権限に属する事務（同条第４項の規定により事務局職員等に委任された事務を含む。）を含む。）の管理及び執行の状況について点検及び評価を行い、その結果に関する報告書を作成し、これを議会に提出するとともに、公表しなければならない。

②　教育委員会は、前項の点検及び評価を行うに当たつては、教育に関し学識経験を有する者の知見の活用を図るものとする。

第27条　地方公共団体の長は、当該地方公共団体が設置する幼保連携型認定こども園に関する事務のうち、幼保連携型認定こども園における教育課程に関する基本的事項の策定その他の当該地方公共団体の教育委員会の権限に属する事務と密接な関連を有するものとして当該地方公共団体の規則で定めるものの実施に当たつては、当該教育委員会の意見を聴かなければならない。

②　地方公共団体の長は、前項の規則を制定し、又は改廃しようとするときは、あらかじめ、当該地方公共団体の教育委員会の意見を聴かなければならない。

第27条の２　教育委員会は、当該地方公共団体が設置する幼保連携型認定こども園に関する事務の管理及び執行について、その職務に関して必要と認めるときは、当該地方公共団体の長に対し、意見を述べることができる。

第28条　教育財産は、地方公共団体の長の総括の下に、教育委員会が管理するものとする。

②　地方公共団体の長は、教育委員会の申出をまつて、教育財産の取得を行うものとする。

③　地方公共団体の長は、教育財産を取得したときは、すみやかに教育委員会に引き継がなければならない。

第29条　地方公共団体の長は、歳入歳出予算のうち教育に関する事務に係る部分その他特に教育に関する事務について定める議会の議決を経るべき事件の議案を作成する場合においては、教育委員会の意見をきかなければならない。

第４章　教育機関

第１節　通則

第30条　地方公共団体は、法律で定めるところにより、学校、図書館、博物館、公民館その他の教育機関を設置するほか、条例で、教育に関する専門的、技術的事項の研究又は教育関係職員の研修、保健若しくは福利厚生に関する施設その他の必要な教育機関を設置することができる。

第31条　前条に規定する学校に、法律で定めるところにより、学長、校長、園長、教員、事務

職員、技術職員その他の所要の職員を置く。

② 前条に規定する学校以外の教育機関に、法律又は条例で定めるところにより、事務職員、技術職員その他の所要の職員を置く。

③ 前2項に規定する職員の定数は、この法律に特別の定がある場合を除き、当該地方公共団体の条例で定めなければならない。ただし、臨時又は非常勤の職員については、この限りでない。

第32条 学校その他の教育機関のうち、大学及び幼保連携型認定こども園は地方公共団体の長が、その他のものは教育委員会が所管する。ただし、第23条第1項の条例の定めるところにより地方公共団体の長が管理し、及び執行することとされた事務のみに係る教育機関は、地方公共団体の長が所管する。

第33条 教育委員会は、法令又は条例に違反しない限度において、その所管に属する学校その他の教育機関の施設、設備、組織編制、教育課程、教材の取扱その他学校その他の教育機関の管理運営の基本的事項について、必要な教育委員会規則を定めるものとする。この場合において、当該教育委員会規則で定めようとする事項のうち、その実施のためには新たに予算を伴うこととなるものについては、教育委員会は、あらかじめ当該地方公共団体の長に協議しなければならない。

② 前項の場合において、教育委員会は、学校における教科書以外の教材の使用について、あらかじめ、教育委員会に届け出させ、又は教育委員会の承認を受けさせることとする定を設けるものとする。

第34条 教育委員会の所管に属する学校その他の教育機関の校長、園長、教員、事務職員、技術職員その他の職員は、この法律に特別の定めがある場合を除き、教育委員会が任命する。

第35条 第31条第1項又は第2項に規定する職員の任免、人事評価、給与、懲戒、服務、退職管理その他の身分取扱いに関する事項は、この法律及び他の法律に特別の定めがある場合を除き、地方公務員法の定めるところによる。

第36条 学校その他の教育機関の長は、この法律及び教育公務員特例法に特別の定がある場合を除き、その所属の職員の任免その他の進退に関する意見を任命権者に対して申し出ることができる。この場合において、大学附置の学校の校長にあつては、学長を経由するものとする。

第2節 市町村立学校の教職員

第37条 市町村立学校職員給与負担法（昭和23年法律第135号）第1条及び第2条に規定する職員（以下「県費負担教職員」という。）の任命権は、都道府県委員会に属する。

② 前項の都道府県委員会の権限に属する事務に係る第25条第2項の規定の適用については、同項第4号中「職員」とあるのは、「職員並びに第37条第1項に規定する県費負担教職員」とする。

第38条 都道府県委員会は、市町村委員会の内申をまつて、県費負担教職員の任免その他の進退を行うものとする。

② 前項の規定にかかわらず、都道府県委員会は、同項の内申が県費負担教職員の転任（地方自治法第252条の7第1項の規定により教育委員会を共同設置する一の市町村の県費負担教職員を免職し、引き続いて当該教育委員会を共同設置する他の市町村の県費負担教職員に採用する場合を含む。以下この項において同じ。）に係るものであるときは、当該内申に基づき、その転任を行うものとする。ただし、次の各号のいずれかに該当するときは、この限りでない。

一　都道府県内の教職員の適正な配置と円滑な交流の観点から、一の市町村（地方自治法第252条の7第1項の規定により教育委員会を共同設置する場合における当該教育委員会を共同設置する他の市町村を含む。以下この号において同じ。）における県費負担教職員の標準的な在職期間その他の都道府県委員会が定める県費負担教職員の任用に関する基準に従い、一の市町村の県費負担教職員を免職し、引き続いて当該都道府県内の他の市町村の県費負担教職員に採用する必要がある場合

二　前号に掲げる場合のほか、やむを得ない事情により当該内申に係る転任を行うことが困難である場合

③ 市町村委員会は、次条の規定による校長の意見の申出があつた県費負担教職員について第1項又は前項の内申を行うときは、当該校長の意見を付するものとする。

第42条　県費負担教職員の給与、勤務時間その他の勤務条件については、地方公務員法第24条第5項の規定により条例で定めるものとされている事項は、都道府県の条例で定める。

第43条　市町村委員会は、県費負担教職員の服務を監督する。

② 県費負担教職員は、その職務を遂行するに当つて、法令、当該市町村の条例及び規則並びに当該市町村委員会の定める教育委員会規則及び規程（前条又は次項の規定によつて都道府県が制定する条例を含む。）に従い、かつ、市町村委員会その他職務上の上司の職務上の命令に忠実に従わなければならない。

③ 県費負担教職員の任免、分限又は懲戒に関して、地方公務員法の規定により条例で定めるものとされている事項は、都道府県の条例で定める。

④ 都道府県委員会は、県費負担教職員の任免その他の進退を適切に行うため、市町村委員会の行う県費負担教職員の服務の監督又は前条、前項若しくは第47条の3第1項の規定により都道府県が制定する条例若しくは同条第2項の都道府県の定めの実施について、技術的な基準を設けることができる。

第44条　県費負担教職員の人事評価は、地方公務員法第23条の2第1項の規定にかかわらず、都道府県委員会の計画の下に、市町村委員会が行うものとする。

第45条　県費負担教職員の研修は、地方公務員法第39条第2項の規定にかかわらず、市町村委員会も行うことができる。

② 市町村委員会は、都道府県委員会が行う県費負担教職員の研修に協力しなければならない。

第47条　この法律に特別の定めがあるもののほか、県費負担教職員に対して地方公務員法を適用する場合においては、同法中次の表〔略〕の上欄に掲げる規定の中欄に掲げる字句は、そ

れぞれ同表の下欄に掲げる字句とする。

② 前項に定めるもののほか、県費負担教職員に対して地方公務員法の規定を適用する場合における技術的読替は、政令で定める。

第47条の2 都道府県委員会は、地方公務員法第27条第2項及び第28条第1項の規定にかかわらず、その任命に係る市町村の県費負担教職員（教諭、養護教諭、栄養教諭、助教諭及び養護助教諭（同法第28条の4第1項又は第28条の5第1項の規定により採用された者（以下この項において「再任用職員」という。）を除く。）並びに講師（再任用職員及び非常勤の講師を除く。）に限る。）で次の各号のいずれにも該当するもの（同法第28条第1項各号又は第2項各号のいずれかに該当する者を除く。）を免職し、引き続いて当該都道府県の常時勤務を要する職（指導主事並びに校長、園長及び教員の職を除く。）に採用することができる。

一　児童又は生徒に対する指導が不適切であること。

二　研修等必要な措置が講じられたとしてもなお児童又は生徒に対する指導を適切に行うことができないと認められること。

② 事実の確認の方法その他前項の県費負担教職員が同項各号に該当するかどうかを判断するための手続に関し必要な事項は、都道府県の教育委員会規則で定めるものとする。

③ 都道府県委員会は、第1項の規定による採用に当たつては、公務の能率的な運営を確保する見地から、同項の県費負担教職員の適性、知識等について十分に考慮するものとする。

④ 第40条後段の規定は、第1項の場合について準用する。この場合において、同条後段中「当該他の市町村」とあるのは、「当該都道府県」と読み替えるものとする。

第47条の4 市（地方自治法第252条の19第1項の指定都市（以下「指定都市」という。）を除く。以下この条において同じ。）町村の教育委員会は、都道府県委員会が教育公務員特例法第23条第1項の初任者研修を実施する場合において、市町村の設置する小学校、中学校、義務教育学校、高等学校、中等教育学校（後期課程に定時制の課程（学校教育法第4条第1項に規定する定時制の課程をいう。以下同じ。）のみを置くものに限る。）又は特別支援学校に非常勤の講師（高等学校にあつては、定時制の課程の授業を担任する非常勤の講師に限る。）を勤務させる必要があると認めるときは、都道府県委員会に対し、当該都道府県委員会の事務局の非常勤の職員の派遣を求めることができる。

② 前項の規定による求めに応じて派遣される職員（第4項において「派遣職員」という。）は、派遣を受けた市町村の職員の身分を併せ有することとなるものとし、その報酬及び職務を行うために要する費用の弁償は、当該職員の派遣をした都道府県の負担とする。

③ 市町村の教育委員会は、第1項の規定に基づき派遣された非常勤の講師の服務を監督する。

④ 前項に規定するもののほか、派遣職員の身分取扱いに関しては、当該職員の派遣をした都道府県の非常勤の講師に関する定めの適用があるものとする。

第3節　共同学校事務室

第47条の5 教育委員会は、教育委員会規則で定めるところにより、その所管に属する学校のうちその指定する二以上の学校に係る事務（学校教育法第37条第14項（同法第28条、第49条、

第49条の8、第62条、第70条第1項及び第82条において準用する場合を含む。）の規定により事務職員がつかさどる事務その他の事務であつて共同処理することが当該事務の効果的な処理に資するものとして政令で定めるものに限る。）を当該学校の事務職員が共同処理するための組織として、当該指定する二以上の学校のうちいずれか一の学校に、共同学校事務室を置くことができる。

② 共同学校事務室に、室長及び所要の職員を置く。

③ 室長は、共同学校事務室の室務をつかさどる。

④ 共同学校事務室の室長及び職員は、第1項の規定による指定を受けた学校であつて、当該共同学校事務室がその事務を共同処理する学校の事務職員をもつて充てる。ただし、当該事務職員をもつて室長に充てることが困難であるときその他特別の事情があるときは、当該事務職員以外の者をもつて室長に充てることができる。

⑤ 前3項に定めるもののほか、共同学校事務室の室長及び職員に関し必要な事項は、政令で定める。

第4節　学校運営協議会

第47条の6 教育委員会は、教育委員会規則で定めるところにより、その所管に属する学校ごとに、当該学校の運営及び当該運営への必要な支援に関して協議する機関として、学校運営協議会を置くように努めなければならない。ただし、二以上の学校の運営に関し相互に密接な連携を図る必要がある場合として文部科学省令で定める場合には、二以上の学校について一の学校運営協議会を置くことができる。

② 学校運営協議会の委員は、次に掲げる者について、教育委員会が任命する。

一　対象学校（当該学校運営協議会が、その運営及び当該運営への必要な支援に関して協議する学校をいう。以下この条において同じ。）の所在する地域の住民

二　対象学校に在籍する生徒、児童又は幼児の保護者

三　社会教育法（昭和24年法律第207号）第9条の7第1項に規定する地域学校協働活動推進員その他の対象学校の運営に資する活動を行う者

四　その他当該教育委員会が必要と認める者

③ 対象学校の校長は、前項の委員の任命に関する意見を教育委員会に申し出ることができる。

④ 対象学校の校長は、当該対象学校の運営に関して、教育課程の編成その他教育委員会規則で定める事項について基本的な方針を作成し、当該対象学校の学校運営協議会の承認を得なければならない。

⑤ 学校運営協議会は、前項に規定する基本的な方針に基づく対象学校の運営及び当該運営への必要な支援に関し、対象学校の所在する地域の住民、対象学校に在籍する生徒、児童又は幼児の保護者その他の関係者の理解を深めるとともに、対象学校とこれらの者との連携及び協力の推進に資するため、対象学校の運営及び当該運営への必要な支援に関する協議の結果に関する情報を積極的に提供するよう努めるものとする。

⑥ 学校運営協議会は、対象学校の運営に関する事項（次項に規定する事項を除く。）について、

教育委員会又は校長に対して、意見を述べることができる。

⑦ 学校運営協議会は、対象学校の職員の採用その他の任用に関して教育委員会規則で定める事項について、当該職員の任命権者に対して意見を述べることができる。この場合において、当該職員が県費負担教職員（第55条第1項又は第61条第1項の規定により市町村委員会がその任用に関する事務を行う職員を除く。）であるときは、市町村委員会を経由するものとする。

⑧ 対象学校の職員の任命権者は、当該職員の任用に当たつては、前項の規定により述べられた意見を尊重するものとする。

⑨ 教育委員会は、学校運営協議会の運営が適正を欠くことにより、対象学校の運営に現に支障が生じ、又は生ずるおそれがあると認められる場合においては、当該学校運営協議会の適正な運営を確保するために必要な措置を講じなければならない。

⑩ 学校運営協議会の委員の任免の手続及び任期、学校運営協議会の議事の手続その他学校運営協議会の運営に関し必要な事項については、教育委員会規則で定める。

第5章 文部科学大臣及び教育委員会相互間の関係等

第48条 地方自治法第245条の4第1項の規定によるほか、文部科学大臣は都道府県又は市町村に対し、都道府県委員会は市町村に対し、都道府県又は市町村の教育に関する事務の適正な処理を図るため、必要な指導、助言又は援助を行うことができる。

② 前項の指導、助言又は援助を例示すると、おおむね次のとおりである。

一 学校その他の教育機関の設置及び管理並びに整備に関し、指導及び助言を与えること。

二 学校の組織編制、教育課程、学習指導、生徒指導、職業指導、教科書その他の教材の取扱いその他学校運営に関し、指導及び助言を与えること。

三 学校における保健及び安全並びに学校給食に関し、指導及び助言を与えること。

四 教育委員会の委員及び校長、教員その他の教育関係職員の研究集会、講習会その他研修に関し、指導及び助言を与え、又はこれらを主催すること。

五 生徒及び児童の就学に関する事務に関し、指導及び助言を与えること。

六 青少年教育、女性教育及び公民館の事業その他社会教育の振興並びに芸術の普及及び向上に関し、指導及び助言を与えること。

七 スポーツの振興に関し、指導及び助言を与えること。

八 指導主事、社会教育主事その他の職員を派遣すること。

九 教育及び教育行政に関する資料、手引書等を作成し、利用に供すること。

十 教育に係る調査及び統計並びに広報及び教育行政に関する相談に関し、指導及び助言を与えること。

十一 教育委員会の組織及び運営に関し、指導及び助言を与えること。

③ 文部科学大臣は、都道府県委員会に対し、第1項の規定による市町村に対する指導、助言又は援助に関し、必要な指示をすることができる。

④ 地方自治法第245条の4第3項の規定によるほか、都道府県知事又は都道府県委員会は文部科学大臣に対し、市町村長又は市町村委員会は文部科学大臣又は都道府県委員会に対し、

教育に関する事務の処理について必要な指導、助言又は援助を求めることができる。

第49条 文部科学大臣は、都道府県委員会又は市町村委員会の教育に関する事務の管理及び執行が法令の規定に違反するものがある場合又は当該事務の管理及び執行を怠るものがある場合において、児童、生徒等の教育を受ける機会が妨げられていることその他の教育を受ける権利が侵害されていることが明らかであるとして地方自治法第245条の5第1項若しくは第4項の規定による求め又は同条第2項の指示を行うときは、当該教育委員会が講ずべき措置の内容を示して行うものとする。

第50条 文部科学大臣は、都道府県委員会又は市町村委員会の教育に関する事務の管理及び執行が法令の規定に違反するものがある場合又は当該事務の管理及び執行を怠るものがある場合において、児童、生徒等の生命等又は身体に現に被害が生じ、又はまさに被害が生ずるおそれがあると見込まれ、その被害の拡大又は発生を防止するため、緊急の必要があるときは、当該教育委員会に対し、当該違反を是正し、又は当該怠る事務の管理及び執行を改めるべきことを指示することができる。ただし、他の措置によつては、その是正を図ることが困難である場合に限る。

第50条の2 文部科学大臣は、第49条に規定する求め若しくは指示又は前条の規定による指示を行つたときは、遅滞なく、当該地方公共団体（第49条に規定する指示を行つたときにあつては、当該指示に係る市町村）の長及び議会に対して、その旨を通知するものとする。

第53条 文部科学大臣又は都道府県委員会は、第48条第1項及び第51条の規定による権限を行うため必要があるときは、地方公共団体の長又は教育委員会が管理し、及び執行する教育に関する事務について、必要な調査を行うことができる。

② 文部科学大臣は、前項の調査に関し、都道府県委員会に対し、市町村長又は市町村委員会が管理し、及び執行する教育に関する事務について、その特に指定する事項の調査を行うよう指示することができる。

第54条 教育行政機関は、的確な調査、統計その他の資料に基いて、その所掌する事務の適切かつ合理的な処理に努めなければならない。

② 文部科学大臣は地方公共団体の長又は教育委員会に対し、都道府県委員会は市町村長又は市町村委員会に対し、それぞれ都道府県又は市町村の区域内の教育に関する事務に関し、必要な調査、統計その他の資料又は報告の提出を求めることができる。

第55条 都道府県は、都道府県委員会の権限に属する事務の一部を、条例の定めるところにより、市町村が処理することとすることができる。この場合においては、当該市町村が処理することとされた事務は、当該市町村の教育委員会が管理し及び執行するものとする。

② 前項の条例を制定し又は改廃する場合おいては、都道府県知事は、あらかじめ、当該都道府県委員会の権限に属する事務の一部を処理し又は処理することとなる市町村の長に協議しなければならない。

③ 市町村長は、前項の規定による協議を受けたときは、当該市町村委員会に通知するとともに、その意見を踏まえて当該協議に応じなければならない。ただし、第23条第1項の条例の

定めるところにより、当該市町村委員会が、当該市町村が処理し又は処理することとする事務の全てを管理し、及び執行しない場合は、この限りでない。

④ 都道府県の議会は、第1項の条例の制定又は改廃の議決をする前に、当該都道府県委員会の意見を聴かなければならない。

⑤ 第1項の規定により都道府県委員会の権限に属する事務（都道府県の教育委員会規則に基づくものに限る。）の一部を市町村が処理し又は処理することとする場合であつて、同項の条例の定めるところにより教育委員会規則に委任して当該事務の範囲を定める場合には、都道府県委員会は、当該教育委員会規則を制定し又は改廃しようとするときは、あらかじめ、当該事務を処理し又は処理することとなる市町村委員会に協議しなければならない。この場合において、当該事務が第23条第1項の条例の定めるところにより当該市町村の長が処理し又は処理することとなるものであるときは、当該協議を受けた市町村委員会は、当該市町村長に通知するとともに、その意見を踏まえて当該協議に応じなければならない。

⑥ 市町村の長は、その議会の議決を経て、都道府県知事に対し、第1項の規定により当該都道府県委員会の権限に属する事務の一部を当該市町村が処理することとするよう要請することができる。

⑦ 前項の規定による要請があつたときは、都道府県知事は、速やかに、当該都道府県委員会に通知するとともに、その意見を踏まえて当該市町村の長と協議しなければならない。

⑧ 市町村の議会は、第6項の議決をする前に、当該市町村委員会の意見を聴かなければならない。ただし、第23条第1項の条例の定めるところにより、当該市町村委員会が、第6項の要請に係る事務の全てを管理し、及び執行しない場合は、この限りでない。

⑨ 地方自治法第252条の17の3並びに第252条の17の4第1項及び第3項から第7項までの規定は、第1項の条例の定めるところにより、都道府県委員会の権限に属する事務の一部を市町村が処理する場合について準用する。この場合において、これらの規定中「規則」とあるのは「教育委員会規則」と、「都道府県知事」とあるのは「都道府県教育委員会」と、「市町村長」とあるのは「市町村教育委員会（地方教育行政の組織及び運営に関する法律（昭和31年法律第162号）第23条第1項の条例の定めるところにより当該市町村の長が管理し、及び執行する事務については、市町村長）」と読み替えるものとする。

⑩ 第23条第1項の条例の定めるところにより都道府県知事が管理し、及び執行する事務については、当該事務を都道府県委員会が管理し、及び執行する事務とみなして、第1項から第3項まで及び第6項から前項までの規定を適用する。この場合において、第7項中「速やかに、当該都道府県委員会に通知するとともに、その意見を踏まえて」とあるのは「速やかに、」と、前項中「これらの規定中「規則」とあるのは「教育委員会規則」と、「都道府県知事」とあるのは「都道府県教育委員会」と、」とあるのは「同条第4項中」とする。

第55条の2 市町村は、近隣の市町村と協力して地域における教育の振興を図るため、地方自治法第252条の7第1項の規定による教育委員会の共同設置その他の連携を進め、地域における教育行政の体制の整備及び充実に努めるものとする。

② 文部科学大臣及び都道府県委員会は、市町村の教育行政の体制の整備及び充実に資するため、必要な助言、情報の提供その他の援助を行うよう努めなければならない。

附則（抄）

第1条 この法律は、昭和31年10月1日から施行する。ただし、第2章、第58条第3項、第60条第1項及び第4項並びに附則第2条から第13条まで及び第25条の規定（以下「教育委員会の設置関係規定」という。）は、公布の日から施行する。

第2条 教育委員会法（昭和23年法律第170号。以下「旧法」という。）は、昭和31年9月30日限り、廃止する。ただし、同法中教育委員会の設置関係規定に抵触することとなる部分は、同日前においいても、その効力を失うものとする。

教育公務員特例法（抄）

（昭和24年1月12日法律第1号）

最終改正：平成29年5月17日法律第29号

第1章　総則

第1条 この法律は、教育を通じて国民全体に奉仕する教育公務員の職務とその責任の特殊性に基づき、教育公務員の任免、人事評価、給与、分限、懲戒、服務及び研修等について規定する。

第2条 この法律において「教育公務員」とは、地方公務員のうち、学校（学校教育法（昭和22年法律第26号）第1条に規定する学校及び就学前の子どもに関する教育、保育等の総合的な提供の推進に関する法律（平成18年法律第77号）第2条第7項に規定する幼保連携型認定こども園（以下「幼保連携型認定こども園」という。）をいう。以下同じ。）であつて地方公共団体が設置するもの（以下「公立学校」という。）の学長、校長（園長を含む。以下同じ。）、教員及び部局長並びに教育委員会の専門的教育職員をいう。

② この法律において「教員」とは、公立学校の教授、准教授、助教、副校長（副園長を含む。以下同じ。）、教頭、主幹教諭（幼保連携型認定こども園の主幹養護教諭及び主幹栄養教諭を含む。以下同じ。）、指導教諭、教諭、助教諭、養護教諭、養護助教諭、栄養教諭、主幹保育教諭、指導保育教諭、保育教諭、助保育教諭及び講師（常時勤務の者及び地方公務員法（昭和25年法律第261号）第28条の5第1項に規定する短時間勤務の職を占める者に限る。第23条第2項を除き、以下同じ。）をいう。

③ この法律で「部局長」とは、大学（公立大学であるものに限る。第26条第1項を除き、以下同じ。）の副学長、学部長その他政令で指定する部局の長をいう。

④ この法律で「評議会」とは、大学に置かれる会議であつて当該大学を設置する地方公共団体の定めるところにより学長、学部長その他の者で構成するものをいう。

⑤ この法律で「専門的教育職員」とは、指導主事及び社会教育主事をいう。

第2章　任免、人事評価、給与、分限及び懲戒
第2節　大学以外の公立学校の校長及び教員

第11条　公立学校の校長の採用（現に校長の職以外の職に任命されている者を校長の職に任命する場合を含む。）並びに教員の採用（現に教員の職以外の職に任命されている者を教員の職に任命する場合を含む。以下この条において同じ。）及び昇任（採用に該当するものを除く。）は、選考によるものとし、その選考は、大学附置の学校にあつては当該大学の学長が、大学附置の学校以外の公立学校（幼保連携型認定こども園を除く。）にあつてはその校長及び教員の任命権者である教育委員会の教育長が、大学附置の学校以外の公立学校（幼保連携型認定こども園に限る。）にあつてはその校長及び教員の任命権者である地方公共団体の長が行う。

第12条　公立の小学校、中学校、義務教育学校、高等学校、中等教育学校、特別支援学校、幼稚園及び幼保連携型認定こども園（以下「小学校等」という。）の教諭、助教諭、保育教諭、助保育教諭及び講師（以下「教諭等」という。）に係る地方公務員法第22条第1項に規定する採用については、同項中「六月」とあるのは「一年」として同項の規定を適用する。

②　地方教育行政の組織及び運営に関する法律（昭和31年法律第162号）第40条に定める場合のほか、公立の小学校等の校長又は教員で地方公務員法第22条第1項（前項の規定において読み替えて適用する場合を含む。）の規定により正式任用になつている者が、引き続き同一都道府県内の公立の小学校等の校長又は教員に任用された場合には、その任用については、同条同項の規定は適用しない。

第13条　公立の小学校等の校長及び教員の給与は、これらの者の職務と責任の特殊性に基づき条例で定めるものとする。

②　前項に規定する給与のうち地方自治法（昭和22年法律第67号）第204条第2項により支給することができる義務教育等教員特別手当は、これらの者のうち次に掲げるものを対象とするものとし、その内容は、条例で定める。

一　公立の小学校、中学校、義務教育学校、中等教育学校の前期課程又は特別支援学校の小学部若しくは中学部に勤務する校長及び教員

二　前号に規定する校長及び教員との権衡上必要があると認められる公立の高等学校、中等教育学校の後期課程、特別支援学校の高等部若しくは幼稚部、幼稚園又は幼保連携型認定こども園に勤務する校長及び教員

第14条　公立学校の校長及び教員の休職の期間は、結核性疾患のため長期の休養を要する場合の休職においては、満二年とする。ただし、任命権者は、特に必要があると認めるときは、予算の範囲内において、その休職の期間を満三年まで延長することができる。

②　前項の規定による休職者には、その休職の期間中、給与の全額を支給する。

第3章　服務

第18条　公立学校の教育公務員の政治的行為の制限については、当分の間、地方公務員法第36条の規定にかかわらず、国家公務員の例による。

②　前項の規定は、政治的行為の制限に違反した者の処罰につき国家公務員法（昭和22年法律

第120号）第110条第1項の例による趣旨を含むものと解してはならない。

第4章　研修

第21条　教育公務員は、その職責を遂行するために、絶えず研究と修養に努めなければならない。

②　教育公務員の任命権者は、教育公務員（公立の小学校等の校長及び教員（臨時的に任用された者その他の政令で定める者を除く。以下この章において同じ。）を除く。）の研修について、それに要する施設、研修を奨励するための方途その他研修に関する計画を樹立し、その実施に努めなければならない。

第22条　教育公務員には、研修を受ける機会が与えられなければならない。

②　教員は、授業に支障のない限り、本属長の承認を受けて、勤務場所を離れて研修を行うことができる。

③　教育公務員は、任命権者の定めるところにより、現職のままで、長期にわたる研修を受けることができる。

第22条の2　文部科学大臣は、公立の小学校等の校長及び教員の計画的かつ効果的な資質の向上を図るため、次条第1項に規定する指標の策定に関する指針（以下「指針」という。）を定めなければならない。

②　指針においては、次に掲げる事項を定めるものとする。

　一　公立の小学校等の校長及び教員の資質の向上に関する基本的な事項

　二　次条第1項に規定する指標の内容に関する事項

　三　その他公立の小学校等の校長及び教員の資質の向上を図るに際し配慮すべき事項

③　文部科学大臣は、指針を定め、又はこれを変更したときは、遅滞なく、これを公表しなければならない。

第22条の3　公立の小学校等の校長及び教員の任命権者は、指針を参酌し、その地域の実情に応じ、当該校長及び教員の職責、経験及び適性に応じて向上を図るべき校長及び教員としての資質に関する指標（以下「指標」という。）を定めるものとする。

②　公立の小学校等の校長及び教員の任命権者は、指標を定め、又はこれを変更しようとするときは、あらかじめ第22条の5第1項に規定する協議会において協議するものとする。

③　公立の小学校等の校長及び教員の任命権者は、指標を定め、又はこれを変更したときは、遅滞なく、これを公表するよう努めるものとする。

④　独立行政法人教職員支援機構は、指標を策定する者に対して、当該指標の策定に関する専門的な助言を行うものとする。

第22条の4　公立の小学校等の校長及び教員の任命権者は、指標を踏まえ、当該校長及び教員の研修について、毎年度、体系的かつ効果的に実施するための計画（以下この条において「教員研修計画」という。）を定めるものとする。

②　教員研修計画においては、おおむね次に掲げる事項を定めるものとする。

　一　任命権者が実施する第23条第1項に規定する初任者研修、第24条第1項に規定する中堅

教諭等資質向上研修その他の研修（以下この項において「任命権者実施研修」という。）に関する基本的な方針

二　任命権者実施研修の体系に関する事項

三　任命権者実施研修の時期、方法及び施設に関する事項

四　研修を奨励するための方途に関する事項

五　前各号に掲げるもののほか、研修の実施に関し必要な事項として文部科学省令で定める事項

③　公立の小学校等の校長及び教員の任命権者は、教員研修計画を定め、又はこれを変更したときは、遅滞なく、これを公表するよう努めるものとする。

第22条の5　公立の小学校等の校長及び教員の任命権者は、指標の策定に関する協議並びに当該指標に基づく当該校長及び教員の資質の向上に関して必要な事項についての協議を行うための協議会（以下「協議会」という。）を組織するものとする。

②　協議会は、次に掲げる者をもつて構成する。

一　指標を策定する任命権者

二　公立の小学校等の校長及び教員の研修に協力する大学その他の当該校長及び教員の資質の向上に関係する大学として文部科学省令で定める者

三　その他任命権者が必要と認める者

③　協議会において協議が調つた事項については、協議会の構成員は、その協議の結果を尊重しなければならない。

④　前3項に定めるもののほか、協議会の運営に関し必要な事項は、協議会が定める。

第23条　公立の小学校等の教諭等の任命権者は、当該教諭等（臨時的に任用された者その他の政令で定める者を除く。）に対して、その採用（現に教諭等の職以外の職に任命されている者を教諭等の職に任命する場合を含む。附則第5条第1項において同じ。）の日から一年間の教諭又は保育教諭の職務の遂行に必要な事項に関する実践的な研修（以下「初任者研修」という。）を実施しなければならない。

②　任命権者は、初任者研修を受ける者（次項において「初任者」という。）の所属する学校の副校長、教頭、主幹教諭（養護又は栄養の指導及び管理をつかさどる主幹教諭を除く。）、指導教諭、教諭、主幹保育教諭、指導保育教諭、保育教諭又は講師のうちから、指導教員を命じるものとする。

③　指導教員は、初任者に対して教諭又は保育教諭の職務の遂行に必要な事項について指導及び助言を行うものとする。

第24条　公立の小学校等の教諭等（臨時的に任用された者その他の政令で定める者を除く。以下この項において同じ。）の任命権者は、当該教諭等に対して、個々の能力、適性等に応じて、公立の小学校等における教育に関し相当の経験を有し、その教育活動その他の学校運営の円滑かつ効果的な実施において中核的な役割を果たすことが期待される中堅教諭等としての職務を遂行する上で必要とされる資質の向上を図るために必要な事項に関する研修（以下「中

堅教諭等資質向上研修」という。）を実施しなければならない。

② 任命権者は、中堅教諭等資質向上研修を実施するに当たり、中堅教諭等資質向上研修を受ける者の能力、適性等について評価を行い、その結果に基づき、当該者ごとに中堅教諭等資質向上研修に関する計画書を作成しなければならない。

第25条 公立の小学校等の教諭等の任命権者は、児童、生徒又は幼児（以下「児童等」という。）に対する指導が不適切であると認定した教諭等に対して、その能力、適性等に応じて、当該指導の改善を図るために必要な事項に関する研修（以下「指導改善研修」という。）を実施しなければならない。

② 指導改善研修の期間は、一年を超えてはならない。ただし、特に必要があると認めるときは、任命権者は、指導改善研修を開始した日から引き続き二年を超えない範囲内で、これを延長することができる。

③ 任命権者は、指導改善研修を実施するに当たり、指導改善研修を受ける者の能力、適性等に応じて、その者ごとに指導改善研修に関する計画書を作成しなければならない。

④ 任命権者は、指導改善研修の終了時において、指導改善研修を受けた者の児童等に対する指導の改善の程度に関する認定を行わなければならない。

⑤ 任命権者は、第1項及び前項の認定に当たつては、教育委員会規則（幼保連携型認定こども園にあつては、地方公共団体の規則。次項において同じ。）で定めるところにより、教育学、医学、心理学その他の児童等に対する指導に関する専門的知識を有する者及び当該任命権者の属する都道府県又は市町村の区域内に居住する保護者（親権を行う者及び未成年後見人をいう。）である者の意見を聴かなければならない。

⑥ 前項に定めるもののほか、事実の確認の方法その他第1項及び第4項の認定の手続に関し必要な事項は、教育委員会規則で定めるものとする。

⑦ 前各項に規定するもののほか、指導改善研修の実施に関し必要な時候は、政令で定める。

第25条の2 任命権者は、前条第4項の認定において指導の改善が不十分でなお児童等に対する指導を適切に行うことができないと認める教諭等に対して、免職その他の必要な措置を講ずるものとする。

第5章　大学院修学休業

第26条 公立の小学校等の主幹教諭、指導教諭、教諭、養護教諭、栄養教諭、主幹保育教諭、指導保育教諭、保育教諭又は講師（以下「主幹教諭等」という。）で次の各号のいずれにも該当するものは、任命権者の許可を受けて、三年を超えない範囲内で年を単位として定める期間、大学（短期大学を除く。）の大学院の課程若しくは専攻科の課程又はこれらの課程に相当する外国の大学の課程（次項及び第28条第2項において「大学院の課程等」という。）に在学してその課程を履修するための休業（以下「大学院修学休業」という。）をすることができる。

一　主幹教諭（養護又は栄養の指導及び管理をつかさどる主幹教諭を除く。）、指導教諭、教諭、主幹保育教諭、指導保育教諭、保育教諭又は講師にあつては教育職員免許法（昭和24

年法律第147号）に規定する教諭の専修免許状、養護をつかさどる主幹教諭又は養護教諭にあつては同法に規定する養護教諭の専修免許状、栄養の指導及び管理をつかさどる主幹教諭又は栄養教諭にあつては同法に規定する栄養教諭の専修免許状の取得を目的としていること。

二　取得しようとする専修免許状に係る基礎となる免許状（教育職員免許法に規定する教諭の一種免許状若しくは特別免許状、養護教諭の一種免許状又は栄養教諭の一種免許状であつて、同法別表第３、別表第５、別表第６、別表第６の２又は別表第７の規定により専修免許状の授与を受けようとする場合には有することを必要とされるものをいう。次号において同じ。）を有していること。

三　取得しようとする専修免許状に係る基礎となる免許状について、教育職員免許法別表第３、別表第５、別表第６、別表第６の２又は別表第７に定める最低在職年数を満たしていること。

四　条件付採用期間中の者、臨時的に任用された者、初任者研修を受けている者その他政令で定める者でないこと。

②　大学院修学休業の許可を受けようとする主幹教諭等は、取得しようとする専修免許状の種類、在学しようとする大学院の課程等及び大学院修学休業をしようとする期間を明らかにして、任命権者に対し、その許可を申請するものとする。

第27条　大学院修学休業をしている主幹教諭等は、地方公務員としての身分を保有するが、職務に従事しない。

②　大学院修学休業をしている期間については、給与を支給しない。

第28条　大学院修学休業の許可は、当該大学院修学休業をしている主幹教諭等が休職又は停職の処分を受けた場合には、その効力を失う。

②　任命権者は、大学院修学休業をしている主幹教諭等が当該大学院修学休業の許可に係る大学院の課程等を退学したことその他政令で定める事由に該当すると認めるときは、当該大学院修学休業の許可を取り消すものとする。

第６章　職員団体

第29条　地方公務員法第53条及び第54条並びに地方公務員法の一部を改正する法律（昭和40年法律第71号）附則第２条の規定の適用については、一の都道府県内の公立学校の職員のみをもつて組織する地方公務員法第52条第１項に規定する職員団体（当該都道府県内の一の地方公共団体の公立学校の職員のみをもつて組織するものを除く。）は、当該都道府県の職員をもつて組織する同項に規定する職員団体とみなす。

②　前項の場合において、同項の職員団体は、当該都道府県内の公立学校の職員であつた者でその意に反して免職され、若しくは懲戒処分としての免職の処分を受け、当該処分を受けた日の翌日から起算して一年以内のもの又はその期間内に当該処分について法律の定めるところにより審査請求をし、若しくは訴えを提起し、これに対する裁決又は裁判が確定するに至らないものを構成員にとどめていること、及び当該職員団体の役員である者を構成員として

いることを妨げない。

附則（抄）

第1条 この法律は、公布の日から施行する。

② この法律中の規定が、国家公務員法又は地方公務員法の規定に矛盾し、又は抵触すると認められるに至つた場合は、国家公務員法又は地方公務員法の規定が優先する。

学校教育の水準の維持向上のための義務教育諸学校の教育職員の人材確保に関する特別措置法

（昭和49年2月25日法律第2号）

最終改正：平成27年6月24日法律第46号

第1条 この法律は、学校教育が次代をになう青少年の人間形成の基本をなすものであることにかんがみ、義務教育諸学校の教育職員の給与について特別の措置を定めることにより、すぐれた人材を確保し、もつて学校教育の水準の維持向上に資することを目的とする。

第2条 この法律において「義務教育諸学校」とは、学校教育法（昭和22年法律第26号）に規定する小学校、中学校、義務教育学校、中等教育学校の前期課程又は特別支援学校の小学部若しくは中学部をいう。

② この法律において「教育職員」とは、校長、副校長、教頭及び教育職員免許法（昭和24年法律第147号）第2条第1項に規定する教員をいう。

第3条 義務教育諸学校の教育職員の給与については、一般の公務員の給与水準に比較して必要な優遇措置が講じられなければならない。

附則

① この法律は、公布の日から施行する。

② 国は、第3条に定める教育職員の給与の優遇措置について、財政上、計画的にその実現に努めるものとする。

義務教育費国庫負担法（抄）

（昭和27年８月８日法律第303号）

最終改正：平成29年３月31日法律第５号

第１条 この法律は、義務教育について、義務教育無償の原則に則り、国民のすべてに対しその妥当な規模と内容とを保障するため、国が必要な経費を負担することにより、教育の機会均等とその水準の維持向上とを図ることを目的とする。

第２条 国は、毎年度、各都道府県ごとに、公立の小学校、中学校、義務教育学校、中等教育学校の前期課程並びに特別支援学校の小学部及び中学部（学校給食法（昭和29年法律第160号）第６条に規定する施設を含むものとし、以下「義務教育諸学校」という。）に要する経費のうち、次に掲げるものについて、その実支出額の三分の一を負担する。ただし、特別の事情があるときは、各都道府県ごとの国庫負担額の最高限度を政令で定めることができる。

一　市（地方自治法（昭和22年法律第67号）第252条の19第１項の指定都市（以下「指定都市」という。）を除き、特別区を含む。）町村立の義務教育諸学校に係る市町村立学校職員給与負担法（昭和23年法律第135号）第１条に掲げる職員の給料その他の給与（退職手当、退職年金及び退職一時金並びに旅費を除く。）及び報酬等に要する経費（以下「教職員の給与及び報酬等に要する経費」という。）

二　都道府県立の中学校（学校教育法（昭和22年法律第26号）第71条の規定により高等学校における教育と一貫した教育を施すものに限る。）、中等教育学校及び特別支援学校に係る教職員の給与及び報酬等に要する経費

三　都道府県立の義務教育諸学校（前号に規定するものを除く。）に係る教職員の給与及び報酬等に要する経費（学校生活への適応が困難であるため相当の期間学校を欠席していると認められる児童又は生徒に対して特別の指導を行うための教育課程及び夜間その他特別の時間において主として学齢を経過した者に対して指導を行うための教育課程の実施を目的として配置される教職員に係るものに限る。）

第３条 国は、毎年度、各指定都市ごとに、公立の義務教育諸学校に要する経費のうち、指定都市の設置する義務教育諸学校に係る教職員の給与及び報酬等に要する経費について、その実支出額の三分の一を負担する。ただし、特別の事情があるときは、各指定都市ごとの国庫負担額の最高限度を政令で定めることができる。

附則（抄）

1　この法律は、昭和28年４月１日から施行する。

教育職員免許法（抄）

（昭和24年5月31日法律第147号）

最終改正：平成29年5月31日法律第41号

第1章　総則

第1条　この法律は、教育職員の免許に関する基準を定め、教育職員の資質の保持と向上を図ることを目的とする。

第2条　この法律において「教育職員」とは、学校（学校教育法（昭和22年法律第26号）第1条に規定する幼稚園、小学校、中学校、義務教育学校、高等学校、中等教育学校及び特別支援学校（第3項において「第一条学校」という。）並びに就学前の子どもに関する教育、保育等の総合的な提供の推進に関する法律（平成18年法律第77号）第2条第7項に規定する幼保連携型認定こども園（以下「幼保連携型認定こども園」という。）をいう。以下同じ。）の主幹教諭（幼保連携型認定こども園の主幹養護教諭及び主幹栄養教諭を含む。以下同じ。）、指導教諭、教諭、助教諭、養護教諭、養護助教諭、栄養教諭、主幹保育教諭、指導保育教諭、保育教諭、助保育教諭及び講師（以下「教員」という。）をいう。

②　この法律で「免許管理者」とは、免許状を有する者が教育職員及び文部科学省令で定める教育の職にある者である場合にあつてはその者の勤務地の都道府県の教育委員会、これらの者以外の者である場合にあつてはその者の住所地の都道府県の教育委員会をいう。

③　この法律において「所轄庁」とは、大学附置の国立学校（国（国立大学法人法（平成15年法律第112号）第2条第1項に規定する国立大学法人を含む。以下この項において同じ。）が設置する学校をいう。以下同じ。）又は公立学校（地方公共団体（地方独立行政法人法（平成15年法律第118号）第68条第1項に規定する公立大学法人（以下単に「公立大学法人」という。）を含む。）が設置する学校をいう。以下同じ。）の教員にあつてはその大学の学長、大学附置の学校以外の公立学校（第一条学校に限る。）の教員にあつてはその学校を所管する教育委員会、大学附置の学校以外の公立学校（幼保連携型認定こども園に限る。）の教員にあつてはその学校を所管する地方公共団体の長、私立学校（国及び地方公共団体（公立大学法人を含む。）以外の者が設置する学校をいう。以下同じ。）の教員にあつては都道府県知事（地方自治法（昭和22年法律第67号）第252条の19第1項の指定都市又は同法第252条の22第1項の中核市（以下この項において「指定都市等」という。）の区域内の幼保連携型認定こども園の教員にあつては、当該指定都市等の長）をいう。

④　この法律で「自立教科等」とは、理療（あん摩、マッサージ、指圧等に関する基礎的な知識技能の修得を目標とした教科をいう。）、理学療法、理容その他の職業についての知識技能の修得に関する教科及び学習上又は生活上の困難を克服し自立を図るために必要な知識技能の修得を目的とする教育に係る活動（以下「自立活動」という。）をいう。

⑤　この法律で「特別支援教育領域」とは、学校教育法第72条に規定する視覚障害者、聴覚障害者、知的障害者、肢体不自由者又は病弱者（身体虚弱者を含む。）に関するいずれかの教

育の領域をいう。

第3条　教育職員は、この法律により授与する各相当の免許状を有する者でなければならない。

② 　前項の規定にかかわらず、主幹教諭（養護又は栄養の指導及び管理をつかさどる主幹教諭を除く。）及び指導教諭については各相当学校の教諭の免許状を有する者を、養護をつかさどる主幹教諭については養護教諭の免許状を有する者を、栄養の指導及び管理をつかさどる主幹教諭については栄養教諭の免許状を有する者を、講師については各相当学校の教員の相当免許状を有する者を、それぞれ充てるものとする。

③ 　特別支援学校の教員（養護又は栄養の指導及び管理をつかさどる主幹教諭、養護教諭、養護助教諭、栄養教諭並びに特別支援学校において自立教科等の教授を担任する教員を除く。）については、第1項の規定にかかわらず、特別支援学校の教員の免許状のほか、特別支援学校の各部に相当する学校の教員の免許状を有する者でなければならない。

④ 　義務教育学校の教員（養護又は栄養の指導及び管理をつかさどる主幹教諭、養護教諭、養護助教諭並びに栄養教諭を除く。）については、第1項の規定にかかわらず、小学校の教員の免許状及び中学校の教員の免許羽状を有する者でなければならない。

⑤ 　中等教育学校の教員（養護又は栄養の指導及び管理をつかさどる主幹教諭、養護教諭、養護助教諭並びに栄養教諭を除く。）については、第1項の規定にかかわらず、中学校の教員の免許状及び高等学校の教員の免許状を有する者でなければならない。

⑥ 　幼保連携型認定こども園の教員の免許いついては、第1項の規定にかかわらず、就学前の子どもに関する教育、保育等の総合的な提供の推進に関する法律の定めるところによる。

第3条の2　次に掲げる事項の教授又は実習を担任する非常勤の講師については、前条の規定にかかわらず、各相当学校の教員の相当免許状を有しない者を充てることができる。

一　小学校における次条第6項第1号に掲げる教科の領域の一部に係る事項

二　中学校における次条第5項第1号に掲げる教科及び第16条の3第1項の文部科学省令で定める教科の領域の一部に係る事項

三　義務教育学校における前2号に掲げる事項

四　高等学校における次条第5項第2号に掲げる教科及び第16条の3第1項の文部科学省令で定める教科の領域の一部に係る事項

五　中等教育学校における第2号及び前号に掲げる事項

六　特別支援学校（幼稚部を除く。）における第1号、第2号及び第4号に掲げる事項並びに自立教科等の領域の一部に係る事項

七　教科に関する事項で文部科学省令で定めるもの

② 　前項の場合において、非常勤の講師に任命し、又は雇用しようとする者は、あらかじめ、文部科学省令で定めるところにより、その旨を第5条第7項で定める授与権者に届け出なければならない。

第2章　免許状

第4条　免許状は、普通免許状、特別免許状及び臨時免許状とする。

②　普通免許状は、学校（義務教育学校、中等教育学校及び幼保連携型認定こども園を除く。）の種類ごとの教諭の免許状、養護教諭の免許状及び栄養教諭の免許状とし、それぞれ専修免許状、一種免許状及び二種免許状（高等学校教諭の免許状にあつては、専修免許状及び一種免許状）に区分する。

③　特別免許状は、学校（幼稚園、義務教育学校、中等教育学校及び幼保連携型認定こども園を除く。）の種類ごとの教諭の免許状とする。

④　臨時免許状は、学校（義務教育学校、中等教育学校及び幼保連携型認定こども園を除く。）の種類ごとの助教諭の免許状及び養護助教諭の免許状とする。

⑤　中学校及び高等学校の教員の普通免許状及び臨時免許状は、次に掲げる各教科について授与するものとする。

　一　中学校の教員にあつては、国語、社会、数学、理科、音楽、美術、保健体育、保健、技術、家庭、職業（職業指導及び職業実習（農業、工業、商業、水産及び商船のうちいずれか一以上の実習とする。以下同じ。）を含む。）、職業指導、職業実習、各外国語（英語、ドイツ語、フランス語その他の各外国語に分ける。）及び宗教

　二　高等学校の教員にあつては、国語、地理歴史、公民、数学、理科、音楽、美術、工芸、書道、保健体育、保健、看護、看護実習、家庭、家庭実習、情報、情報実習、農業、農業実習、工業、工業実習、商業、商業実習、水産、水産実習、福祉、福祉実習、商船、商船実習、職業指導、各外国語（英語、ドイツ語、フランス語その他の各外国語に分ける。）及び宗教

⑥　小学校教諭、中学校教諭及び高等学校教諭の特別免許状は、次に掲げる教科又は事項について授与するものとする。

　一　小学校教諭にあつては、国語、社会、算数、理科、生活、音楽、図画工作、家庭、体育及び外国語（英語、ドイツ語、フランス語その他の各外国語に分ける。）

　二　中学校教諭にあつては、前項第1号に掲げる各教科及び第16条の3第1項の文部科学省令で定める教科

　三　高等学校教諭にあつては、前項第2号に掲げる各教科及びこれらの教科の領域の一部に係る事項で第16条の4第1項の文部科学省令で定めるもの並びに第16条の3第1項の文部科学省令で定める教科

第4条の2　特別支援学校の教員の普通免許状及び臨時免許状は、一又は二以上の特別支援教育領域について授与するものとする。

②　特別支援学校において専ら自立教科等の教授を担任する教員の普通免許状及び臨時免許状は、前条第2項の規定にかかわらず、文部科学省令で定めるところにより、障害の種類に応じて文部科学省令で定める自立教科等について授与するものとする。

③　特別支援学校教諭の特別免許状は、前項の文部科学省令で定める自立教科等について授与

するものとする。

第5条 普通免許状は、別表第1、別表第2若しくは別表第2の2に定める基礎資格を有し、かつ、大学若しくは文部科学大臣の指定する養護教諭養成機関において別表第1、別表第2若しくは第2の2に定める単位を修得した者又はその免許状を授与するため行う教育職員検定に合格した者に授与する。ただし、次の各号のいずれかに該当する者には、授与しない。

一　十八歳未満の者

二　高等学校を卒業しない者（通常の課程以外の課程におけるこれに相当するものを修了しない者を含む。）。ただし、文部科学大臣において高等学校を卒業した者と同等以上の資格を有すると認めた者を除く。

三　成年被後見人又は被保佐人

四　禁錮以上の刑に処せられた者

五　第10条第1項第2号又は第3号に該当することにより免許状がその効力を失い、当該失効の日から三年を経過しない者

六　第11条第1項から第3項までの規定により免許状取上げの処分を受け、当該処分の日から三年を経過しない者

七　日本国憲法施行の日（昭和22年5月3日）以後において、日本国憲法又はその下に成立した政府を暴力で破壊することを主張する政党その他の団体を結成し、又はこれに加入した者

② 前項本文の規定にかかわらず、別表第1から別表第2の2までに規定する普通免許状に係る所要資格を得た日の翌日から起算して十年を経過する日の属する年度の末日を経過した者に対する普通免許状の授与は、その者が免除状更新講習（第9条の3第1項に規定する免許状更新講習をいう。以下第9条の2までにおいて同じ。）の課程を修了した後文部科学省令で定める二年以上の期間内にある場合に限り、行うものとする。

③ 特別免許状は、教育職員検定に合格した者に授与する。ただし、第1項各号のいずれかに該当する者には、授与しない。

④ 前項の教育職員検定は、次の各号のいずれにも該当する者について、教育職員に任命し、又は雇用しようとする者が、学校教育の効果的な実施に特に必要があると認める場合において行う推薦に基づいて行うものとする。

一　担当する教科に関する専門的な知識経験又は技能を有する者

二　社会的信望があり、かつ、教員の職務を行うのに必要な熱意と識見を持つている者

⑤ 第7項で定める授与権者は、第3項の教育職員検定において合格の決定をしようとするときは、あらかじめ、学校教育に関し学識経験を有する者その他の文部科学省令で定める者の意見を聴かなければならない。

⑥ 臨時免許状は、普通免許状を有する者を採用することができない場合に限り、第1項各号のいずれにも該当しない者で教育職員検定に合格したものに授与する。ただし、高等学校助教諭の臨時免許状は、次の各号のいずれかに該当する者以外の者には授与しない。

一　短期大学士の学位（学校教育法第104条第2項に規定する文部科学大臣の定める学位（専門職大学を卒業した者に対して授与されるものを除く。）又は同条第6項に規定する文部

科学大臣の定める学位を含む。）又は準学士の称号を有する者

二　文部科学大臣が前号に掲げる者と同等以上の資格を有すると認めた者

⑦　免許状は、都道府県の教育委員会（以下「授与権者」という。）が授与する。

第５条の２　免許状の授与を受けようとする者は、申請書に授与権者が定める書類を添えて、授与権者に申し出るものとする。

②　特別支援学校の教員の免許状の授与に当たつては、当該免許状の授与を受けようとする者の別表第１の第３欄に定める特別支援教育に関する科目（次項において「特別支援教育科目」という。）の修得の状況又は教育職員検定の結果に応じて、文部科学省令で定めるところにより、一又は二以上の特別支援教育領域を定めるものとする。

③　特別支援学校の教員の免許状の授与を受けた者が、その授与を受けた後、当該免許状に定められている特別支援教育領域以外の特別支援教育領域（以下「新教育領域」という。）に関して特別支援教育科目を修得し、申請書に当該免許状を授与した授与権者が定める書類を添えて当該授与権者にその旨申し出た場合、又は当該授与権者が行う教育職員検定に合格した場合には、当該授与権者は、前項に規定する文部科学省令で定めるところにより、当該免許状に当該新教育領域を追加して定めるものとする。

第６条　教育職員検定は、受検者の人物、学力、実務及び身体について、授与権者が行う。

②　学力及び実務の検定は、第５条第３項及び第６項、前条第３項並びに第18条の場合を除くほか、別表第３又は別表第５から別表第８までに定めるところによつて行わなければならない。

③　一以上の教科についての教諭の免許状を有する者に他の教科についての教諭の免許状を授与するために行う教育職員検定は、第１項の規定にかかわらず、受検者の人物、学力及び身体について行う。この場合における学力の検定は、前項の規定にかかわらず、別表第４の定めるところによつて行わなければならない。

④　第１項及び前項の規定にかかわらず、第５条第３項及び第６項、前条第３項並びに第18条の場合を除くほか、別表第３から別表第８までに規定する普通免許状に係る所要資格を得た日の翌日から起算して十年を経過する日の属する年度の末日を経過した者に普通免許状を授与するため行う教育職員検定は、その者が免許状更新講習の課程を修了した後文部科学省令で定める二年以上の期間内にある場合に限り、行うものとする。

第７条　大学（文部科学大臣の指定する教員養成機関、並びに文部科学大臣の認定する講習及び通信教育の開設者を含む。）は、免許状の授与、新教育領域の追加の定め（第５条の２第３項の規定による新教育領域の追加の定めをいう。）又は教育職員検定を受けようとする者から請求があつたときは、その者の学力に関する証明書を発行しなければならない。

②　国立学校又は公立学校の教員にあつては所轄庁、私立学校の教員にあつてはその私立学校を設置する学校法人等（学校法人（私立学校法（昭和24年法律第270号）第３条に規定する学校法人をいう。以下同じ。）又は社会福祉法人（社会福祉法（昭和26年法律第45号）第22条に規定する社会福祉法人をいう。以下同じ。）をいう。以下同じ。）の理事長は、教育職員検定を受けようとする者から請求があつたときは、その者の人物、実務及び身体に関する証

明書を発行しなければならない。

③　所轄庁が前項の規定による証明書を発行する場合において、所轄庁が大学の学長で、その証明書の発行を請求した者が大学附属の国立学校又は公立学校の教員であるときは、当該所轄庁は、その学校の校長（幼稚園及び幼保連携型認定こども園の園長を含む。）の意見を聞かなければならない。

④　免許状更新講習を行う者は、免許状の授与又は免許状の有効期間の更新を受けようとする者から請求があつたときは、その者の免許状更新講習の課程の修了又は免許状更新講習の課程の一部の履修に関する証明書を発行しなければならない。

⑤　第１項、第２項及び前項の証明書の様式その他必要な事項は、文部科学省令で定める。

第８条　授与権者は、免許状を授与したときは、免許状の種類、その者の氏名及び本籍地、授与の日、免許状の有効期間の満了の日その他文部科学省令で定める事項を原簿に記入しなければならない。

②　前項の原簿は、その免許状を授与した授与権者において作製し、保存しなければならない。

③　第５条の２第３項の規定により免許状に新教育領域を追加して定めた授与権者は、その旨を第１項の原簿に記入しなければならない。

第９条　普通免許状は、その授与の日の翌日から起算して十年を経過する日の属する年度の末日まで、すべての都道府県（中学校及び高等学校の教員の宗教の教科についての免許状にあつては、国立学校又は公立学校の場合を除く。次項及び第３項において同じ。）において効力を有する。

②　特別免許状は、その授与の日の翌日から起算して十年を経過する日の属する年度の末日まで、その免許状を授与した授与権者の置かれる都道府県においてのみ効力を有する。

③　臨時免許状は、その免許状を授与したときから三年間、その免許状を授与した授与権者の置かれる都道府県においてのみ効力を有する。

④　第１項の規定にかかわらず、その免許状に係る別表第１から別表第８までに規定する所要資格を得た日、第16条の２第１項に規定する教員資格認定試験に合格した日又は第16条の３第２項若しくは第17条第１項に規定する文部科学省令で定める資格を有することとなつた日の属する年度の翌年度の初日以後、同日から起算して十年を経過する日までの間に授与された普通免許状（免許状更新講習の課程を修了した後文部科学省令で定める二年以上の期間内に授与されたものを除く。）の有効期間は、当該十年を経過する日までとする。

⑤　普通免許状又は特別免許状を二以上有する者の当該二以上の免許状の有効期間は、第１項、第２項及び前項並びに次条第４項及び第５項の規定にかかわらず、それぞれの免許状に係るこれらの規定による有効期間の満了の日のうち最も遅い日までとする。

第９条の２　免許管理者は、普通免許状又は特別免許状の有効期間を、その満了の際、その免許状を有する者の申請により更新することができる。

②　前項の申請は、申請書に免許管理者が定める書類を添えて、これを免許管理者に提出してしなければならない。

③　第1項の規定による更新は、その申請をした者が当該普通免許状又は特別免許状の有効期間の満了する日までの文部科学省令で定める二年以上の期間内において免許状更新講習の課程を修了した者である場合又は知識技能その他の事項を勘案して免許状更新講習を受ける必要がないものとして文部科学省令で定めるところにより免許管理者が認めた者である場合に限り、行うものとする。

④　第1項の規定により更新された普通免許状又は特別免許状の有効期間は、更新前の有効期間の満了の日の翌日から起算して十年を経過する日の属する年度の末日までとする。

⑤　免許管理者は、普通免許状又は特別免許状を有する者が、次条第3項第1号に掲げる者である場合において、同条第4項の規定により免許状更新講習を受けることができないことその他文部科学省令で定めるやむを得ない事由により、その免許状の有効期間の満了の日までに免許状更新講習の課程を修了することが困難であると認めるときは、文部科学省令で定めるところにより相当の期間を定めて、その免許状の有効期間を延長するものとする。

⑥　免許状の有効期間の更新及び延長に関する手続その他必要な事項は、文部科学省令で定める。

第9条の3　免許状更新講習は、大学その他文部科学省令で定める者が、次に掲げる基準に適合することについての文部科学大臣の認定を受けて行う。

一　講習の内容が、教員の職務の遂行に必要なものとして文部科学省令で定める事項に関する最新の知識技能を修得させるための課程（その一部として行われるものを含む。）であること。

二　講習の講師が、次のいずれかに該当する者であること。

イ　文部科学大臣が第16条の3第4項の政令で定める審議会等に諮問して免許状の授与の所要資格を得させるために適当と認める課程を有する大学において、当該課程を担当する教授、准教授又は講師の職にある者

ロ　イに掲げる者に準ずるものとして文部科学省令で定める者

三　講習の課程の修了の認定（課程の一部の履修の認定を含む。）が適切に実施されるものであること。

四　その他文部科学省令で定める要件に適合するものであること。

②　前項に規定する免許状更新講習（以下単に「免許状更新講習」という。）の時間は、三十時間以上とする。

③　免許状更新講習は、次に掲げる者に限り、受けることができる。

一　教育職員及び文部科学省令で定める教育の職にある者

二　教育職員に任命され、又は雇用されることとなつている者及びこれに準ずるものとして文部科学省令で定める者

④　前項の規定にかかわらず、公立学校の教員であつて教育公務員特例法（昭和24年法律第1号）第25条第1項に規定する指導改善研修（以下この項及び次項において単に「指導改善研修」という。）を命ぜられた者は、その指導改善研修が終了するまでの間は、免許状更新講習を受けることができない。

⑤　前項に規定する者の任命権者（免許管理者を除く。）は、その者に指導改善研修を命じた
　　とき、又はその者の指導改善研修が終了したときは、速やかにその旨を免許管理者に通知し
　　なければならない。

⑥　文部科学大臣は、第1項の規定による認定に関する事務を独立行政法人教職員支援機構（第
　　16条の2第3項及び別表第3備考第11号において「機構」という。）に行わせるものとする。

⑦　前各項に規定するもののほか、免許状更新講習に関し必要な事項は、文部科学省令で定める。

第9条の4　免許管理者は、普通免許状又は特別免許状の有効期間を更新し、又は延長したと
　　きは、その旨その免許状を有する者、その者の所轄庁（免許管理者を除く。）及びその免許
　　状を授与した授与権者（免許管理者を除く。）に通知しなければならない。

②　免許状の有効期間を更新し、若しくは延長したとき、又は前項の通知を受けたときは、そ
　　の免許状を授与した授与権者は、その旨を第8条第1項の原簿に記入しなければならない。

第9条の5　教育職員で、その有する相当の免許状（主幹教諭（養護又は栄養の指導及び管理
　　をつかさどる主幹教諭を除く。）及び指導教諭についてはその有する相当学校の教諭の免許
　　状、養護をつかさどる主幹教諭についてはその有する養護教諭の免許状、栄誉の指導及び管
　　理をつかさどる主幹教諭についてはその有する栄養教諭の免許状、講師についてはその有す
　　る相当学校の教員の相当免許状）が二種免許状であるものは、相当の一種免許状の授与を受
　　けるように努めなければならない。

第3章　免許状の失効及び取上げ

第10条　免許状を有する者が、次の各号のいずれかに該当する場合には、その免許状はその効
　　力を失う。

　　一　第5条第1項第3号、第4号又は第7号に該当するに至つたとき。

　　二　公立学校の教員であつて懲戒免職の処分を受けたとき。

　　三　公立学校の教員（地方公務員法（昭和25年法律第261号）第29条の2第1項各号に掲げ
　　　　る者に該当する者を除く。）であつて同法第28条第1項第1号又は第3号に該当するとし
　　　　て分限免職の処分を受けたとき。

②　前項の規定により免許状が失効した者は、速やかに、その免許状を免許管理者に返納しな
　　ければならない。

第11条　国立学校、公立学校（公立大学法人が設置するものに限る。次項第1号において同じ。）
　　又は私立学校の教員が、前条第1項第2号に規定する者の場合における懲戒免職の事由に相
　　当する事由により解雇されたと認められるときは、免許管理者は、その免許状を取り上げな
　　ければならない。

②　免許状を有する者が、次の各号のいずれかに該当する場合には、免許状管理者は、その免
　　許状を取り上げなければならない。

　　一　国立学校、公立学校又は私立学校の教員（地方公務員法第29条の2第1項各号に掲げる
　　　　者に相当する者を含む。）であつて、前条第1項第3号に規定する者の場合における同法
　　　　第28条第1項第1号又は第3号に掲げる分限免職の事由に相当する事由により解雇された

と認められるとき。

二　地方公務員法第29条の2第1項各号に掲げる者に該当する公立学校の教員であつて、前条第1項第3号に規定する者の場合における同法第28条第1項第1号又は第3号に掲げる分限免職の事由に相当する事由により免職の処分を受けたと認められるとき。

③　免許状を有する者（教育職員以外の者に限る。）が、法令の規定に故意に違反し、又は教育職員たるにふさわしくない非行があつて、その情状が重いと認められるときは、免許管理者は、その免許状を取り上げることができる。

④　前3項の規定により免許状取上げの処分を行つたときは、免許管理者は、その旨を直ちにその者に通知しなければならない。この場合において、当該免許状は、その通知を受けた日に効力を失うものとする。

⑤　前条第2項の規定は、前項の規定により免許状が失効した者について準用する。

第12条　免許管理者は、前条の規定による免許状取上げの処分に係る聴聞を行おうとするときは、聴聞の期日の三十日前までに、行政手続法（平成5年法律第88号）第15条第1項の規定による通知をしなければならない。

②　前項の聴聞の期日における審理は、当該聴聞の当事者から請求があつたときは、公開により行わなければならない。

③　第1項の聴聞に際しては、利害関係人（同項の聴聞の参加人を除く。）は、当該聴聞の主宰者に対し、当該聴聞の期日までに証拠書類又は証拠物を提出することができる。

④　第1項の聴聞の主宰者は、当該聴聞の期日における証人の出席について、当該聴聞の当事者から請求があつたときは、これを認めなければならない。

第13条　免許管理者は、この章の規定により免許状が失効したとき、又は免許状取上げの処分を行つたときは、その免許状の種類及び失効又は取上げの事由並びにその者の氏名及び本籍地を官報に公告するとともに、その旨をその者の所轄庁及びその免許状を授与した授与権者に通知しなければならない。

②　この章の規定により免許状が失効し、若しくは免許状取上げの処分を行い。又はその旨の通知を受けたときは、その免許状を授与した授与権者は、この旨を第8条第1項の原簿に記入しなければならない。

第14条　所轄庁（免許管理者を除く。）は、教育職員が、次の各号のいずれかに該当すると認めたときは、速やかにその旨を免許管理者に通知しなければならない。

一　第5条第1項第3号、第4号又は第7号に該当するとき。

二　第10条第1項第2号又は第3号に該当するとき（懲戒免職又は分限免職の処分を行つた者が免許管理者である場合を除く。）。

三　第11条第1項又は第2項に該当する事実があると思料するとき（同項第2号に規定する免職の処分を行つた者が免許管理者である場合を除く。）。

第14条の2　学校法人等は、その設置する私立学校の教員について、第5条第1項第3号、第4号若しくは第7号に該当すると認めたとき、又は当該教員を解雇した場合において、当該

解雇の事由が第11条第1項若しくは第2項第1号に定める事由に該当すると思料するときは、速やかにその旨を所轄庁に報告しなければならない。

附則（抄）

① この法律は、昭和24年9月1日から施行する。

② 授与権者は、当分の間、中学校、義務教育学校の後期課程、高等学校、中等教育学校の前期課程若しくは後期課程又は特別支援学校の中学部若しくは高等部において、ある教科の教授を担任すべき教員を採用することができないと認めるときは、当該学校の校長及び主幹教諭、指導教諭又は教諭（以下この項において「主幹教諭等」という。）の申請により、一年以内の期間を限り、当該教科についての免許状を有しない主幹教諭等が当該教科の教授を担任することを許可することができる。この場合においては、許可を得た主幹教諭等は、第3条第1項及び第2項の規定にかかわらず、当該学校、当該前期課程若しくは後期課程又は当該中学部若しくは高等部において、その許可に係る教科の教授を担任することができる。

小学校学習指導要領（抄）

（平成29年3月告示）

第1章　総則

第1　小学校教育の基本と教育課程の役割

1．各学校においては、教育基本法及び学校教育法その他の法令並びにこの章以下に示すところに従い、児童の人間として調和のとれた育成を目指し、児童の心身の発達の段階や特性及び学校や地域の実態を十分考慮して、適切な教育課程を編成するものとし、これらに掲げる目標を達成するよう教育を行うものとする。

2．学校の教育活動を進めるに当たっては、各学校において、第3の1に示す主体的・対話的で深い学びの実現に向けた授業改善を通して、創意工夫を生かした特色ある教育活動を展開する中で、次の(1)から(3)までに掲げる事項の実現を図り、児童に生きる力を育むことを目指すものとする。

(1) 基礎的・基本的な知識及び技能を確実に習得させ、これらを活用して課題を解決するために必要な思考力、判断力、表現力等を育むとともに、主体的に学習に取り組む態度を養い、個性を生かし多様な人々との協働を促す教育の充実に努めること。その際、児童の発達の段階を考慮して、児童の言語活動など、学習の基盤をつくる活動を充実するとともに、家庭との連携を図りながら、児童の学習習慣が確立するよう配慮すること。

(2) 道徳教育や体験活動、多様な表現や鑑賞の活動等を通して、豊かな心や創造性の涵養を目指した教育の充実に努めること。

　学校における道徳教育は、特別の教科である道徳（以下「道徳科」という。）を要として学校の教育活動全体を通じて行うものであり、道徳科はもとより、各教科、外国語活動、

総合的な学習の時間及び特別活動のそれぞれの特質に応じて、児童の発達の段階を考慮して、適切な指導を行うこと。

　道徳教育は、教育基本法及び学校教育法に定められた教育の根本精神に基づき、自己の生き方を考え、主体的な判断の下に行動し、自立した人間として他者と共によりよく生きるための基盤となる道徳性を養うことを目標とすること。

　道徳教育を進めるに当たっては、人間尊重の精神と生命に対する畏敬の念を家庭、学校、その他社会における具体的な生活の中に生かし、豊かな心をもち、伝統と文化を尊重し、それらを育んできた我が国と郷土を愛し、個性豊かな文化の創造を図るとともに、平和で民主的な国家及び社会の形成者として、公共の精神を尊び、社会及び国家の発展に努め、他国を尊重し、国際社会の平和と発展や環境の保全に貢献し未来を拓く主体性のある日本人の育成に資することとなるよう特に留意すること。

(3)　学校における体育・健康に関する指導を、児童の発達の段階を考慮して、学校の教育活動全体を通じて適切に行うことにより、健康で安全な生活と豊かなスポーツライフの実現を目指した教育の充実に努めること。特に、学校における食育の推進並びに体力の向上に関する指導、安全に関する指導及び心身の健康の保持増進に関する指導については、体育科、家庭科及び特別活動の時間はもとより、各教科、道徳科、外国語活動及び総合的な学習の時間などにおいてもそれぞれの特質に応じて適切に行うよう努めること。また、それらの指導を通して、家庭や地域社会との連携を図りながら、日常生活において適切な体育・健康に関する活動の実践を促し、生涯を通じて健康・安全で活力ある生活を送るための基礎が培われるよう配慮すること。

3．2の(1)から(3)までに掲げる事項の実現を図り、豊かな創造性を備え持続可能な社会の創り手となることが期待される児童に、生きる力を育むことを目指すに当たっては、学校教育全体並びに各教科、道徳科、外国語活動、総合的な学習の時間及び特別活動（以下「各教科等」という。ただし、第2の3の(2)のア及びウにおいて、特別活動については学級活動（学校給食に係るものを除く。）に限る。）の指導を通してどのような資質・能力の育成を目指すのかを明確にしながら、教育活動の充実を図るものとする。その際、児童の発達の段階や特性等を踏まえつつ、次に掲げることが偏りなく実現できるようにするものとする。

(1)　知識及び技能が習得されるようにすること。

(2)　思考力、判断力、表現力等を育成すること。

(3)　学びに向かう力、人間性等を涵養すること。

4．各学校においては、児童や学校、地域の実態を適切に把握し、教育の目的や目標の実現に必要な教育の内容等を教科等横断的な視点で組み立てていくこと、教育課程の実施状況を評価してその改善を図っていくこと、教育課程の実施に必要な人的又は物的な体制を確保するとともにその改善を図っていくことなどを通して、教育課程に基づき組織的かつ計画的に各学校の教育活動の質の向上を図っていくこと（以下「カリキュラム・マネジメント」という。）に努めるものとする。

第2　教育課程の編成

1　各学校の教育目標と教育課程の編成

　　教育課程の編成に当たっては、学校教育全体や各教科等における指導を通して育成を目指す資質・能力を踏まえつつ、各学校の教育目標を明確にするとともに、教育課程の編成についての基本的な方針が家庭や地域とも共有されるよう努めるものとする。その際、第5章総合的な学習の時間の第2の1に基づき定められる目標との関連を図るものとする。

2　教科等横断的な視点に立った資質・能力の育成

(1)　各学校においては、児童の発達の段階を考慮し、言語能力、情報活用能力（情報モラルを含む。）、問題発見・解決能力等の学習の基盤となる資質・能力を育成していくことができるよう、各教科等の特質を生かし、教科等横断的な視点から教育課程の編成を図るものとする。

(2)　各学校においては、児童や学校、地域の実態及び児童の発達の段階を考慮し、豊かな人生の実現や災害等を乗り越えて次代の社会を形成することに向けた現代的な諸課題に対応して求められる資質・能力を、教科等横断的な視点で育成していくことができるよう、各学校の特色を生かした教育課程の編成を図るものとする。

3　教育課程の編成における共通的事項

(1)　内容等の取扱い

ア　第2章以下に示す各教科、道徳科、外国語活動及び特別活動の内容に関する事項は、特に示す場合を除き、いずれの学校においても取り扱わなければならない。

イ　学校において特に必要がある場合には、第2章以下に示していない内容を加えて指導することができる。また、第2章以下に示す内容の取扱いのうち内容の範囲や程度等を示す事項は、全ての児童に対して指導するものとする内容の範囲や程度等を示したものであり、学校において特に必要がある場合には、この事項にかかわらず加えて指導することができる。ただし、これらの場合には、第2章以下に示す各教科、道徳科、外国語活動及び特別活動の目標や内容の趣旨を逸脱したり、児童の負担過重となったりすることのないようにしなければならない。

ウ　第2章以下に示す各教科、道徳科、外国語活動及び特別活動の内容に掲げる事項の順序は、特に示す場合を除き、指導の順序を示すものではないので、学校においては、その取扱いについて適切な工夫を加えるものとする。

エ　学年の内容を2学年まとめて示した教科及び外国語活動の内容は、2学年間かけて指導する事項を示したものである。各学校においては、これらの事項を児童や学校、地域の実態に応じ、2学年間を見通して計画的に指導することとし、特に示す場合を除き、いずれかの学年に分けて、又はいずれの学年においても指導するものとする。

オ　学校において2以上の学年の児童で編制する学級について特に必要がある場合には、各教科及び道徳科の目標の達成に支障のない範囲内で、各教科及び道徳科の目標及び内容について学年別の順序によらないことができる。

カ　道徳科を要として学校の教育活動全体を通じて行う道徳教育の内容は、第3章特別の教科

道徳の第2に示す内容とし、その実施に当たっては、第6に示す道徳教育に関する配慮事項を踏まえるものとする。

(2) 授業時数等の取扱い

ア　各教科等の授業は、年間35週（第1学年については34週）以上にわたって行うよう計画し、週当たりの授業時数が児童の負担過重にならないようにするものとする。ただし、各教科等や学習活動の特質に応じ効果的な場合には、夏季、冬季、学年末等の休業日の期間に授業日を設定する場合を含め、これらの授業を特定の期間に行うことができる。

イ　特別活動の授業のうち、児童会活動、クラブ活動及び学校行事については、それらの内容に応じ、年間、学期ごと、月ごとなどに適切な授業時数を充てるものとする。

ウ　各学校の時間割については、次の事項を踏まえ適切に編成するものとする。

(ｱ)　各教科等のそれぞれの授業の1単位時間は、各学校において、各教科等の年間授業時数を確保しつつ、児童の発達の段階及び各教科等や学習活動の特質を考慮して適切に定めること。

(ｲ)　各教科等の特質に応じ、10分から15分程度の短い時間を活用して特定の教科等の指導を行う場合において、教師が、単元や題材など内容や時間のまとまりを見通した中で、その指導内容の決定や指導の成果の把握と活用等を責任をもって行う体制が整備されているときは、その時間を当該教科等の年間授業時数に含めることができること。

(ｳ)　給食、休憩などの時間については、各学校において工夫を加え、適切に定めること。

(ｴ)　各学校において、児童や学校、地域の実態、各教科等や学習活動の特質等に応じて、創意工夫を生かした時間割を弾力的に編成できること。

エ　総合的な学習の時間における学習活動により、特別活動の学校行事に掲げる各行事の実施と同様の成果が期待できる場合においては、総合的な学習の時間における学習活動をもって相当する特別活動の学校行事に掲げる各行事の実施に替えることができる。

(3) 指導計画の作成等に当たっての配慮事項

　　各学校においては、次の事項に配慮しながら、学校の創意工夫を生かし、全体として、調和のとれた具体的な指導計画を作成するものとする。

ア　各教科等の指導内容については、(1)のアを踏まえつつ、単元や題材など内容や時間のまとまりを見通しながら、そのまとめ方や重点の置き方に適切な工夫を加え、第3の1に示す主体的・対話的で深い学びの実現に向けた授業改善を通して資質・能力を育む効果的な指導ができるようにすること。

イ　各教科等及び各学年相互間の関連を図り、系統的、発展的な指導ができるようにすること。

ウ　学年の内容を2学年まとめて示した教科及び外国語活動については、当該学年間を見通して、児童や学校、地域の実態に応じ、児童の発達の段階を考慮しつつ、効果的、段階的に指導するようにすること。

エ　児童の実態等を考慮し、指導の効果を高めるため、児童の発達の段階や指導内容の関連性等を踏まえつつ、合科的・関連的な指導を進めること。

4 学校段階等間の接続

　教育課程の編成に当たっては、次の事項に配慮しながら、学校段階等間の接続を図るものとする。

(1) 幼児期の終わりまでに育ってほしい姿を踏まえた指導を工夫することにより、幼稚園教育要領等に基づく幼児期の教育を通して育まれた資質・能力を踏まえて教育活動を実施し、児童が主体的に自己を発揮しながら学びに向かうことが可能となるようにすること。

　また、低学年における教育全体において、例えば生活科において育成する自立し生活を豊かにしていくための資質・能力が、他教科等の学習においても生かされるようにするなど、教科等間の関連を積極的に図り、幼児期の教育及び中学年以降の教育との円滑な接続が図られるよう工夫すること。特に、小学校入学当初においては、幼児期において自発的な活動としての遊びを通して育まれてきたことが、各教科等における学習に円滑に接続されるよう、生活科を中心に、合科的・関連的な指導や弾力的な時間割の設定など、指導の工夫や指導計画の作成を行うこと。

(2) 中学校学習指導要領及び高等学校学習指導要領を踏まえ、中学校教育及びその後の教育との円滑な接続が図られるよう工夫すること。特に、義務教育学校、中学校連携型小学校及び中学校併設型小学校においては、義務教育9年間を見通した計画的かつ継続的な教育課程を編成すること。

第3　教育課程の実施と学習評価（略）
第4　児童の発達の支援（略）
第5　学校運営上の留意事項（略）
第6　道徳教育に関する配慮事項（略）

中学校学習指導要領（抄）

（平成29年3月告示）

第1　中学校教育の基本と教育課程の役割

1．各学校においては、教育基本法及び学校教育法その他の法令並びにこの章以下に示すところに従い、生徒の人間として調和のとれた育成を目指し、生徒の心身の発達の段階や特性及び学校や地域の実態を十分考慮して、適切な教育課程を編成するものとし、これらに掲げる目標を達成するよう教育を行うものとする。

2．学校の教育活動を進めるに当たっては、各学校において、第3の1に示す主体的・対話的で深い学びの実現に向けた授業改善を通して、創意工夫を生かした特色ある教育活動を展開する中で、次の(1)から(3)までに掲げる事項の実現を図り、生徒に生きる力を育むことを目指すものとする。

(1) 基礎的・基本的な知識及び技能を確実に習得させ、これらを活用して課題を解決するために必要な思考力、判断力、表現力等を育むとともに、主体的に学習に取り組む態度を養い、個性を生かし多様な人々との協働を促す教育の充実に努めること。その際、生徒の発達の段階を考慮して、生徒の言語活動など、学習の基盤をつくる活動を充実するとともに、家庭との連携を図りながら、生徒の学習習慣が確立するよう配慮すること。

(2) 道徳教育や体験活動、多様な表現や鑑賞の活動等を通して、豊かな心や創造性の涵養を目指した教育の充実に努めること。

　　学校における道徳教育は、特別の教科である道徳（以下「道徳科」という。）を要として学校の教育活動全体を通じて行うものであり、道徳科はもとより、各教科、総合的な学習の時間及び特別活動のそれぞれの特質に応じて、生徒の発達の段階を考慮して、適切な指導を行うこと。

　　道徳教育は、教育基本法及び学校教育法に定められた教育の根本精神に基づき、人間としての生き方を考え、主体的な判断の下に行動し、自立した人間として他者と共によりよく生きるための基盤となる道徳性を養うことを目標とすること。

　　道徳教育を進めるに当たっては、人間尊重の精神と生命に対する畏敬の念を家庭、学校、その他社会における具体的な生活の中に生かし、豊かな心をもち、伝統と文化を尊重し、それらを育んできた我が国と郷土を愛し、個性豊かな文化の創造を図るとともに、平和で民主的な国家及び社会の形成者として、公共の精神を尊び、社会及び国家の発展に努め、他国を尊重し、国際社会の平和と発展や環境の保全に貢献し未来を拓く主体性のある日本人の育成に資することとなるよう特に留意すること。

(3) 学校における体育・健康に関する指導を、生徒の発達の段階を考慮して、学校の教育活動全体を通じて適切に行うことにより、健康で安全な生活と豊かなスポーツライフの実現を目指した教育の充実に努めること。特に、学校における食育の推進並びに体力の向上に関する指導、安全に関する指導及び心身の健康の保持増進に関する指導については、保健

体育科、技術・家庭科及び特別活動の時間はもとより、各教科、道徳科及び総合的な学習の時間などにおいてもそれぞれの特質に応じて適切に行うよう努めること。また、それらの指導を通して、家庭や地域社会との連携を図りながら、日常生活において適切な体育・健康に関する活動の実践を促し、生涯を通じて健康・安全で活力ある生活を送るための基礎が培われるよう配慮すること。

3．2の(1)から(3)までに掲げる事項の実現を図り、豊かな創造性を備え持続可能な社会の創り手となることが期待される生徒に、生きる力を育むことを目指すに当たっては、学校教育全体並びに各教科、道徳科、総合的な学習の時間及び特別活動（以下「各教科等」という。ただし、第2の3の(2)のア及びウにおいて、特別活動については学級活動（学校給食に係るものを除く。）に限る。）の指導を通してどのような資質・能力の育成を目指すのかを明確にしながら、教育活動の充実を図るものとする。その際、生徒の発達の段階や特性等を踏まえつつ、次に掲げることが偏りなく実現できるようにするものとする。

(1) 知識及び技能が習得されるようにすること。

(2) 思考力、判断力、表現力等を育成すること。

(3) 学びに向かう力、人間性等を涵養（かん）すること。

4．各学校においては、生徒や学校、地域の実態を適切に把握し、教育の目的や目標の実現に必要な教育の内容等を教科等横断的な視点で組み立てていくこと、教育課程の実施状況を評価してその改善を図っていくこと、教育課程の実施に必要な人的又は物的な体制を確保するとともにその改善を図っていくことなどを通して、教育課程に基づき組織的かつ計画的に各学校の教育活動の質の向上を図っていくこと（以下「カリキュラム・マネジメント」という。）に努めるものとする。

第2 教育課程の編成

1．各学校の教育目標と教育課程の編成

教育課程の編成に当たっては、学校教育全体や各教科等における指導を通して育成を目指す資質・能力を踏まえつつ、各学校の教育目標を明確にするとともに、教育課程の編成についての基本的な方針が家庭や地域とも共有されるよう努めるものとする。その際、第4章総合的な学習の時間の第2の1に基づき定められる目標との関連を図るものとする。

2．教科等横断的な視点に立った資質・能力の育成

(1) 各学校においては、生徒の発達の段階を考慮し、言語能力、情報活用能力（情報モラルを含む。）、問題発見・解決能力等の学習の基盤となる資質・能力を育成していくことができるよう、各教科等の特質を生かし、教科等横断的な視点から教育課程の編成を図るものとする。

(2) 各学校においては、生徒や学校、地域の実態及び生徒の発達の段階を考慮し、豊かな人生の実現や災害等を乗り越えて次代の社会を形成することに向けた現代的な諸課題に対応して求められる資質・能力を、教科等横断的な視点で育成していくことができるよう、各学校の特色を生かした教育課程の編成を図るものとする。

3．教育課程の編成における共通的事項
 (1) 内容等の取扱い
  ア　第2章以下に示す各教科、道徳科及び特別活動の内容に関する事項は、特に示す場合
   を除き、いずれの学校においても取り扱わなければならない。
  イ　学校において特に必要がある場合には、第2章以下に示していない内容を加えて指導
   することができる。また、第2章以下に示す内容の取扱いのうち内容の範囲や程度等を
   示す事項は、全ての生徒に対して指導するものとする内容の範囲や程度等を示したもの
   であり、学校において特に必要がある場合には、この事項にかかわらず加えて指導する
   ことができる。ただし、これらの場合には、第2章以下に示す各教科、道徳科及び特別
   活動の目標や内容の趣旨を逸脱したり、生徒の負担過重となったりすることのないよう
   にしなければならない。
  ウ　第2章以下に示す各教科、道徳科及び特別活動の内容に掲げる事項の順序は、特に示
   す場合を除き、指導の順序を示すものではないので、学校においては、その取扱いにつ
   いて適切な工夫を加えるものとする。
  エ　学校において2以上の学年の生徒で編制する学級について特に必要がある場合には、
   各教科の目標の達成に支障のない範囲内で、各教科の目標及び内容について学年別の順
   序によらないことができる。
  オ　各学校においては、生徒や学校、地域の実態を考慮して、生徒の特性等に応じた多様
   な学習活動が行えるよう、第2章に示す各教科や、特に必要な教科を、選択教科として
   開設し生徒に履修させることができる。その場合にあっては、全ての生徒に指導すべき
   内容との関連を図りつつ、選択教科の授業時数及び内容を適切に定め選択教科の指導計
   画を作成し、生徒の負担過重となることのないようにしなければならない。また、特に
   必要な教科の名称、目標、内容などについては、各学校が適切に定めるものとする。
  カ　道徳科を要として学校の教育活動全体を通じて行う道徳教育の内容は、第3章特別の
   教科道徳の第2に示す内容とし、その実施に当たっては、第6に示す道徳教育に関する
   配慮事項を踏まえるものとする。
 (2) 授業時数等の取扱い
  ア　各教科等の授業は、年間35週以上にわたって行うよう計画し、週当たりの授業時数が
   生徒の負担過重にならないようにするものとする。ただし、各教科等や学習活動の特質
   に応じ効果的な場合には、夏季、冬季、学年末等の休業日の期間に授業日を設定する場
   合を含め、これらの授業を特定の期間に行うことができる。
  イ　特別活動の授業のうち、生徒会活動及び学校行事については、それらの内容に応じ、
   年間、学期ごと、月ごとなどに適切な授業時数を充てるものとする。
  ウ　各学校の時間割については、次の事項を踏まえ適切に編成するものとする。
   (7)　各教科等のそれぞれの授業の1単位時間は、各学校において、各教科等の年間授業
    時数を確保しつつ、生徒の発達の段階及び各教科等や学習活動の特質を考慮して適切

に定めること。

(ｲ)　各教科等の特質に応じ、10分から15分程度の短い時間を活用して特定の教科等の指導を行う場合において、当該教科等を担当する教師が、単元や題材など内容や時間のまとまりを見通した中で、その指導内容の決定や指導の成果の把握と活用等を責任をもって行う体制が整備されているときは、その時間を当該教科等の年間授業時数に含めることができること。

(ｳ)　給食、休憩などの時間については、各学校において工夫を加え、適切に定めること。

(ｴ)　各学校において、生徒や学校、地域の実態、各教科等や学習活動の特質等に応じて、創意工夫を生かした時間割を弾力的に編成できること。

エ　総合的な学習の時間における学習活動により、特別活動の学校行事に掲げる各行事の実施と同様の成果が期待できる場合においては、総合的な学習の時間における学習活動をもって相当する特別活動の学校行事に掲げる各行事の実施に替えることができる。

(3) 指導計画の作成等に当たっての配慮事項

各学校においては、次の事項に配慮しながら、学校の創意工夫を生かし、全体として、調和のとれた具体的な指導計画を作成するものとする。

ア　各教科等の指導内容については、(1) のアを踏まえつつ、単元や題材など内容や時間のまとまりを見通しながら、そのまとめ方や重点の置き方に適切な工夫を加え、第3の1に示す主体的・対話的で深い学びの実現に向けた授業改善を通して資質・能力を育む効果的な指導ができるようにすること。

イ　各教科等及び各学年相互間の関連を図り、系統的、発展的な指導ができるようにすること。

4．学校段階間の接続

教育課程の編成に当たっては、次の事項に配慮しながら、学校段階間の接続を図るものとする。

(1) 小学校学習指導要領を踏まえ、小学校教育までの学習の成果が中学校教育に円滑に接続され、義務教育段階の終わりまでに育成することを目指す資質・能力を、生徒が確実に身に付けることができるよう工夫すること。特に、義務教育学校、小学校連携型中学校及び小学校併設型中学校においては、義務教育9年間を見通した計画的かつ継続的な教育課程を編成すること。

(2) 高等学校学習指導要領を踏まえ、高等学校教育及びその後の教育との円滑な接続が図られるよう工夫すること。特に、中等教育学校、連携型中学校及び併設型中学校においては、中等教育6年間を見通した計画的かつ継続的な教育課程を編成すること。

第3　教育課程の実施と学習評価（略）

第4　生徒の発達の支援（略）

第5　学校運営上の留意事項（略）

第6　道徳教育に関する配慮事項（略）

Ⅱ．各国の学校系統図

（出典：文部科学省『諸外国の教育統計』平成31（2019）年度版）

1．日本の学校系統図

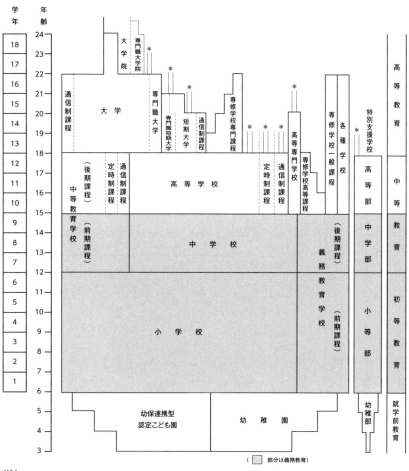

(▢ 部分は義務教育)

（注）

1．＊印は専攻科を示す。
2．高等学校、中等教育学校後期課程、大学、短期大学、特別支援学校高等部には修業年限１年以上の別科を置くことができる。
3．幼保連携型認定こども園は、学校かつ児童福祉施設であり０〜２歳児も入園することができる。
4．専修学校の一般課程と各種学校については年齢や入学資格を一律に定めていない。

２．アメリカ合衆国の学校系統図

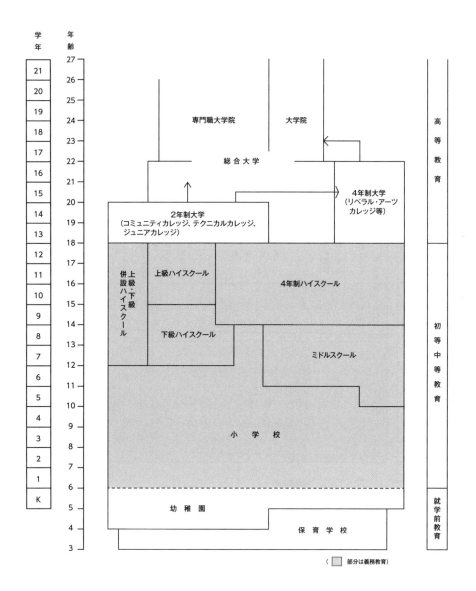

（ ▨ 部分は義務教育）

就学前教育：就学前教育は、幼稚園のほか保育学校等で行われ、通常３〜５歳児を対象とする。

義 務 教 育：就学義務に関する規定は州により異なる。就学義務開始年齢を６歳とする州が最も多いが、７歳あるいは８歳とする州でも６歳からの就学が認められており、６歳児の大半が就学している。義務教育年限は、９〜12年であるが、12年とする州が最も多い。

初等中等教育：初等・中等教育は合計12年であるが、その形態は６−３（２）−３（４）年制、８−４年制、６−６年制、５−３−４年制、４−４−４年制など多様であり、これらのほかにも、初等・中等双方の段階にまたがる学校もある。現在は５−３−４年制が一般的である。2015年について、公立初等学校の形態別の割合をみると、３年制又は４年制小学校6.7%、５年制小学校33.9%、６年制小学校13.7%、８年制小学校8.9%。ミドルスクール17.7%、初等・中等双方の段階にまたがる学校9.1%、その他10.1%であり、公立中等学校の形態別の割合をみると、下級ハイスクール（３年又は２年制）8.2%、上級ハイスクール（３年制）1.9%、４年制ハイスクール49.6%、上級・下級併設ハイスクール（通常６年）9.6%、初等・中等双方の段階にまたがる学校21.5%及びその他9.1%となっている。

高 等 教 育：高等教育機関は、総合大学、リベラルアーツカレッジをはじめとする総合大学以外の４年制大学、２年制大学に大別される。総合大学は、教養学部、専門職大学院（学部レベルのプログラムを提供している場合もある）及び大学院により構成される。専門職大学院（学部）は、医学、工学、法学などの職業専門教育を行うもので独立の機関として存在する場合（専門大学、専門職大学院大学）もある。専門職大学院（学部）へ進学するためには、通常、総合大学又はリベラルアーツカレッジにおいて一般教育を受け（年限は専攻により異なる）、さらに試験、面接を受ける必要がある。２年制大学には、ジュニアカレッジ、コミュニティカレッジ、テクニカルカレッジがある。州立の２年制大学は主としてコミュニティカレッジあるいはテクニカルカレッジである。

3. イギリスの学校系統図

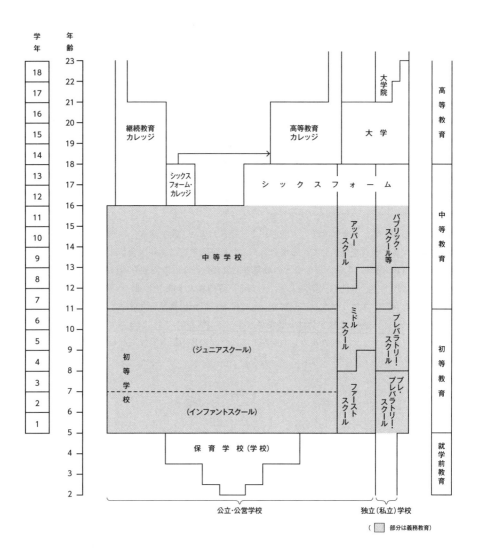

学年	年齢			

保育学校（学校）

公立・公営学校　　　　　独立（私立）学校

（　　　部分は義務教育）

就学前教育：0～5歳児までを含み、就学年限は定められていないが、主な対象は3・4歳児となっている。就学前教育はデイナーサリー（保育所）やナーサリースクール（本統計では「保育学校」と訳す）の他、ナーサリークラス（初等学校付設の保育学級）や、レセプションクラス（初等学校付設の就学1年前の学級）などにおいて行われる。本統計ではイギリス教育省の公表数値を参照している都合上、ナーサリースクールのみの数値を扱う。

義務教育：義務教育は5～16歳の11年である。ただし、16～18歳は教育あるいは訓練に従事することが義務付けられているため、実際の離学年齢は18歳である。この期間、進学者だけではなく就職者もパートタイムの教育・訓練を継続する。

初等教育：初等教育は、通常6年制の初等学校で行われる。初等学校は、5～7歳を対象とする前期2年（インファント）と7～11歳のための後期4年（ジュニア）とに区分される。両者は1つの学校として併設されているのが一般的であるが、一部にはインファントスクールとジュニアスクールとして別々に設置しているところもある。また一部において、インファント（スクール）・ジュニア（スクール）に代えてファーストスクール及びミドルスクールが設けられている。

中等教育：中等教育は、通常11歳から始まり、7年間続く。公費により維持される中等学校は原則無選抜（コンプリヘンシブ・スクールと呼ばれる）だが、選抜制の学校（グラマー・スクール）とモダン・スクールに振り分ける地域も一部にある。義務教育後の中等教育の課程・機関としては、中等学校に設置されているシックスフォームと呼ばれる課程及び独立の学校として設置されているシックスフォーム・カレッジがある。ここでは、主として高等教育への進学準備教育が行われる。

初等・中等学校は、経費負担などの観点から、地方当局が設置・維持する公立・公営学校及び公費補助を受けない独立学校に大別される。近年、国の直接補助により維持されるが設置・運営面で独立校に近いアカデミー（公営独立学校）が増えている。独立学校には、いわゆるパブリック・スクール（11又は13～18歳）やプレパラトリー・スクールなどが含まれる。

高等教育：高等教育機関には、大学がある（ユニバーシティ・カレッジやスクールを名称に用いる機関もある。）これらの機関には、第一学位（学士）（通常修業年限3年間）や上級学位の課程ほか、応用準学位などの短期の課程もある。1993年以前は、このほか、ポリテクニク（34校）があったが、全て大学となった。また、継続教育カレッジにおいても、高等教育レベルの課程が提供されている。

継続教育：継続教育とは、義務教育後の多様な教育を指すもので、一般に継続教育カレッジと総称される各種の機関において行われる。青少年や成人に対し、全日制、昼・夜間のパートタイム制などにより、職業教育を中心とする多様な課程が提供されている。

（注）

1．イギリスは、イングランド、ウェールズ、スコットランド及び北アイルランドの4地域（country）からなる連合王国であり、それぞれ共通性を持つつも特色ある教育制度を形成している。学校系統図は、イギリスの全人口の9割を占めるイングランドとウェールズについてのものであり、両地域はほぼ同様の学校制度を有している。

４．フランスの学校系統図

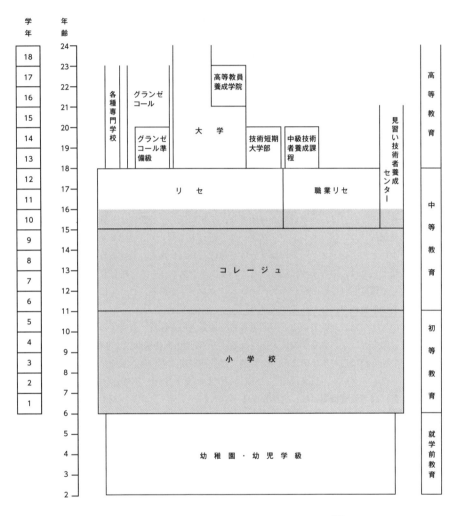

（ 部分は義務教育）

就学前教育：就学前教育は、幼稚園又は小学校付設の幼児学級・幼児部で行われ、2～5歳児を対象とする。

義 務 教 育：義務教育は6～16歳の10年である。義務教育は年齢で規定されている。留年等により、義務教育終了時点の教育段階は一定ではない。

初 等 教 育：初等教育は、小学校で5年間行われる。

中 等 教 育：前期中等教育は、コレージュ（4年制）で行われる。このコレージュでの4年間の観察・進路指導の結果に基づいて、生徒は後期中等教育の諸学校・課程に振り分けられる（いわゆる高校入試はない）。後期中等教育は、リセ（3年制）及び職業リセ等で行われる。職業リセの修業年限は2～4年であったが、2009年度より2～3年に改められた。

高 等 教 育：高等教育は、国立大学（学士課程3年、2年制の技術短期大学部等を付置）、私立大学（学位授与権がない）、グランゼコール（3～5年制）、リセ付設のグランゼコール準備級及び中級技術者養成課程（いずれも標準2年）等で行われる。これらの高等教育機関に入学するためには、原則として「バカロレア」（中等教育修了と高等教育入学資格を併せて認定する国家資格）を取得しなければならない。グランゼコールへの入学に当たっては、バカロレアを取得後、通常、グランゼコール準備級を経て各学校の入学者選抜試験に合格しなければならない（バカロレア取得後に、準備級を経ずに直接入学できる学校も一部にある）。教員養成機関として高等教員養成学院がある（2013年までは教員教育大学センター）。

5．ドイツの学校系統図

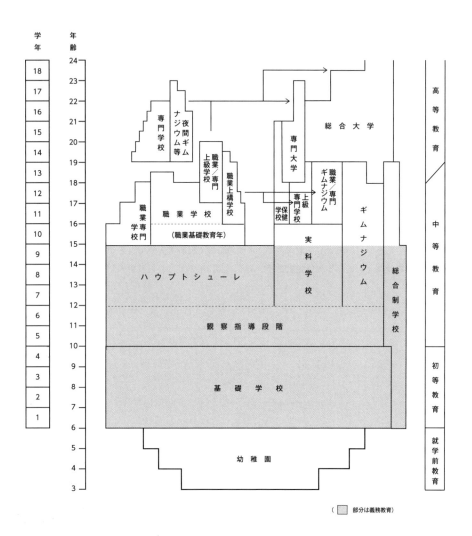

（ [ ] 部分は義務教育）

就学前教育：幼稚園は満3歳からの子どもを受け入れる機関であり、保育所は2歳以下の子どもを受け入れている。

義 務 教 育：義務教育は9年（一部の州は10年）である。また、義務教育を終えた後に就職し、見習いとして職業訓練を受ける者は、通常3年間、週に1～2日職業学校に通うことが義務とされている（職業学校就学義務）。

初 等 教 育：初等教育は、基礎学校において4年間（一部の州は6年間）行われる。

中 等 教 育：生徒の能力・適性に応じて、ハウプトシューレ（卒業後に就職して職業訓練を受ける者が主として進む。5年制）、実科学校（卒業後に職業教育学校に進む者や中級の職に就く者が主として進む。6年制）、ギムナジウム（大学進学希望者が主として進む。8年制又は9年制）が設けられている。総合制学校は、若干の州を除き、学校数、生徒数とも少ない。後期中等教育段階において、上記の職業学校（週に1～2日の定時制。通常3年）のほか、職業基礎教育年（全日1年制）、職業専門学校（全日1～2年制）、職業上構学校（職業訓練修了者、職業訓練中の者などを対象とし、修了すると実科学校修了証を授与。全日制は少なくとも1年、定時制は通常3年）、上級専門学校（実科学校修了を入学要件とし、修了者に専門大学入学資格を授与。全日2年制）、専門ギムナジウム（実科学校修了を入学要件とし、修了者に大学入学資格を授与。全日3年制）など多様な職業教育学校が設けられている。また、専門学校は職業訓練を終えた者等を対象としており、修了すると上級の職業資格を得ることができる。夜間ギムナジウム、コレークは職業従事者等に大学入学資格を与えるための機関である。

なお、ドイツ統一後、旧東ドイツ地域各州は、旧西ドイツ地域の制度に合わせる方向で学校制度の再編を進め、多くの州は、ギムナジウムのほかに、ハウプトシューレと実科学校を合わせた学校種（5年でハウプトシューレ修了証、6年で実科学校修了証の取得が可能）を導入した。

高 等 教 育：高等教育機関には、総合大学（教育大学、神学大学、芸術大学を含む）と専門大学がある。修了に当たって標準とされる修業年限は、伝統的な学位取得課程の場合、総合大学で4年半、専門大学で4年以下、また国際的に通用度の高い学士・修士の学位取得課程の場合、総合大学でも専門大学でもそれぞれ3年と2年となっている。

６．中国の学校系統図

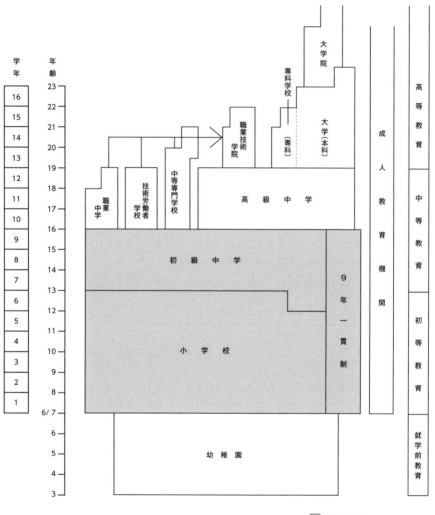

（ 部分は義務教育）

390

就学前教育：就学前教育は、幼稚園（幼児園）又は小学校付設の幼児学級で、通常3〜6歳の幼児を対象として行われる。

義 務 教 育：9年制義務教育を定めた義務教育法が1986年に成立（2006年改正）し、施行された。実施に当たっては、各地方の経済的文化的条件を考慮し地域別の段階的実施という方針がとられている。2010年までに全国の約100％の地域で9年制義務教育が実施されている。

初 等 教 育：小学校（小学）は、一般に6年制である。5年制、9年一貫制も少数存在する。義務教育法には入学年齢は6歳と規定されているが、地域によっては7歳までの入学の遅延が許されている。6歳入学の場合、各学校段階の在学年齢は7歳入学の場合よりも1歳ずつ下がる。

中 等 教 育：初級中学（3〜4年）卒業後の後期中等教育機関としては、普通教育を行う高級中学（3年）と職業教育を行う中等専門学校（中等専業学校、3〜5年）、技術労働者学校（技工学校、一般に3年）、職業中学（2〜3年）などがある。なお、職業中学は、前期中等段階（3年）と後期中等段階（2〜3年）に分かれており、一方の段階の課程しか持たない学校が存在する。図中では前期中等段階の規模が非常に小さいため記述していない。

高 等 教 育：大学（大学・学院）には、学部レベル（4〜5年）の本科と短期（2〜3年）の専科とがあり、専科には専科学校と職業技術学院が存在する。大学院レベルには、修士課程（2〜3年）、博士課程（3〜4年）があり、大学院レベルの学生（研究生）を養成する課程・機関（研究生院）が、大学及び中国科学院、中国社会科学院などの研究所に設けられている。

成 人 教 育：上述の全日制教育機関のほかに、労働者や農民などの成人を対象とする様々な形態の成人教育機関（業余学校、夜間・通信大学、ラジオ・テレビ大学等）が開設され、識字訓練から大学レベルの専門教育まで幅広い教育・訓練が行われている。

7．韓国の学校系統図

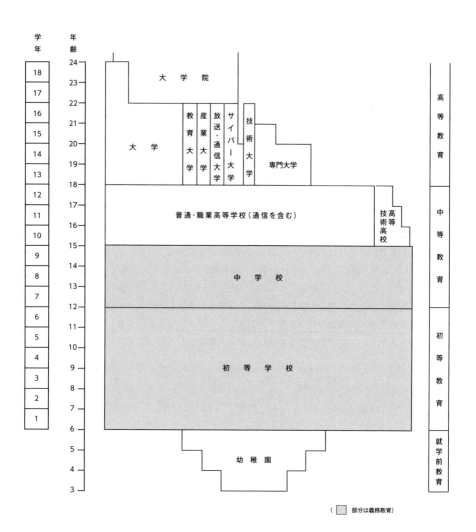

（□ 部分は義務教育）

392

就学前教育：就学前教育は、3～5歳児を対象として幼稚園で実施されている。

義 務 教 育：義務教育は6～15歳の9年である。

初 等 教 育：初等教育は、6歳入学で6年間、初等学校で行われる。

中 等 教 育：前期中等教育は、3年間、中学校で行われる。後期中等教育は、3年間、普通高等学校と職業高等学校で行われる。普通高等学校は、普通教育を中心とする教育課程を提供するもので、各分野の才能があるものを対象とした高等学校（芸術高等学校、体育高等学校、科学高等学校、外国語高等学校、国際高等学校）も含まれる。職業高等学校は、職業教育を提供するもので、農業高等学校、工業高等学校、商業高等学校、水産・海洋高等学校などがある。

高 等 教 育：高等教育は、4年制大学（医学部など一部専攻は6年）、4年制教育大学（初等教育担当教員の養成）及び2年制あるいは3年制の専門大学で行われる。大学院には、大学、教育大学及び成人教育機関である放送・通信大学、サイバー大学、産業大学の卒業者を対象に、2～2.5年の修士課程や3年の博士課程が置かれている。

成 人 教 育：成人や在職者のための継続・成人教育期間として、放送・通信大学、サイバー大学、産業大学、技術大学（夜間大学）、高等技術学校、放送・通信高等学校が設けられている。

（柴田　聡史）

執筆者一覧

編著者　牛渡　　淳　　仙台白百合女子大学名誉教授

はじめに　牛渡　　淳　　仙台白百合女子大学名誉教授
第 1 章　粟野　正紀　　北海道教育大学札幌校准教授
第 2 章　白幡　真紀　　仙台大学教授
　　　　　下村　一彦　　東北文教大学准教授
第 3 章　本山　敬祐　　岩手大学准教授
第 4 章　大迫　章史　　東北学院大学教授
第 5 章　佐々木幸寿　　東京学芸大学理事・副学長
第 6 章　佐々木幸寿　　東京学芸大学理事・副学長
第 7 章　井本　佳宏　　東北大学准教授
第 8 章　高橋　　哲　　大阪大学大学院人間科学研究科准教授
第 9 章　牛渡　　淳　　仙台白百合女子大学名誉教授
第10章　高橋　寛人　　石巻専修大学教授
第11章　高橋　　聡　　岩手県立大学教授
第12章　高橋　　望　　群馬大学大学院教育学研究科准教授
第13章　後藤　武俊　　東北大学准教授
巻末資料　柴田　聡史　　琉球大学准教授

編著者紹介

牛渡　淳（うしわた　じゅん）

1952年宮城県生まれ。東北大学大学院教育学研究科博士課程満期退学。カリフォルニア大学バークレー校客員研究員、仙台白百合女子大学教授等を経て、現在、仙台白百合女子大学名誉教授。仙台白百合女子大学前学長。博士（教育学）。日本教育経営学会元会長、東北教育学会会長、日本学校教育学会理事、日本教師教育学会会長代行・理事、日本カトリック教育学会理事。2003年日本教育経営学会賞を受賞。

＜主な著書・訳書・論文＞
（単著）『教育学原論』、中央法規、2008年／（単著）『現代米国教員研修改革の研究』、風間書房、2002年／（単訳）『アメリカ映画における子どものイメージ』、東信堂、2002年／（共著）『岩波講座教育変革への展望（4）学びの専門家としての教師』、岩波書店、2016年／（共著）「専門職としての校長の力量形成」、花書院、2016年／（共著）『教師教育におけるスタンダード政策の再検討―社会的公正、多様性、自主性の視点から―』東信堂、2022年／『東日本大震災と学校―その時どうしたか、次にどう備えるか―』学事出版、2013年／『高度実践型の教員養成へ―日本と欧米の教師教育と教職大学院―』、東京学芸大学出版、2010年／（共著）『日本の教師教育改革』、学事出版、2008年／（共著）『スクールマネジメント―新しい学校経営の方法と実践―』、ミネルヴァ書房、2006年／（単著）「アメリカの新自由主義的教育改革における専門職・文化スタンダード政策の意義」、日本教育行政学会編『日本教育行政学会年報』第41号、2015年／（単著）「教師教育の高度化とその課題－アメリカにおける取組みから－」、日本教師教育学会編『日本教師教育学会年報』第23号、2014年／その他多数。

新版　初めて学ぶ　教育の制度・行政・経営論

平成23年9月1日	初　版		
平成26年4月1日	改訂版		
平成29年4月1日	改訂増補版		
令和2年8月10日	新　版		
令和5年3月15日	新　版　第2刷		

編著者　　牛　渡　　　淳

発行者　　藤　原　　　直

印刷所　　株式会社ソノベ

発行所　　株式会社　金港堂　出版部
仙台市青葉区一番町二丁目3-26
電話　022-397-7682
FAX　022-397-7683